한국연구재단 학술명저번역총서 동양편 801

8대 교육주장

오바라 구니요시 외 지음
한용진, 신현정, 조문숙 옮김

박영사

일러두기

1. 이 책은 아마코 도도무(尼子止)가 편찬하고 대일본학술협회(大日本學術協會)에서 1922년(大正11)에 간행한 『八大教育主張(8대 교육주장)』을 토대로 번역하였다. 원전은 일본 국립중앙도서관 디지털 자료실(https://www.nl.go.kr/NL/contents/N10200000000.do)에서 확인할 수 있다.

2. 다만 책을 번역할 때에는 오바라 구니요시(小原国芳) 편으로 다마카와대학출판회(玉川大學出版會)에서 교정(校訂)·복각(復刻)한 『八大教育主張(8대 교육주장)』(1976)을 참조하였다.

3. 목차의 순서는 1922년에 간행된 대일본학술협회 책자의 편제를 따랐고, 오바라의 복각본에 추가된 각장의 해설은 포함시키지 않았다.

4. 인명 등 고유명사의 발음은 일본 국립국회도서관(國立國會圖書館) 전거데이터 검색·제공 서비스(http://id.ndl.go.jp/auth/ndla/)에서 확인하였고, 한글 표기는 국립국어원 외래어표기법(http://www.korean.go.kr/front/page/pageView.do?page_id=P000108&mn_id=97)에 의거하였음을 밝힌다.

5. 본문에서 괄호 속 한자는 정자체를 원칙으로 하였으나, 일본 지명이나 인명, 책이름 등 고유명사는 일본식 약자체를 사용하였다.

6. 해제는 번역자가 작성하였고, 서문은 오바라가 1976년 간행본에 "복각(復刻)에 즈음하여"라 썼던 내용을 번역한 것이다. 이 책의 성격을 이해하는데 도움이 되는 또 하나의 해제라 할 수 있다.

해 제

1. 『8대 교육주장』의 서지학적 · 연구사적 접근

'8대 교육주장'이라는 용어는 1921년(大正10) 대일본학술협회(大日本學術協會) 주최로 도쿄고등사범학교(東京高等師範學校: 현 쓰쿠바대학) 강당에서 개최된 「교육학술연구대회」(일명 8대 교육주장 강연회)에서 비롯된 것이다. 1921년 8월 1일부터 8일까지 8일간 당시의 교육계를 대표하는 8명의 강연자가 하루에 한명씩 자신의 교육론을 발표하였다. 행사가 진행된 도쿄고등사범학교 강당은 발 디딜 틈이 없을 정도로 연일 2,000명이 넘는 청중이 모여들어 보기 드문 대성황을 이루었다고 한다. 하시모토 미호(橋本美保) 등은 "이 강습회가 성공한 것은 도쿄고등사범학교 교수인 오세 진타로(大瀬甚太郎: 1865~1944), 도쿄제국대학 교수인 요시다 구마지(吉田熊次: 1874~1964) 등이 참석한 면도 있으며 강습회의 형식도 강연 후 질문을 받는 등 자유롭고 열정적인 분위기 덕분"[1]이었다고 하였다.

강연 내용은 행사 3개월 뒤인 1921년 11월에 대일본학술협회의 주간(主幹)을 맡았던 아마코 도도무(尼子止)가 정리 · 편집하여 『8대 교육주

---

1) 橋本美保·田中智志 編(2015). 『大正新敎育の思想: 生命の躍動』, 東京: 東信堂, 167－170.

장』으로 간행하였고, 이를 1976년에 오바라 구니요시(小原国芳)가 다
시 복각본으로 간행한 것이다. 다만 아마코가 편집한 1922년의 책자와
오바라가 복각본으로 발간한 1976년판의 목차는 다음 <표 1>과 같이
그 순서가 달라졌다.

<표 1> 8대 교육주장 목차 비교

장	아마코 도도무(尼子止) 편, 대일본학술협회(1921)	오바라 구니요시(小原国芳) 편, 다마카와대학출판회(1976)	강연일
1	자학교육론(自學敎育論)	동적교육론(動的敎育論)	8월 1일
2	자동교육론(自動敎育論)	창조교육론(創造敎育論)	8월 2일
3	자유교육론(自由敎育論)	자학교육론(自學敎育論)	8월 3일
4	일체충동개만족론 (一切衝動皆滿足論)	자유교육론(自由敎育論)	8월 4일
5	창조교육론(創造敎育論)	문예교육론(文藝敎育論)	8월 5일
6	동적교육론(動的敎育論)	일체충동개만족론 (一切衝動皆滿足論)	8월 6일
7	전인교육론(全人敎育論)	자동교육론(自動敎育論)	8월 7일
8	문예교육론(文藝敎育論)	전인교육론(全人敎育論)	8월 8일

　　오바라는 1976년 간행본을 통해 강연회의 발표 순서대로 정리하였다
고 하지만, 1922년 간행본에서 아마코 간사가 어떤 이유로 이러한 순서
로 정했는지는 확실하지 않다. 다만 발표자의 출생연도로 본다면 자학

교육론을 주창한 히구치 초이치(樋口長市: 1871~1945)가 가장 빠르고, 그 다음으로 자동교육론의 고노 기요마루(河野淸丸: 1873~1942)이지만, 자유교육론의 데즈카 기시에(手塚岸衛: 1880~1936)보다 동적교육론을 주창한 오이카와 헤이지(及川平治: 1875~1939)가 연배가 더 위이고, 그 다음으로 마지막 장의 문예교육론을 주창한 가타가미 노부루(片上伸: 1884~1928)에 이어 일체충동개만족론(一切衝動皆滿足論)의 지바 메이키치(千葉命吉: 1887~1959)와 창조교육론의 이나게 긴시치(稻毛金七: 1887~1946), 그리고 전인교육론의 오바라 구니요시(小原国芳: 1887~1977)는 모두 1887년 동년배이다. 어쩌면 연배와 함께 독자들의 이해를 높이기 위하여 자학·자동·자유교육론과 같이 유사한 제목의 교육론을 앞으로 모아놓은 것인지도 모르겠다.

　8대 교육주장의 이론적 배경과 관련하여 시즈오카현(静岡県)의 하마마쓰니시고등학교(浜松西高等學校) 초대교장을 지냈던 영어학자 마쓰다 요소노스케(松田與惣之助)는 교육학술계(敎育學術界)에서 간행된 『8대 교육주장 논란호(八大敎育主張論難號)』를 읽고 각각의 교육주장들을 <표 2>와 같이 정리하였다[2]. 이러한 각 이론의 논거나 철학적 배경이 중요한 것은 각 교육론의 명칭만으로는 그 개념적 이해가 어렵기 때문이다. 특히 각각의 이론이 서구의 일제식 학교제도에 근거한 근대교육과는 상당히 다른 신교육을 주장하고 있었기에, 기존 방식에 익숙해진 교사들을 비롯하여 일반인들에게는 상당히 낯선 것일 수밖에

---

[2] 이 표는 橋本美保(하시모토 미호) 監修(2016b). 『文獻資料集成 大正新教育 ② (第1期 八大教育主張と公立學校の新教育) 八大教育主張とその後』(東京: 東信堂. 475)에 인용된 표를 토대로 해당 교육주장의 발표자를 추가한 것으로, 한용진·최승현(2019). "1920년대 일본의 자유교육론에 관한 고찰: 데즈카 기시에(手塚岸衛)를 중심으로", 『한국교육학연구』 25(2), 330에서 재인용함.

없었다. 따라서 개념적 오해나 불명확성으로 이러한 주장들이 당대 일본 사회에서도 상당한 논란을 불러일으킨 것으로 보인다.

<표 2> 마쓰다 요소노스케의 8대 교육주장 분석표

발표자와 교육론	논거, 배경 또는 유사이론	출발점	귀착점
히구치 초이치, 자학교육론	정신심리학	본능	자학(自學)
고노 기요마루, 자동교육론	자아실현론	자동	초개인적 자아의 자동
데즈카 기시에, 자유교육론	이성철학	자유의지	자주(自主), 자립(自立)
지바 메이키치, 일체충동개만족론	자아실현론	충동	모든 충동의 만족
이나게 긴시치, 창조교육론	창조의 철학	창조성	창조(創造)의 창조
오이카와 헤이지, 동적교육론	기능론	욕구	자학(自學)
오바라 구니요시, 전인교육론	완전인격론	여러 능력	중용(中庸)의 발전
가타가미 노부루, 문예교육론	–	의욕	덕성 함양

국내에서 일본의 8대 교육주장과 관련된 연구물로 가장 먼저 발표된 것은 아마도 김정환에 의해 소개된 오바라 구니요시의 전인교육론이라 생각된다. 김정환은 『사학』 29호(1984)에 세계의 명문 사학(일본편)으로 "다마가와 가꾸엥(玉川學園) - 전인교육의 도량(道場), 전인교육론의 산실(産室)"이라는 글을 실었고, 1987년에는 한국교육학회 교육사연구회(현 한국교육사학회) 편으로 간행된 『교육사상가평전』(2. 동양편)에 "오바라 구니요시"를 소개한 바가 있다. 이미 단행본으로 『전인교육론』(세영사, 1983)을 집필한 김정환은 오바라 구니요시뿐 아니라 페스탈로치의 교육론에서도 전인교육론을 찾아내며 자신의 교육이론으

로 삼았다. 특히 산업화 과정에서 인간성 상실을 우려하던 시대적 분위기는 1980년대 이래 전인교육이라는 표현을 단지 오바라 구니요시의 교육론에 한정하지 않고, 온전한 인간을 길러내는 바람직한 교육을 상징하는 용어로 사용하게 되었다.

1990년을 전후하여 전국교직원노동조합의 '참교육'이 사회적으로 주목을 받게 되고, 대안학교와 대안교육 프로그램들이 주목을 받으면서 우리나라에도 기존의 교육과는 다른 다양한 교육논의가 활발히 전개되었지만 당시에는 1920년대 일본의 신교육운동에 주목한 국내 연구자나 연구논문은 찾아보기 어렵다. 다만 한국일본학회 편으로 간행된 『일본교육의 이해』(시사일본어사, 1998) 제1장 일본교육의 이해(한기언 집필)에는 "외래 교육방법에 힌트를 얻어 다년간의 경험을 살려 제창한 신교육설(8대 교육주장)도 나왔는데, 히구치 초이치(樋口長市)의 자학교육론, 고노 기요마루(河野淸丸)의 자동교육론, 데즈카 기시에(手塚岸衛)의 자유교육론, 이나게 긴시치(稲毛金七)의 창조교육론, 지바 메이키치(千葉命吉)의 일체충동개만족론, 오이카와 헤이지(及川平治)의 동적교육론, 오바라 구니요시(小原国芳)의 전인교육론, 가타가미 노부루(片上伸)의 문예교육론이 그것이다."라고 소개한 바가 있다.3)

국내에서 이러한 8대 교육주장의 주창자와 해당 이론을 본격적으로 연구하기 시작한 것은 2014년 이후이다. 즉 이나게 긴시치의 창조교육론4)을 비롯하여, 데즈카 기시에의 자유교육론5), 오바라 구니요시의 전

---

3) 한기언, "1, 일본의 교육이란", 한국일본학회 편(1998). 『일본교육의 이해』(일본연구총서2), 서울: 시사일본어사, 19－20. 다만 이 책에서는 히구치 초이치를 하구치 조시로 표기함.
4) 한용진(2014). "1920년대 일본의 창조교육론에 관한 고찰", 『창조교육논총』 16(－), 33－52.
5) 한용진·최승현(2019). "1920년대 일본의 자유교육론에 관한 고찰: 데즈카 기시에(手塚岸衛)를 중심으로", 『한국교육학연구』 25(2), 323－342.

인교육론6), 히구치 초이치의 자학교육론7), 지바 메이키치의 일체충동
개만족론8) 등의 연구가 비교적 최근에 이루어졌으며, 자동교육론이나
동적교육론, 문예교육론 등은 아직 국내에서는 제대로 된 연구물을 찾
아보기 어렵다.

2. 다이쇼기(大正期)의 교육상황과 '8대 교육주장'

19세기 말에서 20세기 전반에 걸쳐 유럽과 미국 등 서구의 교육사를
보면 매우 다양한 교육적 실험활동들이 활발히 전개되며, 그 토대가 되
는 교육이론들이 고안되었다. 근대적 학문으로서 과학적 교육학의 출발
을 19세기 전반에 활약한 헤르바르트(J.H. Herbart: 1776~1841)9)에게
서 찾고 있는데 이 밖에도, 19세기 후반에는 나토르프(P.G. Natorp:
1854~1924)의 비판적 교육학, 베르게만(P. Bergemann: 1862~1946)
의 실증적 교육학, 듀이(J. Dewey: 1859~1952)의 실용주의적 교육학
등 다양한 교육학 이론이 만들어졌다. 특히 듀이는 시카고대학에 실험
학교를 설립하였고, 스웨덴의 엘렌 케이(Ellen K.S. Key: 1849~1926)
는 20세기를 시작하며 『어린이의 세기』(1900)를 간행하였으며, 교육분
야에서 새로운 전환점을 예고하였다. 이러한 흐름속에서 20세기 초 세
계 각지에서는 기존의 주입식 교육과는 다른 교육방식을 모색하기 시작

---

6) 한용진(2020). "오바라 구니요시(小原国芳)의 전인교육론 연구", 『한국일본
   교육학연구』 24(3), 49-68.
7) 신현정(2020). "히구치 초이치(樋口長市)의 자학교육론(自學敎育論)에 관한
   연구", 『한국일본교육학연구』 25(1), 49-68.
8) 신현정(2021). "지바 메이키치(千葉命吉)의 일체충동개만족론(一切衝動皆滿
   足論)에 관한 연구", 『한국일본교육학연구』 26(1), 61-78.
9) 梅根悟 외편, 조종인 역(1987). 『교육학의 명저』, 서울: 교육과학사, 117-131;
   한기언(1984). 『교육학개설: 현대교육학의 이해』, 서울: 박영사, 41-178 참조.

하였다. 미국이나 영국, 프랑스 등은 이를 '신교육(New Education) 운동'이라 하였고, 독일에서는 '개혁교육학 운동'이라 불렀다. 독일의 교육학계는 '어린이로부터의 교육학', '청소년운동', '예술교육운동', '전원기숙사학교운동', '노동학교운동', '사회교육학운동', '국민교육운동', '통합학교운동', '발도르프 교육학', '몬테소리 교육학' 등을 모두 개혁교육학운동 범주에서 다루고 있다[10].

　정치사적으로 일본은 메이지(明治) 초기인 1880년대의 자유민권운동이 1889년의 제국헌법 반포로 위축되었다가, 다이쇼기(大正期: 1912~1926)를 전후하여 민중의 정치적 요구가 다시금 높아지게 되었다. 하지만 다이쇼기는 제1차 세계대전 후 러시아혁명, 쌀 파동에 결부되며 지주층의 사회적 통제력에 저항하는 소작쟁의가 빈번했던 시기이기도 하였다. 지주들의 지배질서를 근간으로 하는 공동체적 분배기구, 곧 온정주의에 입각한 특권의식이 더 이상 지탱될 수 없었던 시기로 현(縣)의 관료와 지방 당국이 손을 잡고 '관민공동'의 자치 개량방침을 내걸었다. 이른바 '관치'의 말단조직부터 '입헌국가의 유기적 부분'으로 바꾸는 것이 국가적 과제였다. 내무대신 고토 신페이(後藤新平: 1857~1929)를 중심으로 '자치'정신이 강조되었다.[11]

　그런 의미에서 이 시대는 '전문(專門) 분화'와 '대중화'가 진전하여 '교육개조'를 지향하던 시대였다.[12] 따라서 교육적으로는 과거의 '신민교육(臣民敎育)'의 특징이라 할 수 있는 획일적이고 교사중심의 주입식 교수방식에서 벗어나 아동의 관심이나 감동을 중시하며, 보다 자유롭

---

10) 최재정(2003). "20세기 초 독일의 '개혁교육학 운동'의 성립과 전개 － '전원기숙사학교 운동'을 중심으로", 『연세교육연구』 16(1), 80.
11) 中野光(1998). 『大正自由敎育の硏究』. 東京: 黎明書房. 155.
12) 立川正世(2018). 『大正の敎育的想像力 －「敎育實際家」たちの「大正新敎育」－』. 東京: 黎明書房. 1.

고 생동감 넘치는 교육체험을 강조하게 되었는데, 이를 '다이쇼자유교육운동(大正自由敎育運動)', 혹은 '다이쇼신교육(大正新敎育)'이라 불렀다. 당시까지 일본은 메이지시대의 국가주의적 사고방식을 토대로 체제 유지의 가치를 어린이에게 주입시키기 위하여 교육내용을 획일적으로 통제하였기에 교육은 형식화되고 형해화(形骸化)되어 있었다.[13]

이 시기 일본에서는 의무취학이 안정되면서 대다수의 어린이들이 심상소학교 4년을 마치게 되었고, 생애진로를 고려한다면 고등소학교 2년도 끝내는 것이 유익하다는 것을 사람들이 깨닫게 되면서 교육에 대한 관심도 높아지게 되었다. 모리카와 데루미치(森川輝紀)는 "제1차 세계대전 후, 소학교는 근면·정직 등의 통속적인 도덕이나 충효라는 '국가도덕의 교화의 장(場)'에서 사회적 진로선택과 관련된 '자격 부여의 장'으로 그 중심을 옮기게 되었다"[14]고 하여, 전통적인 보수적 교육보다 능력주의에 입각한 후천적 학력(學歷)이 점차 중시되는 사회로 변하였음을 밝히고 있다.

이러한 사회적 흐름을 바탕으로 일본에서 신교육운동은 주로 제1차 세계대전 이후 1920년대에 나타나고 있는데, 이는 1912년부터 1926년까지 일본의 연호였던 다이쇼(大正) 시기와 상당 부분 겹쳐진다. 하지만 1930년대 세계적인 경제대공황이 시작되면서 일본의 신교육운동도 미국의 진보주의 교육운동처럼 아동중심주의 교육방법은 상당히 위축되고 말았다. 그런 의미에서 일본에서의 신교육운동은 특별히 '다이쇼신교육' 혹은 '다이쇼자유교육'이라 부르고 있다.

나카노 아키라(中野光)는 "다이쇼 자유교육의 역사적 성격에 관하여

---

13) 橋本美保(2018). 『大正新敎育の受容史』. 東京: 東信堂. 5.
14) 森川輝紀(1997). 『大正自由敎育と經濟恐慌: 大衆化社會と學校敎育』. 東京: 三元社. 7.

거시적으로는 제국주의적 발전단계에 부르주아 민주주의적 이데올로기로 뒷받침되었다는 지적은 타당하지만, 이러한 지적만을 결론으로 하는 연구로는 오늘날 그 의미를 찾기에 부족하다"고 하였다[15]. 즉 나카노는 "신교육을 메이지 절대주의 교육의 부르주아적 수정 지향이라는 입장과 함께 보다 자유주의적인 비판에 의해 민주주의화로 나아갈 가능성을 지니고 있다"는 에비하라 하루요시(海老原治善)의 지적이 있었음에도 어째서 1930년대 일본의 신교육은 민주주의적으로 발전하지 못하고 파시즘 교육과 연계되었는가라는 점을 주목해야 한다는 것이다.

미야모토 겐이치로(宮本健市郎)는 21세기에 들어와 '신교육'을 보는 현대인의 시각은 이전처럼 낙관적이지는 않다고 하였다. 즉 신교육에 관한 연구는 신교육운동을 몸소 담당하였던 사람들이 모두 세상을 떠났기에 이제는 완전히 역사의 대상이 되었다는 것이다. 어떤 면에서 20세기 전반의 거의 모든 교육개혁운동은 신교육의 이념과 연계되지 않는 것이 없다고 보며, 19세기 말부터 20세기에 걸쳐 진행된 교육개혁의 이념과 실천을 교육사상사, 교육사회사, 교육방법사 및 교과교육사, 그리고 내셔널리즘과 신교육이라는 4가지 관점에서 다음과 같이 신교육의 연구사를 정리하고 있다.[16]

먼저 전체 신교육 연구물의 절반을 넘는 교육사상사 연구가 가장 일반적인데, 듀이(John Dewey: 1859~1952)와 킬패트릭(W. H. Kilpatrick: 1871~1965) 등 프래그머티즘과 진보주의 교육사상가들을 중심으로 진행된 연구이다. 둘째로 교육사회사적 연구는 독일에서의 어린이·청년을 주체로 보며 그들의 능동성을 육성하는 관점에서 신교육을 낙관적으로

---

15) 清水康幸. "新敎育運動と戰時下の敎育". 敎育史學會編(2018). 『敎育史硏究の最前線II － 創立60周年記念』. 東京: 六花出版. 59.
16) 宮本健市郎(2018). 『空間と時間の敎育史—アメリカの學校建築と授業時間割からみる』. 東京: 東信堂. 152－173.

보는 연구들이지만, 전원학사형 기숙학교에서 질서를 유지하는데 나타나는 '보호'와 '포위(包圍)'의 이중성을 언급하는 연구들이 있다고 보았다. 셋째로 교육방법사 및 교과교육사는 듀이나 몬테소리의 실험학교 사례와 같이 교재론, 교육과정론, 특수교육, 교사교육론 등 다양한 관점에서 연구되고 있다. 특히 노작교육이나 예술교육 등도 이에 포함된다. 넷째의 내셔널리즘과 관련하여 신교육을 보는 연구는 두 차례의 세계대전을 일으키는데 신교육이 어떠한 영향을 끼쳤는지에 주목하고 있다. 이는 단지 독일만의 문제가 아니라 심지어 미국에서도 개인주의적 세계관을 벗어나 사회적 유대 및 협동의식을 창출하는 과정에서 국민국가 통합 이데올로기로 신교육이 작용하였다는 관점이다. 우리는 역사적 사실을 통해 이 이데올로기가 일본이 일으킨 대동아전쟁이라는 비극으로 이어졌음을 확인한바 있다.

일본에서 다이쇼신교육에 대한 대표적인 연구자로는 메이지 · 다이쇼 시대를 살았던 후지와라 기요조(藤原喜代藏, 1943, 1883~1959)를 필두로 오바라 구니요시(小原國芳, 1976, 1887~1977), 쇼와(昭和) 시대에 태어난 나카노 아키라(中野光, 1998, 1929~현재), 그리고 전후 세대인 모리카와 데루미치(森川輝紀, 1997, 1945~현재)로 꾸준히 이어져 왔다. 최근에는 하시모토 미호(橋本美保: 1963~현재)와 다나카 사토시(田中智志: 1958~현재)의 『다이쇼신교육 사상: 생명의 약동(大正新教育の思想: 生命の躍動)』(2015)이 주목할 만하다. 이 책은 기존 연구들이 듀이나 킬패트릭과 같은 진보주의 교육사상은 여러 차례 논해왔지만 정작 듀이 교육사상의 근간인 '자연사상'의 깊이는 등한시해 온것이 아닌가라고 묻는다. 즉, 다이쇼신교육의 사상적 맥락을 모르더라도 거기서 강조되는 활동, 생활, 자유, 경험, 협동과 같은 말들이 사람들에게 큰 호소력을 발휘해 왔기에 굳이 사상사의 일부로 다이쇼신교육을 볼 필요를 느끼지 못했다는 것이다.[17) 당연히 교육방법에만 치중하는 접근방식의 문제점은 인간 사회의 역동성과 다면성 그리고 그 의의를 제대로 평가하지 못할 수 있다. 특히 하시모토는 2016년에 『문헌자료집성 다이쇼신교육(文献資料集成 大正新教育)』(전6권)을 편찬하였다. 이 책들은 제1기 연구과제로 '8대 교육주장과 공립학교의 신교육'을 집중적으로 다루고 있다.

다이쇼신교육 역시 넓은 의미에서 '신교육운동'에 속하지만, 굳이 '다이쇼신교육' 혹은 '다이쇼자유교육(운동)'이라고 하는 배경에는 '교육운동'이라는 용어에 대한 상반된 입장이 작용하기 때문이라 생각된다. 먼저 1930년대 프롤레타리아 교육운동에 주목하여 『신흥교육운동의 연구(新興教育運動の研究)』를 쓴 가키누마 하지메(柿沼肇)는 "교육운동이란 권력이 지지하는 교육이념과는 다른 교육이념을, 민간의 사회적인 힘이 지지하여 다양한 수단으로 그 실현을 시도하는 것"이라는 입장이 있다.[18] 둘째로는 가이고 도키오미(海後宗臣)의 '교육운동' 개념인 "정부의 문교 관계정책 및 행정에 대해 작용하는 반관(半官) 내지 반관(反官) 대중운동"[19]이라는 관점이 있다. 전자는 정부의 교육정책과 전면적으로 구분되는 교육이념으로 민간의 측면을 강조한 데 반해, 후자는 반관이라는 용어를 통해 정부의 교육정책에 대하여 상반되는 대중운동뿐만 아니라 절반 정도는 관의 작용을 수용하는 개념도 포함하여 사용하고 있는 것으로, 1920년대 8대 교육주장은 후자의 입장에서 살펴보아야 할 것이다.

실제로 다치카와 마사요(立川正世, 2018)는 『다이쇼의 교육적 상상력(大正の教育的想像力)』이라는 책에서 '다이쇼신교육'을 다음과 같이

---

17) 橋本美保·田中智志 編(2015). 『大正新教育の思想: 生命の躍動』. 東京: 東信堂. 529.
18) 柿沼肇(1981). 『新興教育運動の研究』. 東京: ミネルヴァ書房. 7.
19) 海後宗臣 監修(1971). 『日本近代教育史事典』. 東京: 平凡社. 579.

세 영역으로 구분하고 있다.[20)]

첫째 영역은 공립소학교에서의 '교육개혁'이다. 이를 담당하였던 교사들은 교육학자로부터 자립하여 교육현장에서 승부를 걸겠다는 기개를 지닌 '교육실천가'로 불리게 되었다. 둘째 영역은 '새로운 학교'의 창설이다. 이상적인 교육을 실현하기 위해 설립된 학교로서 세이조학원(成城學園), 지유학원(自由學園), 다마카와학원(玉川學園), 지도노무라소학교(兒童の村小學校) 등이 있다. 셋째 영역이 '예술교육'이다. 스즈키 미에키치(鈴木三重吉)가 창간한 잡지 『아카이토리(赤い鳥)』에는 아쿠타가와 류노스케(芥川龍之介), 아리시마 다케오(有島武郎), 니이미 난키치(新美南吉), 기타하라 하쿠슈(北原白秋), 사이조 야소(西條八十) 등 전도유망한 멤버들이 기고하고, 야마모토 가나에(山本鼎)는 자유화 운동을 전개하였다.

이렇게 보면 1920년대 다이쇼신교육은 교육개혁과 이러한 교육개혁을 실행할 새로운 학교의 설립뿐만 아니라 사회적으로는 예술교육이라는 측면에서 문화, 생명, 자유, 사랑과 같은 보편적 가치에 기반한 아동·활동·경험 중심의 교육론을 활발히 전개하였음을 알 수 있다. 예를 들어, 오바라 구니요시(1930)의 『일본의 신학교(日本の新學校)』는 제1편 신학교론, 제2편 공립학교, 제3편 사립학교, 제4편 특수학교, 제5편 결론으로 구성되어 있다. 그리고 제1편 신학교론에서 신학교 흥망사(1장)와 신교육의 곤란(2장), 신학교의 의의(3장) 등을 다루고 있다. 여기서 언급된 학교는 공립학교(14교), 사립학교(8교), 특수학교(10교) 등으로 당시 신교육운동이 단지 사립학교들만의 문제가 아니라 공립학교가 오히려 더 많이 참여하였음을 단적으로 보여주고 있다.

---

20) 立川正世(2018). 『大正の敎育的想像力 － 「敎育實際家」たちの「大正新敎育」 －』. 東京: 黎明書房. 1.

결국 일본에서 1920년을 전후하여 어린이를 둘러싼 교육의 세계에 큰 변화가 나타나게 되는데 이를 대표하는 사건이 바로 1921년 8월 도쿄고등사범학교에서 개최된 '8대 교육주장' 강습회였으며, 식민통치하의 우리나라도 1919년의 3.1독립운동 이후 1920년대에는 이른바 문화통치기를 맞게 되는데, 이 역시 일본 다이쇼기의 사회적 분위기와 무관하지 않다고 하겠다.

역자 대표   한용진

서 문

출전: 오바라 구니요시(小原國芳) 외(1976). 『8대 교육주장(八大敎育
主張)』, 다마가와대학출판부(玉川大學出版部).

1. 이 책은 아마코 도도무(尼子止: ?~1937)가 편찬하고 대일본학술협
   회 발행의 『八大敎育主張』(1922.01.08.)을 교정·복각한 것이다.
2. 다만 각 편의 배열은 1921년 8월 『8대교육주장(八大敎育主張)』
   대회에서 **원래 강연하였던 순서로** 바꾸었다.
3. 한자는 당용(當用) 한자를 사용하였다. 원문에서 확실하게 오류라
   고 생각되는 것은 **정정(訂正)**하였다. 또한 구두점이 명백하게 결
   락(缺落)되어 있는 내용에 한해 이를 보완하였다.
4. 서문과 각 장의 가장 마지막에는 **각기 '해설'을 추가하였으므로** 참
   고하기 바란다.

복각(復刻)에 즈음하여

오바라 구니요시(小原國芳)

다마가와대학 총장

　제1차 세계대전은 세계의 교육에 큰 변화를 불러일으켰다. 전쟁에서
패한 독일은 곧바로 바이마르에 국민대학을 설립하였다. 각지에서 모
여든 800명의 국민 대표는 "무엇으로 국가를 부흥시킬 것인가"를 토의
하였다. "그것은 교육"이라고 만장일치 되었고, "어떠한 교육인가?"에

대하여는 "그것은 실험학교(Versuchsshule)"라고 정해졌다. 일본에서는 이를 '시행교육(試行敎育)'으로 번역하였다. 이해도 못하면서 기계적으로 외우는 주입식 방식이 아니라 시도하고, 행해보고, 직접 해보고, 부지런히 움직여보는 것이다. 우리들이 몇 년 동안 주장하여 온 노작교육이며, 창조교육이다.

일본에서도 커다란 반향이 일어났다. 1922년(大正11) 사와야나기 마사타로(澤柳政太郎: 1865~1927) 박사는 몇몇 학자들을 이끌고 1년간 구미의 신교육 시찰에 나섰다. (이 같은) 『세계교육행각(世界敎育行脚)』은 일본교육에 큰 자극을 주었다. 이보다 앞서 세이조(成城) 소학교의 신교육은 이미 시작되었었다. 이어서 다마가와학원(玉川學園)을 비롯하여, 아카시(明石) 부속소학교, 지유학원(自由學園), 나가노(長野) 부속소학교, 지바(千葉) 부속소학교, 나라(奈良)여자고등사범 부속소학교, 오차노미즈(お茶の水) 부속소학교… 지방에서도 걷잡을 수 없는 불길처럼 일제히 확산되었다. 내가 확인한 것만도 160여 교. 독일의 '질풍노도(疾風怒濤) 시대' 그대로였다. 특히 도야마현(富山縣)의 학교, 이키(壹岐) 섬의 모든 학교가, 오무다시(大牟田市)[1]의 모든 학교가! 엄청난 상황이었다.

멀게는 루소와 페스탈로치, 프뢰벨, 몬테소리로부터 배운 것도 있었다. 하지만 실제로 이 같이 된 직접적 원인은 '8대 교육주장대회'였으며, '대일본학술협회'의 주간(主幹)을 맡았던 아마코 도도무(尼子止)의 계획이었다고 할 수 있을 것이다.

1921년(大正10) 8월 1일부터 8일간. 대회는 도쿄고등사범학교 강당에서 개최되었다. 모여든 사람들은 대략 4,000여 명을 넘었을 것이다.

---

1) [역자주] 후쿠오카현의 최남단 도시.

대강당을 꽉 채우고 복도 끝까지, 그리고 창문에도 다닥다닥. 열광 그 자체였다. 참으로 장관이었다.

생각해 보면 8명의 강사가 훌륭하기도 했지만, 다이쇼 시대의 교사들은 참으로 진지했다. 특히 초등학교 교사들은! 모두 자기 돈을 내고 전국에서 모여든 것이다. 일본 교육의 대들보였으리라. 윗사람이나 밖으로부터의 압박이 심했음에도, 안으로부터 아래로부터 불타올랐던 것이다. 오늘날 교육은 위로부터 외부로부터 강요된 것으로, 안에서는 잠자고 있다. 완전히 정반대이다. 세계에서 유례를 찾아볼 수 없는 숭고한 일이었다. 이것을 전후, 이른바 '진보학자'들과 일부 교육학자들은 곡해(曲解)하고 잘못 해석하여 부정하려 하고 있다. 진리를 더럽히고 그르칠까 염려되는 바이다. 참으로 슬픈 일이다.

게다가 '8대 교육'의 용사(勇士)들 대부분은 이미 세상을 떠났고, 살아있는 사람은 이제 나 혼자뿐이다. 이들을 위해서도, 조문을 하는 의미에서도 반드시 '복각판(復刻板)'을 간행하지 않을 수 없다.

더구나 우수한 교육학자들로부터 훌륭한 해설을 받을 수 있게 된 것은 대단한 행운이다. 진심으로 감사드린다. 부디 왕년(往年)의 그 8대 용사들의, 아니 전국의 초등학교 교사들의 그러한 넘치는 의기(意氣)와 신중함, 진실함을 반 세기가 지난 오늘날, 지금의 젊은이들에게 연찬(研鑽)하도록 하여, 참된 교육, 본래의 교육이 이 나라에, 아니 전 세계에서 재생될 수 있기를 기대해 본다.

『8대 교육주장』에 관하여 약간의 비판과 반성을 적어본다.

1. 먼저 '8'이라고 하는 숫자. 이는 와세다대학(早稻田大學) 명예교수인 하라다 미노루(原田實) 박사가 말한 바와 같이, 학문적으로는 전혀 의미가 없는 것이다.

일본에서는 '7·5·3'이라고 하여 어린아이의 생후 7년·5년·3년을 기념하고 있지만, 이 밖에도 '8'이라든가 '10', '12' 등도 모두 기분 좋은 숫자라고 생각한다. '사규칠칙(士規七則)'이라든가, 모세의 '십계(十戒)', 쇼토쿠(聖德) 태자의 '17개조 헌법' 등은 편의상 붙인 것이다. 보이 스카우트의 헌장 12개조. 다마가와(玉川)의 교육신조도 12개조이다.

2. '여덟 명'의 문제. 인선에는 커다란 문제가 있었다고 생각한다. 가장 마지막을 성황리에 마치기 위해서였는지, 나에게는 "부디 여덟 번째"를 맡아달라고 하였다. 과분하지만 (이를) '수락한' 것은 무엇보다도 영광이었다.

나라여자고등사범학교의 부속초등학교 주사(主事)인 기노시타 다케지(木下竹次: 1872~1946) 선생은 서일본(西日本)에서 일본 신교육의 중심인물이었다. 오차노미즈 여자고등사범학교 부속소학교의 기타자와 다네카즈(北澤種一: 1880~1931)도 '작업교육'으로 뛰어난 실적을 갖고 있었다. 이 두 사람이 참여하지 않았던 것은 매우 큰 손실이었다. 반드시 '대일본학술협회'의 아마코 주간이 부탁을 드렸을 것으로 믿는다. 다만 관립학교의 경우, 높은 지위와 많은 나이 등등, 부득이한 이유로 거절하게 된 것은 아니었을까 생각된다.

기노시타 선생은 나의 가고시마 시절 은사셨다. 설마 그럴 리는 없겠지만 혹시 마음속에 '제자나 민간의 아마추어들과 함께'라고 생각하여, 거절하셨던 것은 아니었을까. 기타자와도 어엿한 관립학교 교수로, 천하의 핵심 주사 4명에 속하는 분이셨기에…

그런데 또 다른 한 명은 나가노현 사범학교 부속초등학교 주사인 스기사키 요(杉崎瑤) 선생을 꼭 포함시켰어야 했다. 캘리포니아대학에서, 스트래턴(George M. Stratton: 1865~1957) 교수 밑에서 실험심리학을 공부하고, 버크(Thomas Buck: 1881~1969) 교수에게 돌턴 플랜(Dalton Plan)[2]의 파커스트(Helen Parkhurst: 1887~1973) 여사 및 위넷카 플랜(Winnetka Plan)[3]의 워쉬번(Carleton W. Washburne:

1889~1968) 박사와 함께 신교육의 지도를 받았다. 귀국 후에는 나가
노현에서 훌륭한 실적을 올렸던 인물이다.

앞에서 언급한 세 사람(기노시타 다케지, 기타자와 다네카즈, 스기사
키 요)은 중요한 인물들이었기에, 아카시의 오이카와 헤이지(及川平治),
지바의 데즈카 기시에(手塚岸衛), 그리고 나를 포함한 3명을 추가하여
'6대 교육'으로 생각하기도 했다.

와세다대학 교수 이나게 긴시치(稻毛金七)는 1,000쪽의 대저서 『창
조교육론』이 있다. 그렇지만 실험학교는 갖고 있지 않았다. 지바 메이
키치(千葉明吉)의 '일체충동개만족교육(一切衝動皆滿足敎育)'은 명칭 때
문에 매우 오해를 받은 것 같다. 쾌남아로 여기저기에서 박해도 받았던
듯하다. 점잖게 '자아실현의 교육'이라 하거나, 윤리학의 결론으로 최고
정점의 교육이라고 하였다면 무리없이 진전은 되었겠지만, 그래도 어감
의 재미있는 맛은 반감되었을 것이다.

---

2) [역자주] 돌턴 플랜(Dalton Plan): 1919년 헬렌 파커스트가 개발하여 장애
   인 학교에 처음 도입했다가 1920년 매사추세츠주 돌턴 시에 있는 고등학교
   에서 이 방법을 실시했다. 일부 진보적인 교육자들은 종래의 학년 제도가 개
   인의 다양한 학습 속도를 무시하기 때문에 적절하지 못하다고 지적했는데,
   돌턴 플랜은 이러한 분위기에서 싹튼 새로운 교육방법이었다. [다음백과]
3) [역자주] 위넷카 플랜(Winnetka Plan): 개별적으로 이루어지는 비등급화
   학습에서 널리 모방된 실험. 1919년에 미국 일리노이 주 위넷카의 초등교
   육제도에서 카를턴 워시번의 지도 아래 이루어졌다. 위넷카에서는 20세기
   후반까지도 실시되고 있다. 이 플랜은 모든 학생을 일률적인 학년별 승급제
   도에 따라 똑같이 진급시키는 데서 발생하는 문제점의 해결방안으로 채택
   되어 실시되었다. [다음 백과]

나도 이름을 어떻게 붙일까 고심하였다. 강연을 의뢰받고부터 서너 달 동안 무엇으로 할까 깊이 고민하였다. 8월 초에는 동인(同人) 몇 명과 신교육과 관계가 좋은 이키(壹岐) 섬에 갔었다. 드디어 도쿄의 강연회에 참가하기 위해 출발해야 할 마지막 날 아침이 밝았다. 실은 전날 밤, 꿈에서까지 나타났던 탓인지 눈을 뜨자마자 순간적으로 떠오른 제목이 ‘전인교육론(全人敎育論)’이었다.

원고지 한 장을 뜯어 그 뒷면에 상하 2단으로 선을 긋고, 순간적으로 떠오른 몇 가지 제목을 연필로 꼼꼼하게 적었다. “이것으로 됐다. 안심이다”라고 안도하고, 목욕탕에 들어가 냉수욕을 하고 수염을 깎았다. 상쾌한 기분으로 방에 돌아와 보니, 뭔가 중요한 메모 용지가 보이지 않는다. 놀라서 일하는 사람에게 물어보니, “바람에 종이 나부랭이가 날아 다니기에, 청소하다 부엌 아궁이에 넣어버렸습니다.”라고 한다. 큰일이다. 부엌에 뛰어들어가 부뚜막 화덕 뚜껑을 열고 손을 집어넣어보니, 한 장의 종이가 잡힌다. 끄집어내서 보니, 다행히도 가장자리만 불에 탔을 뿐 내용은 건재하였다. 요행으로 남은 이 종이가 이제는 다마가와 교육박물관에 소장되어 있다.

그 후 18톤의 작은 배를 빌려 현해탄을 건너, 하카타(博多)에서 기차로 이동하여 산요선(山陽線), 도카이도선(東海道線)으로 갈아타고, 도쿄에 있는 요요기(代代木)의 집에 도착하고 보니, 집사람의 출산일이 임박해 있었다. 밤이 되자 드디어 산통이 시작되었다. 하룻밤 간병을 하고, 다음날 아침 일찌감치 우시코메(牛込)의 요시오카병원(吉岡病院)에 갔다. 그리고 나는 오쓰카(大塚)에 있는 도쿄고등사범학교로 갔다. 그리하여 사자후(獅子吼). 우레와 같은 박수. 66년간의 강연 중에서 최고였다! 땀에 흠뻑 젖고. 방으로 돌아와 보니, 가장 먼저 악수해 준 사람은 히로시마 선배인 고시카와 야사카(越川彌榮: 1882~1965) 사범학교장! 참으로 행복했다.

정리하고 도쿄역으로 갔다. 밤차로 교토를 거쳐 마이즈루(舞鶴)로. 다음 날 아침, 한참 강연 중인데 전보가 왔다. "남아(男兒) 태어남. 모자 건강"이라고. 그 아이가 데쓰로(哲郎)이다. '전인교육'이라 이름 붙인 날과 생일이 같다는 것은 참으로 기적이다. 하나님의 오묘한 섭리에 의한, 깊고 깊은 은혜로, 특별히 감사의 마음을 금할 수 없다.

부모 자식 수 세대! 동인들 수 천 명, 제자들 수 만 명이 모두 뜻을 같이 하여 '전인교육'을 더욱 더 높이고, 넓히고, 바르게 하고 힘써 키워낼 것을 기원하지 않을 수 없다.

그 정도만이 아니다! 영원히 일본 교육 전체가! 나아가 세계 교육 전체가! (주기도문의) "뜻이 하늘에서 이루어진 것 같이 땅에서도 이루어지이다"처럼 간절히 기도하는 바이다.

목 차

제1장

自學教育論 자학교육론

제1장

자학교육론(自學敎育論)

히구치 초이치(樋口長市: 1871~1945)

1. 원리론

저의 발표 주제인 자학주의 교육의 근저에 대하여 간단히 말씀드리 겠습니다. 메이지 시대(1868~1912)의 교육은 주지주의(主智主義) 교 육이고, 모방주의 교육이며, 주입주의 교육이며, 교사중심주의 교육입 니다. 이 같은 내용은 저도 여러분들도 이미 많이 들어본 적이 있습니 다. 사람에 따라서는 이 교육을 메이지 태평성대의 하나의 큰 오욕(汚 辱)인 것처럼 비난합니다만, 저는 이 주지주의, 교사중심주의, 주입주 의, 모방주의 교육이 메이지 시대의 교육으로서 적합한 교육이었다고 믿습니다. 아시는 바와 같이, 일본이 우라가(浦賀)의 흑선(黑船)[1]에 의 해 삼백 년 긴 밤의 꿈에서 깨어나 우리의 시선을 구미 제국으로 돌렸

---

1) [역자주] 1853년 미국의 매튜 C. 페리 제독이 이끄는 4척의 군함은 미국 동 인도 함대 소속의 함선으로 기존의 나무로 만든 배와 달리 쇠로 만들었으 며, 녹이 슬지 않도록 검정 타르를 칠하였기에 흑선이라 하였다.

을 때, 제일 먼저 알게 된 것은 일본의 문화가 서구에 비해 현저하게 뒤떨어져 있다는 사실이었습니다. 일본 국민은 예로부터 투지가 강한지라 허리띠를 졸라매고 달려들어 어떻게 해서든 삼백 년간의 핸디캡을 없애고 선진국과 동등한 위치에 오르고자 하는 것은 상하를 막론한 모두의 염원이었습니다.

그리고 그때는 마침 다윈(C. R. Darwin: 1809~1882)과 헉슬리(A. Huxley: 1894~1963)의 진화론이 세계를 놀라게 한 때였고, 또 이것이 일본에도 수입되어 적자생존·약육강식을 가르쳐 주었습니다. 이 적자생존·약육강식의 목소리는 다른 나라보다 일본인의 마음을 한층 더 자극했습니다. 그래서 어떻게 해서든 약자의 처지를 벗어나, 강자의 먹잇감이 되는 것을 면해보자고 하여 일억 국민이 한 마음으로 서양을 모방하고 서양의 지식을 받아들여 이것을 일본 국민에게 주입하고, 교사는 어떻게 하면 새로운 지식을 국민 모두에게 보급할 수 있을지 절치부심하였습니다. 이리하여 주지주의, 모방주의, 주입주의, 교사중심주의의 교육법이 탄생했다고 저는 생각합니다. 그리고 이러한 교육 때문에 메이지의 성세(聖世)는 단지 일본 국민뿐만 아니라 여러 외국인들 역시 경이로운 눈으로 바라볼 만큼 짧은 시간에 장족의 발전을 이루었고, 이제 일본은 세계의 어느 나라와 비교해도 전혀 손색이 없을 정도로 진보했다고 믿습니다.

그러나 시대는 변화하여 다이쇼(大正, 1912~1926)의 오늘에 이르러서는 일본 및 일본국민이 요구하는 것이 메이지 시대와 비교해 현저히 달라졌다고 생각합니다. 즉, 오늘날의 일본은 세계를 향해 일본 특유의 문화를 발신해야 할 시대에 직면하였습니다. 지금껏 우리는 서구를 모방만 하고 무엇 하나 세계에 공헌한 것이 없었습니다. 일본인의 머리에서 나온 것으로 세계인에게 고루 혜택을 준 것이 없었습니다. 이러한 형국이다 보니 정말 문명국으로서의 체면이 서지 않는다는 기분이 들 수밖에 없습니다. 또 안으로는 이른바 학술의 독립이 필요합니다. 그저 지금처럼 모방만 하고 있으면 시간이 아무리 지나도 그들을 앞서 나아갈 수 없습니다. 겨우 흉내 낼 수 있다고 생각할 즈음에는 그들은 이미 열 걸음, 스무 걸음이나 앞으로 나아가 있을 것입니다. 또 몇 해 전에 경험한 것처럼 스승으로 떠받들고 있던 나라의 학술계와 일단 절연하려고만 하면 심한 공황상태에 빠지는 현상은 참으로 부끄러운 일입니다.

이처럼 국가는 안팎으로 새로운 인물을 필요로 합니다. 바야흐로 새 국민을 요하는 시대가 된 것입니다. 그리고 이것을 개인들의 관점에서 보면 주지하시는 바와 같이 민주적인 사상은 일본에도 침투해서 모든 개인은 자신이 가진 천부의 능력을 충분히 발휘할 것을 요구받고 있습니다. 어느 국민이라도 마찬가지겠습니다만 다른 것들로 인해 개인이 가진 천부의 능력이 좌절되고 희생되는 것에 대해 오늘날 일본 국민들 역시 달가워하지 않는 경향이 있습니다. 그리고 이 천부의 능력을 발휘하는 것이야말로 국민을 살리는 길일뿐만 아니라, 결국 안으로는 일본의 학술의 독립을 도모하고 밖으로는 일본 문화의 위상을 드높이는 것으로, 개인을 각성시키는 것은 국가의 앞날을 위해서 크게 경하할 일이라고 생각합니다.

이처럼 시대는 변하고 있습니다. 따라서 교육도 변해야 합니다. 교육이 개화 사업이라는 것은 라인(W. Rein: 1847~1929) 교수를 만난 후에 알게 되었습니다만, 시대가 새로운 문명을 요구한다면 교육 방법도 이에 적합하게 변경되어 가야 한다는 것을 여러분도 이미 깨달았을 것입니다. 그래서 현재 여러 가지의 교육 사상이 발흥하고, 이번에 이러한 경진회(競進會)가 열리게 되었습니다. 도토리 키재기가 아니라, 모두 신진기예의 여러분(저를 제외하고)이므로 틀림없이 탁월한 학설이 나올 것으로 생각합니다. 일본을 위해 조용히 경하드립니다. 저는 각

학설의 내용을 자세히 경청할 시간이 없는 것이 유감입니다. 그러나 표제만 보고 제멋대로 내용을 갖다 붙이거나, 저 사람의 학설은 이럴 것이다, 이 사람의 생각은 저럴 것이다 등등의 억측을 해서는 안 됩니다. 잠시 들여다본 바로는 모두 메이지의 교육에 반대하여 일어났거나 혹은 신시대의 요구에 부응하고자 일어난 것으로 보입니다. 제가 여기에 내건 자학주의 교육 역시 재래의 교육에 대하여 반대하는 바가 있으며 동시에 신시대의 요구에 부응하는 교육으로 만들어진 하나의 교육안(教育案)이라 할 수 있습니다.

그렇다면 자학주의 교육은 어떤 특질을 갖고 있을까요? 첫째, 자학주의 교육은 종전의 교육이 지식만능주의인 것에 비하여, 아동 내부의 여러 능력을 충분히 발휘하게 하는 교육입니다. 지식만능주의란 무엇일까요? 이는 추가 설명이 필요치 않다고 생각합니다만, 메이지의 교육이 바로 그런 경향을 갖고 있었습니다. 지식량의 많고 적음에 의해서 인간의 지위고하가 정해집니다. 지식이 많은 사람이 곧 훌륭하다는 것인데, 이에 반하여 지식도 중요하지만 그 지식을 낳은 마음의 작용에 무게를 두고 이를 발휘하게 하는 것이 중요합니다. 또 마찬가지로 지식을 얻게 하는 것도 이를 외부에서 주입하고 압박하여 증진케 하는 것이 아니라, 아동 내부의 힘을 이용해서 스스로 만들어 내게 하는 것입니다. 종래의 교수학(教授學)에 형식주의, 실질주의라는 말이 있는데, 지금 그 개념을 차용해 보면 형식주의 쪽을 중시합니다. 그러나 재래의 형식주의가 오로지 교사의 작용으로 아동의 심력(心力)을 연마하는 것이라고 한다면, 자학주의는 아동 자신의 힘으로 자신의 심력을 연마하게 하는 것이므로, 혹자는 이를 신형식주의(新形式主義)라고 하는데, 이렇게 부르는 편이 더 적당할지도 모르겠습니다.

둘째, 자학주의 교육은 교수법 만능주의에 반대하여 아동의 자주적 학습을 중시하는 교육입니다. 교수법 만능주의란 무엇일까요? 교수법이 정교하면 할수록 교육의 효과는 올라갈 것입니다. 교육 효과가 올라가지 않는 것은 무엇보다도 교수법이 제대로 되어 있지 않은 탓이라고 단정 짓는 논리가 교수법 만능주의입니다. 우리는 이제까지 어떻게 하면 교수법을 완비할 수 있을지, 어떻게 하면 교육 효과를 완전하게 할 수 있을지 충분히 고심했습니다만, 아시는 바와 같이 이러한 고심은 그다지 효과가 없었습니다. 그래서 우리의 눈은 자연스럽게 아동으로 옮겨가 교육자로서 우선 아동의 학습법을 연구하고 이를 그들에게 적용함으로써 그들이 스스로 학습하도록 하는 것에 생각이 미친 것입니다. 사람들은 이를 아동중심주의라고 합니다. 만약 이 말이 적당하다면 저는 이 말을 차용해도 좋다고 생각합니다. 어쨌든 아동을 중심으로 하여 나타나는 학술활동, 즉 학습이라는 작용을 연구해서 적절하게 교수법에 적용하는 것이 자학주의 교육입니다.

셋째, 자학주의 교육은 재래의 심리학의 주지설(主智説)에 반대하고 주의설(主意説)에 입각한 것입니다. 앞의 두 가지가 교수학 방면에서 논의하여 결정한 데 반해 이제는 자학주의의 사상적 근거를 살펴봅시다. 심리학의 주지설은, 이미 알고 계시리라 생각합니다만, 심의(心意)의 여러 현상을 모두 지(智)의 작용으로 설명하려는 이론입니다. 즉, 지를 기초로 심의의 발달을 설명하려는 이론으로 지를 근원적인 것으로 보고 정의(情意)는 이에 수반하여 생긴다는 주장입니다. 정의는 특별한 작용이 아니고 지와의 관계에 불과한 것이라는 학설입니다.

우리가 종래 믿고 있었던 헤르바르트(J. F. Herbart: 1776~1841)의 교육설은 전적으로 주지심리학(심리학상의 기계론)에 입각한 것입니다. 그는 교육의 방법이 심리학을 토대로 수립되어야 한다고 갈파하였는데, 실로 그는 지적심리학(智的心理学)에 입각한 교수법, 아니 교육론을 세운 것입니다. 그것은 매우 논리정연한 것으로, 교육학의 천재인 그에게 우리는 경탄을 금할 수가 없습니다. 그러나 당시 그가 주창한 심리학은 그의 희망대로 점차적으로 분과되었고, 연구는 더욱 정밀해졌습니다. 분과되고 정밀해져서 그가 주장했던 심리학과는 전혀 다른 심리학이 나타나고 말았습니다. 그것은 이른바 주의설의 심리학이라고 하는 것으로, 의지를 마음의 근본으로 하는 심리학입니다. 의지가 있고 이것이 발동하는 과정에서 지(智)도 생기고 정(情)도 솟구쳐 나온다고 설명하는 심리학입니다. 우리는 자학주의 교육을 이 주의설 위에 세워서 아동에게 의지의 발동에 의하여 마음의 발달을 도모하고자 합니다. 이것이 심리학상의 입장이지만 오늘날의 철학, 아니 철학뿐만 아니라 과학도 역시 이전의 정적 경향을 벗어나서 동적 경향을 띠어 마치 이 자학주의 교육을 후원하는 듯한 형세에 있습니다. 제가 방금 말씀드린 내용의 대강을 정리해보면 자학주의 교육은 현재의 철학과 과학의 후원을 받아 심리학상의 주의설에 입각하여 아동의 자주적 학습에 의해 자아의 향상 발전을 도모하고자 하는 것입니다. 이것으로 제 입장을 이해해주실 것으로 생각합니다.

이제부터 본격적으로 자학주의 교육의 근본 내용을 말씀드리겠습니다. 자학이라는 말은 줄임말입니다. 자(自)는 자주적, 자분적(自憤的: 스스로 분발하는), 자발적, 자동적이라는 말의 줄임말이고, 학(學)은 학습의 줄임말입니다. 그러므로 자학은 자세히 또한 정확하게 말하면 자주적 학습, 자분적 학습, 자발적 학습 또는 자동적 학습이라는 의미입니다. 그리고 말할 필요도 없이 이는 학습의 한 형식에 불과합니다. 학습에는 수동적으로 하는, 타인이 강제하여 하는 수 없이 하는 형식도 있습니다만, 자학주의 교육에서는 타인이 강제하여 강요를 받아 자신의 의지가 아니라 수동적으로 하는 수 없이 하는 것이 아니라, 아동 스스로 나아가 지(智), 학2), 술(術)을 연마하는 학습 방식을 존중합니다.

---

2) [역자주] 원전에는 부학(否學)이라고 되어있지만, 의미상 학(學)으로 수정 번역함.

자주적으로 학수(學修)하고 자동적으로 학습한다고 하면 도대체 아동에게 자주적이고 자동적으로 학습할 힘이 과연 있겠느냐 하는 점이 또 문제가 될 것으로 생각합니다. 많은 사람들은 아동에게는 스스로 발전하는 힘이 있고, 혹은 학습하는 힘이 있다고 말합니다만, 이는 어떤 근거에서 나왔을까요? 나는 그 상세한 내용을 들은 적이 없습니다. 생각해보면, 아동을 종합적으로 바라보거나 약간의 예증을 통해 전체적으로 고려하여 발전의 힘이 있고, 자동의 힘이 있으며, 자학의 힘이 있음을 논하는 것이라고 생각합니다.

조금 더 상세히 들어가, 심리학의 가르침에 귀를 기울이려고 합니다. 심리학의 주의설에 의하면 아동의 심의 발달은 본능, 반사적 운동, 자발적 운동, 혹은 충동이라는 의(意)의 경향을 가진 데에서 시작됩니다. 당연히 이들의 시작은 모두 무의식적 혹은 반(半) 의식적인 것인데, 이것이 점차 반복됨에 따라 점차 명료해지고 분화하면서 여기에 지(智)라고 하는 것도 나옵니다. 이렇게 하여 나온 지(智)는 다시 앞의 의(意)와 여러 가지로 착종(錯綜)하여 심의는 더욱 복잡한 형태로 발전해 간다고 할 수 있습니다.

지금 말씀드린 대로, 아동은 태어날 때부터 본능을 갖고 있습니다. 본능은 글자 그대로 본래 갖고 있는 능력이어서 선천적인 것입니다. 아동이 경험하기에 앞서 갖고 있는 것입니다. 이 본능 중에 우리 교육자가 이용할 이른바 학습본능이라는 것이 있습니다. 본능은 그 수가 매우 많아서 그중에는 우리의 생명을 유지하는 데 필요한 것도 있습니다. 또 우리의 자손을 번식시키는 데 필요한 것도 있습니다. 여러 가지가 있습니다만, 그 안에 우리의 지능을 발달시켜 가는 본능, 이를 학습본능이라고 이름붙일 수 있습니다. 혹은 학습충동이라는 말을 이용하는 사람도 있습니다. 충동－본능은 모두 충동적인 것입니다. 그러므로 제임스(W. James: 1841~1910)는 본능은 충동이라고 단정지었습니다.

그렇기 때문에 학습본능이라고 하든 학습충동이라고 하든 그 가리키는 바는 다르지 않다고 생각합니다.

먼저 그 기원에서 보면 본래 갖고 있는 능력을 본능이라고 하고, 다른 것은 그 작용의 움직임으로 생각하여 정지적(靜止的)인 것이 아니라 언제라도 뚫고 나오려는 경향이 있다는 점에서 충동으로 이름붙인 것이 아닐까 생각합니다만, 우리 교육자는 둘 다 취하여 이용해야 할 것입니다. 학습본능 안에는 누구나 느끼기 쉬운 호기심이라는 것이 있습니다. 새로운 것을 보고 싶어 하고, 듣고 싶어 하고, 먹고 싶어 하는 호기심이라는 것은 종래의 교육에서 이미 상당히 이용되어 왔다고 생각합니다.

또한 모방심이라는 것도 있습니다. 이 역시 종래의 교육에 이용된 것입니다. 아니, 우리가 취해 온 종래의 교육법은 거의 모두 이 모방만을 이용한 것이 아닐까 생각될 정도로 많이 이용했습니다. 또 유희라고 하는 본능도 있습니다. 이 또한 종래의 교육에 이용되어 프뢰벨(F. Fröbel: 1782~1852)같은 사람은 이 유희본능을 토대로 유치원을 구축했습니다. 다음으로 작업본능이라는 것이 있습니다. 이는 종래 그다지 잘 몰랐던 본능입니다. 어떠한 본능인가 하면, 어떤 사물 어떤 사항을 구성하려고 하는 본능입니다. 그래서 일명 구성본능이라고도 합니다.

이를 종래 잘 몰랐던 이유는 전술한 유희본능 안에 섞여 있었기 때문입니다. 유희본능 위에 교육설을 세운 사람은 유희본능 그 자체보다 이 구성본능 위에 학설을 세운 것이라고 생각합니다. 그렇다면 유희와 작업은 그 질이 다르다는 점을 새삼 논할 필요도 없을 것입니다. 간단히 말씀드리면, 유희라고 하는 것은 동작 그 자체가 목적이고, 그 외에 아무런 목적도 없습니다. 작업은 본능적 동작 이외에 어떤 물건을 완성한다고 하는 목적을 갖고 있습니다. 물론 본능이므로 그 목적을 명료하게 의식하고 있다고 할 수는 없습니다만, 그 동작이 항상 어떤 결과를 만들어 내는 것으로 귀착됩니다.

이는 종래에도 교육학에서 유희와 작업을 잘 나누어 논했으므로 익히 아실 것입니다. 고양이가 공을 갖고 노는 것은 유희입니다. 따라서 그 활력을 나오게 하는 것만이 목적입니다. 사람들은 이를 보고 쥐를 잡는 연습을 한다고 말합니다. 어쩌면 자신도 모르게 그럴지도 모릅니다만, 아무튼 고양이가 유희하고 있는 때는 그 밖의 다른 목적은 없습니다. 그것만 할 수 있다면 고양이는 만족합니다. 그러나 구성본능은 새가 둥지를 만들고, 거미가 거미줄을 치는 것처럼 어떤 행위가 결과로 나오지 않으면 만족하지 못하는 것입니다. 근래의 심리학에서 본능 방면을 연구하는 학자는 유희라고 하는 본능 안에서 이 작업이라고 하는 본능을 끄집어냈습니다.

자학주의 교육에서는 학습본능 중에서 이용할 것이 있다면 무엇이라도 그 채택을 아낄 필요가 없습니다. 특히 우리는 이 작업본능에 무게를 두려고 생각합니다. 작업본능을 이용하여 그들에게 작업하도록 하려는 것입니다. 물론 모방이라는 본능도 자학에 이용할 수 없는 것은 아닙니다. 모방도 타인이 강요하여 하는 수 없이 하는 모방이라면 이용할 부분이 적습니다만, 그가 스스로 자진하여 하는 모방이라면 이는 나중에 말씀드리겠습니다만 굳이 자학이라고 부르지 못할 이유가 없습니다. 자학이냐, 자학이 아니냐 하는 것은 아동의 태도 여하에 의해 결정되는 것이지, 외형에 의해 결정되는 것이 아닙니다.

만약 아동의 자아가 단지 수동적인 태도에 머물러 있다면, 이는 자학이라고 할 수 없습니다. 그러나 자주적으로 활동하는 경우의 모방은 이를 자학이라고 칭해도 좋다고 믿습니다. 학습본능에는 이 외에 수집본능 등, 여러 가지로 이용해야 할 것도 있습니다. 또 성격 수양 방면에서도 바로 지금 열거한 것과 다른 방면에서 다양하게 이용할 본능이 있습니다만, 지금은 논하지 않고 생략하겠습니다. 우리는 이 학습본능을 토대로 자학을 만들려고 합니다.

무릇 교육설이라는 것은 아무리 논리정연한 것처럼 들리더라도 견고한 기반 없는 사상누각은 금세 무너질 수밖에 없습니다. 그러나 이 본능처럼 아동이 태어나면서 갖고 있는 대리석 위에 교육설을 세워 간다면 매우 견고하게 될 것으로 생각합니다. 흡사 우리가 집을 지을 때, 땅을 파고 지하에 자연 그대로의 암반을 발견하면 그 위에 시멘트를 쌓고 지붕을 얹어 완성하는 것과 같습니다. 이것이 가장 견고한 건축이라고 생각합니다. 자학주의 교육도 역시 이런 자연의 학습본능이라는 초석 위에 세워 가려고 합니다. 전술한 바와 같이, 아동에게 스스로 발전할 힘이 있다, 혹은 스스로 학습할 힘이 있다고 한 말은 아마 이러한 학습본능을 가리키는 것이 아닐까합니다.

제가 본 바를 토대로 말씀드리면, 이탈리아의 몬테소리(M. Montessori : 1870~1952)의 교육설은 이 같은 학습충동을 그대로 취해 교육의 출발점으로 삼은 것이라고 생각합니다. 사실 그녀가 주재하고 있는 모친학교를 참관해 보면 아동들은 제각기 자신의 충동대로 학습하고 있는 것처럼 보였습니다. 충동 이외에 별도로 아무런 학습활동의 원동력을 갖고 있지 않는 것처럼 보였습니다. 그러나 이 본능이나 충동은 전술한 바와 같이 무의식 혹은 반(半) 무의식적인 것이므로 학습 작용의 전부를 이것에 맡기는 것은 매우 불안합니다.

유치원처럼 소학교의 저학년에서는 괜찮겠지만, 고학년 아동까지 충동에 의해 학습하도록 하는 것은 조금 생각하기 어렵습니다. 물론 이러한 본능 충동은 점차 분화하여 여러 형태로 아동의 자학력이 될 것이 분명하지만, 본래는 무의식적 또는 반 무의식의 것임을 면할 수 없습니다. 만약 충동에만 의존한다면 학습은 우연적으로 기대할 것이 되고, 필연적으로 기대할 것이 되지는 못합니다. 왜냐하면 본능 충동은 상시 발동하는 것이 아니기 때문입니다. 이에 학습본능, 학습

충동 이외에 뭔가 아동으로 하여금 자주적으로 학습하도록 하는 것을 찾으려는 논의가 있습니다. 이것이 소위 학습동기론입니다.

학습동기론에는 여러 가지가 있습니다만, 그중에 첫째로 공리설(功利說)이 있습니다. 이는 명예나 이해(利害)를 대가로 아동의 공부하는 마음을 자극하려는 것입니다. 졸업식에서 명예의 월계관을 쓰고, 낙제의 불명예를 짊어지지 마라, 좋은 성적을 받는다면 어떤 포상을 주겠다는 등, 명리(名利)로써 아동을 낚는 것과 같은 것입니다. 둘째로 명분이나 이해, 기분 좋고 나쁨에 관계없이 매우 순수한 의지의 발동에 의하여 학습하도록 하자는 주장도 있습니다. 즉, 일하는 것은 인간의 본분이고, 학습은 아이가 해야 할 기본적인 의무이기 때문에 하라고 하는 논리입니다. 임시로 이를 노력설이라고 부릅시다.

셋째로는 흥미를 학습의 동기로 삼으려는 것입니다. 임시로 이를 흥미설이라고 부릅시다. 흥미라고 하는 말도 정말로 다양해서, 이를 제창한 헤르바르트조차 서른 몇 가지 의미로 사용했다고 합니다. 하물며 그 외의 사람들이 흥미라고 하는 말에 각각 생각하고 있는 내용을 집어넣어 자기 나름의 해석을 하고 있으므로 그 의미가 실로 천차만별일 것으로 생각됩니다. 그중에서도 단지 선생님이 가르치는 모습이 재미있다든가 하는 객관적인 흥미는 매우 피상적인 것이어서 진정한 학습동기로 여기는 것과는 별로 관계가 없습니다. 이와 다르게 헤르바르트나 그 외의 학자가 말한 아동의 주관에 따른 경험적 흥미, 추구적인 흥미라고 하는 것은 자학과 매우 관계가 있습니다.

이와 같이 동기론자 중에 공리론자, 노력론자, 흥미론자가 있습니다. 원래 이는 논리적인 분류가 아닙니다. 편의상 나누어 살펴봤을 뿐입니다. 그리고 이들 중의 어떤 것은 제가 지금부터 말씀드릴 내용에 포함될 수도 있습니다만, 다른 것은 학습동기로써 저는 찬성할 수 없습니다. 즉, 공리설 같은 것은 그다지 품위가 있지 않고, 노력설은 너무 아동을 어른시하는 것이고, 마술사의 마술처럼 아동을 낚는 흥미설[3]도 유효한 것이 아니라고 생각합니다. 더욱이 이들 동기론자는 아동에게 공부하도록 유도하기 위해서 매 시간 동기를 끌어내야 합니다. 역사 시간에는 역사를 공부하려는 동기를 끌어내고, 지리 시간에는 지리를 공부하는 동기를 끌어내야 한다고 생각하고 있습니다. 이 때문에 아동의 학습은 종래의 단계 교수법의 예비 단계에서 10분이나 20분의 쓸데없는 시간을 낭비하는 결과를 초래하고 있습니다. 저는 이렇게 그때그때 끌어내야 하는 특수한 동기보다는 언제 어디서나 바로 끌어낼 수 있는 보편적 동기를 찾고자 합니다.

이것은 즉, 자아에 대한 자각입니다. 자아라고 하는 말은 물론 여러분이 알고 있기 때문에 설명을 덧붙이지 않겠습니다. 자아는 발달하기 시작한 시점에는 명료하지 않아서 유치한 아이에게는 자타의 구별조차 쉽지 않은 것이 보통입니다만, 점차 자아의식은 선명해질 것입니다. 특히 자아가 스스로 활동하여 그 힘을 발휘하고 그 결과로 어떤 것을 만들어내면서 의식은 한층 더 명료해집니다. 제가 앞에서 학습본능이라는 것을 말씀드렸습니다만, 이는 자아 발달의 최초 상태입니다. 아동은 무의식, 반(半)의식적이면서도 이 천부의 능력이 발동한 그 결과로 의식이 명료해지고 점차 분화되어 오늘날 우리가 갖고 있는 명료한 자아가 되는 것입니다.

바꿔 말하면, 학습본능도 역시 자아의 한 부분입니다. 그것이 스스로 발동하여 처음에는 우선 충동적으로 발동하겠지만, 그 후에 점차 분화하여 발달하면 명료한 상태가 되어 의식적으로 발동합니다. 발동한 결과로써의 자아는 자신 내부의 강한 힘을 느끼고, 또 다양한 지식이 늘어나 외부로 증대되는 것을 느낍니다. 이를 임시로 자아의 자식(自識)

---

3) [역자주] 원문에는 흥미로 되어있지만 맥락상 흥미설로 수정 번역함.

혹은 자각(自覺)이라고 말씀드리겠습니다. 거듭 말씀드리자면, 자아는 자신의 힘을 발휘하여 어떤 일을 하고 그 결과로서 자신의 힘을 느끼고, 또 그 힘이 확대되는 것을 알게 됩니다. 이를 자아의 자식, 또는 자각이라고 말합니다. 이렇게 하여 아동의 학습은 각각의 과정에서 이러한 자각을 불러일으키는 일이 이윽고 동기가 된다고 저는 생각합니다. 명료하게 이해하시기 어려울지도 모릅니다만, 아동은 공리설 혹은 흥미설처럼 자신의 바깥에서 동기를 추구하거나 활동하지는 않습니다. 오히려 동인은 안에 있습니다. 그들은 자신의 힘을 시험하고. 자신을 확대시키기 위하여 학습하는 것입니다.

예를 들면, 이과를 공부해도 이를 배우면 뭔가 이익이 있기 때문이 아닙니다. 자신이 해보고 싶기 때문입니다. 그래서 그 결과로서 지금까지 몰랐던 것을 스스로 발견하여 갑자기 자신의 위대함을 느끼고, 자아의 확대를 느낍니다. 여기에 학습의 동기가 있다고 생각합니다. 그 때문에 저의 학습동기는 다른 사람들의 학습동기와 취지를 달리하고 있습니다. 저는 이것이 진정한 자동이고, 자분이며, 자주라고 믿습니다. 공부하려는 마음을 일으키는 원인이 자신의 밖에 있는 것은 진정한 자동이 아닙니다. 스스로 안에 갖고 있는 원인만이 진정한 자동이라고 믿습니다. 이러한 동기가 있으면 언제라도 발동할 수 있습니다. 역사든 산술이든, 자신 앞에 놓여 있는 문제가 있으면 즉시 발동을 시작합니다. 흡사 언제라도 준비하고 있는 기관차처럼 목표가 앞에 걸려 있기만 하면 곧바로 발동합니다. 학습시간의 처음에 다양하게 설교하고, 필요를 느끼게 하여 가치를 찾도록 하는 것은 이른바 증기기관차에 서서히 물을 주입하여 불을 피우고 점차 움직이기 시작하게 만드는 것인데, 이러한 동기야기법(動機惹起法)을 저는 받아들이지 않습니다. 교육사를 펼쳐보면 아동의 자기활동이라는 것을 논한 학자가 있습니다만, 이는 생각건대 아동 자아의 자동적, 자주적, 자분적 활동을 가리키는 것

으로, 제 표현으로 말씀드리면 자아의 충실한 발달을 스스로 기획하는
활동이라고 생각합니다.

저는 앞에서 자학주의 교육은 오늘날의 요구에 응하기 위하여 일어
났다고 말씀드렸습니다만, 그렇다면 자아의 확장 충실로 이러한 요구
에 응할 수 있는지 묻는 분이 계실 텐데요, 저는 '그렇다'고 대답하고
싶습니다. 물론 발명이나 발견 등은 소학교 아동에게는 바랄 수 없지
만, 소학교에서 이런 경향의 교육을 하고 나아가 중학교부터 고등학교,
전문학교에서도 같은 방침의 교육을 계속한다면 아마 발명도 발견도
자연스럽게 일어날 것이라고 생각합니다. 학술상의 발명도 발견도 이
를 주관적으로 말씀드리면 자아의 발전 확장, 유행하는 말로 바꿔 말
하면, 바로 창조라는 말이 되는데, 각각의 사람에게 그 천부의 능력을
다하게 하는 것도 개인이 자신의 힘과 장점을 알고 이를 발휘함으로써
가능하지 않겠습니까? 또 사회적 측면에서 보더라도 각각의 사람들에
게 자아의식을 명료하게 할 필요가 있지 않겠습니까? 자아의식이 선명
하지 않아서 자타 사이에 경계가 사라지면 책임 관념도 없어지거니와
자타를 존중하는 생각도 없어질 테니 말입니다.

이와는 대조적으로 각각의 자아(自我)가 명료해질수록, 타아(他我)
도 명료해집니다. 자아가 명료해질수록 자신이 생기고, 타아가 명료해
질수록 상대방의 장점을 존경하게 됩니다. 비근한 예를 들어 말씀드리
면, 여기에 수 천 명의 청중이 있습니다만, 여러분은 결혼하기 전에 타
인의 부인 머리모양에 시선이 머무른 적이 있습니까? 타인의 부인 옷
매무새에 신경 쓴 적이 있습니까? 이것을 먼저 묻고 싶습니다. 제가 들
은 바로는 결혼을 하고나서 비로소 남의 부인 머리가 신경이 쓰이고,
남의 부인 옷매무새가 추하게 보이거나 좋게 보인다고 합니다. 여러분
의 부인은 여러분 자아의 한 부분입니다.

논리보다 증거를 보여드리죠. 훌륭한 부인과 함께 산책을 나가면 여

러분은 자아의 탁월함을 느낄 것입니다. 또한 여러분은 아이를 갖기 전에 다른 아이의 얼굴이 눈에 들어왔는지 어떤지, 이것도 제가 들은 바로는 아이를 갖고 나서야 비로소 다른 집 아이 얼굴의 미추(美醜)가 잘 보입니다. 아이도 자아의 일부분입니다. 조금 전에 말했듯이 자아는 심아(心我)인데, 이에 반해 부인이나 아이는 물아(物我)라는 차이뿐으로, 자아라는 사실에는 차이가 없습니다. 이와 같이 자아의 장점 단점이 명료해지고 타아의 장점 단점도 헤아려 짐작할 수 있는 사람들의 사회만이 진정 맑고 담박한 사회가 될 것입니다.

이는 제가 소학교에서 오랫동안 경험한 것입니다만, 자학적(自學的)으로 아이에게 예의범절을 가르치고 나서 느끼는 것은 아이들 사이의 공기가 진정으로 청명하다는 것입니다. 타인의 장점과 단점을 알아서 그에 대하여 경의를 표하고, 자신의 장점과 단점을 알면 비굴해지지 않습니다. 자신의 단점을 알고 이를 보완하려고 노력하며 아는 것이 부족할 때 남에게 묻는 것을 부끄러워하지 않습니다. 남에게 배우는 것에도 위세를 부리지 않고, 남이 본다고 해서 감추지도 않습니다. 실로 담박한 모습입니다. 교사의 경우에도 역시 마찬가지로, 교사에게 다가올 때 웃지 않는 학생은 없습니다. 선생님은 자신의 장점과 단점을 잘 알고 있다고 믿기 때문에, 실제로 모든 것을 터놓고 대합니다.

저는 사회라는 것이 이렇게 되어야 한다고 생각합니다. 또 마찬가지로 사회의 다른 방면에서 바라봐도 요즈음처럼 프로파간다로 사람을 움직이려고 하고, 그저 다수의 세력으로 일을 성사시키려고 하는 시대에는 국민 각자에게 스스로 잘 생각하고 스스로 판단하는 습관이 있어야 합니다. 그렇지 않으면 경망스러운 행동이 끊이지 않는 세상이 될 것입니다. 이 점에서 봐도 소학교 시절부터 자신을 알고, 스스로 판단하고 스스로 사색하는 데 익숙해질 필요가 있다고 믿습니다. 제가 말하는 자학의 근거는 이상에서 말한 대로 아동자아의 자각입니다. 학습

작용의 시작점도 도착점도 모두 여기에 있습니다.

학습동기 다음으로는 학습의 방식, 학습의 순서를 말하겠습니다. 학습동기는 마치 기관차와 같고, 학습 순서는 철도와 같으며, 학습 방식은 그 철도의 협궤(狹軌)·광궤(廣軌)와 같은 것입니다. 그러나 학습 방식이나 순서는 방법론에 따라 다르고 주제에서 벗어나는 것이기 때문에 오늘은 이 정도로 해두겠습니다. 아무쪼록 충분히 비평해 주십시오. 현명한 여러분은 결코 제 말에 속지 않을 것입니다. 만에 하나 속을 것 같은 분이라면 아직 자학하지 않은 분으로 단정하겠습니다. 또 말이 나온 김에 말씀드리면, 일본의 교육계에도 더욱 다양한 학설이 나와야 합니다. 종래와 같이 하나의 학설이 일어나 그것만 유포되어 무엇이든 그것이 전부라고 생각하는 것은 실로 일본 교육 학술계의 치욕입니다. 모든 사람들의 학설은 듣고 참고하는 정도로 해두고, 내용이 좋은 것은 취해서 자기 학설의 재료로 삼는 정도로 생각하고 싶습니다. 결코 하나의 학설을 맹신하지 말고 스스로 잘 판단하여 취할 점과 취하지 않을 점을 구분해야 합니다. 이렇게 해서 저는 여러분이 자학할 것을 바라고 있습니다.

2. 방법론

모처럼 격려해주시니 다음으로 방법론을 말씀드리겠습니다. 이에 대해서는 두 가지를 말씀드리고자 합니다. 하나는 학순(學順)이고, 다른 하나는 학식(學式)입니다. 종래 교수법에 교식(교수 방식), 교순(교수 순서)이라는 것이 있었는데, 저는 교식에 대하여 학식을, 교순에 대하여 학순을 세우려고 합니다. 그러나 이 학식과 학순은 교식, 교순을 뒤집어 말한 것만은 아닙니다. 한편에 교수가 있으면, 다른 한편에 학습이 있으므로 교식의 뒷면이 곧 학식이라고 생각할 수 있습니다만, 학습이라는

18

작용을 상세히 연구해보면 교수에 수반하는 학습뿐만 아니라, 교수를
떠난 학습도 있습니다.

우선, 학식부터 개략적으로 말씀드리겠습니다. 학식에는 공구식(攻
究式), 시과식(試過式), 모방식(模倣式)의 세 가지가 있습니다. 모방식
에는 모상식(模想式)과 모기식(模技式)이 있습니다. 이들은 지식기능
을 처음 습득할 때 학습, 즉 예습과 본습에 사용하는 학식입니다. 이
밖에 일단 학습한 지식 또는 기능을 훈련하여 견고하게 하는 학습, 즉
복습 또는 연습에 자동식과 피동식 두 종류가 있습니다.

자동적 공구식은 아이가 예습할 때 사용하는 학식이고, 교사가 아동
앞에 서서 문제를 제출하고 그들에게 공구하도록 하는 것은 피동적 공
구식입니다.

시과식은 마치 오노 미치카제(小野道風)4)가 그린 개구리5)처럼 시도
했다 실패하고, 또 시도했다 실패하여 마침내 그 기술을 익히는 방식
입니다. 우리가 기계체조를 배울 때, 이 방식을 사용합니다. 글쓰기도
아이가 견본을 관찰하고 몇 번이고 반복하여 점선 글자를 따라 고쳐
써보는 학습도 이 방식에 의한 것입니다. 창가(唱歌)에서 다양하게 입

---

4) [역자주] 인명에 관하여 오노노 미치카제로 읽기도 하지만 일본국립도서관
인명색인에는 오노 미치카제로 확인된다. https://id.ndl.go.jp
5) [역자주] 오노 미치카제는 일본의 3대 서예가의 한사람으로, 화투의 비광에
서 우산을 받쳐 든 남자로 잘 알려진 인물이다. 미치카제, 즉 도후(道風)는
재능 없는 자신에게 혐오를 느껴 서예를 그만둘까 진지하게 고민할 정도로
슬럼프에 빠져 있었는데, 어느 비오는 날 산보를 나가서 버드나무에 개구리
가 뛰어오르려고 몇 번이나 도전하는 모습을 보고 "개구리는 바보로구나.
아무리 뛰어도 버드나무에는 오르지 못할 것을..."하며 바라보고 있을 때,
우연히 강한 바람이 불어 버드나무 가지가 휘면서 보기 좋게 날아올랐다.
이것을 본 도후는 "바보는 나 자신이었구나. 개구리는 열심히 노력하여 우
연을 자기 것으로 만들었는데, 나는 그 정도로 노력하지 않았구나"하고 깨
닫고 죽을 힘을 다해 노력하는 계기가 되었다고 한다.

을 맞추어 여러 음색을 내보는 것도 역시 이러한 학식입니다.

모방식 중에 모상식이라는 것은 수신이나 역사 교수에서 보는 것과 같이 타인의 사상을 모방하여 자신도 그와 동일한 사상을 구성하고 학습하는 학식입니다. 혹은 산술 문제의 해법에서 교사의 사고 경로를 모방하여 이해하는 것도 마찬가지로 이러한 방식에 속합니다. 모방식 중 모기식은 교사의 기술을 모방하여 학습하는 것입니다. 글쓰기, 체조, 창가, 재봉 등의 기능과의 학습은 대부분이 이 학식에 의한 것입니다. 복습 및 연습에서 자동식은 교사의 눈앞을 벗어나 혼자 학습할 때의 복습·연습이고, 피동식 복습·연습은 교사의 직접적인 지도하에 그 지시대로 복습하거나 연습하는 방식입니다.

학순은 참으로 복잡하기 때문에 개략적으로 말씀드리는 것은 어렵고, 다만 한 예를 드는 정도로 하겠습니다. 학순은 학과의 성질과 학습작용의 종류에 따라 다릅니다. 학과의 성질은 그 학과가 아동의 지를 단련한다는 목적이거나 혹은 아동의 기능을 단련한다는 목적, 또는 아동의 이상을 만드는 것을 목적으로 하는 것입니다.

예를 들어 독서는 아동에게 문자의 지를 터득하게 하고, 역사는 역사상의 지를 터득하게 하며, 이과는 이과상의 지를 터득하게 하며, 산술은 추리의 지력을 단련시키는 성질이어서 이들은 지를 단련시키는 학과로 봐야 합니다. 다음으로 창가, 체조, 수공, 도화, 재봉, 글쓰기는 기능을 단련시키는 학과입니다. 수신은 아동의 이상(理想)을 구현하도록 하는 학과입니다. 저는 임시로 소학교의 학과를 지력과, 기능과, 이상과처럼 세 가지로 분류하겠습니다.

학습작용의 종류로 말하면 예습, 본습, 복습, 연습 등이 있습니다. 예습은 일반적으로 알려져 있습니다만, 본습이라는 말은 어쩌면 생소할지도 모릅니다. 이 말은 제가 마음대로 만든 말이라서 아직 공인을 받지는 못했습니다. 종래 우리가 소학교에 다녔을 때, 지금의 예습을 예비조사로 말한 것이라고 한다면, 교사에게 교수를 받는 것을 본 연습이라고 했으므로 이를 한자로 고쳐 본습이라고 한 것입니다. 예습은 교사의 직접 지도가 아니라도 가능하지만, 본습은 교사의 직접 지도하에서만 행해지는 것입니다. 복습은 글자처럼 전적으로 지식을 반복하여 견고하게 하는 작용이어서 독서, 역사, 이과 등의 지력과에 속하는 작업이고, 연습은 전적으로 기능의 반복이므로 창가, 체조, 도화 등의 기능과에 속하는 작업입니다.

학순은 이상에서 든 학과의 종류, 즉 지력과·기능과·이상과와 학습작용의 종류, 즉 예습·본습·복습·연습에 따라 다릅니다만, 지금 여기에 모든 경우에 대하여 상술하는 것은 시간이 허락하지 않으므로 지력과에 대해서 한 예를 드는 것으로 대신하고자 합니다. 지력과 중에 문자에 의해서 학습하는 학과(독서를 주로 하고, 역사는 이에 준한다.)의 학습 순서에는 예습(즉, 자동적 공구식에 의한 학습), 여기에는 착제(捉題), 통독, 정독, 음미의 순서가 보통이라고 생각합니다. 착제는 제공된 문제를 파악하는 것으로, 독서에서 몇 페이지 몇 행부터 몇 페이지 몇 행까지 예습할 재료를 파악하는 것입니다. 통독은 읽을 수 없는 문자나 잘 모르는 자구에 개의치 않고 대강을 훑어 읽고 개략적으로 어떤 내용이 적혀 있는지 아는 것입니다. 정독은 사서적자(辭書摘字)의 도움을 빌려 읽을 수 없는 글자의 읽는 법을 조사하고, 모르는 자구의 뜻을 조사하는 것입니다. 이렇게 해도 역시 읽을 수 없거나 모르는 자구를 재고하여 본습 때 교사에게 물어볼 준비를 하거나 또 그날 배워 알게 된 새로운 글자의 쓰는 법, 틀리기 쉬운 글씨 쓰기를 한층 더 깊게 주의하는 것이 음미입니다.

예습에 이어지는 본습에는 교정, 보성(補成), 정리의 순서를 취하는 것이 적절합니다. 교정에는 우선 학생이 예습해온 곳을 읽어보게 하여 맞고 틀렸는지 검사합니다. 다음으로 뜻을 바르게 파악했는지 아닌지를 검사합니다. 그리고 문구를 올바르게 파악했는지 아닌지를 검사하여 올바른 것은 기쁘게 받아들이고, 올바르지 못한 것은 정정해 줍니다. 보성은 아이의 힘으로 수행하지 못한 것을 교사의 힘으로 해결해 줌으로써 학습을 대성시키는 것으로, 수사적인 것이나 어법적인 것에서 자구를 해석하고 들려주는 것이 이 단계의 일에 속합니다. 정리는 보성에 의해 가르친 것과 교정에서 다룬 것 양쪽을 비교해 계통을 붙이는 것입니다.

이후의 과정은 복습입니다. 복습은 만약 자동식 복습이라면 순차적인 순서를 취하여 전문을 통독하는 것이 보통이라고 생각합니다만, 이것이 피동식 복습이어서 교사의 목전에서 지도하는 대로 복습하는 경우에는 여기저기를 발췌하고 띄엄띄엄 복습하는 약진적인 순서도 또한 이용할 만하다고 생각합니다. 연습도 마찬가지로 받아쓰기 연습 등을 통해 전문을 받아쓰는 순서도 있고, 군데군데 발췌하여 쓰는 약진적 순서도 있을 것으로 생각됩니다.

매우 불충분합니다만, 방법론의 개략은 이 정도로 해두겠습니다.

경청해 주셔서 감사합니다.

제2장

自動教育論
자동교육론

제2장

자동교육론(自動敎育論)

고노 기요마루(河野淸丸: 1873~1942)

이렇게 많은 청중 여러분을 앞에 두고 강연하게 된 것을 참으로 영광으로 생각합니다. 먼저 오늘밤 저는 대략 다섯 가지 항목에 대해 말씀드리고자 합니다. 첫 번째로 자동주의교육이라는 것이 도대체 성립될 수 있는지에 대해서입니다. 자동이라고 하면 이미 방법론이 아닌가 생각되는데, 교육학이 하나의 계통적인 학문이 되기 위해서는 목적론과 방법론을 갖춰야 합니다. 그래서 이 자동이라는 것에서 과연 목적론까지 이끌어 낼 수 있다고 하는 주장과 자동주의교육이라는 것은 요컨대 방법론에서 끝나버리는 것이라는 반대 주장도 있습니다. 여기에 답하는 것이 첫 번째입니다.

두 번째로 자동교육은 매우 엄밀히 말하자면 방임교육이 됩니다. 전혀 돌보지 않고 방치해 두는 것이 엄밀한 의미의 자동교육이 아닐지, 불순물이 전혀 섞이지 않고 매우 철저하고, 그 기치가 명백한 것이 자동교육이라고 할 수 있을 것입니다. 그래서 자동교육 혹은 방임교육, 이것은 결코 불가능한 것이 아닙니다. 전혀 돌보지 않아도, 바꿔 말하면 방임해 둬도 인간은 어느 정도까지는 발달을 이뤄낼 수 있을 뿐만 아니라, 그 편이 오히려 더 좋은 경우도 있습니다. 그렇기에 방임교육은(방임교육이라는 말 자체가 성립이 되는지 아닌지 또한 문제입니다만, 가령 방임교육이라는 것이 말이 된다고 한다면) 가능합니다. 때로는 매우 필요하기까지 합니다. 그러므로 두 번째로는 방임교육이 가능하다는 것을 말씀드리겠습니다.

세 번째로는 한걸음 더 나아가서 방임교육이 필요하다는 것을 말씀드리겠습니다. 그리고 네 번째는 앞서 말한 바와 같이, 자동교육은 가능할 뿐만 아니라 때와 경우에 따라서는 필요함에도 불구하고 방임교육은 매우 비경제적인 교육법이므로, 역시 교사와 학생이 대립할 때 교사의 힘이 더해지기 마련입니다. 힘이 더해지는 교육, 즉 여기에 자동주의교육, 자동이라는 것을 본체로 하고 원칙으로는 삼지만, 여기에 교사의 힘이 더해진 교육이 자동주의의 교육에서 가장 중요하다는 점을 말씀드립니다. 그리고 이를 위한 교사의 입장에서는 지도에 세심함이 요구됩니다. 학생의 입장에서는 학습의 태도가 잘 정립되어 있어야 합니다. 그래서 교사는 매우 유효하게 지도하고 학생 또한 대단히 유효한 연구태도로 학습하는 것이 필요합니다. 교육자 측의 유효한 지도와 피교육자 측의 학습태도, 이 두 가지가 갖춰질 때 비로소 완전한 자동주의교육이 생겨난다는 것을 네 번째로 말씀드리겠습니다.

그리고도 시간이 허락된다면, 다섯 번째로 학습태도론의 개요를 말씀드리려고 합니다. 그리고 지도론의 개요도 말씀드리고 싶은데, 이것은 지금 대대적으로 연구되고 있기도 하고 또 대단히 어려운 문제라서 동지들 사이에서도 의견이 엇갈릴 만큼 복잡한 문제입니다. 언제나 지도론 얘기를 꺼내면 반드시 불꽃 튀는 논쟁이 벌어지곤 합니다. 그렇기 때문에 비교적 완전한 지도론을 계통적으로 발표하는 것은 조금 더 시간이 지난 뒤에 해야 할 것 같습니다. 충분히 연구한 뒤에 물론 아무리 시간이 지나도 충분하다고 말하기는 어렵습니다만, 조금 자신 있게 말할 수 있을 정도로 연구한 뒤에 세상에 공표해서 비평을 청할까 합니다. 이에 오늘은 지도론은 빼고 이야기하고자 합니다.

거듭 말씀드리지만, 이 '자동'이라는 말 자체에서 교육의 목적과 방법이 나오는 것이므로, 자동주의교육은 성립 가능합니다. 저는 이를 성립시키는 일을 제 일생의 작업으로 생각하고 있습니다. 둘째, 방임교육은 가능합니다. 셋째, 방임교육은 가능할 뿐만 아니라, 한 발 더 나아가야 할 필요가 있다고 할 수 있습니다. 먼저 방임교육의 밝은 부분, bright side, 그것을 두 번째, 세 번째로 논하겠습니다. 네 번째 단계는 교사의 힘이 더해지는 자동주의교육이 필요하다는 내용입니다. 여기에는 아동의 학습태도가 필요하다는 것을 말씀드리고 이 항을 매듭짓고자 합니다. 마지막으로 학습태도론의 개요를 말씀드리고자 합니다. 날이 많이 더워져서 저도 좀 실례하겠습니다(상의를 벗음).

이제 본론으로 들어가 첫 번째로 자동주의교육이 성립 가능하다는 것을 말씀드리겠습니다. '자동'이라는 말에서 "왜 목적론이 나오지 않는가"라는 생각이 제게는 오히려 이상할 정도입니다. 자동이라는 말만큼 현대 철학, 특히 오늘날의 구성론적 인식론의 근저가 되는 것은 없습니다. 현대 철학의 지식론이라면 누구나 알고 있듯이 지식은 주관이 구성한 것입니다. 하나의 인식주관이 있어서 이것이 지식을 구성하는 것입니다. 그 구성에는 여러 범위에 맞춰서 주어진 재료, 즉 순수경험 같은 것을 재료로 삼아 인식주관이 이를 조립하는 것입니다. 범위라는 도구를 가지고 마치 목수가 톱이나 끌을 가지고 주어진 재료를 가공하여 상자나 용기 같은 것을 만드는 것처럼 지식을 구성하는 것입니다. 이것이 오늘날의 구성론적 인식론의 입장입니다.

그리고 이에 반대하는 것이 인식론상의 모사설(模寫說)입니다. 이 주장에 따르면, 지식이라는 것은 외계에 존재하며 우리의 마음은 거울 같아서 지식이라는 외계에 존재하는 것을 우리 의식의 거울에 비추는 것이라는 논리입니다. 그렇기 때문에 현대에 철학, 특히 이 인식론적 철학으로부터 '자동'이라는 것을 빼버리면 남는 것은 아무 것도 없습니다. 자동에 의해서 지식이 구성되고, 자동에 의해서 문화의 한 요소인 진리가 구성될 뿐만 아니라, 선과 미도 모두 이 자동에 의해서 구성되는 것입니다.

저는 진선미의 내용이 통일된 형태를 '문화'(독일어: Kultur)로 부르고자 합니다. 아니, 누구나 그렇게 생각할 것입니다. 이러한 문화를 만드는 움직임은 모두 자동에 있습니다. 그리하여 교육의 목적이 문화의 발양이라고 하면, 단지 협애한 국가지상주의, 바꿔 말해 일국의 부국강병뿐만 아니라 인류문화의 발양 등을 교육의 목적이라고 한다면, 그 교육이 목적으로 하는 문화라는 것은 그 무엇이든 자동의 산물이 아닌 것이 없습니다. 모두 우리의 인식주관이 문화를 구성하는 것입니다. 그러므로 여기에서 충분히 목적론도 나오게 됩니다. 그리고 그 목적을 어떻게 실현할 것인가 하는 방법론도 자연스럽게 여기에서 나오게 됩니다. 이것이 제1항에서 말씀드리고자 하는 저의 주장입니다.

거듭 말씀드리면, 인류 문화를 발양하는 것이 곧 교육의 목적이 아닌가, 그 문화는 모두 우리 자아의 인식주관이 구성한 것이 아닌가, 그것을 구성하는 것이 곧 자동이 아닌가. 이렇게 보면 '자동'은 실로 문화의 본체가 아닌가 싶습니다. 그리고 그 자동력이 문화를 창조하는 것이므로, '자동'은 실로 목적을 구성하는 근본이라고 할 수 있습니다. 그래서 저는 지금까지 그저 막연하게 '자아[아(我)]'가 문화를 구성한다는 식으로 말했지만, '자아'란 대체 무엇인지, 누가 구성의 주체가 되는지, 이런 점에 관해서 제가 믿는 바를 말씀드리고 싶습니다.

가치를 창조하고 문화, 즉 진선미를 구성하는 주체는 저와 같은 일개 개인이 아닙니다. 혹은 다른 어느 개인도 아닙니다. 대체로 이것은 초월적인 개인, 개인을 초월해 있는 초(超)개인이 구성하는 것입니다.

5척도 안 되는 사람, 우리처럼 키가 작은 5척 내외의 인간이 어떻게 우주의 진선미를 구성할 수 있겠습니까? 구성하는 주체는 초개인으로, 이것은 단순한 개인이 아닙니다. 그러면 초개인이란 대체 무엇인가? 여기에서 제법 어려운 문제가 생깁니다. 초개인이라는 것은 여기에 지금 2천 명의 사람이 있다고 하면, 그 2천의 사람에게서 공통된 요소를 뽑아서 나중에 만들어내는 그저 개념에 불과한 것이라고도 말할 수 있습니다. 그러나 여기에서 또 하나의 문제가 생깁니다. 개인이 있고, 그 개인에서 초개인을 만들어낸다, 그렇다면 먼저 있는 것은 개인이고, 그 개인을 대상으로 하여 여기에 초개인이라는 것이 생기는 것이니, 생기는 선후[1]를 따지자면 개인이 먼저 있고, 초개인이 나중에 나타나는 것이 아닌가 생각하기 쉽습니다.

　여기에서 문제는 전후에 대한 문제인데, 앞뒤를 논한다는 것은 꽤나 어려운 문제입니다. 그보다는 오히려 '부분과 전체'의 관계에서 본다면, 전체라는 것이 먼저 존재하고, 거기에서 나중에 부분이 생겨난다는 근본적인 입장을 취하려고 합니다. 그렇기 때문에 개개의 개인이 먼저 존재하고 나중에 전체라는 것이 생겨나는 것이 아니라, 전체가 먼저 존재하고 나중에 그 부분이 생겨난다고 할 수 있습니다. 예컨대, 지금 가령 한 줄기 선이 길이가 30센티라 치면, 그런 선을 무한히 세분하면 점이 됩니다. 그 점이 모여서 선이 되는가? 아니면, 먼저 선이란 것이 있고 점이 나중에 생겨나는가 하는 것을 생각해 보면, 점이 아무리 모인다고 해도 선은 되지 않습니다. 왜 그러할까요? 점이라는 것은 상식적으로 생각하듯이 연필 끝으로 찍은 그런 것이 아닙니다. 왜냐하면

---

1) 1922년 원전에는 선후(善後)라고 기재되어 있지만, 1976년도 영인본에는 전후(前後)로 수정되어있음. 일본어로 두 발음이 같아 생긴 원전 오류로 보이나, 우리말 번역에는 맥락상 선후(先後)로 함.

그런 것은 다시 무한히 분할할 수 있기 때문입니다. 그렇기 때문에 연필 끝으로 찍은 것은 점이 아닙니다. 그것을 모으면 선이 되지 않는 것도 아니지만, 점이라는 것은 무한히 나뉘어져서 더 이상 나눌 수 없는 것, 그것이 점이기 때문에 기하학적으로는 그저 position, 즉 위치를 가리킬 뿐이고, 크기가 없는 것입니다. 그것이 점입니다. 그렇기 때문에 크기가 없는 것을 아무리 모아도 선이 되지는 않습니다. 소위 부분이라는 것을 아무리 모아도 전체가 되지 않는 셈인데, 지금 말한 선의 예로 증명되었으리라 생각합니다.

그리고 또 하나 증명하자면, 점이라는 것은 곡선도 될 수 있고 직선도 될 수 있습니다. 방향에 따라 곡선이 되거나 직선이 될 수 있습니다. 만일 점이 많이 모여서 선이 될 수 있다고 해도, 선이라는 것은 직선인지 곡선인지, 그것이 직선이라면 일정한 방향을 정해야 합니다. 그러기 위해서는 어느 쪽으로 가야한다는 방향성을 갖고 있어야 합니다.

즉, 일정한 방향을 갖고 있는 것, 똑바로 간다든지 굽어 간다든지, 그런 방향을 포함한 점을 모아야만 선이라는 것이 생겨납니다. 그리고 방향을 보여준다는 것이 일정한 길이를 갖고 있어야만 한다면, 좀 더 자세히 말해서 방향을 보여주기 위해서는 이미 일정한 길이를 가진 선이어야 한다면, 이미 전체라는 것이 나타나 있는 것이므로 역시 전체라는 것이 먼저 있어야 합니다. 전체가 먼저 있다면 그 전체를 나눠서 부분으로 나눌 수 있으나, 부분이 아무리 모여도 전체가 되지 않는다는 입장에서 보면, 이야기가 좀 벗어났지만, 개인이 먼저 있고 초개인이라든가 사회가 생기는 것이 아니라, 먼저 전체라는 것을 예상함으로써 개인이 나오는 것이라고 할 수 있습니다. 그러므로 지식 등을 구성한다는 것은 개인이 구성하는 것이 아니라 초개인이 구성하는 것입니다.

그래서 저는 이 자동, 즉 자아라든가 주관이 스스로 작동해서 지식, 기술, 혹은 진선미 같은 문화를 창조한다, 이것이 곧 자동인데, 창조하

는 주체는 누구인가 하면 한 명 한 명의 개인이 아닙니다. 개인이 아니
라 개인이 존재하기 전에 존재하는 초개인이 이를 구성한다고 주장하
는 바입니다. 그러나 초개인은 단지 개인을 모으는 것만으로 생겨나지
는 않는다는 사실은 조금 전에 말씀 드린 바와 같습니다.

중국의 옛 책들을 읽어 보면, 만물은 마음에 갖춰져 있다고 하는 말
이 나옵니다. 이것을 문자 그대로 해석해서 오독한 것이 명나라의 왕
양명(王陽明)으로, 그는 만물은 모두 내 마음 속에 갖춰져 있으므로 만
물을 연구하고자 한다면 풀 한 포기 나무 한 그루를 일일이 연구할 필
요는 없다, 내 마음을 돌아보고 마음을 연구하기만 하면 만물은 모두
알 수 있다고 하며 경험을 매우 천시했습니다. 그렇지만, 주자(朱子)는
이기이원론(理氣二元論)의 입장을 취하여 [기(氣)라는 것은 눈에는 보
이지 않지만, 공기라든지 대기라든지 혹은 분위기처럼 물질을 대표해
서 있는 것이고, 이(理)라는 것은 정신적인 것이다] 이기이원론의 입장
에서 물(物)은 이기이원을 갖추고 있다, 그러므로 풀 한 포기 나무 한
그루에 이르기까지 이를 연구하지 않으면 안 된다고 하는 경험론적 입
장을 취했습니다. 그리하여 왕양명과는 정반대 주장을 하게 되는데, 오
히려 주자의 입장이 타당하다고 생각합니다.

즉, 왕양명의 생각에는 상당한 오류가 있는데, 무엇이 잘못되었는지
생각해 보면, 만물이 마음에 갖춰져 있다는 것을 만물이 '자아(我)'에
갖춰져 있다고 하면서 이 '자아'를 개개인, 즉 작은 '나'로 해석했기 때
문에 틀린 것입니다. 만물이 내게 갖춰져 있다고 할 때의 '나'는 곧 지
금 내가 말한 초개인으로서의 '나'입니다. 큰 개인으로서의 '나'에게 갖
춰져 있다는 것을 큰 개인으로서의 '나'와 초개인으로서의 나, 그리고
일개 개인으로서의 '나'를 오해하게 되면 왕양명 같은 잘못된 생각에
빠지기 쉽습니다. 역시 지식, 기술을 구성하는 것은 초개인으로서의
'나'입니다. 그래서 각각의 개인이 만든 것은 주관적인 것이고 타당성

이 없습니다. 먼저 한 명 한 명의 생각은 주관적이어서, 특히 좋아하고 싫어하는 것도, 아이들은 겨자처럼 매운 것을 싫어하지만 어른들은 좋아합니다. 또 같은 어른이라도 개중에는 단 것을 좋아하는 사람도 있고 매운 것을 좋아하는 사람도 있으며, 단 것을 좋아하는 사람도 자세히 들여다보면 기호는 서로 다릅니다. 보편타당성이 없습니다.

그런데 진(眞)이라든가 선, 미는 누가 언제 생각해도 진리여야 합니다. 2곱하기 2가 4라는 것은 누가 계산해도 같은 결과가 나오는 진리입니다. 즉, 오늘날 말하는 당위, 마땅히 옳아야 한다는 것이 그것입니다. 그리고 선은 누가 생각해도 선이어야 하고, 타당성이 없으면 선이라고 할 수 없습니다. 칸트의 정언명령, 즉 각자 누구든 이를 규칙으로 삼아 차질 없이 행하는 것이 아니면 타당성이 없고, 따라서 선이라고 할 수 없습니다. 즉, 초개인의 판단력으로 봐서 전혀 무리 없이 작동해가는 행(行)을 하는 것이 선이라는 식으로 생각한 것을 보더라도, 문화의 일부분인 선의 개념은 결코 개인이 구성하는 것이 아니고, 그 주체는 초개인입니다. 그러므로 개인이 한 행동에는 진리가 없고, 타당성이 없습니다. 그저 싫고 좋은 것이 있을 뿐입니다. 개인적인 것은 천차만별인데, 초개인이 만든 것은 보편타당성을 갖고 있으므로, 문화를 창조하는 것은 결코 개인이 아니라 초개인입니다.

그리고 미(美)라는 것도 모두 각자가 천차만별의 기준을 갖고 있어서는 안 됩니다. 미에는 미에 공통된 규범이 있어서 누가 언제 어디서 보더라도 아름다워야 합니다. 일부 사람이 아름답다고 인정하는 것으로는 안 됩니다. 즉, 초개인적 보편타당성을 띤 것이 아니라면 진정한 미가 아닙니다. 그렇기에 자동주의 입장에서는 자동이라는 것이 문화의 기초입니다. 그래서 자동은 초개인의 자동이어야 합니다. 그렇다면 초개인 이외의 것이 만든 것은 아무런 가치도 없을까요? 우리는 초개인의 일부입니다. 초개인의 일부분인 까닭에 초개인이 이상으로 삼는 것은 우리 모두에게 내재해 있습니다. 그렇기 때문에 우리가 하나의 문화를 창조할 때, 그 진이나 미를 개인이 만든 것으로 하고, 종국에 가서는 진인가, 선인가, 혹은 미인가 하는 것을 모두 초개인을 표준으로 하는 것처럼, 초개인은 이런 식으로 진리를 삼는 것입니다.

2곱하기 2가 4라는 것을 진리로 삼습니다. 그렇기 때문에 우리는 초개인이 만든 것을 표준으로 하고, 이상으로 하며, 이념으로 하여 진선미라는 것을 창조해가야 할 것입니다. 그리고 그런 정도는 자기 자신의 작은 '나'에 구애받지 않고 큰 '나'를 이념으로 하고 표준으로 하여 진선미라는 문화를 창조케 하는 것이 바로 자동주의교육의 목적입니다. 이런 식으로 인도하는 것이 우리의 자동주의교육입니다. 이것을 설명하기 위해 지금까지 말씀드린 것입니다. 그래서 '나'의 개념을 한 명한 명이라고 하는 각자의 것으로 생각하여, 명나라 왕양명과 같은 말도 안 되는 오류에 빠지지 않도록 주의해야 할 것입니다. 이것으로 일단 첫 번째 질문에 답했다고 생각합니다.

이제 두 번째 자동교육 즉, 방임교육의 가능성에 대하여 말씀드리겠습니다. 사람의 아이는 내버려둔 채 전혀 돌보지 않아도 어느 정도는 발달할 수 있습니다. 인류 전체로 생각해 보면, 인류는 원시시대 즉 야만의 시대로부터 오늘날과 같은 문화에 도달하였습니다. 하지만 이 인류 전체는 인류 이외의 것, 즉 이 인류 전체를 하나의 피교육자로 본다면, 그 인류 이외에 어느 초월적 실재자, 예를 들면 신과 같은 존재가 있어 인류를 지도하고 교습함으로써 인류가 동물인지 사람인지 알 수 없는 극히 야만의 시대, 원시시대로부터 오늘날과 같은 문화로 진보한 것인지, 또한 앞으로 오늘날보다 더 무한히 향상될 것으로 추정되는데, 이는 인류 이외의 어떤 힘에 의해서 가르침을 얻어 진보하는 것인지를 생각해 보면, 도저히 인류 이외의 어떤 존재의 지도에 의해 진보하는 것이라고는 생각할 수 없습니다.

　인류는 인류 자체가 스스로 발전하고 스스로 문화를 획득해 왔습니다. 그렇기 때문에 인류 전체 차원에서 보면 그다지 누구도…… 우리는 어떤 의미에서 신이라는 것을 믿지만, 인격적인 신은 믿지 않습니다. 이에 대해 끝까지 인격적인 신이 있고 인류 전체를 인도한 것이라고, 어떤 종교가는 주장할 수도 있겠지요. 이러한 경우 그것을 부정하기 곤란하기 때문에 뭐라 말할 수 없지만, 그렇다고 해서 실제로 존재하느냐를 증명할 수도 없기 때문에 긍정도 부정도 할 수 없습니다. 일단 옳고 그름에 대한 것은 논외로 두고, 어찌 됐든 인류 전체는 교사라는 존재가 있어 진보하는 것입니다. 그렇게 생각해 보면, 이 자동교육론이라는 것은 가능합니다. 그리고 발명·발견이라는 것이 교사에 의한 것이냐고 묻는다면, 교사의 가르침에 따른 발명·발견이란 말은 그 의미 자체가 성립되지 않습니다.

　오늘날 20세기의 3대 발견, 즉 자동차, 항공기, 라듐의 발견이 20세기의 최초를 장식한 세 가지 발명·발견이지만, 그런 것은 누구에게 배운 것일까요? 라듐을 발견한 프랑스 퀴리 박사 및 그 부인 마리 퀴리(Marie Curie: 1867~1934), 그들이 누구에게 배웠냐고 하면, 누구로부터도 배운 것이 아닙니다. 자기 자신의 힘이었습니다. 만약 그것이 누군가에게 배운 것이라면 발견도 아니었을 것입니다. 앞으로도 문화를 발전시키는 것은 모두 자동적이어야 합니다. 하지만 그것에만 의존하면 너무도 발달이 늦을 것입니다. 긴 시간이 걸리고 늦어질 것입니다. 그렇기 때문에 지금까지 발명·발견한 것을 가능한 조속히 학생들에게 체득시키고자 합니다.

　다만 나는 전수한다든가 전달한다는 표현을 사용하고 싶지는 않습니다. 전수라느니 전달이라는 것은 존재하지 않습니다. 이에 대하여 말씀드리면 너무 길어지기 때문에 오늘은 말씀드리지 않지만, 어쨌든 종래에 이미 명확해진 문화를 (가령 전달이라고 할까요) 조속히 전달하여,

그래서 오늘날 존재하지 않는 문화를 피교육자가 창조·창작하도록, 발명·발견하도록 하는 것이 경제적입니다. 옛 사람이 그릇되게 우회하는 길을 모르는 척하며 학생들에게 거듭 답보하게 한 것은 대단히 비경제적인 방법이기 때문에 가능한 한 그러한 방법은 취하지 않도록 해야 합니다. 그러므로 자동교육이라는 것은 불가능하지는 않지만, 조금은 비경제적이라는 결론에 도달하게 됩니다.

다음으로는 세 번째 항목으로 자동교육은 단순히 가능할 뿐만 아니라 필요합니다. 다만 이것은 자동교육의 긍정적인 측면에서 본 생각에 지나지 않는 것이라는 점을 이해해 주시기 바랍니다. 어떤 견지에서 보면 자동교육이어야만 하는 측면도 있습니다. 왜냐하면, 인간의 지식이라는 것은 모두 체험의 지식이어야 합니다. 그렇지 않으면 진정한 지식이 아닙니다. 타인이 주입해서 입에서 귀로 전해지는 지식은 진정한 지식이 아닙니다. 그렇기 때문에 지식은 어떻게든 사물을 체험하게 하는 것이어야 합니다. 그리고 체험에 의해서 진실한 지식을 구성하는 것은 자신이 해야 합니다. 체험이란 타인의 경험을 보는 것이 아닙니다. 자기 자신이 실제로 해보고 깨달으면 그것이 곧 체험이 됩니다.

조금 양해를 구하고자 합니다만, 체험에는 두 가지 의미가 있습니다. 이를 나는 '원시적 체험'과 '제2차적 체험'이라고 명명하고자 합니다. 단지 이것은 제 방식의 명명이기 때문에 잘못된 것이라면 고쳐주시기 바랍니다. 어쨌든 그 의미는 이렇습니다. '원시적 체험'이란 어린 아이 같은 경우에 단지 사물을 느끼고 어떤 인상을 만들지만, 아직 자각 작용이 없기 때문에 '나'라든지 '그'라는 감각은 없습니다. 즉, 주관·객관의 구별을 아직 알지 못합니다. 이러한 것을 순수경험, 주관·객관이라는 작용이 아직 분할되지 않은 단지 막연한 경험, 나의 경험, 혹은 나라는 생각도 없는 단지 경험인 것입니다. 이러한 것을 '체험'으로 보기 때문에 소위 개념 이전의 순수경험이라는 것은 옳은 것입니다. 그러나 내가 말하고자 하는 것은 그러한 의미의 체험이 아닙니다. 지식이 체험이어 야 하는 때는 '제2차적 체험'을 가리킵니다. 즉, 자기 자신이 이를 실제 행함으로써 그 지식이 자아의 일부에 반영되어 자아가 되는 것입니다. 이것이 진정으로 안장 위의 사람이 안 보이고 안장 밑의 말이 안 보이 는(말을 잘 탄다는 뜻) 수준이 되어, 사람과 말이 안장 위 아래로 나뉘 어져 있으나 실제로는 그 구분이 없는 상태로, 말을 타고 있을 때 어떠 한 어려움도 무리 없이 이겨낼 수 있는 것입니다. 그래서 이처럼 능숙 해지기 위해서는 안장 위에 사람이 있다고 생각해서는 안 되고, 또한 자신의 안장 밑에 말이 있다고 생각해서도 안 되는 것입니다.

　말과 사람이 별개의 것이 되어서는 안 됩니다. 어떻게 하든 합일되 는 것이 진정한 능숙함을 얻는 것입니다. 하지만 체험은 지식의 내용 과 '나'가 고립된 것이 아닙니다. 양자가 완전히 융합하여 지식이 자아 가 되고 자아가 지식이 되는 것처럼 조금도 빈틈없이 융합된 것이 곧 '제2차적 체험'이라는 것입니다. 이 체험은 타인이 나를 위해서 해주기 를 바라서는 결코 얻을 수 없습니다. 스스로 노력해야 합니다. 그렇기 때문에 교사에게 배워서 얻은 것으로는 아직 부족합니다. 이것이 왕양 명 등이 말하는 지행합일(知行合一)입니다. 안다는 것은 행함으로써 비로소 알게 되는 것입니다. 소위 선지후행설(先知後行說)은 문자 그 대로 먼저 알고 그 후에 행한다는 의미인데, 여기에서 '먼저 알고'라고 할 때 이 '안다'는 것은 '행함'을 기대하지 않고 안다는 것이 가능할까 요? 바로 이 점이 논쟁이 일어나는 부분입니다.

　그러나 이 '안다'는 것, 선지후행이라는 것을 먼저 '이런 것일 것이 다'라고 대략을 안다면, 다시 말해서 얕고 피상적인 것이라면 행하지 않아도 알 수 있을 것입니다. 그러한 지식이라면 타인에게 전달받아도 터득할 수 있습니다. 이러한 가벼운 의미에서 보면, 먼저 안 후에 행하 는 것도 가능할 것입니다. 그러나 이때의 지식은 극히 얕은 지식이며 그러한 지식이라도 쌓아가는 가운데 진정한 지식이 되는 것이므로, 안다는 것의 정도 여하에 따라 어느 쪽도 그릇된 것은 아닙니다. 하지만 진정한 의미에서 체험의 지(智)라고 하는 것은 자신이 실행해 봐야 합니다. 한 가지 더 예를 들면, 왕양명은 많은 사람이 효를 안다고 하지만 효를 실행하지 않고서는 알지 못하는 것이라고 말했습니다. 그리고 우리는 호랑이가 무서운 것이라고 알고 있으나 호랑이에게 물려본 사람이 아니면 진정 호랑이의 무서움을 알지 못한다고 했습니다. 다만, 왕양명이 말하는 '행(行)'이라는 것은 호랑이에게 물렸다고 하면 문 것은 호랑이의 행함으로 인하여 물린 것이지, 나의 행함은 아닙니다. 고로 지행합일의 예에서 이런 것은 의미가 없어 보일 수 있지만, 왕양명의 행함이란 대단히 넓은 의미로, 경험도 그에 포함됩니다. 호랑이에게 물리는 것은 우리의 경험입니다. 즉, 행함인 것입니다. 그래서 하나의 경험을 실제로 우리가 극복해 보지 않으면 체험의 지는 얻을 수 있는 것이 아니며, 진정으로 도움이 되는 지식은 '체험의 지'여야 합니다.

이렇게 생각하면 지식은 어떻게 봐도 사람에게서 배우는 것이 아닙니다. 스스로가 체험한 것이어야 한다면, 교육은 어떤 식으로든 자동적이어야 합니다. 그래서 프랑스의 자연파 문예의 대가인 에밀 졸라(É. Zola: 1840~1902)는 이런 말을 한 것으로 기억합니다. (틀릴 수도 있습니다만) 인간은 타락에 타락을 더해 나락의 바닥까지 타락한 후에야 진정으로 성실해진다. 그렇기 때문에 천박한 말로, 매독도 앓아 보라, 이른바 범죄도 경험해 보라, 죄인도 되어 보라. 그 후에 비로소 매독을 앓는 것이 대단히 나쁜 일이기 때문에 이제는 하지 않겠다고 생각하고, 일시적인 감정으로 죄를 저질렀지만 그것이 좋지 않다는 것을 실제 스스로 고통을 겪어 본 후에 깨닫는 것이 바로 체험이다. 그가 이러한 이야기를 한 것으로 기억합니다만, 저 역시 진심으로 그렇게 생각합니다. 이러한 지식이야말로 진정한 체험의 지식이고, 진정 귀한 것일 테지요.

그렇기 때문에 부모라든지 형제, 교사는 어떤 나쁜 짓을 해도 간섭을 해서는 안 됩니다. 이를 멈추고 할 수 있는 한 무엇이든 하게 하여 마지막에 체험하도록 해야 합니다. 그렇다면 차라리 이러한 학교나 교육이라는 것도 그만두어야 그야말로 진정한 학문, 지식을 얻을 수 있는 것이 아닌지 생각되기도 합니다.

　그렇지만 잘 생각해 보면, 그러한 훌륭한 체험을 해서 타락한 결과 진정한 인간이 되는 사람은 백 명, 천 명 가운데 필시 두세 사람 정도밖에 없을 것입니다. 주색에 빠진 아들이 부모에게 물려받은 논밭을 탕진한 끝에 다시 진정한 인간으로 돌아와 당당한 인격을 보여주는 것은 물론 극히 드물 것이라고 생각합니다. 체험의 지식은 귀한 것이지만, 그렇게 하자면 다수의 사람들은 불구가 되거나 자살하거나 걸식하게 되어 천 명 중에 990여 명은 되돌릴 수 없는 상황에 처하게 되고, 불과 서너 명만이 체험의 지식을 얻게 될 것입니다. 그 서너 명의 체험자를 얻기 위해 990여 명에 이르는 희생자를 내는 것이 과연 옳은 것인지, 그런 일을 우리는 가만 둘 수 없습니다. 그것이 혹여 국가를 위하고 인류를 위한 것이라면 참을 수도 있겠지만, 결코 그런 일은 바람직하지 않다고 생각합니다. 그렇기 때문에 체험의 지를 철저하게 얻도록 하는 것은 방임교육 혹은 자동교육에 한정되는 것입니다.

　이러한 의미에서 직접 체험해 보는 것은 필요한 것이라고 생각하지만 동시에 비경제적이기 때문에 아무래도 방임주의에 빠지는 것은 허락되지 않습니다. 다만 에밀 졸라에 한하지 않고, 당당한 교육학자로서 이러한 방임주의를 취하여 진정한 체험의 지식을 추구하는 이도 없지는 않습니다. 우선 루소(J. J. Rousseau: 1712~1778)가 그 한 사람입니다. 가령 지금 아이가 창문을 부수었을 때, 아이를 야단쳐서는 안 됩니다. 그리하여 아이는 가을바람에 추위를 느끼게 됩니다. 아무래도 깨진 창문으로 바람이 새어 들어와 추울 테니까요. 겨울이 되어 살을 에는 듯한 삭풍이 살을 찌르듯 느껴져 아이는 꽤 고통스러워 할 것입니다. 그렇다 해도 창문을 고쳐 주어서는 안 됩니다. 이렇게 해야 비로소 그 여름에 창문을 부순 경험을 통하여, 창문을 깨뜨리는 것은 나쁘다, 무서운 일이라는 체험의 지식을 얻게 되는 것입니다. 이것이 진정한 지식이 되고 진정한 수양이 된다고 루소는 말했습니다. 스펜서(H. Spencer: 1820~1903) 또한 이러한 자연의 인과에 의해 체험의 지식을 터득해야 한다고 말했습니다.

그러나 창문을 부수는 것과 같은 일은 우선 반년 정도가 지나면 체험의 지식으로 얻을 수 있지만, 그렇다 해도 그에 이르기까지 상당한 시간이 걸립니다. 뿐만 아니라 방임주의교육은 그 대가가 너무 비쌉니다. 진정한 체험의 지식을 얻기 위해 무엇이든 방임하여 조금도 간섭하지 않게 되면 때로는 목숨을 잃는 이도 다수 생길 것입니다. 과음·과식하는 일도 생깁니다. 간섭하면 안 된다고 해서 우물물이라면 그나마 괜찮지만 논의 물을 마시거나 도랑의 물을 마시는 것을 보고도 체험의 지식을 얻게 한다는 이유로 내버려두고 자연에 맡기게 되면 체험의 지식을 얻기도 전에 먼저 자신의 목숨을 잃게 됩니다. 체험의 지식을 얻기에는 대가가 너무 비싸다고 한 것은 이러한 것을 의미합니다.

또한, 선인선과(善因善果) 악인악과(惡因惡果)라는 말이 있는데, 때로 원인과 결과의 관계가 곧바로 나타나는 경우도 있습니다. (여기에 있는 촛불에 내가 입으로 바람을 불 경우, 바람이라는 원인에 의해 불이 꺼지는 결과가 발생합니다. 이것은 곧바로 눈앞에 보이지만) 복잡한 경우에는 그 원인과 결과 사이가 대단히 길어질 수 있습니다. 흔히 흥행하는 공연 등을 보면 부모의 응보(應報)가 자식에게 나타난다든가, 아이의 부모가 살생을 했기 때문에 금수의 응보로 이렇게 되었다는 말을 하기도 하는데, 이러한 것이 자식세대에서 끝나지 않고 대대손손으로 결과가 나타나는 경우도 있습니다. 그렇다면 체험의 지식을 얻기 위해 사람의 한 세대, 혹은 유전 등은 격세유전(隔世遺傳)이 되어 수 대, 수십 대 이전의 원인, 악인(惡因)이 나쁜 결과로 나타날지도 모릅니다. 매우 긴 시간의 간격이 생길 수 있습니다.

이처럼 인과 관계가 명료하지 않은 것은 체험의 지식이 되지 않습니다. 이런 것은 역시 방임설보다는, 이런 원인 하에는 이런 결과가 있다는 것을 자동적으로, 즉 주입할 것이 아니라 아동을 도와서 조속히 자각하게 만들어야 할 것입니다. 체험의 지식도 좋지만, 적어도 많은 경험자 가운데 몇몇 사람들이 체험의 진정한 지를 얻는 데 그치고, 다른 많은 사람은 희생됩니다. 방임교육은 필요하지만 원인과 결과의 관계가 매우 이해하기 어렵다는 점에서, 오로지 이것만을 따를 수는 없습니다. 자동교육만으로 일관해서는 안 되는 것입니다. 이에 우리는 피교육자가 자신의 능력을 발휘할 수 있도록 이를 주의로 만들고 원칙으로 삼아 어른이 지도하고 유도하는 동시에, 다른 한편으로 피교육자의 학습태도를 가르쳐서 자동을 주의로 만드는 자동주의교육이라는 것이 여기에서 생겨나야 한다고 생각합니다. 다음으로는 학습태도론에 관해 설명을 드려야 하지만, 제가 아직 저녁을 먹지 못해 배에서 꼬르륵 소리가 나고 시장함을 느낍니다. 이제 약 10분 정도 휴식을 취하고자 합니다.

＜휴식＞

앞에서 대략적인 이론의 요지를 말씀드렸습니다만, 아직 조금 부족한 점이 있어 간단히 보충하겠습니다. 이 자동교육이라는 것을 나는 방임교육과 같은 개념으로 보고 있기 때문에 자동교육이 곧 방임교육이지만, 자동주의교육은 방임교육이 아니기 때문에 이 점을 충분히 구별해 주시기 바랍니다. "고노 기요마루(河野清丸) 일파가 주창하는 자동주의교육은 방임교육이다"라는 식으로 잘못 생각하시는 것은 대단히

불편합니다. 그리고 한 가지 더 양해를 구할 것은 우리도 처음에는 자동교육과 자동주의교육을 동의어로 사용한 적이 있다는 것입니다. 몇 해 전에 우리가 집필한『자동교육법의 원리와 실천(自動敎育法の原理と実際)』이라는 제목의 이 책은 용어를 부주의하게 사용하였습니다. 아무쪼록 수정을 바라는 바입니다.

자동주의교육에 대해, 고등사범학교의 시노하라 스케이치(篠原助市: 1846~1957) 교수는 '자연성의 이성화'라고 했는데, 대단히 간단하고 요점이 분명한 표현입니다. 이 자연성을 이성화하는 사상은 꽤 오래 전부터 존재했습니다만, 이를 간단히 나타낸 것은 시노하라씨의 공적이라고 생각합니다. 그래서 저 역시도 그러한 주의를 취하여 자동주의교육은 피교육자를 도와서 그 자연성을 이성화하도록 하는 것이라고 정의하고자 합니다. 자연성이라고 하면 먼저 본능이나 충동과 같은 야성 그대로의 것, 그것만으로는 선악의 구별이 되지 않는 이른바 교육의 재료가 되는 것입니다. 이를 이성화한다는 것은 그것을 잘 통일하여 자연성을 터득하도록 만드는 것입니다. 저는 자연성을 터득하게 만드는 것이 바로 이성화라고 해석하고 있습니다. 이에 자연성을 이성화하도록 만드는 것이 자동주의교육이라고 이해해 주시기 바랍니다.

그리고 저는 이달 1일부터 5일까지 효고현(兵庫縣)에서 잠시 하기강습회를 했습니다. 거기에서 대단히 재미있는 질문이 나왔습니다. 질문 그 자체가 재미있는 것은 아니지만, 제 머리 속에서 아주 좋은 힌트가 되었습니다. 질문 중에 이런 내용이 있었습니다. "그렇다면 자연성의 이성화라는 것은 선한 자연성과 악한 자연성을 가려내서 그것을 조직해 가는 것인가?" 이런 의미의 질문이었습니다. 저는 질문자에게 선한 자연성, 혹은 악한 자연성이라는 것이 있을까요? 자연성 그 자체는 선한 혹은 악한, 이런 형용사를 붙일 수 없는 것이 아닐까요? 자연 그 자체는 선도 악도 아닙니다. 여기에 이성의 가치 판단에 비추어 선 혹은 악이라는 가치가 생겨나는 것입니다. 저는 그런 이야기를 했습니다. 그리고 저는 질문자의 뜻을 헤아려서 다음과 같이 말했습니다. 당신이 선한 자연성이라고 말한 것은 예를 들어 애정과 같은 것을 말하고, 질투나 원한, 분노와 같은 본능을 가리켜 악한 자연성이라고 했을 것으로 생각됩니다. 피상적으로 생각하면 애정 같은 것은 선한 자연성이고, 질투나 원한, 분노는 악한 자연성이라고 생각할 수도 있겠지만, 그러나 깊이 생각해 보면 그렇지 않다고 봅니다. 예를 들어 사랑이 대단히 선한 자연성이라고 왜 말할 수 없는가 하면, 애정 그 자체를 악하게 사용하면, 바꿔 말하면 그 정도가 지나치면 악이 됩니다. 아이가 귀엽다고 해서 지나치게 귀여워하면 그 아이는 무례한 아이가 되는 것입니다.

저는 에히메현(愛媛縣) 출신입니다만, 제 고향에서는 "귀여운 자식일수록 거친 옷을 입혀라"라는 말이 있습니다. 따뜻한 기모노나 비단을 입혀서 편하게 해서는 안 된다, 귀엽다고 생각하면 오히려 더 고생을 시키라는 뜻입니다. 이른바 정도에 벗어난 사랑은 그 아이를 훌륭하게 하는 방법이 아닙니다. 도가 지나치면 악이 됩니다. 또한 이른바 악하다는 자연성, 분노와 같은 것이라도 그것이 없으면 큰일납니다. 화를 내는 일이 전혀 없다면 우리는 목숨마저도 잃을지 모릅니다. 어떤 일이 있어도 화를 내지 않는다, 그리하여 저항도 하지 않는다, 그렇게 된다면 우리는 목숨을 잃을 수도 있습니다. 동물이 적에게 공격당했을 때 방어하기 위해 크게 화를 냅니다. 또 자신의 먹잇감을 공격하기 위해 크게 화를 냅니다. 그들에게는 화를 낸다는 행위가 있기에 방어도 가능하고 공격도 가능한 것입니다. 옛말에 (주나라) "무왕(武王)이 한번 화내어 천하가 태평해졌다"는 말도 있습니다. 무왕과 같은 사람이 적당히 화를 내어 그로 인해 천하를 다스렸다는 이야기도 있기 때문에 분노라는 것도 없어서는 안 됩니다. 하물며 공분(公憤), 즉 공적 분노, 영어의 indignation 등이 말하는 것은 대단히 귀한 가치로 인식되고 있습니다. 그렇기 때문에 분노 그 자체는 결코 악한 것이 아닙니다. 단지 이것이 하나의 인격으로 통일되지 않으면 책망해야 하지만, 통일되어 있다면 악하지 않은 것입니다. 질투든 원한이든 적당히 사용하면 우리가 진보하는 원동력이 되기 때문에 자연성 그 자체는 선하지도 악하지도 않고, 단지 자아라는 것에 의해 적당히 통일되었을 때 충동, 본능 등의 모든 자연성은 선이 됩니다. 만일 그 통일을 그르칠 경우에 모든 자연성은 악이 됩니다.

그렇기 때문에 자연성 그 자체는 선도 악도 아니라고 설명했습니다. 그리고 모든 자연성을 잘 통일하여 그것이 자아의 요소가 되는 것처럼 모든 충동, 본능이라는 자연성이 각기 자아의 통일을 완전하게 하는 것이 자아의 실현이며 발전입니다. 따라서 자연성이라는 것은 모두 자아의 일부분입니다. '나'의 일부분이 되어 끊임없이 통일될 때에 자아가 조금씩 발전해 가는 것입니다. 그렇게 되면 자연성의 이상화가 되는 것입니다. 그것이 즉 교육의 목적입니다. 나토르프(P. G. Natorp: 1854~1924)가 말한 것처럼, 무한의 통일을 지향하는 것이 인생의 이상입니다.

우리의 자동주의교육에 대해 다시 한 번 말씀드리면, 이것은 방임주의가 아닙니다. 피교육자를 도와서 자연을 이성화하게 하는 것입니다. 이상의 것은 이번에는 말씀드리지 않을 생각이었습니다만, 친애하는 여러분께서 저를 오해하지 않도록 말씀드린 것입니다. 말이 나온 김에 왜 사람들이 타인의 사상과 담화 등을 오해하는지를 설명하겠습니다. 그리고 이와 함께 조금 전에 말씀드린 지식이란 전달하여 얻을 수 있는 것이 아니라는 것, 모두 각자가 구성하지 않으면 지식이 되지 않는다는 것, 전달하여 얻는 것이 아니라는 것을 말씀드렸습니다만, 그것을 이해하셨다면 오해가 발생하는 이유를 아실 것이기 때문에 간단히 이에 대해 보충해 두고자 합니다.

지식의 전달이 불가능하다고 할 때 여러분이 가장 먼저 궁금해 하실 것은, 여기에 2천 수백 명이 이렇게 연일 강의를 듣는 것에 대해서일 것입니다. 이 강의라는 것은 강사가 여러분에게 무엇인가를 전달하는 것이 아닌가, 그런데 만약 그런 전달이 불가능하다면 이런 강연도 불가능할 것입니다.

또한 서적은 저자의 사상을 독자에게 전달하고자 하는 것이기 때문에, 책을 읽는 행위 역시 무의미하지 않은가, 이런 의문이 생길 수도 있습니다. 그러나 지금 여러분이 제 설명을 듣고 있는 것도 실은 제 사상을 여러분에게 전달하는 것이 아닙니다. 여러분이 모두 각자의 지식을 구성하고 있는 것입니다. 지금 여러분은 비교적 정숙을 유지하고 있고 조금도 움직이지 않고 있습니다만, 여러분의 머릿속은 활발히 움직이고 있습니다. 그렇게 활동하며 구성작용을 하고 있는 것입니다. 한 그릇의 내용물을 다른 그릇에 옮기는 것이 아닙니다. 무엇보다도 옮기는 것도 옮겨지는 것도 살아 움직이는 것입니다. 지식이라는 것도 일정한 형태를 갖고 굳어진 것이 아닙니다. 매우 동적이고 유동적인 것이기 때문에 결코 하나의 찬합 속에 들어 있는 떡과 경단을 다른 찬합에 넣는 것 같은 일이 아닙니다.

여러분은 지금 한창 머리를 써서 구성하고 있습니다. 구성하는 것 즉 어떤 식으로 구성하는가 하면, 여러분의 종래의 모든 경험, 즉 모든 지식이 스스로의 기존 경험에 조응해서 제가 말할 때의 자극을 분해하고 종합하여 건질 것은 건지고 버릴 것은 버리는 것입니다. 증거를 들어 보자면, 지금 여러분 중에는 노트에 필기하는 사람도 있을 텐데, 제가 말하는 것을 전부 필기하는 사람은 거의 없을 것입니다. 필요하지 않다고 생각되는 것은 대부분 버리고, 이것은 나를 위해 필요하다고 생각되는 것만을 골라서 필기하고 있을 겁니다. 즉 여러분은 구성하고 있는 것입니다. 제가 설명하는 것을 분해하고 종합하여 스스로가 이전에 경험한 것, 즉 여러분이 지금까지 갖고 있는 지식과 동화시키고 있습니다. 즉 여러분의 관념이라는 것을 통하여 새로운 관념을 동화시키고 있습니다. 헤르바르트의 말을 빌리면 그렇게 설명할 수 있습니다. 헤르바르트는 이른바 표상역학설(表象力學說)을 신봉하는데, 우리식으로 말하자면 모든 자아가 종래의 경험에 호소하여 새로운 것들을 분해하고 종합하여 취할 것은 취하고 버릴 것은 버려서 여러 지식을 자아의 계통 속으로 통일시키는 것입니다. 그렇기 때문에 여러분은 지금 열심히 구성작용을 하고 있는 것입니다. 그리하여 이른바 정중동(靜中動), 즉 겉으로는 조용해 보일지라도 속으로는 대대적으로 지식을 구성하고 있는 것입니다. 그러니까 여러분 2천여 명의 머릿속에서 제 주장이 이리저리 연상(聯想)되어지고 있는 것이고, 이것은 찬합에 뭔가를 채워 넣는 것과는 다른 행위입니다.

여러분 중에 자아가 저 이상으로 풍부한 분은 제가 말하는 것 이상으로 무언가를 연상하고 있을 것입니다. 혹 저보다 부족할 수도 있겠지만, 어떤 점에서는 필시 저보다 훨씬 더 많은 경험을 통해, 어떤 부분은 저 이상으로 저보다 더 뛰어난 생각을 구성하고 있을 것입니다. 또, 경험이 부족한 젊은 분이라면 제가 생각하는 것보다 덜 구성하고 있을 수도 있습니다. 그래서 여러분이 지금 구성하고 있는 자아의 일부분, 바꿔 말하면 바로 지금 구성되고 있는 지식을 현미경을 써서 확인할 수 있다면 2천 수백 명이 구성한 것은 2천 수백 가지일지도 모릅니다. 즉, 각자 개별적으로 개인의 색채를 발휘하여 구성하고 있는 것입니다. 경단이나 떡이 그대로 데굴데굴 굴러다니며 여러분의 머리에 독립적으로 나뉘어 담긴다고 하는 것은 결코 가능하지 않습니다. 그렇기 때문에 제가 생각하고 있는 것 이상으로 받아들여 주신 분도 계시겠지만, 어쩌면 제 생각보다 이하로, 또는 이하 정도가 아니라 반대의 입장을 취하고 계신 분도 계실 것입니다. 그래서 오해라는 것이 생기게 됩니다.

구성론적 인식론으로 이야기한다면, 지식은 전달이 가능한 것이라고 생각하지만 실제로는 그렇지 않으며, 모든 것은 듣는 사람이 그것을 구성하는 것입니다. 그리고 또 어떤 학자는 책을 읽는 것은 보통 저자의 사상을 읽는 것이라고 말하지만, 실제로는 자기 자신의 사상을 읽는 것이라고도 말합니다. 여기에는 구성론적 인식론의 진리가 포함되어 있습니다. 어떤 식으로든 있는 그대로의 전달이라는 것은 이루어질 수 없다는 말입니다. 그렇기 때문에 우리들이 아동을 상대로 할 때에는 아동이 기존의 경험에 의해 구성할 수 있도록 해 주어야 하고, 가능한 한 오해가 생기지 않도록 해 주어야 합니다. 교사의 사상이 항상 똑같이 전달될 수 있는 것이라고 생각하는 분들은 생도를 원망하게 되겠지요. 그리고 또 한 가지 말하고 싶은 것은 이와 같은 강연이란 것도 구성이지만, 이를 저는 수동적 구성이라고 칭하고 있습니다. 피동의 구성인 셈이지요.

엄밀한 의미에서 말하는 발동적 구성작용이라는 것은 역시 창조 또는 발명·발견, 이러한 것이 본래의 엄밀한 의미에서 구성작용입니다. 말하고 들으면서 지식을 구성하는 것은 피동의 구성이라고 할 수 있습니다. 그리고 피동의 구성은 역시 하나의 수단으로서의 결과입니다. 본래의 발동적 구성을 일으키는 한 가지 수단으로서의 결과이지요. 피동의 구성을 하는 것도 그러한 의미에서 필요합니다. 그렇기 때문에 저는 자동주의교육이라고 해서 강의나 무언가를 절대로 해서는 안 된다고 말하지는 않습니다. 12세기 승병(僧兵)이었던 벤케이(弁慶: 1155~1189)는 7가지 도구를 갖고 있지만, 정확하게 그 검이어야 하는 경우가 있으며, 반드시 장검이어야 되는 경우도 있습니다. 같은 검이라고 해도 수염을 깎는 데에 마사무네(正宗, 1264~1343)의 명도(銘刀)[2]는 어울리지 않습니다. 그러므로 수염을 깎으려면 집안 대대로 내려오는 마사무네의 명도보다는 면도칼이 좋습니다. 마사무네의 명도를 들고 절임김치를 자르거나 수염을 깎아서는 안 되기 때문에 경우에 따라서 역시 7개의 도구가 필요합니다.

조금 전에 이야기한 바와 같이, 자연성에는 나쁜 자연성과 선한 자연성은 없습니다. 마찬가지로 종래의 여러 교식(敎式)들은 사용 여하에 따라서 모두 도움이 됩니다. 그래서 저는 요즘 토론식 수업을 교식 안에 새롭게 추가해야 한다고 주장합니다. 예로부터 다양한 교수 형식이 발달해 왔습니다만, 이는 자연성이 자연성 자체로는 선도 악도 아니지만 사용 여하에 따라서 그 역할을 하는 것처럼, 무릇 모든 교식도 마찬가지로 그 자체로는 결코 악이 아닙니다. 그것을 적당한 정도로 적당하게 사용하여 교육법 전체를 통일해 가면 되는 것입니다. 만약 그 통일을 잘못하면 모든 것이 악이 될 것입니다. 그러므로 먼 옛날처럼 본문에 주석을 달거나, 교사가 현하지변(懸河之辨)의 유창한 말로 질서정연하게 강의를 하는 것도 발표의 방법, 순서, 힘주어 말할 곳 등, 교사가 하는 모든 것을 아동 자신의 것으로 모방해 간다면 이들 모두 매우 훌륭한 지도법의 하나일 수 있습니다. 이쪽이 정교하게 담화나 연설을 하는 것 또한 지도의 하나로, 모범을 보여주는 것도 필요하므로 수동적 구성을 목적으로 하는 강의 방식 역시 때로는 꼭 필요합니다. 다양한 요소를 사용하는 것은 결코 나쁘지 않습니다. 머리 속에 떠오르는 생각을 더듬어가며 다양한 이야기를 드린 것은, 학습태도론을 말씀드리기 전에 여러 관련 항목을 설명함으로써 이해를 돕고자 한 것입니다.

시간이 많이 흘렀습니다만, 이제는 학습태도론의 대략적인 내용을 말씀드리겠습니다. 우선 자동주의교육을 완수하려면 학생에게 학습태

---

2) [역자주] 만든 이의 이름을 새겨넣은 귀한 칼

도가 만들어져 있어야 합니다. 옛날 중국 전국시대에 염파(廉頗) 장군
은 자신이 가르친 병졸이 아니면 거느릴 수 없다고 말한 것으로 기억
합니다만, 이는 정말로 지당한 말입니다. 자신이 거느리는 부하는 자신
이 훈련시켜 필요한 태도를 기르지 않으면 잘 부릴 수가 없습니다. 그
렇기 때문에 자동주의교육 역시 아동의 태도가 만들어져 있지 않으면
아무리 좋은 교사라고 해도 이를 시행할 수 없는 것입니다. 우리가 지
방에 가서 이야기를 할 때, 그렇다면 자동주의 교수법의 한 가지를 실
제로 보여 달라, 우선 자신의 아이를 이용하여 한 가지 보여 달라는 이
야기를 듣습니다. 그것은 불가능합니다. 각자가 교육시킨 아이가 아니
면 안 되기 때문입니다.

저희 학교에는 5개 항목의 교훈이 있습니다. 이를 창가(唱歌)로 만
들어 9월이 되면 거기에 스스로 악보를 붙여 자신이 만든 노랫말과 자
신이 만든 곡으로 스스로 노래를 불러보게 할 계획입니다. 그 노래(교
훈창가 1절)에 "검약하라고 부모가 말해서 듣는 것은 순종적인 아이이
므로 착한 아이다, 그렇지만 부모가 말을 하지 않아도 혼자서 자발적
으로 하는 것은 강한 아이다, 강한 아이가 됩시다." 이런 가사가 있습
니다. 그 노래 속에 자동(自動)의 학습태도가 나타나 있다는 생각이 듭
니다. 말하지 않아도 자발적으로 하는 것은 강한 아이이기에 이제는
좋은 아이를 넘어 강한 아이가 되자는 의미를 담고 있는 것입니다. 적
어도 이 말에는 자발적, 자동적인 태도가 드러나 있습니다. 물론 이것
이, 칼에 베이면 피가 나듯이 그들 자신의 진정에서 우러나온 것인지
는 보증할 수 없지만 적어도 이 말 속에는 그러한 태도가 들어 있거나
혹은 그러한 태도를 양성해서 자신의 수양으로 삼으려 노력하고 있다
는 점만은 분명히 말할 수 있을 것 같습니다.

그리고 친절과 관련된 노래에 "모르는 것을 곧바로 가르쳐서 잠시
한 순간을 기쁘게 하는 것은 진짜 친절이 아니에요, 진정으로 친절하

48

게 합시다."라는 가사가 있는데, 이것도 자신이 자동자발적으로 해야한다, 타인의 자동적 활동을 방해하는 것은 불친절이라는 의미입니다. 타인의 인격을 존중해야 한다는 사상이 나타나 있다고 생각합니다. 아무튼 이러한 아이의 태도를 기르는 것이 우선 필요합니다. 자동주의를 실행하려면 앞에서 언급한 태도를 아동 자신이 갖도록 해야 합니다.

옛말에 "백성은 의존하게 해야지, 알게 해서는 안 된다"고 하듯이, 교수법 등도 교사의 비법이므로, 아이들이 스스로 알게 할 것은 아니라고 한다면 교사와 학생이 한 마음 한 뜻으로 서로 신뢰하는 일은 도저히 생겨날 수 없습니다. 그러므로 충분히 자동자발적으로 해야 한다는 것을 생활 속에서 자각하도록 해야 합니다. 이러한 자각이 있으면 일거일동을 목적적으로 해낼 수 있습니다. 예를 들어, 체조할 때 단지 선생님이 호령하는 대로 손을 들거나 좌우로 움직이고, 상체를 굽히는 것으로는 충분하지 않습니다. 무엇을 위해 손을 이렇게 하는지, 어떤 필요가 있는지, 어떤 이익이 있는지, 어떤 근육을 어떻게 발달시키는지, 모든 일거일동을 자각하게 하여, 즉 목적적으로 행동하는 것이 교육의 목적입니다. 교사가 학자나 선생님으로부터 훈련을 받아서 아직 자신이 체험해 보지도 않은 상태를 아이에게 전달하는 것은 결코 교육의 목적이 아닙니다.

요시다 구마지(吉田熊次: 1874~1964) 선생님이 사회적 교육학을 주장했다고 해서 자신들이 전혀 경험해보지도 않은 채, 공동봉사나 사회봉사를 강요하면서 아이들을 압박하는 경우가 있습니다. 이러한 것은 교육의 목적을 다한 것이라고 할 수 없습니다. 우리의 교육법은 아이 자신의 견해에서 교육의 목적까지 만들어야 한다는 입장입니다. 교육의 목적을 어떻게 해서 아이 스스로에게 만들게 할 것인가는 하루아침에 가능한 이야기가 아니지만, 일거일동의 끝에 도달할 때까지 목적적으로, 즉 목적을 자각해서 일을 처리하는 습관, 심적 경향을 잠자는 동안에도 기르는 그러한 형태가 되어야 비로소 타인으로부터 부과된 것에 대해 자신이 목적적으로 행동하게 됩니다. 이러한 습관이 결국에는 자기 자신의 목적을 만들어내어 스스로 실현하도록 이끌어 가는 것은 결코 불가능한 일이 아니라고 생각합니다. 이야기가 조금 벗어났습니다만, 자동주의를 제대로 실행하려고 생각한다면 교사만 교육의 주의를 터득해서는 안 되고, 아동들도 이를 자각할 수 있도록 하는 것이 필요하다는 것을 말씀드린 것입니다.

덧붙이자면 일거일동을 자각적으로 영위하게 하는 것은 교육의 목적이 아동의 자력을 만드는 습관에 이르도록 인도하는 것에 있다고 보기 때문입니다. 요컨대, 제가 주장하는 바는 이 교육주의를 아동에게도 자각시켜서 교사와 아동이 서로 마음을 터놓고 서로 손을 잡아 이상을 향해 매진해야 한다는 점입니다. 학습태도의 정신은 전술한 내용에서 분명해졌으리라고 생각합니다.

다음으로는 구체적으로, 아니 적어도 기둥만이라도 말씀드리겠습니다. 우선 태도란, 말의 모태가 되는 신체의 모양입니다. 그것이 어느새 정신의 모양이 되었습니다. 그렇기 때문에 여기에서 말씀드리는 것은 학습하는 정신의 모양, 태도입니다. 태도는 영어로 애티튜드(attitude)인데, 이 애티튜드가 외국에서는 어떤 의미로 사용되고 있는가 하면 모든 사물에 대한 습관적 양식을 가리키는 말입니다. 오늘날의 애티튜드라고 하는 말 대신에 옛날에는 앱티튜드(aptitude)란 말을 사용했었습니다. 물론 이것은 지금도 사어(死語)는 아닙니다. 오늘날에도 사용되고 있는 표현입니다만, 이는 경향이라는 뜻입니다. 즉 사물에 대한 태도라고 하는 것은 그에 대한 경향을 나타냅니다. 경향은 결국 습관이어서, 이는 실로 하루아침에 완성되는 것이 아니라, 역시 오랜 세월 속에 양성되어 완성되는 것입니다. 태도의 양성이란 역시 사물을 학습할 때 습관을 붙이는 방식입니다. 그래서 학습태도를 양성하려고 할 때는 우선 사물에 흥미를 갖게 하는 것이 학습의 출발점입니다. 사물에 대하여 흥미를 갖게 하는 것은 학습동기를 환기시키는 것으로, 이 것이 가장 최초 학습의 출발점입니다. 그런데 이러한 학습의 동기, 다시 말해 학습하고 싶어하는 동기는 인간에게 자연적으로 내재되어 있습니다. 따라서 자연적으로 가지고 있는 것을 이용하여 학습하려는 욕구를 더욱 환기시키는 것이 좋다고 생각합니다.

자연적으로 내재되어 있다는 것의 증거로는 가정에 있는 유아가 만 3세 전후가 되면 소위 질문 시기라는 때에 접어드는 것을 들 수 있습니다. "이것은 왜 그러냐", "저것은 왜 그러냐"하고 무엇이든 질문하는 시절이 인간 일생에 구지욕(求智慾)이 가장 왕성한 때입니다. 그러한 시절이 사물에 대한 흥미가 가장 높을 때입니다만, 학습동기, 사물에 대한 흥미가 일어난 때를 저는 학령(學齡)이라고 봅니다. 6세를 학령으로 생각하면 이미 늦습니다. 구지욕이 일어나는 것은 학습에 대한 동기가 일어난 때이므로 이를 학령의 시작이라고 봐야 할 것입니다. 오늘날 만 6세를 학령으로 하는 것에는 별다른 근거가 없습니다. 물론 6세가 되면 학교에 보내도 좋겠지요. 집에 있으면 방해가 될 수 있고, 학교에 와도 교사에게 그다지 폐를 끼치지 않을 것이라는 매우 편의주의적인 발상으로, 학령을 6세로 결정한 특별한 이유가 없기 때문에 저는 사물에 흥미를 갖는 시기를 학령으로 정해야 한다고 생각합니다.

왜냐하면 이 질문 시기를 어떻게 대처하는가는 가장 어려운 일 중의 하나인데, 가정에서 부모는 이 질문을 제대로 처리할 능력이 없는 경우가 많습니다. 어쩌다 능력이 있는 사람들은 그럴 시간이 없습니다. 우선 우리는 아이에게 흥미를 갖고 있기 때문에 질문 시기의 대처 등은 물론 오늘 바로 지금부터 하라고 하면 못할 수도 있습니다만, 앞으로 연구만 한다면 못할 것도 없습니다. 그러나 우리는 가령 연구는 해도 아침부터 저녁까지 집에 있으면서 아이를 지키고 있을 수는 없으므로 아무래도 그러한 능력이 있는 전문가가 필요합니다. 질문 시기에 대응하는 것은 일종의 전문가가 할 일입니다. 3세에 이르러 질문 시기에 들어가면 교육전문가, 즉 교사가 받아서 가정을 연장하여 우선 오늘날의 유치원 같은 곳에 수용하여 교육해야 한다고 생각합니다.

또 하나 주의가 필요한 것은 호기심이 만족되지 않으면 결국에는 그러한 호기심이 사라져버린다는 점입니다. 예를 들면 어린이가 처음으로 천둥소리가 울리는 것을 매우 이상하게 생각하여 이를 부모에게 어째서 천둥소리가 나는지를 물어보게 됩니다. 그런데 어머니가 바쁜데 그런 것은 몰라도 된다며 설명해주지 않았다고 해봅시다. 그렇게 되면 호기심은 만족되지 못합니다. 그로부터 그 다음에는 다시 천둥소리를 들어도, 몇 번이나 천둥소리가 들리고 번개가 쳐도, 전혀 그 아이의 호기심을 끌지 못하게 됩니다. 그것은 호기심이 충족되었기 때문일까요? 전혀 그렇지 않습니다. 아울러 같은 현상을 여러 번 경험함으로써 비로소 이상하다고 생각했던 것이 나중에는 전혀 이상하지 않은 것처럼 되어 버립니다. 그렇게 되면 모처럼 생겨난 호기심의 요구가 만족되지 않았는데도 자연적으로 사라져 버리는 것입니다. 그렇게 되면 이후에 생겨난 호기심도 만족되지 않은 채 사라져버리고 말 것입니다. 모처럼 지식의 맹아가 생겨났는데 환경이 좋지 않아서, 토양이 좋지 않아서 싹을 틔우지 못하고 말라죽는 것과 같습니다. 그러므로 아무래도 이 시기는 전문 교육가가 맡아서 다루어야 합니다. 호기심이라고 하는 것이 계통적인 것은 아닙니다.

계통적이 아니기 때문에 보는 것과 듣는 것에 관하여, 즉 말(馬)을 보게 되면 말에 호기심이 일어납니다. 진기한 구름이 생겨나면 구름에 대하여 호기심이 생겨납니다. 보는 것과 듣는 것에 대하여 무질서하게 호기심이 생겨나기 때문에 그러한 호기심을 산만하게 놔두지 말고, 비교적 계통적으로 지식을 발전시키는 것이 이 시기에 매우 필요하므로 이 역시 전문가가 다루지 않는다면, 계통적으로 호기심을 만족시킬 수 없습니다. 이는 다양한 이유가 있어서 각종 사물에 대한 흥미를 갖는 시기는 3살 무렵이 가장 왕성하므로 이때부터를 학령으로 삼아야 합니다. 그리하여 생겨난 학습동기를 더욱 배양해 가야 합니다. 최근 만 6세부터 학령으로 해도 교사가 부족하다, 교실이 부족하다, 2부제 수업을 해야 한다는 등의 이야기를 하는데, 이러한 상황에서 우리가 3세부터 의무교육으로 하자고 하면 그야말로 허무맹랑한 이야기로 들릴지도 모르겠습니다.

또한 오늘날 일본의 재정 상태를 고려해 본다면 공론(空論)이 될지도 모르겠습니다만, 엘렌 케이(Ellen Key: 1849~1926)는 일찍이 자신의 이상에 맞는 학교를 '꿈의 학교'라고 불렀습니다. 우리가 오늘날 말하고 있는 것은 어쩌면 이상적인 꿈의 학교일지도 모릅니다. 그렇지만 엘렌 케이가 그렸던 학교를 오늘날에 생각해 보면 결코 꿈의 학교가 아닙니다. 현실적으로 가능한 이상입니다. 그렇기 때문에 지금 제가 말씀드리는 것도 어쩌면 꿈의 교육이 아니라, 가까운 장래에 어느 정도 성취를 이루는 사람이 생겨날 것으로 우리는 믿어 의심치 않고 즐거운 마음으로 기다리고 있습니다. 어쨌든 학습태도에서 가장 중요한 것은 학습의 흥미를 배양하는 것, 흥미를 불러일으키는 것입니다. 이러한 흥미의 환기 방법에는 여러 가지가 있는데, 이를 구체적으로 말씀드리면, 바로 얼마 전 효고현(兵庫縣)에서 강연할 때 학습욕의 환기에 대하여 하루 종일 설명한 내용입니다. 이를 구체적으로 말씀드리기에는 시간 제약이 있으므로 우선 그러한 학습의 동기를 일으키거나 아이에게 자연스럽게 일어나는 동기를 지켜주면서 더욱 학습욕을 키워가는 것이 학습태도를 양성하는 첫걸음이라는 점만 말씀드립니다.

그리고 두 번째로는 자발적으로 사물을 관찰하는 습관을 기르는 것입니다. 이것도 흥미만 있다면 자연히 이러한 습관을 양성할 수 있습니다. 지방에 계시는 분이 우리 학교에 시찰을 와서 다음과 같이 말했습니다. (우리 학교에서는 심상소학교 1학년생부터 자연연구라는 이름으로, 자연현상, 동물과 식물 등의 관찰이나 실험을 매우 장려하고 있는데, 이를 어린이들이 실제로 하고 있는 모습을 보고서) "아무래도 도쿄의 어린이는 동물이나 식물에 흥미를 갖고 조사하는데, 시골의 어린이는 전혀 이러한 것을 조사하려고 하지 않습니다. 이는 그러한 자연물이 도쿄의 어린이에게는 진귀하지만 시골의 어린이에게는 진귀하지 않기 때문일까요?" 이런 질문을 자주 듣습니다. 그런데 사실은 그렇지 않습니다. 즉, 사물에 대한 흥미를 교사가 길러주지 않았기 때문이라고 생각합니다.

천지자연이 너무나 오묘하게 이루어져 있다는 사실을 설명해 주면, 자연스럽게 어린이의 흥미는 그것을 향하여 생겨나지 않을까요? 구체적인 예를 들면, 심상소학교 5학년 수업에서 유채꽃을 가르칠 때, 단한 그루의 유채를 뽑아서 보게 하면 흥미는 생겨나지 않습니다. 우선 종자 시기부터 배양하고 비료를 주어 꽃을 피웁니다. 그리고 꽃에 어떤 곤충이 모여듭니다. 곤충의 종류에는 적어도 3만 가지 정도가 있는데, 그 3만 종류의 곤충이 아무 꽃에나 모여드는 것은 아닙니다. 각기 좋아하는 꽃이 있습니다. 유채꽃에는 어떤 곤충이 모여드는지 대체로 정해져 있습니다. 이에 대해서는 아직 동식물 학자들도 상세하게 연구하지 않은 듯합니다.

우선 채소류에는 꿀벌, 배추흰나비, 노랑무늬나비 등이 모여드는 것도 어린이들이 끊임없이 관찰하도록 합니다. 그리고 유채에는 공생식물이 있습니다. 유채의 뿌리에 태양을 싫어하는 식물이 숨어있고, 뿌리를 잡아주어 유채가 쓰러지지 않도록 합니다. 크로포트킨(P. A. Kropotkin: 1842~1921)이 말하는 상호부조라고 하는 것이 이루어지고 있습니다. 이와 같은 것을 끊임없이 관찰하도록 하고, 그 후 배추흰나비가 잎사귀의 뒷면에 알을 낳고 그것이 어떻게 부화하는지, 하나의 잎사귀에 많은 알을 낳는지, 하나의 잎사귀 뒷면에 띄엄띄엄 낳는지 등을 관찰하게 합니다. 배추흰나비는 상당히 머리가 좋아서 하나의 잎사귀에 한꺼번에 많은 알을 낳지는 않습니다. 띄엄띄엄 띄어서 잎사귀 하나에도 (애벌레가) 한동안 잎사귀를 먹을 수 있도록 알을 낳습니다. 또한 알들이 부화하게 되면 이를 곤충 배양상자에 옮겨놓습니다. 인위적으로 변태하도록 만들기보다 종류별로 관찰하도록 지도하면 이 유채 한 가지에서도 어린이들은 예상외의 큰 즐거움을 발견할 수 있습니다. 그러다가 더 이상 유채에 흥미가 없어지게 되면, 민들레라든가 그 밖의 다양한 종류의 초목에도 관심을 갖게 될 것입니다.

　이와 같이 흥미 있는 부분에 대하여 연구하는 방법을 잘 지도해 주지 않으면, 어린이들은 결코 관찰하지 않습니다. 그렇기 때문에 처음에는 흥미를 유발하고, 관찰 방법을 잘 지도하면, 마침내 자발적으로 다른 사람이 말하지 않아도 관찰할 수 있게 됩니다. 이를 하나의 습관으로서 어느 정도 실천하는 아동이 있다면, 곧바로 관찰과 마찬가지로 습관적 태도를 만들어야 합니다. 이러한 관찰에 의해, 우리들은 표상 혹은 관념이라고 하는 것을 만들고, 그 후에 이를 종합하고 분해함으로써 상상과 사고 등의 작용을 만들게 되는 것이므로, 자발적으로 관찰하는 것을 항상 배양하지 않으면 그 이상의 고등한 지적 작용도 생겨나지 않는 것입니다. 그리고 또한 자발적으로 사물을 상상하고, 경우에 따라서 지리 등에서도 상상력을 키울 수 없다면, 지리서에 적혀있는 것들은 참으로 무미건조한 말뿐인 지식에 불과할 것입니다.

　도쿄는 인구가 230만, 면적이 5방리(方里)로 여러 관공서가 있고 학교가 있다고 하는데 이를 상상해 보지 않는다면 참으로 무미건조한 곳이 됩니다. 그렇기 때문에 이를 상상하도록 선생님이 잘 유도해야 합니다. 그러한 상상에는 면적이 5방리라고 한다면 A지점에서 B지점까지가

2리, 그리고 다시 A지점에서 C지점까지가 3리이므로, 이를 면적으로 환산하면 6방리가 되므로, 우선 도쿄의 넓이는 어느 지역의 마을에서 어느 지역의 마을까지를 둘러싼 정도라고 상상하면 재미있습니다.

혹은 소학교의 산술에서 직경 5촌(寸)의 공은 몇 세제곱 촌이 되는지 물으면 몇 세제곱 촌이라고 답변이 나와도 그 이유를 물으면 거의 대부분 잘 알지 못합니다. 그때에도 상상력을 갖고 알려주면 됩니다. 둥근 계란도 자른 모양으로 만들면 사각형이 되므로, 우선 우리가 사는 둥근 지구를 네모난 모양으로 만들어본다면 그중에 1세제곱 촌이 얼마나 되는지를 알아보고, 둥근 구체를 모서리를 제외하고 입방체로 하여, 심안(心眼)을 통해 상상하도록 유도합니다. 그중에 몇 개가 들어가는가를 심안으로 상상함으로써 산술의 답이 만들어지는 것은 의미가 있습니다. 이와 같은 것을 자발적으로 상상하는 태도를 기를 필요가 있습니다. 그밖에 자발적으로 사물을 추론(推論)하고 추구(推究)하는 것도 필요합니다. 또한 이러한 사고 작용도 여러 가지가 있으므로, 특히 원인과 결과의 관계를 추적해 생각하는 것이 이과(理科) 과목에서는 매우 필요합니다. 서양에서는 소나무를 연구할 때 우선 멀리 떨어진 곳에서 일반적 형태를 관찰하도록 합니다.

이미 알고 계시는 것처럼 소나무는 밑에 있는 가지들이 수평으로 자라고 있기 때문에 원추형을 이룹니다. 어째서 소나무가 원추형을 이루는가 하면, 이는 겨울을 지내기 위해서입니다. 겨울에는 눈이 많이 내리고 황량한 바람도 불기 때문에, 원추형이 되어 있으면 눈이 쌓여도 대부분은 아래로 떨어집니다. 잎사귀는 2개 내지 5개가 이어져 있고 개폐가 자유롭게 되어 있습니다. 눈의 무게가 실리면 금방 열립니다. 다섯 손가락으로 모아서 물건을 올려놓으면 잘 놓이지만, 손가락을 펼치면 금방 떨어져버리는 것과 마찬가지로 눈이 쌓이지 않고 밑으로 떨어집니다. 잎사귀의 구조, 나무의 일반적 형태 등은 모두 겨울을 넘길 수 있도록 만들어진 것입니다. 그렇기 때문에 하나의 현상이 있으면 어째서 그런가를 생각하듯이 자발적으로 탐구하도록 하는 습관을 배양해야 합니다.

위에서 언급한 것은 적극적인 태도입니다만, 소극적으로는 언제나 자신의 주변을 반성해야 합니다. 그리하여 이러한 반성에 의하여 정정(訂正)을 더해 가도록 합니다. 저는 자교자정(自敎自訂)이라는 용어를 사용하고 있는데, 시종일관 반성의 태도를 기르는 것이 필요합니다. 공자의 제자 안회(顔回)는 잘못을 두 번 하지 않았다고 하지만, 그것은 같은 잘못을 반복하지 않았다는 뜻으로, 일생동안 한 번만 잘못을 저질렀다는 것이 아님을 한학자들이 얘기하는데, 저도 그렇게 생각합니다. 자신이 잘못을 범했기에 자신이 정당한 벌을 받아야 한다. 그것은 앞서 체험에 대하여 이야기할 때 말씀드렸지만, 인간이 잘못을 한다고 하는 것도 역시 체험의 자산이 되기에 반드시 나쁜 것은 아닙니다. 항상 자신이 잘못하지 않았는지를 반성합니다. 산술을 해도 답이 틀렸다면 어째서인지 반성합니다. 혹은 답을 제출한 직후에 다시 잘못된 것은 없었는지 반성합니다. 문장을 쓸 때에도 역시 나중에 반성합니다. 그것을 습관적으로 반성하는 태도를 시종일관 배양해 둘 필요가 있습니다. 그 밖에 다른 사람으로부터 암시를 받는 것도 필요합니다.

공자도 삼인행필유아사(三人行必有我師, 『논어』 「술이편」)라고 하였습니다. 3명이 모이면 반드시 나의 스승 되는 사람이 있다는 뜻으로, 즉 3명이 모이면 반드시 각기 개인차, 각자의 특징을 갖추고 있기에 그 사람을 스승으로 삼아야 한다는 말입니다. 몇 명이 모여도 그 사람의 장점을 포착하고, 타인의 암시를 포착하지 못한다면 자기 교육의 기회를 잃게 되는 법입니다. 일본에서는 3명[3]이 모이면 문수(文殊) 보

---

3) [역자주] 1922년 원전에는 33명으로 되어 있으나, 이는 오타로 1976년판

살의 지혜라고 합니다만, 서양에서도 "Two heads are better than one(두 사람의 머리는 하나보다 좋다)"고 합니다. 많은 사람들의 지혜를 모으는 것이 좋다는 의미겠지만, 그러한 암시를 포착하지 못한다면 아무리 많은 사람들이 있어도 별 수 없습니다. 그들로부터 받는 암시에는 인위적인 것과 자연적인 것이 있습니다. 갈릴레이가 피사의 사탑에서 램프를 흔들었던 것을 보고서 pendulum, 즉 진자를 발견하였고, 뉴턴이 사과나무에서 사과가 떨어지는 것을 보고 만유인력을 발견한 (발명·발견사에 대부분 전설적인 요소가 들어간 거짓말 같은 것도 적지 않지만, 뉴턴의 이야기는 사실인 듯함) 사례를 들 수 있습니다.

연상이나, 자연현상을 보고서 이로부터 암시를 얻어 큰 발명, 큰 발견도 할 수 있는데, 우리의 심안을 잘 열어서 어떤 것을 대상으로 하더라도 항상 암시를 포착해내는 학습태도가 필요합니다. 그 외에 인내나 자강(自彊), 진취의 기상도 가져야 하고, 학습한 내용은 가능한 응용하고 활용하도록 해야 합니다. 나는 응용과 활용이라는 단어를 같이 사용하고 있습니다. 응용은 하나의 내용을 학습함으로써 얻은 지식을 다른 지식의 획득에 이용하는 것을 말합니다. 그러므로 산술이라면 하나의 문제를 풀었을 때 길러진 지식을 다른 곳에 이용하는 것은 응용입니다. 활용은 하나의 내용을 학습함으로써 얻어진 것을 실제로 그리고 실용적으로 이용하는 것을 뜻합니다.

게다가 응용이라는 용어를 넓은 의미로 해석하면, 활용도 그 속에 포함됩니다. 그런데 무엇 때문에 응용과 활용을 구분하느냐 하면 결코 호기심이 많아서 나눈 것이 아닙니다. 종합적으로 보면 지식이라고 하는 것은 모두 응용하여 얻어지는 것입니다. 한 가지에 의해 얻어진 지식을 다른 지식의 획득에 활용하는 경우도 있지만, 활용하기 어려운

영인본을 참고하여 3명으로 수정함.

지식도 얼마든지 있습니다. 그렇기 때문에 활용하여 얻어지는 지식은 가급적 활용하도록 합니다. 그러나 직접적으로 활용할 수 없다고 해도 결코 가치가 없는 것은 아닙니다. 응용하여 얻어질 수 있는 지식이 있다면, 반드시 응용하도록 합니다.

세상의 공리주의자들은 보탬이 되지 않는 지식을 가르쳐서는 안 된다고 합니다만, 그것은 매우 협소한 생각입니다. 아무리 보탬이 되지 않아도 의식주 상에 응용하는 것도 불가능한, 즉 먹을 수 없는 실용적으로 전혀 보탬이 되지 않는 지식도 그것이 진리라면, 진리는 문화의 꽃이기에 실용적이지 않다고 해도 진리를 추구하는 것, 즉 우리가 지식을 추구하는 욕망인 구지욕(求智慾)을 만족시켜주는 것은 참으로 귀한 것입니다.

한니발(Hannibal)이 카르타고에 도착한 것은 기원전 몇 년 몇 월 몇 일 몇 시라고 하는 것까지 역사가는 집착합니다만, 그런 것은 쓸데없는 짓이다, 그것을 안다고 한들 밥이 나오냐 떡이 나오냐 말할지도 모르겠지만, 이는 지식 그 자체로서 매우 귀중합니다. (이 이야기는 어느 전문가로부터 전해 들은 것입니다만) 결국 한니발이 카르타고에 도착한 때에 일식이 있었습니다. 기원전 몇 년 몇 월 몇 일에 있었던 일식은 지금으로부터 역산해 보면, 오전 몇 시 몇 분 몇 초에 일어났다는 것까지 알 수 있기 때문에, 그 일식을 단서로 해서 역사상의 세세한 연대까지도 역사가는 상세하게 연구할 수 있습니다. 지식 그 자체는 매우 귀중한 것이기 때문에, 역시 그러한 것을 구체적으로 연구하는 것은 문화의 양식입니다. 그러므로 응용할 수 있는 것은 응용하고, 활용할 수 있는 것은 활용해야 하는데, 활용할 수 없는 것도 역시 귀한 것입니다. 그러므로 자연스럽게 자발적으로 지식을 응용하고 활용하도록 하는 태도를 기르는 것이 학습태도론의 핵심입니다.

이것으로 처음에 약속드렸던 5가지 문제에 대략 답을 드린 것 같습니다. 나중에 천천히 질문이나 비평을 들으면서, 친애하는 이천여 청중 여러분들과 시간이 허락하는 한 함께 연구해 보고 싶습니다.

감사합니다.

제3장

자유교육론

自由教育論

제3장

자유교육론(自由教育論)

데즈카 기시에(手塚岸衛: 1880~1936)

1. 서론

먼저 저는 제 얘기를 풀어나가기 위한 서론(緒論)으로 문득 떠오른 감상을, 그리고 이어서 자유의 의의를 중심으로 말씀드리겠습니다. 그리고 시간이 허락된다면 실제로 자유교육이 어떻게 이루어지는지 그 개황과 시설의 한 사례를 말씀드리고자 합니다.

저는 개회 당일 이 강연회를 가득 메운 실무자 여러분을 보고 새삼 감회에 젖었습니다. 바야흐로 교육 실무자가 각성해야 할 시기에 와 있습니다. 최근 1-2년 사이에 각 부현(府懸)에서 온 수천 명의 참관자들과 가깝게 이야기를 나누는 동안에도, 결코 거역할 수 없는 자각의 섬광이 사람들을 비추고 있음을 직각적으로 느꼈습니다. 수백 통의 편지를 주고받으면서도 교육혁신의 기운이 얼마나 무르익고 있는지 확인할 수 있었습니다. 마침내 우리는 현장 실무자들이 각성을 거듭해가고 있음을 힘주어 말하고자 합니다. 게다가 이번 모임이 이렇게 성대하게 열리게 된 것도 결코 우연이 아닙니다. 저는 실로 이런 현상에 대하여 여러분들과 마찬가지로 실무자의 이름으로 일본 소학교육의 길을 축복하고 싶습니다.

종래의 교육이 너무 지나치게 획일적이지 않았는가? 또 너무 아이를 수동적으로 보거나, 지나치게 주입적이지 않았는가? 또 너무 간섭과 속박을 하고, 소위 형식에 집착하여 형식을 만능시하는 형식교수에 빠지지 않았는가? 또 너무 지나치게 눈앞의 결과에만 사로잡혀 있지 않았는가? 천박한 실용주의나 실리주의의 영향을 받지 않았는가?

일괄적으로 말하면 교원을 중심으로 한 어른 본위, 교사 본위로 아이를 교육의 중심에 놓지 않는 잘못을 범해 왔습니다. 이제 교육은 몰릴 데까지 몰려 더 이상 도망갈 데가 없는 막다른 골목에 다다랐습니다. 그리하여 앞으로 나아갈 방향을 어디에서 찾아야 할지 서로 고심하며 초조해 하고 있는 상황입니다. 막다른 길에 다다른 것입니다. 뭔가 개량을 해야 하는 상황입니다.

우선 지난 가을에 교육혁신의 목소리가 실무자 사이에서 나오고 있는 것은 민의가 얼마나 강한지를 충분히 보여주고 있습니다. 아지사카 구니요시(鰺阪国芳)[1]나 고노 기요마루(河野清丸), 히구치 초이치(樋口長市), 이나게 긴시치(稲毛金七), 오이카와 헤이지(及川平治), 그리고 지바 메이키치(千葉命吉)도 사실 실제로 아동교육에 종사하거나 또는 종사했던 분들이시지요. 이제 교육사적으로 외국에서 수입된 교육뿐이었던 메이지 시대에서 벗어나 중대한 획을 그을 만한 현상이 나타나고 있다고 생각합니다. 이 기운이 이 분야에서 일하시는 분은 물론이고, 선배 학자와 여러 원로 선생님들, 또 문화 종사자나 문단 관계자

---

1) [역자주] 오바라 구니요시(小原国芳)를 지칭함. 그는 처음 결혼하면서 아지사카 집안의 데릴사위로 들어갔기에 성을 아지사카로 바꾼 적이 있음. 이 책 제7장 전인교육론 참조.

분들의 적절한 지도에 따라 잘 길러진다면 일본 교육의 앞날은 매우 희망차고 진정 축복받게 될 것이라고 저는 생각합니다.

2. 자학주의(自學主義)에서 자유교육으로

여기서 말씀 드릴 것은 결코 제 자신과 제가 속한 학교의 모든 교사가 오랜 시간 변화의 과정에서 노력해 온 실무자 여러분을 비난하거나 비평하고 나쁜 교육법을 매도하여 통쾌함을 얻고자 하는 것이 아닙니다. 우리의 정직한 고백, 즉 참회의 의미로 들어주시기를 먼저 부탁드리겠습니다.

자학(自學)·보도(輔導)라는 말이 우리 귀에 들어온 것은 아마 1907년 전후가 아닐까 생각합니다. 그 이후 저희는 우선 아이에게 자학, 즉 스스로 배우도록 해야 한다고 생각하여 복습해라, 단 예습을 해서는 안 된다. 예습은 잘못된 생각이 먼저 들어가기 때문에 다시 학교에서 새롭게 가르칠 때에 방해가 되어 좋지 않다, 학부형회를 열어 부형에게 예습을 하지 않아도 좋으니 복습을 시키라고 말하는 사람도 있었습니다. 그중에는 조출만퇴(早出晩退), 즉 아침 일찍 와서 수업시간 전에 공부를 시키고 늦게까지 학교에 남겨놓고 공부하게 하는 학교도 본 적 있습니다. 교과도 읽기나 산술을 중점적으로 시키고, 주로 교사가 명령을 내려 이를 해오라고 함으로써 여러 가지 수단으로 과제를 부과하는 등 아동을 복종하게끔 만들었습니다.

아동에게는 이러한 자학을 명령하면서 일상에서의 수업은 나 역시 예비·교수·정리·응용의 순이 되어 아이의 자학과 교사의 교수가 별도의 길을 걸어간 것 같아서 지금은 반성하고 있습니다. 이에 대하여 제 머리 속에 의문이 하나 생겼습니다. 단지 조출만퇴에 의한 자학이 아니라 학교에 있는 시간 내내 아이의 자학을 철저하게 시켜야 하는 것은 아닐까? 수업 시간은 교수 시간으로서 우리가 교수를 하고, 아이에게는 아이의 조출만퇴나 가정으로 돌아가 자학하도록 하는 두 가지 방법으로 나누는 것은 어떨까? 예습 복습만이 자학 자습은 아닐 것이다. 학교에서 교사가 곁에 있는 것이 본습이 아니라, 실은 지금까지 우리가 생각한 것처럼 예습 복습이 바로 본습인 것입니다. 이것이 아이가 스스로 자신의 힘으로 자기를 개척해 나아가는 힘입니다. 이를 하게 하는 것이 교육입니다. 이를 예습이나 복습이라고 하는 것은 적절한 표현이 아니라고 생각됩니다.

자학은 교수의 진행을 원활하게 하는 것이 아닙니다. 학교의 학습시간 일체 중 학교생활 어디를 잘라내도 자학 자습의 피가 흐르도록 학교를 개조해야 하지 않겠습니까? 명령에 의해서만 이루어지는 것이 아니라, 아이 스스로 나아가 무엇을 할 것인가를 스스로 깨닫도록 하는 자각에 기반한 자학이어야 합니다. 종래 자신이 생각하고 행해온 것을 한마디로 요약하면, 기계적인 자학이었습니다. 앞으로 아이들의 자학은 자각(自覺)에 기초한 것이어야 할 것입니다. 한자의 '각(覺)'과 '학(學)'은 어원이 같은 말로, 각은 학과 통하는 것이니, 자학은 자각이며 자각은 자학이라고 할 수 있습니다.

이렇게 하여 자각에 기초하여 자학을 생각하게 되었습니다. 자학은 자각에 기초해야 한다고 생각합니다. 진정으로 자학을 하도록 하려면 아이의 자각에 호소해야 한다고 생각합니다. 자각을 불러일으키기 위해서는 그 안의 자유를 부여해야 합니다. 즉, 방법으로서의 자유, 아이에게 자유를 허용하는 범위가 크면 클수록 아이의 자각을 불러일으키는 범위도 크고, 아이의 자각의 범위가 크면 클수록 자학이 진정한 것이 될 것이라는 점을 알게 되었습니다. 이렇게 해서 자학주의에 대한 철저, 지식에 대한 자학, 기술에 대한 자습, 여정(旅程) 훈련에 대한 자율 자치, 신체 양호에 대한 자강자육(自彊自育), 교수·훈련·양호 등학교 교육의 전부를 통틀어 어디까지나 자기가 자신을 교육하는 입장에 아동을 서게 하는 것을 자기교육, 혹은 자교육(自敎育)이라고 하는 것이 옳지 않을까 생각해 보았습니다. 마침 재작년에 제국교육회에서 전국주사회의(全國主事會議)가 열렸을 때 각자 경험담을 이야기하는 시간에 저도 잠깐 10분 정도로 간략히 이와 같은 경과부터 실제 시설에 대하여 이야기하고, 마지막으로 아이가 자학주의를 선택하게 하는 결정은 자교육에 의한 아이의 자각에 호소하는 교육이라고 끝을 맺었습니다. 자각의 교육은 자유롭게 하는 교육입니다. 그리고 자유주의 교육은 최고의 교육이라고 결론지었습니다. 이러한 내용이 『도쿄일일신문(東京日日新聞)』 기자의 귀에 들어가 「새로운 자유교육」이라는 제목으로 보도되었고, 다음날 『오사카매일신문(大阪每日新聞)』에 보도되어 간사이(関西) 일대에 퍼졌습니다. 이것이 일본에서 자유교육이라는 말이 생겨난 최초라고 생각합니다.

그러나 자유라는 말에는 많은 통속적인 어폐가 있습니다. 자유라는 말을 괜히 좋아하는 사람도 있고, 괜히 싫어하는 사람도 있습니다. 이른바 '문제적'인 말입니다. 그러나 진정한 의미에서 생각해보면 그런 것도 당연합니다. 자유라는 말에 어폐가 있다고 해서 삼가할 필요는 없다고 생각되며, 자유교육으로도 물론 문제는 없겠지만, 그래도 두세 분의 선배학자와 상담해 보았습니다. 그런데 자유라는 말로 괜찮다, 그동안 일본의 문명에서는 자유라는 말이 정당하게 해석된 일조차 없었던 것 같은데, 학교 선생님들이 자유의 진정한 뜻을 오해한다면 실로 이는 무서운 일이다. 자유의 참뜻을 천명하는 것만으로도 일종의 문화운동이니, 아무 주저할 것 없이 나아가라는 의견을 주셨습니다. 이래저래 생각을 해보고 다소의 결심을 한 다음 자유라는 말을 감히 사용하게 되었습니다. 이렇게 하여 자학주의에서 자유교육으로 감연히 나아가게 된 것입니다.

자유교육이라고 해도 딱히 새로운 것은 아닙니다. 왜냐하면 자학주의라는 것은 1907년경부터 주창되었는데 오늘날에는 교육 실제상 아무도 반대하는 사람이 없습니다. 우선 자유교육을 언급하기 전에 자학을 철저하게 하자는 것에 대해서는 거의 이견이 없으니, 일단은 안심하셔도 좋습니다. 그러므로 자학주의의 필요성에 대해서는 먼저 긍정을 해주시면 좋겠습니다. 종래 우리는 여러 교육사의 주의·주장에 대하여 항상 불만이 있었습니다. 단지 한 시간의 교수 시간 동안 아이를 어떻게 움직일 것인지, 주어진 교재에서 주어진 제목의 범위 안에서 교안을 어떻게 만들 것인지에 대해서만 생각했을 뿐입니다. 한 시간짜리 업무 혁신이라고 할 정도로 너무 지나치게 협소하지 않았는가? 협소한 것이 나쁜 것은 아닙니다만, 교육 전체의 혁신을 도모하기에는 단지 한 시간의 교수를 어떻게 할까 하는 궁리 정도로는 너무 협소한 감이 있습니다.

교수뿐만이 아니라, 훈련 양호, 학교의 시설 경영 전반에 걸쳐 법이 허용하는 범위에서 가능한 일을 하고 싶습니다. 법의 해석이 잘못된 곳이 있으면 해석을 새롭게 하여, 새로운 해석 하에 법의 취지를 살리면서 법의 근본적이고 거시적인 정신에 따라 가능한 혁신을 도모하고 싶다는 생각이 들었습니다. 그리고 교재에 대한 생각이나 교과서 및 교과과정표에 대한 사고방식, 세부적인 교안이나 시험 등에 이르기까지 모든 것에 대하여 생각할 수 있는 만큼 생각해보려고 노력하고 있습니다. 범위가 광범위하게 걸쳐 있는 만큼 문제의 폭이 넓고, 우리 학교에 대한 의문 혹은 질문이 많을 것으로 생각합니다.

3. 소극적 자유와 적극적 자유

세 번째로 지금부터 자유에 대하여 말씀드리겠습니다. 제목은 소극적 자유와 적극적 자유로 붙여 놓겠습니다. 사람은 어떤 일을 해낼 수 있는 힘을 갖고 있습니다. 해낼 수 있는 힘, 즉 능력을 갖고 있습니다. 이 능력을 안과 밖에서 바라보면, 하나는 소극적 의미가 되고 또 하나는 적극적 의미가 된다고 생각합니다.

자유란 어떤 것에 발동하는 힘이나, 그 힘에 저항하는 힘을 말합니다. 타인의 구속이나 속박에 발동해서 이를 돌파하려고 하는 힘을 소극적 의미의 자유라고 생각합니다. 한마디로 말하면, 외부의 구속에 대하여 반항, 반대하는 힘입니다. 또 하나의 의미는 발동하는 대로 발동해가는 힘, 즉 아무런 저항도 없이 척척 그대로 발동해가는 힘, 다시 말해서 그대로 발동해가는 힘이 바로 자신이 스스로 나아가거나 자기의 법칙에 따라 자기 스스로 나아가는 것을 적극의 의미의 자유라고 할 수 있습니다. 물론 여기에도 법칙에 대하여 반항하는…… 즉, 구속이나 속박 제한이 있습니다. 이는 외부적인 것이 아닙니다. 적극적 의미일 때에도 자기 법칙에 따른다고 하는, 자기 법칙이라는 구속이 있습니다. 금지하고 제약하는 사항이 있지만 외부는 아닙니다. 자기 스스로의 법칙에 따라 가는 것이므로 역시 이를 제약하고 제한하지만, 이는 내부적인 제약이요 제한입니다.

한 가지 예를 들면, 새가 새장 안에 갇혀 있습니다. 이 새가 요구하기를, "우리는 공중을 자유자재로 날아다니는 것이 우리의 본질이다. 따라서 우리로 하여금 공중을 자유자재로 날아다니게 하라"고 합니다. 이때 새장은 하나의 구속이 됩니다. 그 새장을 탈출해서 하늘을 자유롭게 날아다니고 싶어합니다. 나는 그 새의 요구가 정당하다고 생각합니다. 왜냐하면 그 새의 요구는 새의 본질에서 생각해보면 작은 새장 안에 갇혀 있는 것이 아무래도 불합리하기 때문에, 구속이고 속박입니다. 때문에 그 불합리한 구속과 속박을 타파하고 새가 공중을 자유자재로 날아다니려고 하는 것은 당연합니다. 이러한 의미에서 이는 해방의 의미로 합당한 자유입니다. 즉 외부의 구속에 대하여, 외부의 구속이 불합리한 경우에 이를 돌파하려고 하는 힘을 우선 소극적 자유라고 합시다.

그런데 만약 새가 새장에서 나와 공중을 날아가다가 이 새가 또 다른 요구를 합니다. 새장에서 나와 날아봤는데 아무리 해도 중력 때문에 날기가 어렵다. 이것은 심히 불편한 상황이다. 그런 까닭에 나는 잘 날 수 없다. 이처럼 공기의 저항이 있어서 잘 날 수 없기 때문에 새는 공기가 없는 상태를 욕망하고, 중력이 없는 상태를 바라며, 공기와 중력을 없애달라 외친다고 가정해 봅시다. 이것이 과연 정당한 요구인지 생각해 봅시다. 난다는 것이 어디에서 행해지는가 하면 공중에서 행해집니다. 공기 중의 공기의 저항에 대하여, 혹은 중력에 저항하며 날아가는 그 모습이 바로 나는 행위입니다. 그런데 새는 공기가 없기를 바라는데, 공기가 없는 곳에서 난다는 것이 무엇을 의미할까요? 중력이 없어지기를 바라는데, 중력에 저항하지 않고 나는 것을 어떻게 상상할 수 있을까요? 공기가 없고 중력이 없어지기를 바라는 것은 오히려 나는 행위 자체를 부정하는 자기모순에 빠지게 됩니다. 더 극단적으로 말하면, 공기가 없으면 죽어 버립니다. 중력이 없으면 물질이 없어지고 새의 신체가 없어져 버립니다. 즉 잘 날아갈 것을 바라면서 오히려 나는 것을 부정하는 자기 파멸을 초래하는 불합리한 요구는 완전히 잘못된 것입니다. 따라서 소극적 자유는 그 정도를 뛰어 넘어서까지 허용되지는 않습니다.

허용되지 않는 것과 허용되는 범위가 어디까지인가 하면, 지금 말씀드린 것처럼 그 요구가 본질적이고 합리적인 범위에서만 외부의 불합리한 구속에 대하여 이를 해방하라고 요구할 수 있습니다. 그러나 그 정도를 넘어 본질을 벗어난 불합리한 요구에 대해서는 자유라고 말할 수 없습니다. 무릇 정치상의 자유라는 것이 바로 이것이라고 생각합니다. 자유교육이라고 하면 뭔가 정치상의 교육을 하고 있는 것으로 생각하는 사람도 있을 것입니다. 또한 자유라고 하는 것이 정치상으로 사용되어 왔기 때문에 자유민권운동의 자유가 그와 같은 것이라고 생각하기 때문에 자유라고 하는 것에 대하여 오해가 생깁니다. 정치상의 자유, 혹은 결사의 자유라든가, 언론의 자유 같은 것도 자주 언급됩니다만, 생각해 보면 인류는 보다 나은 사회생활을 영위하려는 입장에서 벗어날 수 없습니다. 그것까지 망가뜨리며 결사의 자유, 언론의 자유, 그리고 사회의 해체를 요구하는 것은 누구도 할 수 없습니다. 이는 결국 요구자가 죽어버리게 되는 모순에 빠지기 때문입니다. 모든 요구는 그것이 어느 정도까지 합리적인지, 그리고 합리적인 범위 내에 있을 때만이 자유라고 할 수 있습니다. 그것을 넘어서게 되면 자유는 제한될 수밖에 없다고 생각합니다.

교육의 방법에서 자유라고 하는 것도 이 정도의 자유라고 생각합니다. 교육의 방법상 자유라고 하는 것은 그것이 교육의 목적이나 의의에 비추어 보고 아동의 본질을 감안해서 생각해 봤을 때 간섭이나 속박은 불필요한 것입니다. 불필요한 정도가 아니라 유해한 것입니다. 불합리하다고 인정되는 범위의 간섭이나 속박, 즉 교육 방법상의 나쁜 점을 타파하려고 하는 것이 자유교육의 방법상 자유이고, 제한과 정도가 있는 자유로, 그 한계 안에서 허용되는 것입니다. 그렇다면 어디부터 어디까지가 타파해야 할 정도인가에 대해서는 사람마다 생각이 다를 것입니다. 지금까지 취해온 교육방법이 완전하지 않는 한, 이 이상의 좋은 방법은 없다고 하는 교육방법을 취하지 않는 한 개선해야 할 불합리한 점이 있을 것입니다. 이처럼 잘못된 것을 고치고 올바른 것을 드러내는 파사현정(破邪顯正)을 해 갈 뿐입니다.

그런데 자유교육이라고 하면 아이가 제멋대로 하도록 내버려두는 것으로 생각한다든가, 아이를 자유롭게 내버려 둘거라면 선생은 왜 필요하고 학교는 왜 필요한가 등의 학교무용론으로 이어질 수 있으므로 자유교육은 바람직하지 않다고 공격하는 이도 있습니다만 이는 매우 잘못된 생각입니다. 우리는 교육 현실이라는 전제 안에서 어떻게 하면 보다 잘 교육할 수 있을까를 고려하며 자유를 생각하고 있습니다. 보다 잘 하려고 하는 것이 목적입니다. 교사는 필요 없다, 학교는 필요 없다는 등의 지나친 비약으로 현실적인 교육방법에서 멀어져 버리면 안 됩니다. 교육을 부정하고 스스로 포기하는 교육방법이 세상에 있을리가 없지 않겠습니까? 이는 새가 더 쉽게 날고 싶어서 공중에서 나는 것을 부정하는 것과 마찬가지로 자유를 갖고 싶어서 교육을 부정해 버린다면, 이는 너무나 잘못된 것입니다. 이러한 오류를 갖고 자유교육을 공격하는 것은 어리석음의 극치라고 할 수 있습니다.

정도가 있는 소극적 자유와 달리, 이번에는 발동하는 대로 발동하는 힘, 즉 적극적 자유, 정도가 없는 자유에 대하여 말씀드리겠습니다. 이는 아무리 많아도, 아무리 추구해도 제한되지 않는, 무한히 요구해도 좋은 자유입니다. 저는 근본적인 것에서부터 이야기를 해보려고 합니다. 어떤 충동이 일어나거나 혹은 동기가 생겼을 때, 특히 그것이 두개 이상이었을 때, 우리들은 동물이나 식물과는 달리 자신에게 일어난 동기 그대로 아무런 고려 없이, 아무런 선택 없이 그대로 뒤쫓지는 않습니다. 자연이라면 부여받은 그대로의 것이므로 그대로 둘 수밖에 없지만, 자연이 아닌 존재인 인간은 …… 자연이 아니라고 말해서는 안 되겠지만, 자연이면서 동시에 동식물과 다른 입장을 취하고 있는 우리는 그 동기에 대하여 선택할 수 있는 자유를 갖고 있습니다. 동기를 선택해야 한다는 동기가 일어난 경우에, 무엇을 택하여 무엇으로 결정할 것인지를 동기 그 자체가 선택하고 결정하는 것은 불가능합니다. 두 가지 동기 이외의 어떤 목표에 비추어 하나의 동기를 억누르고 다른 동기를 올리려면 제 삼자가 필요합니다. 즉 표준이 필요합니다. 어떤 표준에 의거하여 우리는 선택 결정을 하게 됩니다. 즉 한 인간으로서의 요구라고 하는 기준에 비추어 이에 따라 선택 결정을 합니다.

선택 결정의 자유에 대하여 더 깊이 말씀드림으로써, 적극적 자유를 설명하고자 합니다. 자유라고 하는 것은 하나의 의식 현상입니다. 그렇기 때문에 이러한 것을 했다고 하는 것, 이러한 것을 할 수 있다고 하는 것을 우리는 의식하고 있습니다. 즉 가능하다고 하는 것은 할 수 있다고 하는 것을 의미합니다. 자유가 있다는 것은 자기의식이 있다는 것이고, 자기의식이 있다는 것은 스스로 알고 있다는 것입니다. 자각하고 있다는 것입니다. 안다고 하는 것은 어떠한 것인가 하면, 지금 선택한 것에 대하여 알고 있을 뿐만 아니라 다른 선택하지 않은 것의 동기도 선택하려면 선택할 수 있었다는 것을, 즉 스스로 한 가지 선택할 만한 것을 선택했다고 하는 자유를 알고 있는 것입니다.

그러므로 자신이 이렇게 하려했다면 할 수 있었고, 이것을 선택하려 했다면 선택할 수 있었다고 하는 가능성을 알고 있으므로 단 하나에 속박되어 오른쪽으로 가는 것 외에는 갈 방법이 없으므로 오른쪽으로 들어간 것이 아닙니다. 왼쪽으로 정해서 왼쪽으로 가는 것도 가능했다는 것을 알고 있습니다. 선택이라고 하는 것에는 지금 선택한 오른쪽 이외에 왼쪽 선택을 내가 할 수 있었다고 하는 의미도 들어 있습니다. 결정한다는 의미에는 지금 결정한 오른쪽 외에 왼쪽으로 결정하는 것도 가능하다는 의미가 포함되어 있습니다. 즉 지금 현재 오른쪽을 취했지만, 이 현실 외에 다른 많은 가능성을 알고 있는 것입니다. 그러므로 현실이라는 것은 이상(理相)에 대한 하나의 가정으로 인정할 수 있습니다. 달리 말하면, 현실은 이상의 한 단계입니다. 자유는 현실이고, 이상을 포함하고 있습니다. 또한 이상도 현실과 분리될 수 없습니다. 즉 자유는 현실이면서 이상과 떨어질 수 없는 관계인 것이지요.

선택은 결정상의 자유이기에, 사람은 선택할 수만 있다면 부자유가 아닙니다. 그런데 오른쪽을 선택했다고 했을 때, 선택했다고 하는 그 자체가 부자유가 아닌가 하는 반문이 있을지도 모릅니다. 그렇습니다. 그럴지도 모르지만, 선택했다고 하는 것이 부자유라고 한다면, (자유로우려면) 아무것도 선택하지 않는 상태여야 합니다. 이는 미(未)선택입니다. 그런데 이 미선택이라는 것도 어쩌면 일종의 선택이고, 게으름을 피우고 있는 선택입니다. 오른쪽으로 할지 왼쪽으로 할지 생각해보고, 자신은 어느 쪽도 아니라고 하는 것을 선택한 것입니다. 어느 쪽도 고르지 않는 선택을 한 것입니다. 정말로 게으른 선택으로, 사람이 아무것도 선택하지 않는다는 것은 불가능합니다. 따라서 무엇인가를 선택하는 것을 부자유라고 한다면, (결국) 자유는 (세상 어디에도) 없는 것이 되고 맙니다. 또 이는 결정했다고 하는 것 자체가 부자유가 아닌 것과 마찬가지입니다. 결정했다고 하는 그 자유를 부자유라고 한다면, 미결정으로 끝날 수밖에 없습니다. (하지만) 미결정으로 끝난다는 것은 무엇으로도 결정하지 않는다는 결정을 한 것이므로, 이것 역시 결정한 것입니다. 이는 게으른 결정으로, 이러한 결정조차 인정할 수 없다고 한다면 자유는 물론 어떠한 것도 인정할 수 없는 것이 되지 않을까요?

선택 결정을 하는 그 작용, 그 동력이 곧 자유입니다. 자유는 무엇에 의해서 이러한 선택 결정을 하는가 하면, 앞에서 이미 언급한 대로 나의 요구에 따라서 이 선택 결정의 작용이 일어난 것입니다. 결국 "나의 요구란 무엇인가, 나란 무엇인가?"라는 문제로 귀결됩니다. 나라는 것은 정신이 있는 물리적인 나로 가정할 수 있지만, 나라고 하는 것에서 육체에 해당하는 것을 삭제해 봅시다. 손이나 머리는 우리가 이를 경험할 수 있으므로 육체의 나인 것을 알 수 있습니다. 이제 육체를 인식하는 주체인 한층 더 깊은 나를 생각해 볼 수 있습니다. 그러면 남는 것은 우리 머리의 작용으로 나를 심리적으로 본다는 가정 하에 육체적인 나를 벗어나 버리는 단계를 심리적인 나라고 할 수 있습니다. 그런데 우리가 머리의 작용, 그것이 나라고 생각해도 그 머리의 작용을 내가 알고, 그 작용을 또한 경험하는 무언가가 있습니다. 자신의 의식현상을 알고 있는 또 하나의 자신은 무엇일까요? 즉 경험적인 나를 벗어나면 그 배후의 깊은 곳에서 근본적인 나를 발견하게 됩니다. 이것이 논리적 자아, 개념적 자아입니다. 이를 의식 일반이라고 해야 할까요, 그런 내가 잠재해 있습니다. 경험적인 나의 배후에 잠재해 있는 나는 보편타당한 나이며, 영구불변의 나입니다. 이러한 보편타당하고 영구불변의 나는 모든 사람에게 공통적으로 발견되는 나로, 때와 장소에 관계없이 누구나 인정할 수밖에 없는 논리적인 나입니다.

그런 나(자아)의 작용에서 진선미도 나옵니다. 그래서 진선미도 보편타당, 영구불변의 것이라고 할 수 있습니다. 자신의 심리를 인식한다는 것은 자신의 보편타당하고 영구불변한 심리를 알고, 인정하고, 작은 나를 구성해가는 것입니다. 이렇게 생각하면 내가 미를 느낀다는 것은 나의 영구불변하고 보편타당한 그것이 미를 느끼고, 보편타당한 그것이 선을 행하는 것이라고 생각합니다. 덧붙이자면 형태는 여러 가지이지만, 형태를 파악하고 있는 나, 형태를 체험하고 있는 나, 그 형태를 파악하고 형태를 체험하고 있는 나의 요구에 기초하여 나는 (스스로) 선택 결정을 하는 것입니다. 다시 말해서, 이성의 요구, 인간성－사람을 사람답게 하는 천성으로서의 이성－인간을 인간답게 하는 이성, 그 이성의 요구가 선택 결정을 한다고 말할 수 있습니다.

이러한 순수 자아라고 할까, 자각이라는 것에 기초하는 요구에 따라 선택 결정을 합니다. 그 이성 활동인 자유, 인간성에서 나온 요구, 표준에 의거해 우리는 동기를 선택 결정하게 됩니다. 선택 결정해서 자율적인 자유를 실현하게 되는 것입니다. 실현하게 되면 발동의 원천인 이성, 그 이성이 요구하는 자유, 그 이성의 활동인 자유는 마음껏 좇아가도 괜찮습니다. 절대 무한으로 좇아가도 괜찮습니다. 정도(程度)가 없는 자유라고 할 수 있습니다. 정도가 없는 적극적 자유를 우리는 어디까지나 무한히 좇아가도 지장이 없는 지점에 도달합니다. 그러한 자유가 무엇인가 하면, 바로 교육의 목적으로서의 자유라고 할 수 있습니다. 목적으로서의 자유는 정도가 없어서 무한히 좇아갈 수 있는 자유입니다. 방법으로서의 자유는 불합리한 속박이나 구속에 대하여 이를 개선하려고 하는 정도가 있는 자유입니다.

4. 자연과 이성

적절한 한도, 즉 정도가 있는 자유와 정도가 없는 자유, 나아가 이에 관련하여서는 이야기가 조금 반복될 수도 있습니다만, '자연과 이성'이라는 제목으로 말씀드리고자 합니다. 경험의 규제에서 벗어나 생각하는 순수 자아는 절대적인 것이어서, 그냥 존재하고 그냥 작동하는 존재일 것으로 생각합니다. 논리적인 자아가 있다는 것, 그냥 있다고 하는 '있음'은 '있지 않으면 안 되는' 것이어서 '있는' 것이기 때문에, '있음'이라는 말은 '있지 않으면 안 된다' 는 말에 합치합니다. 즉 '있음'과 '작동한다'는 것이 최후의 목적이 될 것이라고 생각합니다. 개념적인 자아가 나타나기 위해서는 구체적인 자아를 세워야 합니다. 절대 존재와 경험 존재의 두 가지를 세워야 합니다. 그리고 사람은 사람이라는 것 외에 어떤 사람, 혹은 누구라고 규정할 수 있는 사람이어야 합니다.

논리적인 순수 자아는 어떤 사람이 아니면 안 됩니다. 즉 경험으로서 존재하는 자아는 그 자아가 아닌 다른 외부의 작은 규정에 의해 비로소 경험적 존재의 자아가 나오게 됩니다. 순수 자아는 선험적 존재이고, 경험 자아는 경험적 존재여서 순수 자아는 이성적이고, 경험 자아는 감각적인 것입니다. 즉 순수 자아는 형식적이고 합리적인 입장을 취하고 있고, 경험 자아는 실질적이고 불합리한 입장을 취하고 있습니다. 자연은 이성에 대해서는 실질적이고 불합리한 관계를 취하고, 이성은 그에 대하여 합리적이고 형식적인 규칙에 의해 그 실질적이고 자연적인 것을 도출해 가는 법칙으로서 이성을 생각해볼 수 있습니다. 그래서 이성은 이렇게 하지 않으면 안 된다는 것이고, 자연은 어떠어떠한 것이라는 사실(事實)이며, 현실이고 존재입니다. 자연 쪽은 스스로 그러함[자연(自然)], 인과(因果), 필연(必然)의 관계에 의해서만 지배되고, 이성은 자신의 법칙에 의해서 나아갑니다. 예를 들어 배가 고프니까 먹고 싶다, 먹으면 배가 부르다. 배가 부른데도 더 먹으면 배가 아프게 된다, 이러한 인과 필연의 법칙 하에 지배를 받고 있는 것이 자연입니다. 자연은 이 법칙에서 벗어날 수 없습니다. 컵에서 손을 떼면 들고 있던 컵이 떨어진다고 하는 것은 손을 뗀다고 하는 현상의 인과법칙에 맞물려 있습니다.

동물은 자유로운 존재로 생각되지만, 자연으로서 갖고 있는 본능 충동에 의해서 단지 자연으로서의 법칙에만 지배를 받고 움직이고 있는 것입니다. 동물이 스스로 반성하고 자각하여 자유롭게 선택 결정을 하는 경우는 없습니다. 동물은 먹지 못해 배가 고플 때 고기 한 덩어리가 있으면 아무런 주저 없이 달려들어 이를 먹겠지만, 인간은 배가 고파도 자신이 먹어야 할 때가 아니면 먹지 않을 수 있습니다. 또 먹어서는 안 되는 것이라도 자아가 먹어야 한다고 명령할 때에는 먹습니다.

센다이하기(千代萩)2)의 센마쓰(千松)는 독을 먹고 죽었습니다. 백이(伯夷)와 숙제(叔齊)3)는 주나라의 곡식을 먹지 않고 수양산에서 굶어 죽었습니다. 사람은 자신의 이상을 위해 자기 생명조차 스스로 끊습니

---

2) [역자주] 일본 가부키(歌舞伎) 극의 제목으로, 센다이하기(先代萩)라고도 함.
3) [역자주] 1921년 원문에는 최제(最齊)로 되어 있었으나, 1976년 영인본에 의거 숙제로 수정.

다. 노기 장군4)도 순사하지 않았습니까? 자아의 법칙에 의거해 움직이는 인간만이 자유를 갖고 있습니다. 동물은 배가 고프니까 먹을 뿐, 스스로 굶어죽지는 않습니다. 사랑해 준 주인이 죽었다고 해서 개가 도랑에 빠져 자살하는 일은 없습니다. 이는 자연의 법칙 하에서만 움직이고 있기 때문입니다. 즉 동물은 자연스럽게 부여받은, 인과로 정해진 법칙에 의해서만 움직이는 것입니다. 이성은 그렇지 않고 자기의 법칙, 스스로 발견한 법칙에 의거해 움직입니다. 이렇게 되지 않으면 안 되는 것이기에 움직입니다. 이것이 동물과 인간이 다른 점이라고 생각합니다. 우리는 인간이 혹시라도 자연의 인과 법칙에 얽매이게 된다면, 이는 개와 같은 신세에 빠졌다고 할 수 있을 것입니다. 이 법칙은 속박받는 노예의 삶입니다. 부자유한 삶이라고 생각해도 좋습니다.

5. 자유와 창조

우리는 자연의 존재들과 동일한 것을 갖고 있습니다. 나쁘게 말하면 개나 고양이와 그다지 다르지 않은 것을 우리도 갖고 있습니다. 그렇기에 자연으로서의 자아는 다른 동물들과 다를 바가 없지만, 우리는 다른 동물들이 갖고 있지 않은 것을 갖고 있습니다. 그것이 바로 이성(理性)입니다. 이성에 의해서 우리는 스스로를 억제할 수 있습니다. 그러므로 이성은 인간이기 때문에 해야 하는, 인간이 인간다울 수 있는 본의(本義)입니다. 인간이 동물과 구별되는 유일한 조건이 되는 표준입니다. 바로 이러한 이성이 인간이 인간되는 까닭을 결정해 주는 것

---

4) [역자주] 노기 마레스케(乃木希典: 1849.12.25.~1912.9.13.)는 러일 전쟁에서 활약한 일본의 육군 군인으로, 자신을 신임하던 메이지 천황이 죽자 그 장례일에 도쿄의 자택에서 부인과 함께 자결하였다.

입니다. 인간의 특권입니다. "인간은 이성적 동물이다"라는 말이 있는데, 확실히 인간은 이성적인 동물입니다. 한편으로 동물이면서, 다른 한편으로 사람을 사람답게 하는 요소를 갖고 있습니다. 바로 이성은 사람을 사람답게 하는 것이며 신(神)으로서의 본성으로 동물로서의 본성과 다릅니다. 동물과 구별되는 본성입니다. 그 본성으로 이성이 발동하고 활동하는 것입니다.

이성 활동이란 무엇인가 하면, 그것은 바로 자유입니다. 이성 활동은 자유를 일컫는 말입니다. 사람을 사람답게 하는 본성의 움직임이 자유입니다. 사람을 사람답게 하는 작동이 자유라고 할 수 있습니다. 자연은 인과의 법칙에 얽매여 부자유합니다만, 이성은 자기의 법칙에 따라가는 자유로, 그 결과 인과의 법칙에 얽매이지 않는 자유입니다. 그리고 이성 활동인 자유의 결과가 창조입니다. 자유 활동에 의해 만들어진 것이 창조입니다. 이러한 의미에서 창조는 인간 본성에서 비롯된 창조이기 때문에 나쁜 것의 창조는 어불성설입니다. 창조는 바꿔 말하면 인간성에서 나온 자유이고, 자유에서 나온 창조이기 때문에 바로 가치입니다. 가치는 진선미이고, 진선미는 이성에서만 생깁니다. 자유에서만 생깁니다. 그것이 창조이고, 진선미입니다. 개인적으로 체현된 것이 인격입니다. 이를 사회적으로 말하면 문화라고 할 수 있습니다.

인격이든 문화든 모두 이성의 작동으로, 그리고 자유의 작동으로 생겨난다고 보시면 좋습니다. 그래서 이성의 자유 활동, 즉 자유에 의거해 가치가 창조되는 진선미는 자유 활동에 의해서만 만들어진다고 생각할 수 있습니다. 바꿔 말하면 진선미의 규범에 어우러지는 활동이 바로 자유라고 할 수 있습니다. "가치 그대로 행동한다"(즉 진선미 그대로 행동한다)는 것이 바로 자유입니다. 가치 속에 오롯이 들어가 있는 모습이 자유입니다. 또 이성에 의해서 자연으로부터 만들어 낸 것이 문화이므로 문화는 자유 활동이 만들어 낸 것이라고 할 수 있습니다. 따라서 창조 활동은 자유입니다. 자유를 벗어난 창조는 생각할 수 없습니다. 모든 창조는 바꿔 말하면 자연의 자유화나 부자유의 자유화라고 해도 좋을 것입니다.

사람들은 자유가 형식원리이지 실질원리가 아니라고 말하지만, 그렇지 않습니다. 자유는 이성 활동에 의한 자유이기 때문에 이성 활동이 가치 없다고 하지 않는 한, 또 그 결과인 창조가 가치 없다고 하지 않는 한, 그리고 문화는 가치가 아니라고 말하지 않는 한, 자유에 가치가 없다고 할 수 없습니다. 자유는 형식원리인 동시에 실질원리를 갖추고 있습니다. 이러한 의미에서 자유교육의 자유라는 말 속에 실질원리가 있다고 해도 좋겠습니다. 그러므로 자유를 제멋대로의 활동이라는 식으로 생각하지 않기를 바랍니다.

일체의 우리 생활에서 이러한 의미 있는 자유를 획득하는 것이야말로 인생의 목적이라고 생각합니다. 예를 들어, 하루에 담배를 두세 갑이나 피우는 사람이 있는데, 몸에 대한 배려 차원에서 담배를 끊으려고 한다고 해봅시다. 이때 스스로 끊으려고 자기 법칙을 세워 금연을 실행하려는 사람이 매일 두 갑 피우던 담배를 한 갑으로 줄였다면 그는 한 갑의 금연을 이룩해낸 만큼의 자유를 얻었다고 해도 좋을 것입니다. 이것이 절반이 되고, 5개비가 되거나 1개비가 되어 어느 덧 담배를 피우지 않아도 괜찮아집니다. 아무런 고통을 느끼지 않습니다. 담배를 피우는 것이 필요 없어진 경우에 담배를 피우지 않겠다는 법칙을 세워 실행한 자유는 매우 고귀한 것이라고 할 수 있습니다.

말을 타는 것을 생각해보면, 익숙해지지 않았을 때는 위험하지만, 몇 번이나 연습하여 체험을 쌓음으로써 점차 말타기를 잘 할 수 있게 되고, 결국에는 안장 위에 사람 없고 안장 밑에 말 없는 느낌으로 말과 사람이 혼연일체가 되어 아타고(愛宕)의 돌계단을 오른 마가키 헤이쿠로(曲垣平九郎)[5]처럼 말 타기를 할 수 있다고 한다면 승마에서 높은 자유를 획득했다고 말할 수 있습니다. 또한 그림을 그리는 일에서 자유를 얻는다는 것은 붓을 한 번 휘둘러 구름 낀 후지산(富士山)을 멋지게 그려 위대한 예술작품을 구성한다면 화가는 그림을 그리는 것으로 우리보다 높은 자유를 얻었다고 할 수 있습니다. 또한 어떠한 문제6)라도 사고 논리에 오류 없이 척척 해결할 수 있는 두뇌를 가지고 있다면, 이는 인식 논리 생활에서 높은 자유를 얻었다고 할 수 있습니다.

공자는 스스로 도덕을 수양하고 점차 나아가 결국에는 나이 일흔에 이르러 자기가 원하는 대로 해도 규범에서 벗어나지 않는 경지를 얻었습니다. 그 정도로 높은 자유를 보통 사람들이 도달하기는 불가능하기에, 우리가 생각하는 대로 마음껏 행동하면 위험합니다. 바로 정도를 넘어 버리기 때문입니다. 정도를 넘지 않는다는 것은 도덕생활에 신과 같은 자유를 얻은 것으로 생각할 수 있습니다. 이렇게 도덕, 인식, 취미 생활에서 최고 절대의 자유를 획득한 모습을 신으로 봐도 좋을 것입니다. 신은 절대 자유의 체현자이며, 획득자입니다. 따라서 신은 꾸벅꾸벅 졸고 있어도 그것이 최고의 진이고 최고의 선이며 잠자고 있는 모습도 최고의 미입니다. 잠에서 깨어 하품을 하는 것도 최고의 진·선이며, 최고의 미라고 할 수 있습니다. 이렇게 신은 무슨 일을 해도 최고의 진·선의 체현자이고 절대자유의 획득자입니다. 이와 동시에 아무 일도 하지 않아도 최고의 진선미를 이루고 있다고 할 수 있습니다. 즉 뭔가를 해도 또 하지 않아도, 죽어 버려도 상관없습니다.

일반 사람들은 이러한 절대 자유의 획득자인 신은 될 수 없습니다. 다만 절대 무한의 건너편에 있는 신이 있는 곳으로 한 걸음이라도 가

---

5) [역자주] 1922년 원전에는 眞垣平九郞로 되어있으나, 이는 명백한 오자로 1976년 영인본에 의거하여 진(眞)을 곡(曲)으로 수정함.
6) [역자주] 원문에는 미술문제라고 되어있으나, 논리적으로 미술에 한정되는 것이 아니므로 생략함.

까이 가기 위해 매일매일 나아가고 있는 것입니다. 우리는 매일 자유를 획득하고 있습니다. 그러나 우리는 영구 무한한 신이 될 수는 없습니다. 즉 절대 자유를 획득할 수는 없습니다. 그렇다고 해서 비관해서는 안 됩니다. 이러한 자유의 추구를 막으려면 인간을 그만둘 수밖에 없습니다. 인간을 그만두면 동물이 될 것입니다. 만약 개가 된다면 개에게는 자유가 없습니다. 자칫하면 개는 자연법칙에만 얽매여 부자유의 쇠사슬에 속박된 노예생활을 보냅니다. 자유는 없습니다. 자유 없는 개의 삶을 원하는 사람은 없을 것입니다.

한편으로 사람은 도달할 수 없는 신의 경지를 향해 나아가지만, 혹시 신에 도달했다고 하면 어떻게 될까요? 이는 전혀 재미가 없을 것입니다. 인간은 완벽한 신과 동물인 개 사이에 있으면서, 도달할 수 없는 신을 모방하며 지상에 발을 붙이고 천상을 향하여 한 걸음 한 걸음 분연히 싸워 나가고 있습니다. 생활이 자칫 부자유로 탈선하기 쉽지만, 다시 자유로 복귀하면서 나아가는 데에 인생의 흥미가 자연스럽게 솟구쳐 나옵니다. 신과 개가 아닌 인간만이 진정으로 자유를 체험할 수 있는 특권을 갖고 있다고 생각합니다. 이러한 의미에서 자유를 목표로 쫓고 있기 때문에 무한히 얼마든지 자유를 자기 것으로 만들 수 있습니다. 이것이 자유교육의 목적으로서의 자유입니다.

6. 자유와 법칙

지금부터 자유에 대한 반대나 혹은 자유교육을 받는 것을 위험시하는 생각을 갖고 계신 분들을 위해 말씀드리겠습니다.

자유는 무법칙이고, 무질서하고 난잡한 것을 말하는 것 아니냐고 이야기하는 사람들이 있습니다. 이러한 질문에 저는 그렇지 않다고 대답합니다. 자유는 법칙성을 갖고 있습니다. 법칙에 의거한 것입니다. 법칙이라고 해도 자연 인과의 자연법칙처럼 주어진 필연의 법칙이 아닙니다. 자기 자신이 어떻게든 해낼 수 있는 법칙, 자기가 세운 자기 자신의 법칙에 따라서 행할 수 있는 법칙에 합치하는 것입니다. 즉 자기 안에 원인을 갖고 자기 이외의 것에 강제되지 않는 법칙입니다. 그러므로 자연으로부터 부여받은 법칙이 아닙니다. 스스로 만들고 스스로 세워가는 법칙에 의거하여 자신을 지배해 가는 모습이 자유입니다. 즉 자기의 법칙에 따라 나아가는 것입니다. 정신 활동이라고 할까요, 그러한 내면적인 의사 활동의 법칙에 의거하여 나아가는 것입니다. 이러한 의미에서 자기의 법칙에 따라 나아가는 것입니다. 스스로 세운 법칙, 아니 자신의 법칙에 의거하여 나아가는 자유가 있으므로 그런 의미에서 법칙성을 갖고 있다고 할 수 있습니다.

실제 사례를 들어 설명하는 것이 빠를 것이라 생각됩니다. 유희(遊戱)는 체조와 달리 자유라는 느낌이 훨씬 강합니다. 때문에 자유 유희라고 부릅니다. 그러나 자유 유희를 잘 검토해보면, 유희는 전부 법칙이라고 할 수 있습니다. 예를 들어 아이들이 자주 하는 '사방치기'[7] 유희를 생각해보면, 사각형의 선을 그립니다. 그리고 몇 개의 구획으로 나누어 몇 번 찬다거나 한 발로 찬다는 등의 여러 법칙을 세우고, 시작할 때에는 가위바위보로 시작합니다. 가위바위보로 시작하는 것도 법칙입니다. '사방치기' 유희는 모두 법칙으로 성립되어 있습니다. 만일 이들 법칙에서 벗어나는 '사방치기' 유희를 바둑에 비유한다면, 검은 돌과 흰 돌의 법칙을 무시하고 파란돌이나 붉은 돌을 다양하게 섞어서 바둑을 둔다면 현재의 바둑 유희가 아닌 것과 같습니다. 백과 흑을 서

---

7) [역자주] 이시게리(石蹴り): 1.사방치기, 2.어린이 놀이의 하나로, 땅바닥에 여러 공간을 구분해 그려 놓고, 그 안에서 작은 돌을 한 발로 차면서, 차례로 다음 공간으로 옮기는 놀이 [다음 일본어사전]

로 한 개씩 놓고 바둑판이라는 국면이 있어서 돌의 연속, 두 개 이상의 눈이 없으면 죽는다고 하는 규칙, 이러한 법칙 무엇 하나라도 빠지면 바둑의 유희는 성립하지 않습니다. 이렇듯 유희는 전부 법칙입니다. 자기가 세우거나 혹은 자기가 승인한 법칙대로 하는 합법칙성의 유희입니다. 스스로의 법칙에 스스로가 따르는 자유가 자연히 마음에서 솟구칩니다. 자유는 스스로 세운 법칙에 따라갈 때 강하게 느껴진다고 할 수 있습니다. 자유는 법칙성이라고 말할 수 있습니다. 자기가 결정하고 하루아침에 찬물을 끼얹을 경우에는 단 한 번의 자유를 획득할 뿐입니다. 스스로 세운 법칙에 따라서 하루 하루 실천했다면, 했을 때 뭔가 유쾌한 느낌이 있습니다. 이틀 하면 또 그런 느낌이 있습니다. 이렇게 점차 자유를 획득해가는 것입니다. 남에게 협박받지 않고 스스로 자신이 행한 자유의 느낌이 솟구칠 것입니다. 자유가 탈선적이고 무질서하며, 난잡하다고 하는 생각은 전혀 타당하지 않은 것입니다.

7. 자유의 책임

자유는 무책임한 것이 아닌가 의심하는 사람도 있는데, 그렇지 않습니다. 자유는 무책임이 아닙니다. 우리가 수많은 가능한 것들 중에서 선택 결정한 것은 생각의 자유입니다만, 자기가 생각의 자유에 따라 선택 결정하는 한 오른쪽으로도 왼쪽으로도 갈 수 있는 것을 오른쪽을 취한 것에는 책임이 있습니다. 자신의 행위에 대한 책임이 있습니다. 자유는 자신의 행위의 원인이 자기 자신으로 귀착되기 때문에 우리의 행위가 초래한 원인이 무엇인가는 우리의 책임이 되는 것입니다. 책임의 주체가 인격입니다. 책임 없는 인격은 없습니다. 인격은 행위입니다. 그 원인이 자유이고, 즉 책임이라는 사실은 명백합니다. 만약 이 선택 결정의 자유를 인정하지 않으면 책임을 파괴하고 의지의 자유,

선택 결정의 자유를 인정하지 않게 되어 사람을 믿을 수 없게 됩니다. 도둑에게 돈을 빌려준 것처럼 믿을 수 없게 됩니다. 신용이 파괴됩니다. 자유의 연속성 위에서 보면 늘 선택 결정하여 행위를 합니다. 앞으로도 이러한 행동을 기대하기 때문에 신용이 생기는 것입니다. 그의 의지는 가야할 곳으로 가기 때문에 우리는 쉽게 그를 믿고 돈을 빌려주게 되며, 돌려주지 않는 부도덕은 그가 하지 않을 것으로 믿습니다. 이러한 신뢰는 늘 자유에서 생깁니다. 자유의 연속성에서 인격 신뢰, 즉 그 사람의 책임을 내다볼 수 있습니다.

자율·자유·책임, 이 세 개의 개념, 즉 자유가 없으면 도덕은 어떻게도 성립될 수 없습니다. 이는 책임의 주체가 없어지기 때문입니다. 책임의 대상은 자유입니다. 자유의 범위가 넓어지면 책임이 커집니다. 자유의 범위가 좁으면 책임의 범위도 좁아집니다. 사범학교를 졸업하고 "5학년을 담당해 달라, 이는 학교에서 결정한 것이니 이를 따라 달라."는 말을 듣고, "저는 다른 생각이 있습니다, 교장선생님, 저는 싫습니다."라고 말하면, 교장선생님은 "뭐, 할 수 없다구요? 이는 학교 직원회의에서 나온 안으로, 이미 결정된 것이니 그대로 따르시오." 이렇게 말하면서, 학급 경영안을 실행시켰다고 합시다. 1년이 지나도 학생들의 성적은 오르지 않고, "왜 그런 거죠?"라고 해당 교사에게 묻는다면, "그러게 교장선생님, 저는 이 제안이 싫다고 했잖아요."라고 경영안에 책임을 전가할 수도 있을 것입니다. 그런데, "이 학급의 경영을 자네에게 전적으로 맡기겠네. 잘 해 주시게." 이렇게 허락을 구했다면 담임의 책임 범위가 상당히 넓어지기 때문에 결과가 안 좋았을 때, "왜 이런 거야?"라고 누가 물었을 때 담임은 크게 책임을 통감하지 않으면 안 됩니다. 일반적으로 훈도(訓導)인 교사의 인격을 인정하며 각자의 자유를 허용하지 않는다면 교장선생님 혼자서 일해야 합니다. 그러므로 우선 그 자유의 범위를 넓혀가야 합니다. 아이에게 자유를 주면 아이에게 책임을 주는 것이 됩니다. 아이가 자치적으로 해가는 모습을 자유의 모습으로 봐야 합니다.

8. 자유와 복종

우리는 자유가 복종에 있어서 가장 중요한 의미라고 생각합니다. 복종은 자유의 다른 말로, 스스로 세워 스스로 규율하는 것입니다. 자기의 법칙에 자기가 따라가는 모습이 바로 자유입니다. 그리고 그것이 바로 진선미입니다. 규범에 맞게 해가는 모습이 자유입니다. 즉 내가 나를 따르는 모습이 바로 진정한 복종입니다. 왜냐하면 보편타당한 자아에 나스스로를 규율해 가기 때문에 이것이 복종이 아니면 뭐겠습니까? 그러므로 복종의 제일 중요한 의미는 진정한 자유라고 생각합니다.

이제 복종의 두 번째 의미에 대하여 말씀드리겠습니다. 여기에 어떤 사람이 명령을 받았다고 해봅시다. 여기에는 여러 가지 경우를 생각해 볼 수 있습니다. 나는 이러한 명령을 받았고, 이러한 명령에 대하여, 그래 당연하다, 나는 여기까지 생각하지 못했지만 깊게 생각해보니 이렇게 해야 한다. 다시 말해, 자신의 요구와 같은 경우에 "그래, 이 명령은 옳다." 이렇게 말하며 명령에 따릅니다. 명령과 내가 합치되면 이 명령에 따라 복종하게 됩니다. 첫 번째 의미의 복종과 조금 다른 것은 자신의 반성을 촉구하는 자극이 명령이라는 형태라는 점입니다만, 명령이 원인이어도 스스로 그렇다고 긍정하며 따랐다고 하는 것은 실은 자기에게 자기가 따른 첫 번째 복종, 즉 자유와 동일합니다.

그런데 세 번째 경우로 명령을 받았을 때, "제 생각은 다릅니다. 따를 수 없습니다." 이는 명령과 내 생각이 일치하지 않는 사례입니다. 이런 때에 그 명령에 따르지 않으면 교사로서의 생활에 뭔가 불안을 초래할 우려가 있습니다. 명령자의 배후에 있는 어떤 권위 때문에 직접 명령에 따르는 것이 아니라 실은 명령의 내용과는 다른, 부차적인 것 때문에 이를 따르는 경우가 있을 수 있습니다. 만약 어떤 지역의 행정담당자가 소학교 선생님이 철학책을 읽는다는 소문을 듣고 "위험천만하다. 철학 책이 있는지 조사하라"고 하고 "교사는 철학책을 읽어서는 안 된다"고 명령을 받았다고 해봅시다. 이때 그 명령을 듣지 않으면 전근이나 퇴직 처분이라도 받게 될까봐, "철학책을 읽으면 위험하니 주의해야지" 이렇게 생각하면서 겉으로만 복종했다고 해봅시다. 그런데 만약 철학책을 읽지 말라는 명령이 부당한 것이지만 나중에 행정담당자가 바뀐 뒤에나 열심히 읽어야겠다고 생각하는 사례도 가정해 봅시다. 이는 명령에 직접 따른 것이 아니라 전혀 별개의 것에 따른 것으로, 이는 진정한 도덕이 아니라고 저는 생각합니다. 그렇지만 먹고 살 방편이 없으면 살아갈 수 없으므로 본체의 가치를 실현하기 위하여 "살아 있어야 뭐든 할 수 있다"는 말처럼 명령에 순응하는 것도 나쁘다고는 할 수 없습니다. 저도 관리 생활을 조금 해 본 적이 있습니다만, 관리는 복무규율로서 상관의 명령에는 절대 복종해야 합니다. 그렇게 되어 있습니다. 학교에는 상관의 명령 같은 것이 그다지 없어 보이지만, 그러나 실제로는 제법 있습니다. 그러므로 명령을 내리는 사람이 어느 정도 생각을 해서 명령하지 않으면 사이비 복종자가 나오거나, 외고집을 부리며 쉽사리 복종하지 않겠다고 하는 경우가 생겨날 수 있으므로 주의해야 합니다. 이를 뭐라고 할까요? 굴복(屈服)이라고 해 둡시다.

네 번째는 맹종(盲從)입니다. 맹(盲), 즉 눈을 감아 버리는 것입니다. 근거가 없는 무조건적인 복종을 말합니다. 자아가 정립되어 있지 않은 채 명령을 받는 방식입니다. 명령의 내용이 좋을까 나쁠까를 생각해보기는 하지만, 아무래도 상관없다며 그냥 따릅니다. 맹목적 복종입니다. 이 맹목적 복종은 매우 좋지 않습니다. 맹목적 복종이라는 것은 부도덕합니다. 최면술로 완전히 맹목적 복종을 하게 하거나, 또는 술에 취하게 하거나 하는 것입니다. 오늘날 교육에서 직급상 위에 있는 교사가 아랫사람에게 사실상 완전히 기계적인 복종, 맹목적 복종을 강요하고 있습니다. 모두 도덕적 심상(心象)을 수반하지 않는 형태로 나타나서, 맹목적으로 그저 이것은 이렇게 하는 것이 좋겠다고 합니다. 즉 맹목적으로 하도록 만들고, 기계적으로 따르도록 합니다. 훈련이 살인이라는 학설조차 있습니다. 맹목적 복종을 교육자의 권리 정도로 생각하고 자신도 모르는 사이에 아이에게 맹종하게 하고 있습니다. 매우 삼가야 하는 것이 당연합니다. 저는 자유교육에서 제일 중요한 것으로 자기가 자신을 따르는 진정한 복종이 자유라고 생각합니다. 그 다음으로 명령이 동인(動因)이 되어 자기가 자신에게 복종해가는 모습, 그것도 결국 자유입니다.

교육방법의 하나로써 굴종이나 맹종을 절대적으로 배척할 필요는 없다고 생각합니다. 예를 들어 아이가 맹목적 행동을 할 경우에는 맹종이나 굴종이 아니면 시간에 맞출 수 없는 경우가 있습니다. 지금 하고 있는 일에 대하여 저절로 그것이 아동의 반성을 촉구하는 것을 기다릴 수 없을 정도로 시급한 매우 비도덕적이고 위험한 경우에는, "안 돼, 기다려" 하고 강제로 제지해도 괜찮습니다. 즉 맹목적 행동에 대해서는 맹종이 가능합니다. 몹시 완고하고 고집스러운 자아를 그릇된 것인데도, 또 나쁜 것인데도 막무가내로 하려는 위험한 행동을 하는 집요한 아동이 있는 경우에는 굴종을 강제할 수 있습니다. 또 강제해야 한다고 생각합니다. 그러나 그러한 경우는 극히 적고 드물게 있는 것이지, 늘 있는 일은 아닙니다.

만일 맹종이나 굴종을 시켜야 하는 때는 신속히 두 번째 의미의 복종으로, 그리고 나아가 첫 번째 복종으로 나아가도록 교사가 애써 노력해야 합니다. "잠깐 기다려……" 이렇게 말하며 제지하고, "어때? 알겠어?" 하고 확인시킵니다. 그러면 "모르겠습니다……" 하던 것이 시간이 지나면서 점차 안정되어 "알겠습니다", "선생님이 말려주셔서 다행입니다", "좋아……" 하는 식으로 본인이 충분히 납득할 수 있도록 해야 합니다. 이러한 때에 훈련을 맡은 교사의 최대 임무는 신속히 회복시켜 첫 번째의 자유 복종까지 유도해 가려 힘쓰는 것입니다. 이렇게 말하면, 자유를 말하면서 자유가 아닌 것을 강제하는 것은 도대체 뭐냐, 하는 반대가 나올지도 모르지만, 나는 교육 현실을 생각하면 교육 방편으로 어쩔 수 없는 경우에는 교육상의 권위를 교사의 명령 등으로 사용할 가치가 있으며, 교사가 보다 강한 의지를 가지고 잠시 사용할 수도 있다고 생각합니다. 결코 굴종이나 맹종을 절대적으로 부정할 것까지는 없다고 믿습니다.

9. 자유교육

자유의 의의는 대체로 앞서 말씀드린 바와 같습니다. 그러한 의미의 자유교육이 현실적으로 가능한지 어떤지 하는 것이 문제입니다. 여기에는 우리가 우선 먼저 아이를 바라보는 방식, 즉 아동관을 확립시켜 두는 것이 중요하다고 생각합니다. 아이가 어떠한 모습인지 확정해 가는 것, 그 위에서 자유교육이 가능한지, 불가능한지 하는 문제가 정립될 수 있을 것으로 생각합니다. 아이도 역시 사람입니다. 사람이므로 개나 고양이와 다른 것은 물론입니다. 그런 아이가 점차 이성이 명확해집니다. 자각이 명확해집니다. 처음에는 자각이 없는 것처럼 보이지만, 전혀 없는 것은 아닙니다. 제로라고 말할 수 없습니다. 무에서 유는 나오지 않습니다. 무가 아닙니다. 없는 것처럼 보이지만 점차 자각의 영역으로 도달해 갑니다. 우리가 어린 아이를 봤을 때, 또 그 어린 아이로부터 어른이 될 때까지 인간 전체를 바라봤을 때는 이러한 발달 경로를 분명히 알 수 있기 때문에 인간은 자발적 자유 활동의 전체라고 말할 수 있습니다. 즉, 처음에는 의식적, 자각적이 아닌 것처럼 보이지만 점차 욕망을 의식하고 목적을 정립하여 자유 선택 결정을 확장해서 의식적·자각적으로 행동하거나 행동하려고 변화해 갑니다. 그것이 아이입니다.

갓난아이에서 만 6세가 될 때까지의 활동은 예를 들면 자각적·의식적 …… 우리 어른보다도 무자각적·무의식적이라는 점은 있지만, 어른 정도는 아니더라도 어떤 의식이나 자각을 수반하는 활동이 모두 생활 속으로 들어가 이를 실현하면서 자기를 확대해가는 것은 분명합니다. 뿐만 아니라 소학교에 들어올 때까지 아이가 얻는 것은, 소학교에서 대학교를 졸업할 때까지 얻는 것과 비교해도 전혀 손색이 없다고 할 수 있습니다. 엎드려 기다가 서서 걷고, 마지막에는 신을 신고 걸어갑니다. 말을 기억합니다. 말로 이야기합니다. 거의 보통의 대화를 할 수 있게 됩니다. 실로 아동은 힘의 세계에 있습니다. 어른의 머리로 아이의 생활을 추측하는 것은 쉽지 않습니다. 어떤 의미에서는 어른보다 아이 쪽이 훌륭합니다. 우리가 할 수 없는 것을 아이들은 척척 해 나가며 살아가고 있습니다.

심상소학교 1학년에 들어간 아이에게 여러 가지 질문을 해 보았는데, 아이들은 여러 가지 훈육할 내용들을 분명하게 말로 표현하고 있습니다. 선생님께 인사도 하지 않고 교실을 나가는 것이 좋은가 물으면, 그들은 나쁘다고 대답합니다. 책상 위에 걸터앉는 것은 나쁘다고 말합니다. 창을 통해 밖으로 뛰어내리는 것도 물론 나쁘다고 생각하고 있습니다. 아이들은 이미 상당한 정도에 도달해 있습니다. (설령 도덕 의식이 어른 같지는 않다고 하더라도) 이러한 정도의 아동을 보면서도 우리가 심상소학교 1학년 아이에게는 자각이 없다든가 혹은 방법으로서의 자학이 어렵다든가, 자치가 불가하다고 생각하는 것은 어찌된 것일까요? 심상소학교 1학년생에도 자학 자치 능력이 있다고 생각합니다. 그러한 능력이 없다고 주장하는 사람들은 5학년 정도나 돼야 자학 자치가 가능하고, 1학년은 불가하다고 말합니다. 그러나 가능하다고 하거나 불가하다고 하는 것은 정도의 문제입니다. 5학년생에게 자학이 가능하면 4학년생은 4학년의 정도의 자학 자치가 가능할 것입니다. 1학년이라도 자학 자치가 성립될 수 있습니다.

실은 5학년이라도 고등과(高等科) 수준의 자학 자치는 할 수 없습니다. 고등과 학생들도 청년만큼은 할 수 없습니다. 청년이라고 해도 어른 정도로는 할 수 없습니다. 어른이라고 해도 그 이상으로 수양하고 있는 사람 정도로는 할 수 없습니다. 이처럼 생각해 본다면, 세상 어디에 진정한 자학 자치를 할 수 있는 사람이 있겠습니까? 아니, 신이 아닌 이상 불가합니다. 자학 자치는 상대적인 것이기 때문에 할 수 없다고 말해버리면 모두 할 수 없게 됩니다. 할 수 있다고 말하면 심상소학교 1학년에도 가능한 것입니다. 이는 정도의 문제로서, 1학년은 1학년으로서 필요하고, 또 충분히 자학 자치가 성립합니다. 심상 1학년에 맞는 자학 자치가 있고, 2학년이 되면 그 정도에 맞는 자학 자치가 가능합니다. 자학 자치는 방침으로 심상소학교 1학년부터 고등소학교 1학년까지 관통하는 것입니다.

우리는 아이가 하는 만큼의 전 생활 속에서 싹이 트는 것을 돕고 생활에 맞춰 발전할 수 있는 만큼 발전하도록 해야 합니다. 뭔가를 추가해서는 안 된다고 생각합니다. 종래 너무 아이를 사리분별이 없는 존재, 어른보다 힘이 없는 존재로 간과하지 않았는가 생각됩니다. 어떤 힘이 있는 존재를 그보다도 작게 비하해서 보는 것과, 그 힘을 그 힘 이상으로 과신하는 것은 둘 다 잘못된 것이라고 생각합니다. 같은 잘못이라면 아동의 힘을 그 이하로 무시하여 경시하기보다 차라리 그 이상으로 신용하는 편이 더욱 교육적이라고 생각합니다. 종래는 아동의 힘을 너무 비하하고 간과해온 경향이 있다고 생각합니다.

저는 자연상태의 아동을 이성화(자연의 이성화) 하는데 있어 아이 자신이 스스로 이성화하도록 만드는 것 외에는 다른 방법을 찾을 수 없었습니다. 교사가 대신하여 이성화한다는 것은 교사의 이성화입니다. 교육은 아무리 큰 능력을 발휘한다해도 오로지 아이의 이성화를 보조하고 그 기운을 만들어 인도하는 것보다 더 중요한 역할은 없다고 생각합니다. 바꿔 말하면, 아이 스스로 배우려고 하고, 또 스스로 의지를 일으키도록 하는 교사의 자극, 아동이 구성하기 곤란한 것에 대한 교사의 암시…… 아동이 한 것에 대하여 아동의 반성을 높이기 위한 교사의 비평 등이 교사가 해야 할 최고의 임무라고 생각합니다.

요약해서 강조해 말하면, 교육은 가르치는 것도, 전달하는 것도 아니라고 생각합니다. 아이의 처지, 감흥을 정리해주어 스스로 배우려고 하는 의지를 자극하고 암시하는 것이 중요합니다. 즉 스스로 하도록 하는 것입니다. 아이 스스로 하게 함으로써 아이 스스로 자유로운 반성이 가능하게 됩니다. 교사는 그때 비로소 비판하는 것이 바로 교육입니다. 예를 들어 제가 하나의 문제를 받았는데 아무래도 그 문제를 풀 수 없습니다. 교사에게 어떤 방법의 암시를 받습니다. 어떤 암시를 받아도 제 힘으로 도저히 이 문제를 풀 수가 없습니다. 어려운 삼각형 문제여서 좀처럼 풀 수 없다면, 이는 문제의 정도가 제게 너무 높았다는 것이고, 교사가 교재 선택을 잘못한 것입니다. 여하튼 교사의 암시를 바탕으로 저 자신 스스로의 힘으로 해결하려고 할 때, 그곳에 교재가 있으면 됩니다. 적당한 정도로 응용할 수 있게 하는 교재가 적절한 교재입니다. 전혀 할 수 없었다면 교재 선택을 잘못한 것입니다. 주어진 교재, 혹은 주어진 시간에 아동의 실력을 살펴보지 않고 교육을 실행할 때에 소위 교수(가르침)의 비애가 생겨나는 것입니다.

그리고 아이 스스로에게 풀도록 하는 것은 자기 개척을 시킨 것이기 때문에 교육의 진수(眞髓)라고 할 수 있습니다. 제가 있는 학교에는 매일 자유학습시간이 1시간 있습니다. 무엇을 해라, 어디를 읽어라 하지 않고, 아동 스스로 교재도 학습장소도 마음대로 고르게 하고 자신이 목적을 세워 자신이 개척해가는 방식입니다. 얼핏 예습이나 복습을 하는 것처럼 보입니다. 이와 같이 자신의 힘으로 문제를 개척하는 모습이 인생의 모습이고, 자신이 휘두르는 괭이의 빛에 인생의 빛이 깃들어 있는 것이라 생각됩니다. 자신의 힘으로 일군 개간지, 즉 결과를 반성하면서 교육은 진행되어야 합니다. 자기 스스로 개척하는 학습은 예습이나 복습이 아니라, 그 자체가 본습으로서 중요시해야 합니다. 선택과목이나 공통과목과도 관계가 있습니다만, 오늘 저녁에는 시간이 없으므로 이만 생략하겠습니다.

아이 스스로 목적을 정립해서 스스로 학습을 진행하도록 하는 것, 즉 스스로 나아가려고 하는 자유, 자유의 요소에는 스스로 목적을 세워서 하는 형식이 있어야 합니다. 그런 행동이 실질적으로 규범에 맞았을 때 진정한 자유가 되는 것입니다. 아무튼 스스로 하려고 하는 요소가 있어야 하는 것이 전제가 됩니다. 아이에게 스스로 하도록 하는 것을 방법상 어떻게 할지 생각해야 합니다. 스스로 계획을 세워서 스스로 나아가고, 스스로 하려고 하는 것을 관대하게 지켜보고 싶습니다.

저희 학교의 아동은 한 사람도 예외없이 각자가 진도를 갖고 자신이 하려고 하는 교과의 진도를 스스로 도전해 나가고 있습니다. 아동 모두가 공통으로 행하고 공통으로 반성할 수 있는 교재에 공통으로 다루어야 할 내용도 있습니다. 이것이 학급의 진도가 됩니다. 교사의 교안, 세목의 진도가 아닙니다. 저는 종래의 교육은 스스로 계획을 세워서 스스로 하려고 하는 것을 너무 억누르거나 그러한 생활을 시키는 것이 적었다고 생각합니다. 교사는 가르치는 아동을 그저 듣는 자로 생각하고, 기억한 것을 반복하게 하는 것에 지나지 않는다고 생각했습니다.

저는 간섭하는 교육에도 일부의 진리는 있다고 생각합니다. 왜냐하면 일찍 아동을 가치있는 존재로 기르고 싶다, 무엇이든 빨리 좋은 상태로 만들고 싶다고 초조해 하며 싹이 자라나기를 바라면서 간섭하는 것이기 때문에 이처럼 간섭하는 교육에도 일부의 진리는 있습니다. 또 방임교육에도 일부의 진리는 있습니다. 방임하는 이상 아동은 스스로 서서 스스로 하려고 하는 독립적인 자아를 만들어가기 때문에 여기에도 일부의 진리가 있습니다. 우리는 자유교육이라고 말합니다만, 어떤 의미에서는 '현명한 간섭교육'이라고 해도 좋습니다. 또 '현명한 방임교육'이라고 해도 괜찮습니다. 자유교육의 별칭으로 현명한 간섭교육, 현명한 방임교육이라고 말해도 무방하다고 생각합니다.

어쨌든 종래에 아동에게 학습상의 자유조차 주지 않은 것은 큰 잘못입니다. 비례식으로 풀어야 하는 산술 문제를 사칙연산으로 한다고 해서 틀리지는 않습니다. 글씨를 따라그리게 하고 습자를 시키면서도 아동에게 먼저 쓰게 하지는 않습니다. 이러한 교육은 아동에게 학습상의 자유를 주지 않는 교육입니다. 우리의 교육방법 신조의 하나에 "아동이 시행해보고 고심하기 전에는 가급적 어떠한 것도 가르쳐주지 않는 태도를 견지하라"고 되어 있는 것은 이러한 정신을 보여주는 것입니다. 하지만 때때로 잘못하여 너무 가르치려 하는 일이 생겨나는데, 우리는 항상 이를 반성하고 있습니다.

"쓸데없이 외부적 공리에서 학습동기를 구하지 말고, 좋아하고 경애하고 찬미하여 진리를 요구하는 부단한 의지와 추구하는 흥미에 준하는 것을 학습의 본체로 한다."고 믿습니다. 종래의 실용주의 교육의 학습동기론과는 조금 다르지 않나 생각합니다. 예비라고 칭하거나 학습동기의 환기라고 하면서, 삶에 도움이 되니까 공부하자는 사람들도 있습니다. 관념이 어떻든 간에, 일종의 형식에 의해 아이에게 학습동기를 한 차시 중 최소한 5분에서 10분을 들여 "자, 공부합시다" 하면 학습관념을 환기시킬 수 있다고 생각하는 사람도 아직 상당히 많을 것입니다. 이는 너무 자잘한 일을 하고 있는 것이라 생각합니다. 아이에게 도

94

움이 되기 때문에 배우는 것이 아니라, 배우는 자체가 즐거워서 배우는 것으로 생각하는 방식이 아동의 진정한 교육에 가깝다고 생각합니다. 끊임없이 배우려고 하는 의지가 일어나도록 하는 방식이 중요합니다. 집에 돌아가서도 아동 스스로 배우려고 할 때에는 무리하게 억누르지 않는 것이 좋겠지요. 아이에게 무리하게 일러주고 자습시키는 것도 일반적으로는 좋지 않습니다. 아이로 하여금 끊임없이 배우려고 하는 의지가 일어나도록 만드는 것이 교사가 할 중요한 일이라고 생각합니다. 즉, 아동의 동향(動向)을 자극하는 것이 중요합니다.

동향 다음으로는, 아동 스스로 구성하게 하고, 구성한 것을 반성하게 하여 자신을 성장·발전하도록 하는 것이 중요합니다. 교육의 큰 길은 동향, 구성 그리고 반성의 3단계라고 생각합니다. 동향과 구성, 반성은 예비·교수·정리처럼 1시간의 수업시간에 동향·구성·반성을 모두 실행하는 것이 아닙니다. 교육 전체에서 동향 안에 구성과 반성이 있고, 구성 안에 동향과 반성이 있으며, 반성 안에도 동향과 구성이 있습니다. 아동이 동향·구성·반성, 이 세 가지를 밟아가고, 교사 쪽에서는 자극·암시·반성의 세 가지 작용을 하게 됩니다.

교사는 늘 '어떻게 가르칠까?' 하는 것보다 '어떻게 배우게 할까?'를 고민해야 합니다. 또 '어떻게 배우게 할까?'보다, '어떻게 배울까?'를 안내·지도해야 합니다. 그리고 '어떻게 배워야 하는가?'보다, '어떻게 하면 끊임없이 배우려고 하는 의지가 일어날 수 있는가?'를 고려해야 합니다. 교사 혼자서 단상에서 활약하며 아동을 완전히 수동의 위치에 놓는 것은 매우 좋지 않습니다. "아동이 홀로 타고 있는 목선을 아동으로 하여금 노 젓게 하라. 교사는 배를 끌어주는 사람이 아니라, 보트의 키잡이이다." 이것을 명심할 필요가 있습니다.

또 우리는 "소위 형식단계를 만능으로 여기는 교수를 배척합니다. 모든 장소와 모든 때, 모든 교재, 모든 교사 모든 아동에게 공통되는 형식이 있다는 것은 너무나 추상적이어서 추상적인 일반 형식을 교사의 두뇌에서 구체적이고 특수화하는 것에 교사의 기량은 발휘되어야 합니다. 교육은 구성이고, 다루는 기술의 문제라기 보다는 교사 두뇌의 문제입니다. 이것을 은연중에 항상 기억하고 행하여 구안하는 것이 중요하다"고 믿습니다. 또 방법, 신조에 대하여 설명 드리고 싶은데, 시간이 없으므로 이 정도로 하겠습니다.

10. 실제 시설

지금부터 실제 시설의 개황을 말씀드리겠습니다. 매 교시 40분 수업에 10분 휴식, 이렇게 학습하고 오전 중에 1교시 분량인 40분을 별도로 빼내어 자유학습 시간으로 하고 있습니다. 45분을 40분으로 하는 것은 위법이 아니냐고 할지 모르지만, 과정표를 보면 시수란에 1이나, 2로 되어 있는 것이 2시간 즉, 120분이라 본다면 종래 90분만 수업을 했던 것도 옳지 않아 보입니다. 따라서 120분 안에 적당히 휴식시간을 넣는 것으로 봐도 좋을 것입니다. 그러므로 교육적 견지에서 적당히 수업시간과 휴식시간을 안배해도 괜찮을 것입니다. 당연히 하루의 총 시수에 뭔가 영향이 없는 한 잘못된 것이 아닐 것입니다.

그리고 자유강좌라고 하는 것이 개설되어 있습니다만, 이는 설명을 생략하겠습니다. 또한 자유발표판이라는 것이 있습니다. 이는 학교 신문 또는 교사 본위의 게시판이었습니다만, 이를 완전히 아이들의 발표판으로 개조하여 아이가 수시로 이를 사용할 수 있게 했습니다. 어떤 아이는 노래를 적기도 하고, 글을 적거나 그림을 그리고 있습니다. 그리고 자치집합이라는 것도 있습니다. 보통 학교에서 행해지는 조례나 조회의 형태입니다. 아침 모임입니다. 저는 종래 조례에서 단상에 올라 잔소리를 했습니다. 예를 들어, 담장에 올라가지 마라, 휴지를 아무데

나 버리지 마라, 이런 이야기를 했습니다만, 이를 바꾸어 아이 스스로 집회를 열어 그 아이의 학습에서 아이들 스스로가 상담하거나 의견을 발표하고, 또는 작문을 낭독하거나 창가를 노래한다든가, 가극 창작을 발표하도록 했습니다. 심상소학교 1-2학년과 3-4학년, 5-6학년이 남녀로 나뉘어 도합 여섯 반⁸⁾으로 나뉘어서 4일간 하고 있습니다.

그리고 자치회는 1919년 9월부터 시작하여 처음에는 5학년 이상의 아이들에게 시도해 봤습니다. 이를 실시할 때에 상세한 안은 세웠습니다만, 주사도 명령을 내리지 않고, 훈도도 노골적으로 지도하지 않았는데, 이래서는 자치회가 잘 운영되겠는가 하는 의견도 있었습니다. 하지만, 자치회는 이름 그대로 자치이므로 교사가 명령하고 간섭하여 자치회를 지도하는 것이 아니라, 훈도가 슬며시 아이들에게 자치회의 필요성을 느끼도록 분위기를 조성함으로써 성립된 것입니다. 따라서 9월부터 12월 무렵에 걸쳐 조직이 형성되었습니다. 아이들은 지금도 각자 자신들의 학급이 제일 먼저 조직되었다고 생각하고 있는 것 같습니다. 이 자치회는 저희 학교의 훈련 대부분을 담당하고 있습니다. 그래서 훈련은 어디까지나 아동의 자율자치를 목표로 진행하고 있습니다.

저희 학교에서 작년에 일어난 일입니다만, 칠판지우개로 창 바깥쪽의 벽을 두드려 분필 자국이 많이 생겼습니다. 약 2주일을 기다려 마침내 아이들이 눈치 채고 지우도록 한 이래 현재까지 한 번도 같은 일이 생기지 않았습니다. 그들은 학교가 자신의 것이라고 생각하고 있었습니다. "어때요? 학교 안에 좋지 않은 것이 보이는데, 여러분은 눈치 채지 못했나요?" 참관인도 많아서인지 아이들은 한 명도 눈치 채지 못했고 "찾아보자, 생각하자"고 말했습니다. 또 1주일을 기다려도 맞추지

---

8) [역자주] 1922년 원문 및 1976년 영인본에는 4개 반으로 되어 있으나, 2개 학년씩 남녀로 구분하면 6개 반이 되어야 하므로 여섯 반으로 수정함.

못했습니다. 마지막으로 토요일에 "모르겠어요? 어때요?" 하고 다시 확인했을 때, 한 아이가 "안입니까? 밖입니까?" 하고 물었습니다. 3학년으로 생각되는 아이가, "선생님, 그것이죠?" 하고 말했습니다. 약 2주 동안 저는 참관인에게 자유교육을 행하면 이와 같은 모습이 된다는 말을 들을지도 모른다는 생각에 내가 가서 지워버릴까 하는 생각이 들 정도였습니다. 아니면 소사(小使)에게 명령해서 청소시킬까 생각한 적도 있습니다. 참관인 때문에 거짓 교육을 하는 것은 잘못입니다. 따라서 아무리 오해를 받아도 이것만은 해서는 안 됩니다. 약 2주간 기다려서 그토록 기다리던 결과가 나오도록 하는 수순을 밟은 것입니다.

또 언제인가 나라를 위해 돌아가신 분들의 영혼을 모신 초혼사(招魂社)에 아이들을 데리고 갔을 때의 일입니다. "초혼사는 어떤 신사인지 알고 있어요?" 물었더니, "알고 있습니다." 이렇게 대답했습니다. "좋아요, 그럼 호국의 신에 대한 예의를 표하세요. 그리고 오늘은 축제가 있어서 매우 혼잡하므로 거리를 지나갈 때 어떻게 해야 할지 생각해 보세요. 더운 마당에 서서 기다릴 때 어떻게 해야 할지 생각해 보세요. 각자 스스로 생각해서 행동하세요. 가부(可否)는 나중에 서로 반성해 보기로 해요." 이렇게 약속했을 뿐인데, 일일이 명령했을 때보다 더 잘 이루어졌습니다.

아이들은 학교 안에서의 생활에서도 자발적으로 행동하고 있습니다. (이러한 행동 방식이) 올해 6월에는 학교 밖 사회생활의 장까지 파고들었습니다. 남자 5학년 이상의 집회에서 한 학생이 좌측통행을 하자고 발언을 했습니다. 그래서 이들은 여러 가지로 궁리한 끝에 선전 노래를 만들어 시민들에게 각성을 호소했습니다. "잠깐, 자기는 하지 않으면서 남에게 시키는 것을 반성하고, 우선 다른 학급과도 교섭해서 우리 학교 아동은 전부 좌측통행을 실천할 수 있게 하는 가능성을 만들어 보면 어떨까?"하는 생각을 하게 한 결과, 자치회의 임원회가 열리고 학교 전체가 실천을 장려하게 되었습니다. 때마침 방학 3일 전에 저는 일이 있어서 조금 일찍 조퇴를 하고 교실을 나오게 되었습니다. 그러자, "데즈카(手塚) 선생님" 하고 부르는 소리가 들렸습니다. 누군가 보니 심상소학교 2학년 정도의 아이였습니다. "선생님, 왼쪽… 왼쪽… 왼쪽…" 하는 목소리가 들려서 저는 "고맙다" 말하며 좌측통행을 하였습니다. 이렇게 교사도 때로는 아동에게 가르침을 받는 사람이라는 것을 잊어서는 안 됩니다.

그리고 학교 축제라는 것을 역시 심상소학교 3학년 여자 아이가 가르쳐 주었습니다. 그 학생은 히나마쓰리(雛祭)를 했습니다. 11월 3일에는 황실 문장인 국화로 국화 축제를 하고, 다섯 절기 중의 하나인 7월 칠석은 문학 축제를 열어 모든 아동에게 단카(短歌)나 하이쿠(俳句)를 지어 오색 종이에 적어 각 학급별로 어린 대나무 한 그루에 매달아 놓게 하였습니다.

마지막으로 교과과정표에 대한 새로운 해석을 해야 한다는 점을 한 가지 말씀드리고 마치겠습니다. 한 학년의 과정을 이수한 사람에게 수업증서를 주고, 이를 제대로 이수하지 못한 사람은 원래 있는 학년에 머물러 유급하게 되어 있습니다. 즉, 과정표는 최저 표준을 보여준 것이지, 최고 한도를 보여주는 표준은 아닙니다. 예를 들어, 심상소학교 1학년 산술에 백 이하의 숫자 세기나 20 이하의 가감승제가 나오는 것은 1학년 수업으로 봤을 때 적어도 이 정도까지는 할 수 있도록 해야 한다는 표준, 다시 말해 최저한도를 보여준 것입니다.

교과과정표를 구체화한 것이 교과서라고 생각합니다. 교과서는 해당 학년의 최저한도, 즉 최소한 이 정도는 시켜야 한다는 규정상 제시된 것입니다. 그런데 우리는 최고한도처럼 잘못 생각해서 교수세목을 세울 때 1년간 시간 수로 나누어 2권 책이 끝나면 맡은 일을 다 한 것처럼 생각하여 그 이상으로 나아가려는 아이가 있어도 이를 억눌러 온 것이 지금까지의 방식이었습니다. 어떤 학교에서는 5학년이 5, 6개 반이 있으면 그중에서 학년 주임이 사전협의를 매주 실시하여 각 학급의 진도를 정하고 획일적으로 조절하는 곳도 있습니다. 저는 국가를 위하여 최저한도 이상으로 아동을 길러내는 것이 법의 기본 정신에 부합한다고 생각합니다. 교수세목에 시간과 배당을 적지 않으려고 합니다. 표준 이상을 할 수 있는 아이를 하향평준화시키는 교육은 국가를 위해서도 좋지 않습니다.

만약 이미 가타카나를 읽을 수 있는 아이가 심상소학교 1학년에 입학했다면 그 이상의 것을 할 수 있는 환경을 조성해줘야 교육이 제대로 이루어집니다. 이를 기초 글자부터 시작해야 한다며 억누르는 것은 이해가 되지 않습니다. 저는 심상소학교 1학년, 2학년을 2년간 교육하여 현재 3학년 정도의 실력을 갖추게 하지 않는 교육은 진정한 교육이 아니라고 생각합니다. 오히려 잘못된 교육이라고 생각합니다. 작년 경험에 의하면, 심상소학교 1학년의 제2학기 중반 이후가 되면 혼자서 히라가나를 외워서 읽을 수 있게 됩니다. 기억하지 못하는 것이 오히려 이상할 정도입니다. 히라가나까지 터득하면, 마지막 심상소학교 2학년 독본은 식은 죽 먹기로 끝납니다. 이렇게 하는 것이 오히려 심신의 활동을 쾌적하게 합니다. 의무교육기간은 6년입니다만, 우등생을 무리하게 조기 졸업시키지 않는 것도 유감으로 생각합니다. 연한을 표준으로 삼으려면 낙제시키는 쪽을 표준으로 하면 될 것입니다. 교육자는 진심으로 나라를 위해, 진심으로 아동을 위해, 그리고 일본을 위해 충분히 생각해서 고칠 점은 고쳐야 합니다. 이 정도의 절차를 밟아가려고 생각하고 있습니다.

그리고 시험은 먼 옛날에 폐지되었습니다만, 실제로는 시험을 치르는 학교가 있습니다. 이것이야말로 위법입니다. 법의 정신에 적합하지 않은 일을 행해오고 있습니다. 저희 학교에서는 실력·진도·향상을 진단하는 이른바 시험은 치를 수 없기 때문에 폐지했습니다. 그리고 통지표라는 것에 대해서 여러 가지 생각했습니다만, 결국은 학부형을 불러 이야기하는 것이 좋다고 생각하여 이것도 폐지했습니다. 실력 검정이라는 것이 있습니다. 심상소학교 3학년인데 4학년이나 5학년을 따라갈 수 있는 힘이 있다고 생각하는 정도의 아동을 각각 원하는 바에 따라 검정해주는 제도입니다. 지난 번에 실시했을 때 3학년생이 4학년 산술 실력을 갖추고 있었고, 심하게는 5학년 수준의 실력을 갖고 있다고 검정을 받은 학생도 있었습니다.

또 자치회에서 하는 이과 축제나 학교 봉사, 그 외에 몇 가지 말씀드리고 싶은 것이 있습니다만, 시간 관계상 생략하겠습니다. 요컨대 능률이 점차 향상되고 있는 것이 실로 놀랍습니다. 뭐니 뭐니 해도 교육법은 중요합니다. 자유교육을 3일 해보면 그만둘 수 없다는 느낌이 들기 때문에 한번만 시도해 보시기 바랍니다. 자유교육을 할 때 가장 쉽게 접근하는 방법을 말씀드리겠습니다. "여러분이 지금까지 가르친 대로 해도 좋습니다. 단, 45분 수업을 30분 내지 35분으로 압축하고 남은 10분 내지 15분을 개별학습하게 하고, 선생님들은 교실내의 10-20%의 열등생에 대한 지도를 해주세요." 교장선생님이 이렇게 지시하시면 좋을 것 같습니다. 이렇게 1달을 계속한 5학년생 이상이라면, "(학생들의) 개별적인 자유학습 시간을 조금 더 길게 해주세요."라는 요구가 나올 것입니다. 2개월, 3개월 지나면, "선생님, 읽을 수 있습니다. 해보겠습니다." 이렇게 말하는 학생이 속속 나오게 됩니다. 한편, 열등한 아동도 매 시간 선생님이 전적으로 개인지도 해 주기 때문에 상당한 진보를 보이게 됩니다. 다른 아동들은 얽매이지 않는 자유에 흥미를 갖고 부쩍부쩍 자학의 분위기를 만들어 가게 됩니다. 이렇게 한 학기를 지내다 보면 새로운 교수법에 빠져들게 될 것입니다. 새로운 교수법을 수용함에 있어 (기존의) 형식과 단계를 그대로 답습할 수 없다는 사실을 깨닫게 될 것입니다.

　제가 말씀드릴 것은 대강 다 말씀드렸습니다. 시간도 다 되었습니다. 돌아보니 너무 자유의 의의(意義)에 힘을 많이 준 것 같습니다만, 자유 교육의 자유라는 글자에 큰 오해가 있어서 그 점을 명확히 해보고자 일부러 그러한 태도를 취한 것입니다. 너무 두서없는 이야기가 많았습니다. 만약 시간이 되신다면 저희 학교에 오셔서 비평을 해주시기 바랍니다. 마지막으로 여러분의 건강을 기원합니다. (박수)

일체충동개만족론

一切衝動皆滿足論

제4장

일체충동개만족론(一切衝動皆滿足論)

지바 메이키치(千葉命吉: 1887~1959)

저는 지금부터 창조교육의 대략에 대해서 여러분들에게 말씀드리고 자 합니다. 제가 주장하는 창조교육은 제 발표나 논문에 대해 한번 살펴보신 분들은 대체적으로 알고 계실 것으로 생각합니다. 이번에는 특별히 '충동의 만족'과 관련하여 제가 생각하는 창조교육을 여러분에게 이야기하려고 합니다. 아니, 그것을 설명하는 데에만 그치지 않고, 실제로 교육 방면에서 이를 활용하여 가능한 한 오늘날 일본 교육의 실제 문제를 개선하고자 합니다. 이 자리에서 제 의견을 피력하고 제 생각을 충분히 말씀드리고자 하는 것은 모두 여러분에게 그 방면의 연구 자료를 제공하고 싶어서입니다. 물론 제가 말씀드리는 것을 여러분이 그대로 취해서 활용하여 사용하기를 기대하는 것은 아닙니다. 다만 여러분의 연구의 자료로 얼마간 참고가 된다면 다행이라 생각합니다.

그렇다면 지금부터 바로 본론으로 들어가겠습니다. 제가 이야기하는 내용 중에서 가장 중요한 점을 간단히 요약하면, "인간은 좋아하는 것을 하고, 그것을 철저하게 할 때 비로소 진정한 선(善)이 된다"고 하는 것입니다. 여기에서 처음으로 이야기 합니다만, 싫어하는 것을 해서 성공하는 사례는 없습니다. 이 강습회도 마찬가지로 "싫다, 싫어"하고 생각하면서 땀 흘리며 조금도 귀에 들어오지 않는 내용을 수박 겉핥듯이 들어서는 안 됩니다. 먼저 상의라도 벗고 땀이 흐르지 않도록 하며 잠시 느긋하게 경청해 주실 것을 부탁드리겠습니다. "싫다, 싫다"하면서 듣는 것은 창조교육의 본래 뜻에 반합니다.

오늘은 6일째인데, 지금까지 강연자가 5명 정도 계속해서 여러 가지 새로운 학설을 소개했습니다. 아니, 소개가 아니라 자신이 갖고 있는 새로운 학설을 여러분 앞에서 철저하게 발표해 주셨다고 생각합니다. 그 뒤를 이어 제가 학설을 말씀드리는 것에 대하여 큰 책임을 느낍니다. 그러나 모처럼 이곳에 서서 이런 말이나 하고 있으면 곤란하므로…… 그렇다고 이제 와서 돌아갈 수도 없으므로, 지금부터 과감히 말씀드리겠습니다. 제가 말씀드리는 것은 처음에 소개해 주신 분이 말씀하신 것처럼 다른 다섯 분의 주장과 그렇게 크게 다르지 않습니다. 대체적으로 저희가 말하는 것은 모두 비슷한 주장에 근거를 두고 있음을 잘 알고 있습니다. 다른 분들의 강연을 모두 들은 것은 아니지만, 대체로 그럴 거라고 생각합니다. 즉 아이가 싫어하는 것을 시켜서는 교육의 능률이 오르지 않습니다. 아이를 스스로 발동하게 하고, 아이의 내부에서 어떻게 해서든 하고 싶은 것을 하도록 하는 교육이 보다 효과가 크다는 것은 동적교육이나 창조교육, 자동주의, 발동주의 같은 여러 가지 이름은 다르지만 모두 인정하는 공통점입니다.

저는 이를 조금 더 깊이 생각해보려고 합니다. 과연 좋아하는 것부터 교육하는 것은 도덕상 허용할 만한 바람직한 것인가? 혹 도덕상의 악(惡)을 아이에게 교육하는 것이 아닐까? 만약 후자라면 모처럼 좋아하는 것을 시키고 싶어도 나쁜 행위의 출발점이 되기 때문에 교육상 큰 문제가 됩니다. 아이가 좋아하는 것과 세상이 좋다고 하는 도덕상의 선과는 어떤 관계가 있는 것일까요? 먼저 이를 명확하게 하지 않는다면 아이를 자발적으로 교육하려고 했다가 이론상의 충돌, 모순으로 결국은 성공하지 못한 채 끝나고 말 것입니다.

종래 사람들의 생각에 의하면 아이가 좋아하는 것이 모두 선은 아닙니다. 때로 좋아하는 것이 선일 수도 있겠지만, 어쩌면 좋아하는 것의 결과는 악이 될 것으로 굳게 믿고 있는 듯합니다. 이는 우리가 인정하지 않는 주장입니다. 제 생각은 무릇 좋아하는 것에서 출발하지 않고 좋게 된 사례는 아직 없었다는 것입니다. 좋아하는 것을 철저하고 완전하게 해내면 도덕상 선이 됩니다. 도덕상의 선은 싫은 것으로부터 출발하여 도달하는 것이 아닙니다. 선을 행한다는 것에는 스스로 좋아하는 것, 바라는 것을 해야 합니다. 그렇지만 여러분이 아이를 훈련하려고 할 때 좋아하는 것은 무엇이든 해도 좋다고 허락하고 손을 대지 않는 한, 좋아하는 일이라면 반드시 해내겠다는 생각을 갖도록 훈련시켜야 합니다. 이것은 제가 실제로 경험했던 내용을 말씀드리는 것입니다.

옛날부터 내려오는 말에 지성역행(至誠力行)이라는 말이 있습니다. 이는 "좋아하는 것을 해라, 하려면 철저히 해라"라는 말입니다. 무슨 뜻일까요? 무릇 사람이 더울 때는 물을 마시고 싶어지는 법입니다. 부채로 부채질하거나 시원한 곳으로 가려고 합니다. 추울 때는 따뜻한 곳으로 가려고 합니다. 배가 고플 때는 뭔가 먹고 싶어집니다. 이러한 천연자연의 속일 수 없는 적나라한 생의 욕구에 기초하는 상태가 제가 말하는 이른바 지성(至誠)입니다. 지성은 무엇일까요? 갓난아기는 천진하고 순진한 마음을 잃어버리지 않습니다. 여러분! 어떻습니까? 어른이 되어 여러분은 얼마나 가식적이 되어 있습니까? 더워도 덥지 않다고 하며 참고 있기도 하고, 목마를 때도 예의 챙기느라 예복을 입겠지요. 먹고 싶어도 과자에 손을 대지 않는 것을 수양(修養)이라고 생각하는 사람도 있습니다. 이는 스스로를 속이는 것이 아닐까요? 지성이란 좋아하는 것을 정직하게 꾸미지 않고 하는 행동입니다. 세상 사람들이 뭐라 말하든, 누가 뭐라 비평하든, 자신이 좋아하거나 바라는 것은 물러서지 않고 계속합니다. "이렇게 말하면 교장선생님에게 혼나겠지, 이렇게 이야기하면 세상 사람들이 공격하겠지"라고 생각하며 포기하는 일은 없을 거라고 생각합니다.

좋아하는 것을 어떻게 하면 철저하고 완전하게 할 수 있는가 하면, 거기에는 반드시 노력이 필요합니다. 그냥 내버려 두어서는 안 됩니다. 어디에서 보더라도 불만이 없는 철저하고 원만한 모든 조건을 충족시켜야 합니다. 마시고 싶을 때에는 철저하게 생의 욕구를 채우기 위해 마시면 됩니다. (컵의 물을 가리키며) 조금 혼탁한 물을 벌컥벌컥 마시면 철저한 것이 아닙니다. 이질에 걸릴 수 있기 때문입니다. 또 나쁜 냄새가 나는 물을 마시면 구토를 일으켜 토하게 됩니다. 이런 상태가 되면 마신 효과가 나타나지 않으므로 좋아하는 것이 불철저하게 끝나는 것입니다. (그러나 컵의 물을 마시는 것을 주저하며) 마시려고 생각했지만 마시지 않았다면 이것 역시 불철저한 것입니다. 마시려면 그야말로 매우 철저하고 완전하게 갈증이 멈추도록, 어디에서 봐도 맛있어 보여서 사람들이 잘 마셨다고 느껴지게 하는 방식이어야 합니다. 만약 그렇게 한다면 그것은 선, 즉 도덕적으로 선인 것입니다.

(책상 위에 장식된 꽃이 든 얼음을 가리키며) 이 얼음 기둥을 깨트려도 상관없습니다. 이 모임의 간사는 모처럼 아름다운 꽃이 들어있는 이 얼음 기둥을 깨트려서는 안 된다고 생각할지도 모릅니다만, 그러나 깨트리는 것이 철저하다면 이 역시 선인 것입니다. 그러나 제가 지금 이것을 깨트려서 바로 수녀님께 꾸중을 듣는다면 불철저한 것입니다. 깨트리려고 하는 본인이 불만족한 방식으로 깨트리는 것은 아직 불철저한 것입니다. 이 얼음 기둥이라도 내가 깨트렸을 때, 모든 사람들이 인정하며 "과연 잘 깨트렸다"고 생각할 정도의 방식이어야 합니다. 내면을 비추어서 부끄럽지 않고 하늘을 우러러 부끄럽지 않은 방식으로

깨트리면 되는 것입니다.

　여기에서 여러분은 반드시 의문이 들 것입니다. 그렇게 깨트리는 방법이 과연 존재하는가? 저는 가능하다고 생각합니다. 그러나 많지는 않습니다. 실제로 어렵습니다. 그렇기 때문에 우리는 상당히 고민하고 노력해야합니다. 깨트려서 선이 되려면 상당한 발명과 발견의 노력이 필요합니다. 사마광(司馬溫公/司馬光: 1019~1086)[1]은 큰 항아리에 돌을 던져서 깨트렸습니다. 어떤 때라도 여러분이 그런 이유에서 깨트린다면 비난받을 일은 없을 것입니다. 선생님은 물론이고 모두가 사마광의 깨트리는 방법을 칭찬했습니다. 철저한 방식이었습니다. 문제를 눈 깜짝할 사이에 해결한 것이기 때문에 뛰어난 궁리인 것입니다. 아무나 할 수 있다면 궁리할 필요도 없습니다. 좀처럼 해낼 수 없는 것이기에 힘을 들여 행한 것입니다.

　여기에 도덕상의 독창적 요소가 있습니다. 즉 이것이 제 해석입니다. 지성역행인 것입니다. 저는 이러한 취지로 제 학생들을 아침저녁으로 훈련시킵니다. 여러분, 사양하고 있어서는 안 됩니다. 선생님이 옆에 있든 없든, 좋아하는 것이 있으면 하세요, 그리고 일단 한다면 완수할 때까지 책임을 갖고 하세요. 이런 이야기를 저는 실제로 늘 말합니다. 이것이 저의 훈련방식 중 하나입니다.

　지금 한 가지 여러분에게 제가 실제로 시행하고 있는 것을 말씀드리지 않으면 너무 공론에 그치므로, 제가 항상 하고 있는 것을 조금 더 이야기 하겠습니다. 그것은 창조교육의 5단계입니다. 수업할 때 학생들을 향해 너희들이 오늘 할 과목과 관련하여 어떤 문제라도 상관없으니 너희들이 좋아하는 것을 찾아보고 싶다면 이 시간을 기꺼이 내주겠다

---

1) [역자주] 중국 북송 때의 유학자로 돌로 물항아리의 하단을 깨뜨려 물항아리에 빠진 친구를 구한 일화는 유명하다.

고 합니다. 스스로 좋아하는 문제를 발견하고 이를 해결함으로써 자신들의 1시간을 충분히 쓰라고 하는 것이지요. 얼음이라면 왜 물이 얼음이 되는가, 이런 문제도 좋습니다. 잘 모르겠으면 연구하고 싶은 것을 제출하면 됩니다. 반드시 해보고 싶은 것을 문제로 만들면 된다, 너희가 좋아하는 것을 하겠다면 그것으로 충분하다, 너희가 그런 내용으로 제출했다고 한다면 책임은 너희에게 있기 때문에 그 문제는 철저하게 생각하고 자발적으로 문제를 정하면 무슨 일이 있어도 철저하게 완수할 때까지 하면 된다고 말해 줍니다. 이러한 의미에서 저희 학교에서의 교육 단계는 ① 자료의 수집, ② 문제의 발견, ③ 문제의 구성, 그 후에 ④ 문제의 해결, 또 하나 ⑤ 독창의 표현이라는 순서로 교육하고 있습니다. 이 5단계의 교육법으로 비로소 독창력이 양성되고, 더욱이 아동은 좋아하는 것을 철저히 끝낸다는 것이 어떤 것인지 생생하게 체험하게 됩니다.

이제 성적을 사정(査定)하는 방법에 대하여 제가 취하고 있는 방법을 조금 더 이야기 해 보고자 합니다. 먼저 아이들에게 스스로의 성적에 대한 가치를 발견하게 합니다. 아동에게 모두 맡기면 그들은 스스로 성적에 대해 뭔가 비평을 할 것입니다. 어떤 성적에 대해 교사가 병(丙)2) 정도로밖에 생각하지 않는다 하더라도 아이가 속마음을 감추지 않고 갑(甲)을 받아야 한다고 주장하면 교사는 어느 정도 이를 인정해 줍니다. 즉 저희는 아이의 주관적인 판단력을 상당히 존중하는 성적사정법을 사용하고 있습니다.

여러분 어떻습니까? 자유화(自由畵) 문제가 발생한 원인이 어디에 있다고 생각하십니까? 아동의 주관적 판단력을 아동에 맞춰 존중하는 것은 근래에 새롭게 일어난 사조(思潮)입니다. 적어도 교사와 아이가

---

2) [역자주] 갑을병정(甲乙丙丁)의 성적 평가 척도로 본다면 중하에 해당함.

상대적인 비판력을 갖고 있는 것으로 생각하는 사고입니다. 아이 자신의 성적평가는 상당히 바른 판단력으로 행해지고 있다고 생각합니다. 아이들은 과자는 달고, 소금은 짜다고 생각합니다. 그런데 여러분은 생각할 겁니다. 유치한 애들아, 너희 판단력은 잘못이 많으므로 선생님이 줄곧 옆에 있어야 해. 시종일관 너희의 판단력에 대하여 선생님이 그것은 틀렸고, 이것이 올바르다고 다시 판단해줘야 한다는 생각을 오늘날의 교육가가 당당히 주장하며 실시하고 있는 것을 많이 볼 수 있습니다. 저는 이를 매우 유감으로 생각합니다. 만약 그런 일이 전혀 없다고 한다면, 이는 오늘 여기에 참여하신 2천여 명의 여러분이 이미 새로운 교육법을 실행하고 있기 때문일 것입니다.

지금까지는 반드시 선생님이 납득해야만 정답으로 인정하고 평가하였습니다. 5살 아이는 5살에 상응하는 것으로 판단하여 만족스럽다면 그것이 진이고, 선입니다. 그 외에 표준은 없습니다. 제가 주장하는 것처럼 아이의 판단력을 인정하지 않고서는 절대로 그 아이의 성적에 대해 올바른 판단을 할 수 없다고 한다면, 이제까지 여러분이 매일 하고 있던 교육의 효과는 0점이 되고 맙니다. 왜냐하면 예를 들어 여러분이 수신이나 국어에서 열심히 이야기하고 시범을 보여주는 것을 아동이 받아들이는 데에 만약 아이들의 판단력을 믿을 수 없다면 모두 헛것이 되기 때문입니다. 그런 잘못된 교육을 하고 싶습니까?

그러므로 아이의 판단력에 상응하여 이해하지 않으면 교육은 자살행위일 뿐입니다. 여러분이 가르친 것을 아이가 자기 나름으로 해석하는 것을 허용하고자 한다면 그에 맞춰 아이의 판단력을 인정해 주어야 합니다. 저는 어른도 아이도 상대적으로 사실을 올바르게 판단할 수 있다고 생각합니다. 교사만 절대적으로 올바른 판단력을 갖고 있다고 생각해서는 안 됩니다. (교사만 올바르다고 보는 것이 관료적 사고입니다.) 그래야 교육이 제대로 성립됩니다. 지금 말씀드린 대로 성적을 사정하는 데에도 가령 아동의 판단을 적지 않게 반영하면서도 상담의 결과를 평가하는 성적사정 방법을 존중합니다. 누구나 판단의 궁극(窮極)은 스스로의 일체의 충동을 모두 만족하는데 있습니다.

아이의 행위를 지배하는 것은 아이입니다. 제가 주임없는 학급을 만들고자 하는 것에는 이러한 취지가 있습니다. 왜 지금까지 하지 않았던 것을 하고 있을까? 그런 불필요한 일을 한들 무슨 소용이 있을까? 이렇게 제 생각이 기괴하다고 생각하신다면 저의 경영에 대하여 다시 생각해 보시기를 바랍니다. 창조교육의 입장에서는 당연히 그래야 할 것으로 생각되어 저는 이미 실시하고 있습니다. 저는 이에 대해 이야기하고 싶지만 오늘은 3시간밖에 시간이 허용되지 않으므로 이러한 것을 여러분에게 말씀드리게 되면 정작 중요한 이야기를 못하게 됩니다. 그래서 저의 학급 경영 실제에 대해서는 이쯤 해두겠습니다.

지금부터 바로 제가 왜 이러한 일을 하고 있는지에 대한 이유와 창조교육의 이론을 여러분에게 말씀드리겠습니다. 자신이 좋아하는 것을 해도 좋다는 교육을 받아보지 않은 아동은 자발적이 되지 못합니다. "이것을 해라, 저것을 해서는 안 된다"와 같은 지시와 명령은 처음에는 아동을 부자유스럽게 만듭니다. 진정으로 자유교육이라는 것이 있다면 철저한 의미에서 아동은 어떤 것이라도 좋아하는 것을 해도 괜찮다고 허용해야만 합니다. 이런 식으로 허용해야 비로소 진정한 아동의 전아개성독창(全我個性獨創)이 발휘되는 교육이 될 수 있다고 생각합니다.

그렇다면 좋아하는 것을 하라고 할 때, 좋아하는 것이란 무엇일까요? 이러한 문제가 생길 것입니다. 도대체 좋아한다는 것은 무엇일까? 앞에서 잠시 언급한 것처럼, 배가 고픈 자는 음식을 먹고, 더울 때는 얼음에 손을 댑니다. 이는 무엇을 의미하는가 하면, 인간이든 다른 동물이든 마찬가지이지만, 그것은 충동에 의해 활동을 일으킨다는 것입니다. 이 충동, 즉 영어의 임펄스(impulse)를 만족시키는 것은 누구라도 좋아하는 것입니다. 충동만족만큼 사람이 좋아하는 것은 없을 것이라고 생각합니다. 모든 출발점은 여기에 있습니다. 살아있는 자에게 갖춰진 생의 요구가 충동으로 살아있는 것인 이상, 그것을 만족시키는 것은 좋아하는 것입니다. 그런 좋아하는 것을, 모든 조건을 충족시켜 철저히 만족하는 경우에 비로소 도덕적인 선에 도달합니다. 그리고 독창이란 바로 충동만족이 철저히 이루어진 상태입니다. 또한 바꿔 말하면, 충동의 철저한 만족이란 일체의 충동이 모두 만족되는 것을 말합니다.

충동이 무엇인지는 잘 알고 계시기에 더 이상 이야기할 필요는 없을 것 같습니다. 단지 인간 내부에 고유하게 자리 잡은 욕구로 외부에서 주어지지 않아도 처음부터 있는 것이며, 생물만이 갖고 있는 것입니다. 이른바 생물의 모든 행위는 충동에 의한 것입니다. 충동에 의한 것이 아니면 어떤 동물도 내발적(內發的)으로 신체를 움직이게 할 수 없습니다. 활동력을 가지고 있는 것은 단지 인간만이 아닙니다. 모든 동물을 활동하게 하는 동력은, 이 충동에 있다고 할 수 있습니다. 그렇기 때문에 단세포 아메바가 유기물에 접촉하면 촉수(觸手)를 내어 잡습니다. 이것도 충동입니다. 매우 원시적인 것입니다. 고유한 작용입니다. 생각해서 하는 것이 아닙니다. 의식하지 못하면서도 그냥 하고 있습니다. 맹목적이며 무의식적입니다. 갓난아이에게는 태어나서 바로 젖을 먹으라고 외부에서 알려주지 않습니다. 누구도 권유하거나 가르치지 않아도 아이가 혼자서 합니다. 이것이 자발적인 것입니다. 발동적인 것입니다. 충동에 근거하지 않는 활동은 그 어떤 것도 결코 발동적이고 자발적인 것이 될 수 없습니다.

그런데 이 컵은 전혀 그렇지 않습니다. 내부에 아무런 고유한 자발적인 힘을 갖고 있지 않습니다. 내가 누르면 찌그러지고, 내가 들어 올리면 들려질 뿐입니다. 저 또한 물론 그럴 때가 있습니다. 많은 사람이 와서 밀면 밀려납니다. 마루 밑이 뚫려있다면 바닥으로 떨어질 것이니다. 외부의 힘에 의해 움직일 수밖에 없게 될 때도 있습니다. 그러나 그 외에 저는 내적으로 고유한 욕구의 힘을 갖고 있습니다. 차가운 것을 바랄 때에는 차가운 것에 (옆에 놓여 있는 얼음에 손을 대며) 손을 댑니다. 사람을 만나고 싶을 때에는 누구로부터 권유받지 않아도 만납니다. 이러한 경향을 갖고 있습니다. 이것이 충동만족입니다.

어떤 충동이라도 가치가 없는 충동은 없습니다. 일체의 충동은 전부 모든 생물이 살아가기 위한 어떤 가치를 갖고 있습니다. 그런데 이는 매우 근본적인 문제입니다. 가치를 갖고 있어도 가치에는 크고 작은 차이가 있을 것입니다. 모든 충동 안에 어떤 것은 거의 도움이 되지 않거나 나쁜 것이어서 타인에게 방해가 되는 경향을 갖고 있지 않을까? 이러한 문제도 생각해 보아야 합니다.

이번에 일본에 온 러셀(B. Russell: 1872~1970)이 충동에 대하여 이야기했습니다. 러셀이 말하는 충동은 우리가 말하는 것과 관점이 다릅니다. 그는 욕망이나 이성에 대비시켜 충동을 이야기하고 있지만, 저는 충동에 근거해 욕망이나 이성이 발생한다고 보고 있습니다. 또한 러셀은 충동을 두 가지 종류로 나누고 있습니다. 하나는 소유의 충동(possessive impulse), 즉 물건을 소유하고 싶어하는 것으로 비교적 오늘날 강조되는 충동입니다. 다른 하나는 창조의 충동(creative impulse)입니다. 이렇게 두 가지로 나누었는데, 그의 생각에 의하면 물건을 갖고 싶어 하는 것에 관한 일체의 충동은 매우 위험한 것으로, 매우 나쁜 경향을 갖고 있습니다. 그러므로 교육은 나쁜 쪽의 충동을 억누르고, 좋은 충동을 지도해야 합니다. 그렇게 하면 인류는 점점 행복하게 발달할 것이라고 그는 말했습니다.

이에 대하여 저는 반대 의견을 여러분 앞에서 말하고자 합니다. 러셀이 이곳에 오신다면 당당히 논의하겠지만, 미국으로 떠나 버리셨으니 이제와서 이러니저러니 하는 것은 비겁해 보이지만, 제 생각에 충동의 종류는 어떤 구별방식이라도 상관없습니다. 저는 어떤 충동도 열거하지 않겠습니다. 단지 충동은 마음껏 자연의 상태에서 발전하도록 해야 하며 굳이 이런 저런 이유로 억압해서는 안 된다고 생각합니다. 그러나 러셀은 그렇지 않았습니다. 물건을 갖고 싶어하는 충동, 싸우거나 죽이고자 하는 충동은 위험한 충동으로 규정합니다. 아무튼 타인에게 방해가 되는 충동은 억눌러야 한다고 말합니다. 해로운 충동이니 상처를 주는 충동을 말하고 있는 것입니다(Russell, Principles of Social Reconstruction: 25). 이러한 논점은 제 생각과 근본적인 부분이 다릅니다.

우리가 생각하는 충동의 사상은 일본 고유의 신도(神道) 사상입니다. '신의 뜻 그대로[수신(隨神)]'라고 하는 것에 충동 그대로라는 의미가 들어있다는, 일본 고유의 사고방식입니다. 여러분은 웃을지도 모르겠지만, 깊게 연구하면 그렇습니다. 그리스 민족과 함께 일본 민족만큼 마시고 싶을 때 마시고, 먹고 싶으면 먹는 현실적이고 낙천적인 사람들은 없습니다. 이렇게 신선하고 생기 있고 솔직하고 담백한 본래 성질을 꺼진 불처럼 만든 것은 무엇일까요? 그것은 불교와 유교가 가르쳐준 것이라고 할 수 있겠지요. 예를 들면, 지금 마음속에서는 먹고 싶은 생각이 굴뚝같아도 먹지 않는 것을 예의라고 여기고 법도로 생각했습니다. 이는 매우 의미 없는 특히 나쁜 경향입니다. 왜 여러분은 더 먹고 싶을 때 마음껏 먹는 것처럼, 스스로에게 정직해질 수 없는 걸까요? 정직하다는 것은 일본 민족의 특징입니다.

충동 그 자체는 해롭거나 손상을 주는 것이 아니라 자연 그대로의 것이라고 생각합니다. 저는 어떤 충동이라도 키우는 것이 좋다는 생각을 기본적으로 갖고 있습니다. 그러나 러셀의 생각은 그렇지 않습니다. 충동 그 자체에 선악을 매겨서 생각합니다. 우리가 싸우고 싶다, 갖고 싶다고 하는 충동은 해로우니까 억눌러야 한다고 말합니다. 그는 전쟁을 매우 싫어합니다. 비전론(非戰論)을 주장해서 감옥에 갇혔던 사람입니다. 인간에게 근본적으로 내재되어 있는, 갖고 싶은 충동에서 전쟁이 일어난다고 합니다. 그래서 싸우는 것도 억눌러야 한다는 주장은 그로서는 당연합니다. 그는 논리가 일관된 사람입니다. 그러나 만약 갖고 싶다는 충동을 완전히 억누르면 사유재산제도가 파괴됩니다. 자본가라고 하는 것이 존재하지 않을 것입니다. 군대도 해산될 수밖에 없습니다. 군대라고 하는 것은 싸움충동을 철저히 하기 위한 것입니다. 러셀은 군국주의, 자본주의를 배척하는 사상이 강합니다. 그래서 이런 사상이 나온 것이라고 생각합니다.

무릇 생의 욕구라고 하는 것은 그것이 무엇이든 이를 압박하며 억누르는 것은 부자연스러운 것이라고 생각합니다. 왜 천부의 충동을 그것이 무엇이든 다른 이유로 억압해야 합니까? 우리는 자연스러움을 늘릴 수 있을 만큼 늘려야 한다고 생각합니다. 싸움이라도 철저히 하면 도덕적으로 선입니다. 이런 생각을 여러분은 웃을지도 모릅니다. "싸우기 때문에 나라가 어지러워질 것이다." 이렇게 말할지도 모르지만, 이는 매우 잘못된 생각입니다. "싸우지 않으면 나라가 어지러워진다고? 뭐야, 당신은 상당히 호전적이군. 싸우기 때문에 나라가 평정된다고? 싸우지 않으면 나라가 어지러워? 그게 말이 돼?" 이렇게 여러분은 물을 겁니다. 이에 대하여 조금 설명하겠습니다.

지금 여기에 어떤 사람이 와서 이 컵을 훔쳐가려고 합니다. 그때 만약 제가 싸울 마음, 즉 싸움충동이 없다면 가만히 지켜보기만 할 겁니다. 동시에 이 컵의 존재를 얼버무릴 겁니다. 좀 더 말해보면, 어떤 도적이 곳간에 구멍을 내서 금은보화를 훔치려고 합니다. 이를 본 경찰관, 순사가 벌벌 떨며 싸움충동이 일어나지 않는다면 어떨까요? 도둑이 횡행하고 활보하겠죠. 이만큼 어지러운 나라는 없을 겁니다. 이는 싸움의 결정체인 경찰권이 발동하지 않는 것입니다. 순사가 제지하고 싸움충동이 없기 때문에 그렇게 되는 것입니다. 싸우는 것이 나쁜 것은 아닙니다. 철저한 방식이라면 나쁘지 않습니다. 그렇기 때문에 여러분은 의정 단상에 서서 정적과 당당히 싸우는 정치가를 칭찬할 것입니다. 이는 철저한 싸움이기 때문입니다. 만약 국회의원이 뇌물을 받고 헤헤거리며 비겁해져서 싸우려고 하지 않는다면 어떨까요? 그야말로 한심한 정치가로 전락할 수밖에 없겠지요.

　당당히 싸우는 것은 나쁜 것이 아닙니다. 철저한 싸움이라면 바로 선입니다. 만약 신하가 싸우려 하지 않으면 군주가 치욕을 당하게 됩니다. 싸우기 때문에 국가가 안녕을 유지할 수 있습니다. 싸움충동을 제지해서는 안 됩니다. 투구나 갑옷을 입고 격검(擊劍)을 차고 싸웁니다. 이는 싸움을 철저히 하는 연습입니다. 머리를 때리면 여러분은 칭찬하겠죠. 이를 끝까지 해내면 선입니다. 오래된 격검 사례를 갖고 오지 않아도, 빨리 달리기나 모자 빼앗기, 그리고 축구를 통해 아이들에게 싸움충동을 발달시키고 있음은 이미 알고 계시기에 더 이상 설명할 필요도 없을 것입니다. 싸우는 것은 본래 좋은 것도 아니거니와, 그렇다고 나쁜 것도 아닙니다. 당당히 싸우면 되는 겁니다. 당당한 싸움은 군자의 싸움입니다. 그저 무슨 일이든 게을리 해서는 안 됩니다. 싸우는 것을 좋아한다면 그냥 하면 됩니다. 본래 진심으로 돌아봐서 모든 것이 만족스럽고 꺼림칙한 것이 없도록 한다면, 그것은 분명히 선입니다.

　인간에게 있다고 하는 '있는 그대로'를 성장시켜서, 그것을 철저히 한다면 선입니다. 불철저하게 끝나면 악입니다. 어떤 도도한 교육자는 오늘날 선이라는 것은 이미 결정되어 있다고 말합니다. 싸우는 것은 나쁜 것이며, 싸우지 않는 것이 좋은 것이라고 미리 정해 놓고 틀에 끼워 맞추려 합니다. 이를 우리는 교육에서의 이상주의라고 합니다. 무엇을 이상주의라고 하는가 하면, 교사가 머리에 이데아, 즉 어떤 형태를 그려놓고 그에 맞는 것은 좋다고 하고, 맞지 않는 것은 나쁘다고 하는 것입니다. 그런데 사실은 그렇지 않습니다. 해보고 철저하면, 즉 어떤 충동이라도 만족스러운 결과는 선이 됩니다. 끝나지도 않았는데 이것은 나쁘다, 이것은 좋다고 하는 것은 있을 수 없습니다. 어떤 것을 있는 것처럼 목표를 정하고, 덕목을 만드는 것을 이상주의라고 부릅니다. 교사만이 이상을 판단하는 힘을 갖고 있고, 아이에게는 분별력이 없다, 그러므로 교사의 지시를 따르라고 합니다. 이와 같이 오늘날 대부분의 주의는 이러한 이상주의로 아이를 지도하려 합니다.

지도(指導)는 글자 그대로 '가리켜 인도하는 것'으로, 좋든 싫든 교사가 만든 목표를 향해 가라고 하는 것입니다. 디렉션(direction), 즉 방향을 제시하고 아동의 좋고 싫음, 선택 여부는 신경 쓰지 않고 이에 맞춰 가라고 하는 이상주의 입장으로, 이를 '교사 중심의 교육'이라고 말할 수 있습니다. 선생님은 아이의 중심점이 되며, 교사의 일거일동(一擧一動)을 모방하려고 노력하고 흉내 내는 것이 아이들의 학습이 됩니다. 이는 너무 극단적인 방식입니다. 아이를 교사에게 끌어다 붙이려고 하는 타율적인 교육, 수동의 학습이기 때문에 아이의 인격은 제대로 인정받지 못합니다. 그 반대의 입장에서 자연주의를 주창하고 아이를 변호한 사람이 루소(J.J. Rousseau: 1712~1778)와 엘렌 케이(E. Key: 1849~1926)입니다. 이들이 말하는 것은, "아이는 좋아하는 것을 해도 좋다(단, 이것만), 아이는 방임해도 좋다, 굳이 지도할 필요도 없다"는 것입니다. 아동을 중심으로 하자는 주장입니다.

이상주의와 자연주의는 양립될 수 없습니다. 오늘날 교육에서도 이러한 경향은 양쪽으로 나뉘어 있습니다. 누구는 이상주의를 택하고, 누구는 새롭게 자연주의를 택합니다. 지금까지 인정받은 선(善)을 인정하지 않습니다. 자연주의는 좋아하는 것을 처음부터 하라고 합니다. '좋아하는 것'과 '선'은 실은 자연주의와 이상주의가 서로 마주한 출발점으로, 한쪽은 '지도', 또 다른 한쪽은 '방임'을 중심에 두기 때문에 교육상 어느 쪽이든 타당한 논리가 있습니다. 그러나 완전한 것인지 아닌 지는 의심해봐야 합니다. 나는 둘 다 소용없다는 것을 여러분에게 말 씀드리고 싶습니다. 결론을 조금 서둘러 말씀드리면, 이는 '좋아하는 것'과의 관계 설정에 있어 '지도'와 '방임' 양쪽 모두 진정한 요령을 터 득하고 있지 못하기 때문입니다.

이에 제가 주장하는 바를 말씀드리겠습니다. "좋아하는 것을 해라, 하려면 철저하게 해라" 이것입니다. 출발은 역시 자연주의와 비슷한 맥락입니다. 일단 할 거라면 책임을 지고 철저하게 완성해야 한다는 점은 이상주의와 비슷합니다. 저의 주장은 말하자면 선(善)에서 출발하 는 이상주의라고도 할 수 없고, 그렇다고 좋아하는 것에서 출발하는 자연주의라고도 할 수 없습니다. 독창이나 창조 같은 새로운 일은 설 령 아이라고 해도 지도할 수 있는 것이 아닙니다. 그렇다고 방임해서 멋대로 하도록 놔두는 것도 아닙니다. 출발점은 좋아하는 것을 하고 싶은 대로 해라, 그러나 과정과 결과는 멋대로 하게 놔둬서는 안 됩니 다. 처음 선택할 수 있는 것에 방임이 있지만 하려면 성공해라, 철저하 게 해라, 이것이 중요하므로 아이 스스로 원천을 발견한 것에 기초하 여 끌고 가되, 그 과정은 교육 상담을 해가며 진행합니다.

여기까지를 간단히 정리하면, 지금까지 대체적으로 교육은 교사가 근본이었습니다. 즉 교사를 중심으로 하는 경향이었습니다. 그 반동으 로 아동중심주의가 일어났습니다. 저는 물론 아이에게 근거를 두고 싶 지만, 방임하지 않고 책임을 갖고 스스로 성장할 수 있도록 상담하는 것을 교육의 요령이라고 생각합니다. 아이에게 정해진 틀에 맞춰서 모 방하는 것을 그만두고 자신의 내부에 있는 근거를 찾아주고 이를 장려 하고 격려하여 충고하는 것이 진정한 교육입니다. 관점이 다릅니다. 따 라서 아이를 개개의 독자적인 가치를 갖고 있는 존재로 보고, 그 독창 성을 키워가는 것을 철저히 하도록 해야 합니다. 독창성은 좋아하는

119

것에서 생깁니다. 반드시 무엇인가를 욕망하는 데에서 나옵니다. 그 근거를 철저히 잘 표현한 것이 바로 오리지널리티, 즉 독창성이고, 이를 키우는 교육이 창조주의입니다. 오리지널리티는 모방해서는 안 됩니다. 좋아하는 것을 철저히 하면 반드시 원천이 내재하게 되므로 독창이 됩니다. 이러한 점에서 제가 의미하는 창조교육이라는 이름도 나옵니다. 이것으로 하나의 이야기가 끝났습니다.

그런데 조금 주석을 붙여야 할 곳이 있습니다. 메이지의 문단(文壇)에서 다소 사람의 마음을 끌었던 훌륭한 사람이 있습니다. 여러분, 상상력을 발휘하여 생각해 보시기 바랍니다. 그 사람들 중에 아마도 다카야마 조규(高山樗牛: 1871~1902)[3] 박사가 있을 것입니다. 저도 그는 훌륭한 사람이라고 생각합니다. 조규 박사가 여생이 얼마 남지 않았을 무렵 1901년 여름에 논문 한 편을 『태양(太陽)』이라는 잡지에 게재하였습니다(樗牛全集 第四卷, 『時論及思案』, p.765 이하). 그 논문은 「본능만족론」으로, 이를 일명 「미적활론(美的活論)」이라고 하여 여러분도 아직 기억에 생생할 겁니다. 본능만족이 인간 세상의 극치(極致)라고 하며, 끙끙대며 고민하기보다 마음이 가는 대로 본능을 나타내면 그것이 바로 선이라는 것입니다.

여러분, 보십시오. 들에 핀 백합꽃을. 애쓰지 않고 일부러 만들어내지 않아도, 솔로몬이 영화(榮華)의 극치에 있을 때에도 그 치장이 이 꽃 하나에 미치지 못했을 겁니다. 사람도 그 본래의 욕구를 만족시킨다면 진정한 가치가 있을 것입니다. 인생이 추구하는 바는 오로지 본능만족에 있을 뿐입니다. 이렇게 말한 사람이 조규 박사였습니다. 당시의 도학(道學) 선생들에게는 명경지수에 돌을 던진 것처럼 굉장한 파

---

3) [역자주] 메이지 시대의 문예평론가, 사상가. 린지로(林次郎)가 본명이고 조규(樗牛)는 그의 호인데, 본문에서는 조규 박사로 기술하고 있다.

란을 일으킨 일이 지금도 생각납니다. 이와 같이 이미 '본능만족'이라는 용어가 있음에도 이를 취하지 않고 제가 왜 굳이 '충동만족'이라는 단어를 선택했을까요? 그저 무턱대고 선배가 제창한 것을 좋다고 여겨 취하면 된다는 것은 아니지만, 애초에 새로운 용어를 사용하는 이유는 어디에 있을까요? 여러분들이 이를 의심해 볼 것이라 생각합니다.

가령 다카야마 조규 선생이 말했다고 해도 본능만족으로는 아무래도 설명할 수 없는 부분이 있기 때문입니다. 그래서 충동만족이라는 말을 선택한 것입니다. 대체로 본능이라는 것은 충동 발현의 습관에 지나지 않습니다. 그 습관은 틀림없이 조상으로부터 유전된 것입니다. 그것은 심리학적으로 본다면 일종의 종족적 습관과 다르지 않습니다. 선천적 습관입니다. 습관은 어떤 힘이 작용하지 않으면 생기지 않습니다. 힘 그 자체가 아니라, 힘이 어떤 일정한 방면으로 작용했을 때 습관이 일어나게 되는 것은 설명할 필요가 없을 정도로 분명한 사실입니다. 우리가 중요시하는 것은 습관이라고 하는 일정한 틀이 아니라, 틀을 통해서 작용하는 힘입니다. 생명이라고 하는 생기 있고 활발하게 작동하는 것으로 붙잡을 수 없는 생명의 본질적인 동력입니다. 틀에 맞춘 것, 즉 본능을 그만큼 늘리면 그것으로 인간이 훌륭하게 살 수 있는가 하면, 그건 반드시 그렇지는 않습니다. 본능만족을 위한다는 점에서 동물과 다를 바 없습니다. 본능도 생각할 필요는 있겠지만, 보다 근본적이고 더욱 충동적이며 역동적인 발랄한 것을 붙들어야 한다면, 전적으로 충동밖에 없습니다. 본능을 넘어서는 곳에서 인간 특유의 지능 활동이 나옵니다.

또 하나의 논의에 대해 말씀드리겠습니다. 새에게 나는 본능이 있는 것은 날개를 갖고 있기 때문입니다. 날개라고 하는 육체가 있기 때문에 난다는 동작에 습관이 생겨서 날 수 있는 것입니다. 날고 싶다는 충동이 생겼을 때, 날개가 본능적으로 작동합니다. 그런데 인간은 어떨까요? 이 점에 대하여 생각해보고자 합니다. 인간에게는 날개가 없으므로 창공을 나는 본능은 없습니다. 그러나 날고자 하는 본능이 없어도 인간에게는 날고 싶다는 욕구가 있습니다. 즉 나는 충동이 있습니다. 날고 싶다는 욕구가 없다면 비행기가 어떻게 나왔을까요? 본능만 만족시키고 그것으로 충분하다면 비행기가 어떻게 나왔겠습니까? 본능 이외에 사람에게는 욕구 충동의 힘이 있습니다. 뭔가를 충족시키려는 욕구가 없었다면 지식을 작동시켜 잠수함을 만드는 것도, 비행기의 발명도 불가능합니다. 발견과 발명은 독창입니다. 본능만으로는 독창이 있을 수 없습니다. 다카야마 선생은 딱히 독창을 생각한 것은 아닙니다. 편안하게 생활하면 된다는 정도인데, 그건 그런대로 괜찮습니다. 새로운 문화에 공헌하고, 국가의 문운(文運)을 발전시켰습니다. 국민을 만들려고 하면 과거의 습관인 본능만을 만족시켜서는 새로운 것을 만들지 못합니다. 그래서 '충동'이라는 것을 취하기 때문에 충동만족이라고 말해야 합니다. 그렇게 이해해주시면 좋겠습니다.

혹자는 이를 두고 "욕망만족이라고 하는 편이 좋다, 충동만족이라고 할 필요는 없다" 이렇게 말할지도 모르지만, 저는 그렇게 생각하지 않습니다. 욕망이란 무엇일까요? 과거의 경험이 관념 심상이 되어 그것이 우리의 충동에 결부된 것이 욕망입니다. 뭔가 마시고 싶다는 욕구가 생깁니다. 이에 비해 조금도 의식에 접촉하지 않는 것이 충동으로, 비자각적인 것입니다. 빙수로 할까, 아니면 홍차로 할까, 혹은 여기에 있는 물로 할까, 아니면 여기에 있는 얼음 조각을 가져갈까, 하고 과거의 경험이 나와서 결부되면 점차 욕망이 됩니다. "홍차를 마시고 싶다"고 하는 것은 욕망입니다. 욕망은 과거의 경험과 결부된 것으로, 과거의 경험이 없을 때는 욕망이 생겨나지 않습니다. 그런데 어떨까요? 새로운 것을 궁리하는 독창은 아직 전에 없던 것을 만들어내는 것입니다. 새로운 것을 궁리하는 것은 오래된 과거의 경험에 대한 심상 그대로를 실현해도 소용없습니다. 욕망 만족이 아니다, 그렇게 말하는 것만으로는 궁색해집니다. 이것도 아니다, 저것도 아니다, 그렇게 탐색하고 있는 사이에 불쑥 내부에서 뭔가 떠오르는 것이 여러분에게 있을 겁니다. 이는 욕망 그 자체보다는 영감(inspiration)이라고 하는 편이 좋고, 여러분이 직접적으로 '충동'을 만족시키는 것입니다. 이는 욕망도 생각도 아닌, 욕망이나 생각보다도 신비로운 직각적인 것입니다. 이처럼 욕망의 만족으로는 설명할 수 없는 일이 많습니다. 학술상 독창의 설명을 위해서 가장 근저를 이루는 충동의 만족이라는 개념을 취할 수밖에 없다는 점은 아무리 생각해도 당연한 것 같습니다.

이러한 충동만족이라는 것은 앞에서도 이야기한 것처럼 좋아하는 것입니다. 그런데 이 만족이라는 단어가 애매합니다. 이를 간단히 말씀드리면, 방해 없이 생명의 욕구가 달성될 때 힘이 커집니다. 이것이 만족입니다. 방해가 없는 상황에서 자기의 어떤 욕구를 키워 가는 것이 만족입니다. 그러므로 지금 내가 마시고 싶어하는 충동을 당장은 아무것도 방해하지 않습니다. (컵의 물을 마시며) 이는 충동만족입니다. 그런데 이 얼음 기둥은 내가 마시려고 할 때 딱딱한 상태여서 방해가 됩니다. 목마름이라는 충동은 만족되지 않습니다. 이렇게 딱딱한 얼음이 방해가 되어 충동을 만족시킬 수 없는 것입니다. 어떠한 방해 없이 충동이 사라지게 될 때가 충동만족입니다. 뭔가를 먹었을 때에는 그 충동이 사라집니다. 무섭다고 하는 충동이 있을 때 도망가면 비로소 안심이 되고, 그것으로 무섭다고 하는 충동은 사라집니다. 이런 경우에 먹는 것이나 무서운 것이 만족된 것입니다. 이것으로 충동만족이 이해되셨으리라 생각합니다.

또한, 모든 개개인이 욕망하는 좋아하는 것을 철저하게 만족시키는 데에는 철저함이 문제가 됩니다. 철저한 만족을 설명하기 위해 창조교육과 어떠한 관련이 있는지를 이제부터 이야기하려고 합니다. 충분히 잘 들어주시기 바랍니다. 여기에 한 아이가 있는데, 어머니를 만나서 품에 안기고 싶다, 어머니가 뽀뽀해주면 좋겠다, 이런 욕구를 품고 만나러 갔다고 합시다. 그런데 길을 가다 보니 도중에 매우 큰 강이 있습니다. 강을 건너야 건너편으로 갈 수 있습니다. 강가까지 갔지만 낭떠러지 절벽에, 시퍼렇게 물이 소용돌이치며 흐르는 매우 깊은 강입니다. 무서웠습니다. 이래서는 도저히 건너갈 수 없습니다. 그 아이는 결국 도망쳐 돌아왔습니다. 이런 경우를 가정해서 생각해보면, 아이는 만나고 싶다는 충동은 만족시키지 못했지만, 강이 무서워 도망치는 충동은 만족된 것입니다. 이 점을 주의 깊게 잘 생각해야 합니다. '만나고 싶다'는 적극적인 충동은 만족되지 않았지만, '무섭다'는 소극적인 충동은 만족된 것입니다. 그러나 철저한 행위는 이루어지지 않았습니다.

또 다른 예를 들어보면, 지금 말한 큰 강의 낭떠러지 절벽 건너편에 꽃이 만발해 있다고 해봅시다. "아름다운 꽃을 꺾고 싶다." 어른이라도 꺾고 싶어질 겁니다. 아름다운 꽃을 보고, 꺾고 싶다고 하는 적나라한 충동이 마음에서 솟구칩니다. 그런데 그곳이 낭떠러지 절벽이어서 좀처럼 접근할 수 없을 것 같았습니다. "아, 포기할까보다. 만약 떨어져 죽게 되면 곤란하니까, 그만둬야지." 하고 단념할 수 있습니다. 그러나 이러한 일은 종래의 교육에서는 오히려 장려되었고, 어른스러운 어린이로 취급되었습니다. 욕구가 있어도 그 꽃은 꺾을 필요가 없다. 낭떠러지가 있으면 가지 말고 위험하니 돌아와라. 이것이 종래의 주류 교육이었을 겁니다. 위험하다는 방해가 있으니 포기하고 그냥 돌아와 버립니다.

그런데 말을 잘 듣지 않는 아이는 그렇지 않습니다. 무섭지만 멀리 뛰면 혹시 건너편에 도달할지도 모른다는 생각에 "하나 둘 셋" 하고 건너 뛰었다고 합시다. 간신히 꺾기는 했는데, 잘못해서 낭떠러지 절벽으로 떨어져 머리를 다쳐 돌아왔다고 합시다. 이러한 아이 상태를 '폭발'이라고 할 수 있습니다. 꺾고 싶은 마음이 강해서 뛰어 오르긴 했지만 떨어져 부상을 입었고, 꺾기는 했지만 원래 목적을 충분히 만족시키지는 못하고 폭발하고 만 것입니다. 단념하는 것도 철저히 성공했다고 말할 수 없지만, 폭발해서 도중에서 쓰러져 상처를 입고, 꽃을 꺾었어도 떨어져 버렸으니 불철저한 것이 아니겠습니까? 그렇다면 좋아하는 것을 철저하게 성공한다고 하는 것은 어떤 것일까요? 진정으로 꽃을 꺾고 싶다고 생각해도 떨어져 부상을 입고 말았다면 꺾고 싶다는 욕구는 만족시켰지만, 반대로 무섭다는 충동은 불만족 상태로 여전히 남게 되고만 것입니다.

　좋아하는 것을 진정으로 철저하게 하는 것은 궁리를 더욱 잘 해야 합니다. 무섭다는 충동도 만족시키고, 손에 넣고 싶다는 충동도 만족시키도록 아이가 행동하도록 해야 합니다. 그렇기 때문에 무척 신중하게 노력할 필요가 있습니다. 그저 단념하거나 폭발해 버릴 것이 아니라, 여러 가지로 궁리해서 어쩌면 긴 장대로 꺾을 수 있을지도, 혹은 긴 판자를 걸쳐볼 수 있을지도 모릅니다. 낭떠러지 절벽이라도 내려갈 수 있는 길을 찾아 내려와 얕은 물에 돌멩이를 놓고 당당히 건너가 꽃을 꺾을지도 모릅니다. 어떤 방법이라도 상관없습니다만, 열심히 궁리해서 위험하지 않게 꺾는다면, 이는 좋아하는 것을 철저히 하는 것입니다. 이 외에 아이가 할 수 있는 최선은 없습니다. 꺾고 싶은데 도중에 돌아오는 것은 겁쟁이나 하는 단념입니다. 펄쩍 뛰어 머리에 부상을 입고 우는 것은 폭발이고 무모한 행위입니다. "꺾고 싶다, 위험하다"고 하는 두 가지 욕구가 모두 만족된다면 그만 둘 이유가 없습니다. 판자를 갖고 해본다든가, 열심히 궁리를 해서 꺾었을 때, 비로소 꽃을 꺾고 싶다는 욕구가 철저히 만족되는 것입니다. 이것을 '성취'라고 말합니다.

　또 한 가지 말씀드리고 싶은 것은, 이때 꽃을 꺾고 싶다는 충동이 일시적으로 무섭다는 충동 때문에 억눌린다고 해도, 그렇다고 완전히 억눌리는 것은 아닙니다. 여전히 꺾고 싶다는 욕구가 한동안 남아 있을 것입니다. 아직 어떻게 해보려고 하기 때문에 머릿속은 혼란스럽고 간절히 생각하며 그리워하게 됩니다. 이를 권련(眷戀)의 상태라고 합니다.

　이상의 내용을 정리해 보면 다음과 같이 말씀드릴 수 있습니다. 하고 싶은 어떤 것을 하고자 할 때에는 4가지의 결과가 생깁니다. 즉, 첫째는 '단념'한다, 둘째는 '폭발'한다, 셋째는 '성취'한다, 넷째는 어떤 것을 기다리며 동경하는 '권련의 상태'입니다. 아름다운 여인이 있다고 합시다. 여러분은 이 여인과 사랑하고 싶은 충동이 일어납니다. 그러나 여러 가지 방해가 있습니다. 그 방해에 대해 무턱대고 맞대응하여 성공하지 못했을 때에 그것은 '폭발'입니다. 방해도 있고, 형식만 차리는 풍속, 습관도 싫어서 번거로워 포기한다며 실연을 선택하는 '단념'의 겁쟁이도 있습니다. 모든 방면에서 빈틈없이 손을 써서 의뢰하고, 스스로 수양하여 학덕을 높이고, 운동도 하고, 프로파간다도 하면서 매우 애를 써서 좋은 남자임을 보여 '성취'하고, 원만히 결혼해서 즐거운 가정을 꾸민다고 해봅시다. 이것이 최선이 아닙니까? 거기까지 도달하지 않고 뭔가 자신이 그 여자에게 흥미를 갖고 있고, 이를 이상화하고 순화해서 그리워하는 상태에 있지만, 그렇다고 그다지 방해되는 것을 급격하고 빨리 굳이 없애려고도 하지 않고, 천천히 바라보며 감상하고 명상하면서 사랑하는 것은 사랑받는 것보다 사랑한다는 기분으로 그리워하는 것은 권련의 상태입니다. 소위, 인간행위에서 충동을 만족시키는 방법은 이러한 4가지밖에 없습니다.

　그런데 이러한 4가지 상태에 직면할 때 어떡할까요? 이 점을 우리는 많이 생각해야 합니다. 만약 사도가섬(佐渡ヶ島)에 여자가 있다고 합시다. 에도(江戸)에서 내륙의 좁은 길을 통해 니가타현(新潟縣)에 도착한 남자가 이때 여름풀이 무성한 성터보다도 세이시(西施)의 자귀나무 꽃보다도 어떻게 해서든 그녀를 만나고 싶다는 욕구를 갖고 있습니다.

그런데 거친 파도가 사도가섬으로 건너가는 것을 방해하고 있습니다. 그럴 때에 겁이 많은 사람은 단념합니다. 너무 강한 자는 무모하게 바다를 건너다 빠져 죽게 됩니다. 또는 모든 방법을 현실적이고 구체적으로 다 해보는 실험적인 사람도 있을 것입니다. 사색에 잠겨 거닐면서 형세를 관망하며 암벽에 올라 자신은 바닷가의 한 알의 고운 모래라는 생각으로, "거센 파도여 사도가섬으로 건너가는 은하수로다"하면서 단카(短歌) 한 수를 관조적으로 읊는 사람도 있겠지요.

그렇지만 충동이 철저하게 만족된 상태란 오로지 성공할 때에만 해당됩니다. 좋아하는 어떤 것을 철저하게 이루어 내는 것을 말합니다. 폭발이나 단념은 아동의 학습으로 바람직하지는 못할 것입니다. 그 정도는 방임해도 그렇게 될 수 있습니다. 굳이 교육할 필요도 없습니다. 이처럼 자신의 충동만족이 아직 철저하지 않은 상태를 이름 붙여 우리들은 순응의 영역에 머무르는 것이라고 말합니다. 사회적으로나 자연의 방해가 있을 때, 그 방해를 극복하려 노력하지 않은 채 유약하게 생활하고 있습니다. 이를 순응의 삶이라고 말합니다.

한편 매우 용기를 내어 스스로 철저하지 못할 때에도 중도에 멈추지 말고 더욱 노력하여 지속적으로 방해물을 제거하고 철저하게 극복하기도 합니다. 그렇다고 서두르지도 않고 순리대로 합니다. 그렇게 해야 성취할 수 있습니다. 그것이 철저함입니다. 이와 같이 자기의 생명 안에서 사회든 자연이든 방해되는 것을 돌파하는 힘, 그것을 '독창창조'라고 합니다. 이와 같이 외부의 압박으로 형편에 맞게 하는 것은 '순응'이고, 스스로 방해를 없애고 돌파해 가는 것은 '독창'입니다. 교육은 후자를 지향해야 하며, 단순히 순응의 틀에 머물러서는 안 됩니다. 단지 아동이 하고 있는 것을 끝까지 완수하도록 하는 것이나, 각자의 특성을 철저하게 성장시키도록 하는 것은 어려운 일임에 틀림없습니다. 그래서 교육이 존재하는 것입니다. 좋아하는 것을 하도록 장려하고 성취하도록 하는 것이 바로 진정한 교육입니다. 창조교육이라는 말은 독창적인 삶을 권장하기 위해 존재하므로, 순응이 자연스럽게 이루어진다면 별도로 상담을 하지 않아도 됩니다.

　논의가 진척되었으므로 지금부터 본론으로 들어가겠습니다만, 그 전에 조금 주의를 바라는 것은 '방해'에 대해서입니다. 방해는 지금 말한 것과 같이 충동을 만족시키지 못하게 하는 객관적인 요소입니다. 방해로 인해 욕구, 즉 생장발전이 저해되는 것이 매우 강하면 인간은 결국 죽게 됩니다. 방해는 모든 생명의 적입니다. 방해가 있을 때 이상하게도 생명은 이 방해에 순응하려는 충동의 힘도 갖게 됩니다. 그렇다고 순응이 필요하지 않다고 말할 수는 없습니다. 천연자연 속에 있는 소나 말은 모두 본능만족으로 순응하는 것처럼, 인간도 그러한 생활이 대부분입니다. 그러므로 방해를 하는 것에 대해서도 순응하려는 힘이 있습니다. 처음부터 생명의 내부에 직접적으로 발현되는 충동과, 그 후에 방해가 있을 때에 순응하기 위해 내부에서 발현되는 충동이라는 2가지 충동이 있습니다. 마시고 싶다는 충동은 생의 욕구이므로 방해가 있든 없든 상관없습니다. 목이 마를 때에 내부에서 발현되는 충동입니다. 마시려고 할 때에 원하는 물에 손이 닿지 않아서, 혹은 방해물이 있을 때에 무섭다는 충동이 일어난다면 그것은 방해로 인한 순응의 충동입니다.

　이러한 점에서 방해라고 하는 것은 어떻게 보면 매우 많은 의미를 갖고 있습니다. 인간이 철저히 안전한 생활을 하는 것도 이 방해 때문입니다. 여기에 재미있는 점이 있습니다. 그것은 내부에 있는 소극적 충동입니다. 마시고 싶은데 무섭다. 이처럼 두려워하는 충동이 바로 소극적인 충동입니다. 방해가 있어 무섭다는 소극적인 충동이 생겼기 때문에 내부에 일어난 소극적 충동을 만족시킨다면, 즉 객관적으로 그에 상응하는 방해를 나름 제거한 것입니다. 왕양명(王陽明: 1472~1529)은 "산중의 도둑은 몰아내기 쉽지만 마음속의 적은 쫓아내기 어렵다"고 말했습니다. 방해라는 것도 객관적인 방해는 대단한 것이 아닙니다. 그에 수반되어 생명의 내부에서 일어나는 소극적인 충동이 진정 사람에 큰 자극이 되는 것입니다. 객관적인 방해는 사람에 따라서는 방해로 보이지 않는다는 점에 주의해야 합니다. 진정한 방해는 주관적인 소극적 충동 바로 그것임을 잊어서는 안 됩니다.

미노[美濃 – 현재의 기후현(岐阜縣)] 지방에 스님이 한 분 계셨습니다. 이 스님은 어떤 주군을 섬기고 있었습니다. 그런데 주군이 오다 노부나가(織田信長: 1534~1582)에게 살해되고 말았습니다. 그래서 스님은 자신의 주군을 살해한 자를 섬기고 싶지 않아서 미노 지방을 떠나 방랑생활을 시작했습니다. 가이[甲斐, 현재의 야마나시현(山梨縣)] 지방으로 와서 다케다 신겐(武田信玄: 1521~1573)에게 의탁하게 되었습니다. 다케다 신겐은 그를 우대해 주었습니다. 스님은 신겐이 노부나가의 적이므로 신세를 지려고 생각했습니다. 이것은 바로 가이센 조키(快川紹喜: 1502~1582) 선사(禪師) 이야기로, 그는 선종의 승려였는데 영지 안에 절을 지어 그곳에서 생활했습니다.

세월이 흘러 그토록 영화를 누리던 다케다 가문도 점차 약화되어 신겐이 노다성(野田城)을 공격했을 때 부상을 입었고, 후계자 다케다 가쓰요리(武田勝頼: 1546~1582)의 어리석음으로 연전연패 끝에 결국 성을 방어할 수 없게 되었습니다. 모든 사람들이 천목산(天目山)으로 도망가 버리고 그때까지 싸우고 있던 병사들도 지리멸렬해졌습니다. 그중 이삼십 명의 병사가 가이센 선사의 절에 숨었습니다. 절은 치외법권 지역입니다. 오다의 군대도 그것을 알기에 공격하지 않은 채 "당신 절에 적의 병사가 숨어 있으니 내놓아라", 이렇게 말하자 선사는 "숨어 있지 않다"고 말했습니다. "아니, 분명 이삼십 명이 숨어 있다, 빨리 내놓아라." 더 이상 거짓을 말할 수는 없었습니다. 그래서 선사는 말했습니다. "숨어 있어도 괜찮지 않느냐. 불문에 귀의했으니 더 이상 물어볼 필요도 없다." 그러자, "안 된다, 그냥 내버려둘 수는 없다, 빨리 내놔라." 그래서 선사는 화를 냈습니다. "너는 다케다의 은혜를 욕되게 하고 있다. 지금 다케다 가문이 멸망하려고 하는 때에 그의 신하였던 자들이 나에게 도움을 청하는 것은 궁지에 몰린 새가 품안에 들어온 것과 같다. 나는 결단코 이들을 내놓을 수 없다." 이렇게 말하며 단호하게 물리쳤습니다. 오다의 군대가 이 스님을 가만두지 않겠다며 사방에서 불을 붙여 큰 절이 온통 불길에 휩싸였습니다. 선사는 승려들을 법당에 모으고 불경을 읽었습니다. 이렇게 하여 정신을 통일시켰습니다. 이것이 마지막입니다. 매우 열심히 하였습니다. 절이 불타는데도 유유자적 불경을 읽었습니다. 마지막에 불경 읽는 소리가 멈추었을 때, 불 속에서 결심이 굳건한 선사가 다음과 같이 게송(偈頌)을 읊습니다. "안전은 반드시 산수(山水)를 필요로 하지 않는다. 무념무상의 경지에 이르면 불길마저 시원해진다."

이렇게 부처의 공덕을 침착하게 읊으며 그는 죽음에 이르렀습니다. 무념무상의 경지에 이르면 불길마저도 시원해진다는 말은 여러분들이 들으신 대로 의미 있는 말입니다. 뜨겁다고 생각하면 뜨거워지고, 뜨겁지 않다고 믿으면 불속에 들어가도 뜨겁지 않다는 것은 진리입니다. 객관적 방해가 있어도 어떤 사람은 이에 사로잡히지 않고, 스스로 무섭지 않다고 생각하면 무서움이 없어집니다. 이러한 철저한 방식을 종교적 독창 안에서 많이 볼 수 있습니다. 그러나 대부분의 경우에는 객관적 방해를 실험적으로 개조함으로써 무섭다는 소극적 충동이 만족됩니다. 다만 여러분들에게 여기서 말하고 싶은 것은 무릇 방해가 있으면 소극적 충동이 나와서 사람들은 갈등하거나 번민한다는 것을 알아주셨으면 합니다.

저는 복어라는 생선을 먹은 적이 있습니다. 복어는 매우 맛있습니다. 저는 복어라는 생선을 사실은 잘 몰랐습니다. 밥상에 어떤 생선이 올라왔기에 먹은 것입니다. 매우 맛있었습니다. 먹고 나서 아내를 향해 엄청 맛있다고 했습니다. 아내는 이렇게 말했습니다. 그건 복어였어요. 그러자 나는 바로 속이 메스꺼워져서 토하려고 했습니다. "아니, 내게 복어를 먹이다니... 만약 복어의 독으로 식중독에 걸려 죽으면 당신은 내일부터 어떻게 할 거야?"라고 고함을 쳤습니다. 그런데 아내는 부드럽게 말하기를, "조금도 걱정할 필요 없어요. 저도 어제 먹었지만, 이렇게 아무 일 없잖아요. 독이 없다는 것을 아니까, 당신에게 드린 겁니다." 멍하게 쳐다보고 있던 나는 멋쩍어져, "아니 당신이 나보다 먼저 먹었단 말이야……" 하고 말했습니다. 맛있으니까 먹고 싶다는 충동이 생기는 것이지만, 그와 동시에 독이 있다는 것을 생각하는 순간 객관적인 방해가 생겨나 무섭다는 충동이 수반되어 나온 것입니다. 이는 소극적인 상태입니다. 그렇기 때문에 먹을지 말지, 사람들은 번민합니다. 어떻게 할까 하는 갈등상태가 됩니다. 이러한 갈등상태에서 충동의 대립이 없다면 사람들은 별도로 궁리도 노력도 하지 않기 때문에 독창이 되지 않습니다. 도덕적 상태라도 이러한 갈등상태에 들어가야 비로소 동기가 생기는 것입니다. 동기가 없다면 철저함이고 뭐고 없습니다. 그저 무의미하게 찰나적으로 행동할 뿐입니다.

이 점을 신중히 생각해주시기 바랍니다. 어떤 부인이 "저는 외롭습니다. 지금 제 남편이 어디에서 전쟁을 하고 있는지 모르겠지만 빨리 만나고 싶습니다. 남편이 와 주면 좋겠습니다. 얼마나 오랫동안 독수공방으로 지냈는지 모릅니다." 만나고 싶다고 말해도 남편이 전쟁터에 나가 있기 때문에 만날 수 없습니다. 생각해보면 무섭습니다. 만나고 싶은데 무섭고, 무서운데 만나고 싶고. 이것이 적극적 충동과 소극적 충동이 플러스 마이너스의 상태로 서로 줄다리기를 하는 번민 상태입니다. 다시 말하면 동경하는 상태, 즉 사랑을 동경하는 상태입니다. 하나의 방해가 있어서 도달하지 못하고 이렇게 할까 저렇게 할까 하는 상태입니다. 적극적·소극적 충동이 갈등을 많이 일으킬 때 사랑이라는 상태가 됩니다.

여기에서 말하는 '사랑'이라는 것은 꼭 남녀의 사랑만은 아닙니다. 그러나 남녀의 사랑은 중요합니다. 부부가 되어 결혼한 후 아침부터 밤까지 함께 있으면 오히려 사랑이 없어지게 됩니다. 사랑하고 싶어도 방해가 있어서 만날 수 없고, 풍속 습관이라는 차가운 얼음이 있어서 만나려고 해도 만날 수 없는 하나의 장지문이 있어서 그것이 열리지 않아야 합니다. 호랑이는 천리의 덤불도 넘는데, 사람은 이 장지문 하나 마음대로 넘나들지 못하는 것입니다. 사랑하며 동경하는 것은 만나고 싶다는 욕구와 무섭다고 하는 소극적인 충동이 서로 끌어당기고 있는 것입니다. 그래서 "결혼이 사랑의 무덤"이라고 하는 말은 정말입니다. 가정을 꾸리게 되면 기존의 사랑은 식어버립니다. 그 증거로 뉴턴(I. Newton: 1642~1727)도 여자에게도 사랑을 느꼈습니다만, 만유인력의 법칙이라는 이론적 아내를 맞이했을 때 그는 비로소 완벽하게 안도했습니다. 콜롬부스(C. Columbus: 1451~1506)라는 남자는 사랑하는 새로운 육지를 발견하고 그 얼굴을 한 번 본 순간, "이제야 만났다"라며 만족했습니다.

이렇듯 적극적·소극적으로 충동이 서로 끌어당기며 동경하면서 한 발 한 발 다가가는 것이 사랑의 상태입니다. 이러한 사랑, 즉 동경의 상태에서 사람들은 비로소 일체의 만족이 철저해지는 상태가 될 수 있습니다. 어떻게 해서든 남편을 만나고 싶다, 그러나 오늘밤 이렇게 어둡고 야심한 밤에 여자 혼자 나갈 수는 없다, 쓸쓸한 밤이다, 이웃집 다듬이질 소리가 자신을 때리는 것처럼 들린다, 가을바람에 나뭇잎이 팔랑팔랑 비와 함께 흔들린다. 아, 오늘밤도 그리운 사람이여. 즉, "장안에 한 조각 달, 곳곳에서 다듬이질하는 소리 들리고, 가을바람이 끊임없이 불어온다. 이 모든 것이 옥문관(玉門關)으로 출정 간 남편을 그

립게 한다. 언제 오랑캐를 평정하고 원정에서 돌아오려나."4) 이 한 편
의 시에 그야말로 동경의 상태가 잘 나타나 있습니다. 권련(眷戀)에 의
한 만족의 표현입니다. 이 동경하는 상태를 임시로 만족시키려고 붓을
들어 시를 읊는 것이 문학입니다. 이것도 철저한 만족의 일종입니다.
만족에 이르는 중간 과정이 사랑의 상태입니다. 아동에게 사랑하고
동경하는 상태가 일어난다면 교사는 방관하고 침묵하고 있어도 괜찮습
니다. 그들은 눈에 띄게 성장하고 동경하고 연구할 것입니다. 그렇기
때문에 우리의 교육 요령은 아동에게 어떤 어려운 문제, 즉 방해물을
해결하게 하는 것, 다시 말해 그것을 사랑하게 만드는 것입니다. 교육
학의 수많은 말을 모두 모으면 요체는 단지 여기에 있다고 할 수 있습
니다. 헤르바르트가 말한 '흥미'라는 것도 이것입니다. 그러나 일본인은
더 좋은 말을 갖고 있습니다. 사랑하고 동경하는 상태, 적극적 충동과
소극적 충동이 갈등의 상태에 있을 때로, 관련된 일체의 모든 충동을
만족시키려고 하는 상태입니다. 이것이 일본어의 '사랑'에 가장 잘 나
타나고 있는 것입니다. 여러분, 이제 조금 다른 측면에서 이 문제에 대
하여 생각해봅시다.

우리는 살아 있습니다. 살아 있는 우리는 두 방면의 세계를 갖고 있
습니다. 하나는 '잠재적인 의식'이고, 또 하나는 겉으로 드러나는 '현재
적(懸在的) 의식'입니다. 현재적 의식은 현재의 세계와 관계를 갖고 있
습니다. 이를 '현(現)'의 세계라고도 합니다. 과거의 경험이 쌓인 기억
회상의 세계를 가리켜 현재의 세계보다 과거 쪽으로 진행된 세계, '꿈'
의 세계가 잠재되어 있는데, 양쪽의 세계에 발을 걸치고 우리는 생활
하고 있습니다. 그래서 결코 현, 즉 모멘트(moment)의 세계만 있는

---

4) 長安一片月 萬戶擣衣聲 秋風吹不盡 總是玉關情 何日平胡虜 良人罷遠征.
　이백(李白: 701~762)의 한시.

것이 아닙니다(Bergson, Memory and Matter: 510−221). 그렇다고 꿈, 즉 드림(Dream)의 세계만 있는 것도 아닙니다. 자신이 진정한 자신, 즉 '나'를 표현하기 위해서는 꿈의 세계에만 있어서도 안 되고, 현의 세계에만 있어서도 안 됩니다. 과거의 경험은 얽히고 설킨 무수한 심상이 무한히 연합해 있습니다. 꿈의 세계를 구성하는 풍부한 심상군(心象群)에 '나'는 도취하여 흠뻑 빠져있습니다. 충동이 꿈의 세계에 심상의 초점을 만들어도 그것이 꿈인 이상 공상에 지나지 않습니다. 현의 세계에 꿈을 수반한 충동이 나오지 않는다면 현실의 구체적 세계가 없으므로 행하려고 해도 행할 수가 없습니다. 현의 세계에서 나오는 힘을 충동이라고 말합니다. 충동이 작동하는 곳은 현의 세계입니다만, 여기에 과거의 경험인 심상 관념이 연합해서 의미를 만드는 것입니다. 목적이나 이상, 계획 등 모든 것은 바로 어떤 충동에 연합된 복잡한 심상군(= 꿈)입니다.

조금 번거로우시겠지만, 잘 생각해 보십시오. 충동이라는 것이 방해 없이 술술 만족된다면 꿈이 생기지 않습니다. 불만족스러울 때만이 그것과 같은 관념, 즉 만족에 관한 관념군이 머릿 속 꿈의 세계에서 생겨나 커져가기 시작합니다. '불만족의 현은 반드시 만족의 꿈을 일으킵니다'. 여기에 거렁뱅이 같은 자가 있는데, 항상 음식을 먹고 싶다는 충동이 있다고 해봅시다. 먹을게 없을 때에는 어떻게든 만족하고 싶다고 생각하기 때문에 몽환(夢幻)에 빠져 먹는 상태를 꿈꿉니다. 꿈 그것은 불만족스러운 현의 압박을 받아 좋아하는 것에서 임시로 만족을 얻게 합니다. 인류는 태곳적부터 날고 싶다는 욕구가 있었습니다. 그러나 이 충동이 1903년까지는 한 번도 구체적으로 만족되지 못했습니다. 날고 싶다, 날고 싶다는 강한 충동은 정이 되고, 동경이 되고, 사랑이 되어도 실제로는 조금도 만족되지 않았습니다. 일시적 공상을 통해 가상적으로 만족하는 것은 꿈의 세계에 한정됩니다. 우리도 공상을 통해 날아다니는 것을 생각하던 어린 시절이 있었습니다. 이렇게 하여 억제되었던 충동은 꿈의 세계에서 나오게 됩니다. 쉽게 만족할 수 있는 충동은 꿈의 세계에 등장하지 않습니다. 어찌어찌해서 방해물을 없애도 만족하지 않으면 안 된다는 사랑의 상태에 있을 때만이 사람들은 꿈속에서 환상을 좇는 상태가 될 수 있습니다.

어떤 사항에 대하여 충동이 강해져 어떻게 해보려고 할 때에 그 충동의 철저한 만족을 대신할 수 있는 것이 꿈속에 나타납니다. 그래서 때로는 장래를 예언할 수도 있게 됩니다. 여러분이 스스로 꿈을 판단해 보면 될 것입니다. 거짓 없는 꿈이 고백한 것을 들어보고, 적어봅니다. 그것을 분석해서 이러이러하다는 것을 고찰해보면 반드시 여러분이 정말로 좋아하는 것이 무엇인지 그 안에서 찾아볼 수 있습니다. 너무나 하고 싶어 억누를 수 없으니 환상으로 나오는 것이므로, 꿈을 분석하면 분명 정말로 좋아하는 것이 나옵니다. 이를 적시해 보면 그 사람이 가야할 곳을 정확히 알게 됩니다. 좋아하는 것을 달성하고 싶은 사람은 노력하기 때문에 미래의 모습을 예언할 수 있습니다.

결혼하기 전에 남자들은 줄곧 여자 꿈을 꿉니다. 남자라면 막연하게 여자를 애타게 그리워합니다. 이것은 만나고 싶기 때문에 나오는 것입니다. 결혼하면 이런 현상이 매우 적어집니다. 이러한 사실을 보면, 꿈에 무엇이 나오는 것은 충동만족을 철저히 하기 위해 여러 방면을 생각하고 계획하며 궁리하기 때문입니다. 무의미하게 나오지는 않습니다. 바둑을 두다가 진 사람이 어떻게 해서든 다음에 이기고 싶다고 계속 생각하면 꿈속에 바둑 장면이 나옵니다. 여러분에게 숙고를 부탁드리는 것은 지금까지 '꿈'이라고 했습니다만, 꿈이라는 것은 다시 말하면 '이상'을 말합니다. 이상과 공상, 그리고 꿈은 근본적으로 그다지 차이가 없습니다. 과반의 경험은 심상이 되고, 그것이 풍부해져 어떤 충동을 철저히 하려고 할 때에 이를 중심으로 얽혀 있는 것이 이상이고, 공상이라는 것입니다. 밤에 꾸는 꿈도 낮에 꾸는 꿈도 성질은 같습니다. 데이 드림, 즉 낮에 꾸는 꿈은 공상입니다. 어린 아이가 커서 육군대장이 되고 싶다는 이상을 그리는 것도 마찬가지입니다.

그런데 이러한 이상은 무엇 때문을 존재하는 것일까요? 이는 전적으로 충동만족의 수단에 지나지 않습니다. 꿈 또는 이상이라는 것은 결코 초석이 아닙니다. 이상이나 목적을 위해 사람의 충동이 좌우되지는 않습니다. 사람들은 자신의 충동을 실천할 뿐이며, 이상이나 목적이라는 관념은 단지 방향을 지시할 따름입니다. 물을 마시고 싶은 충동이 있을 때에 철저하게 할 수 없으면, 공상이 환상을 그리며 사람들은 맹목적인 충동의 등불을 들게 되는 것입니다. 이상이 있기 때문에 실천하도록 잡아당겨주는 것 같습니다만, 사실은 충동의 만족을 위해 이상이 요구될 뿐입니다. 생명 욕구의 철저, 불철저에 따라 이상의 가치가 정해집니다. 이는 이상주의와는 견해를 달리하는 주장입니다.

또한 여기에서 말씀드리고자 하는 것으로 재미있는 것은 꿈에는 두 종류가 있다는 점입니다(Titchener: 1915: 335－341)[5]. 하나는 '욕망의 꿈', 다른 하나는 '공포의 꿈'입니다. 앞에서 언급한 걸식(乞食)하던 어린이가 떡을 먹고 싶어 하는 것은 욕망의 꿈입니다. 다른 하나는 높은 곳에서 굴러 떨어진다든가, 뱀이 쫓아와서 들판이나 산에서 도망치며 땀을 흘리는 종류는 공포의 꿈입니다. 이 두 가지 종류의 공상몽, 그것이 있다고 하는 것은 불가사의(不可思議)하게도 앞에서 말씀드린 충동에 두 가지 방면이 있다고 하는 것과 완전히 일치하는 것입니다. 앞에서 말씀드린 것과 같이 충동의 적극적인 것에 먹고 싶다, 마시고

---

5) [역자주] 1922년 원서 및 1976년 영인본에도 Titchner, Beginners' Psychology라고 되어 있지만 A Beginners' Psychology로 정정함. https://archive.org/details/beginnerspsychol00titcuoft에서 원서 확인.

싶다 같은 것이 있고, 소극적인 것에 두려움과 같은 방해를 수반하는 충동이 있습니다. 적극적인 충동이 꿈이 될 때에는 욕망의 꿈이 되고, 소극적인 충동이 꿈이 될 때에는 공포의 꿈이 되는 것입니다. 매우 장황하게 말씀드렸지만, 요컨대 현실과 꿈의 양쪽이 있어야 비로소 진정으로 온전한 자아가 있는 것이기에, 현실 방면에서만 이를 보는 것은 절반에 불과한 것입니다. 그렇다고 꿈만 가지고 논의한다면 사람들은 공상에 빠지고 실행력이 약해져 버리고 맙니다. '나'라고 하는 자신은 이 꿈과 현실의 분리할 수 없는 표현에 근본을 두어야만 결국 도덕적으로도 독창적인 수행을 할 수 있습니다.

<휴식>

사람들은 "머리는 이상에, 발은 현실에"라고 하지만, 그보다는 오히려 꿈의 세계에 절반 발을 들여놓고 나머지 한쪽 발은 현실의 세계에 들여놓는 인생을 살고자 합니다. 양쪽에 발을 들여놓고 서 있지 않은 사람은 '주장', 즉 '자아'라고 하는 것을 갖고 있지 않습니다. 한쪽만 들여놓고 나머지 한쪽은 발을 들여놓지 않는 식의 태도를 취하는 사람은 단지 '분열된 자아'입니다. 유기적으로 혼연일체가 되어 분리될 수 없는, 모든 생의 내용이 하나가 된 '자아'만이 소위 진정한 자아입니다. '나'라고 하는 명사는 생명의 통일, 일체의 내용을 통일하는 힘에 붙여진 부호입니다. 시간과 공간에서 추상화되어 언제 어디서나 같은 생명의 생장(生長) 결과라고 바로 깨닫는 힘이 바로 통일력(統一力)이며, 이 깨달음 외에는 자신이라고 부를 수 없습니다. 그러므로 참된 자신의 힘을 발휘하기 위해서는 결코 꿈의 세계와 현실 세계를 따로 떼어놓는 식의 통일되지 않는 일이 있어서는 안 됩니다.

그래서 우리는 현실세계에서 꿈의 세계로 들어가는 것을 '반성'이라고 합니다. 돌이켜 생각한다는 것은 즉, 현 존재의 세계에 생긴 어떤 충동 또는 충동군을 토대로 여기에 연합된 과거 경험 속 꿈의 세계에 있는 수많은 심상군에 투입하는 것을 우리는 '반성한다'고 합니다. 이러한 반성이 없다면 인간이 자신의 생의 내면에서 현의 세계에 꿈의 세계를 결합시킬 수 없습니다. 현의 세계에서 꿈의 세계로 가는 중요한 가교가 바로 반성이라고 할 수 있습니다. 과거의 세계를 생의 내면에서 돌아보는 것이 필요합니다. 그렇다고 해서 그것만으로 충분한 것은 아니고, 그 외에 또 한 가지 중요한 가교(架橋)가 있습니다. 그 다리를 건너지 않으면 안됩니다.

그것은 꿈의 세계에서 현(現)의 세계로 나오는 것입니다. 이것은 반성과는 전혀 반대의 개념입니다. 꿈에서 나와 현에 나타나는 것을 우리들은 특별히 '실천'이라고 말합니다. 충동을 동력으로 돌이켜 생각해서 여러 가지 심상군에 연합시켜 꿈에서 본 것을 꿈의 세계에서 끄집어내어 현의 세계에 있는 충동에 광선을 쐬게 하는 것을 '실천'이라고 합니다. 실천에 의해 사람은 생의 내면에서 과거가 현재로 흐르는 것입니다. 전기가 선두에서 방전되는 것처럼 꿈에서 번쩍번쩍 현으로 나오는 실천은 '행(行)'[반성은 '지(知)']에 해당됩니다. '글쎄'라고 하는 '의심', 혹은 '미혹'은 반성입니다. 행한다고 하는 것은 꿈의 세계에 있는 꿈과 이상(理想) 계획을 현실 세계로 내보내서 충동을 비추는 것입니다. 실천과 반성, 반성과 실천. 이것을 여러 번 반복합니다. 즉, 행하면서 생각하고, 생각하면서 행하는 것입니다. 만약 이렇게 하지 않는다면 '나'라고 하는 것은 통일될 수 없습니다. 지리멸렬한 꿈만 꾸는 공상가가 되거나, 현실만을 살아가는 찰나적 인간이 됩니다. 혼연일체의 나눌 수 없는 개성(individuality)도 없어집니다.

개성은 분할되는 것이 아닙니다. 개성은 총체적 자아의 특성을 말합니다. 꿈의 세계도 현의 세계도 모두 내면에 혼연일체 되어 나뉘지 않고 연합 상태로 긴장되었을 때에 나타납니다. 충동 만족에 조건을 부여하는 것이 반성이고, 실천은 이 조건을 충족시키는 것입니다. …… 돌아보는 것과 행하는 것, 두 방면을 작동시켜 가는 것이 자아가 반영된 충동만족이 되는 것입니다.

여기에서 생각해볼 점이 있습니다. 그저 충동을 만족시키면 될 터인데, 이상하게도 반성하거나 의심한다는 것입니다. 행하면서 되돌아보는 것의 근본적인 동력은 어디에 있을까요? 잠시 생각해보시기 바랍니다. …… 이와 같이 꿈으로 돌아가는 반성, 현으로 나오는 실천 등의 일체의 동력은 어디에서 오는 걸까요? 신기한 점은 앞서 말씀드린 적극적 충동, 소극적 충동 자체가 그 역할을 한다는 것입니다. 소극적 충동은 이상하다, 부끄럽다, 무섭다 같은 충동입니다. "어, 잠깐 기다려. 이것을 해도 될까?" 하고 꿈의 세계로 잠입하는 작용을 합니다. 사람을 의심하여 망설이게 합니다. 이와는 달리 적극적 충동은 먹고 싶다, 보고 싶다 등의 어찌되었든 우선 현의 세계로 나가려고 열심히 시도하는 것입니다. 한편에서는 현에서 꿈의 세계로 잠입해 들어가려고 하고 다른 한편에서는 꿈의 세계에서 현의 세계로 돌진합니다. 여기에 이르렀을 때 비로소 인간답고 의미 있는 철저함을 기하려고 하는 충동의 갈등이 생깁니다. 그래서 여러분은 뭔가 먹고 싶지만 이것을 먹으면 어떻게 될까 하고 꿈의 세계로 돌아가 과거의 경험을 생각해냅니다. 동기를 만드는 것입니다. 어떻게 하면 좋을지, 번민의 시간으로 들어가는 것입니다. 갈등을 하면 혼연일체 된 '나'라고 하는 것이 표현될 수밖에 없습니다. 적극적 충동과 소극적 충동, 다수의 충동이 만드는 갈등은 인간의 '자아'를 표현하는 것, 곧 독창적인 것이 되는 데 반드시 필요하다는 사실이 이를 통해 명확해집니다.

왕양명(王陽明)이 지행합일을 주장한 것도 실은 같은 맥락입니다. 반성의 지(知)는 폭발하는 사람을 훈계하고, 실천의 행(行)은 단념하는 사람에게 가르침을 주기 위하여 '지'라고 하고 '행'이라고 하는데, 실제로는 지행합일이 되어야 비로소 의미 있는 삶이 있는 것입니다.

　이상에서 설명한 내용에 따라 지금의 도덕과 교육을 생각하면 신기하게도 지금까지의 도덕관은 어떤 종류의 곤란에 대해서는 단념하는 상태를 권장하며 적극적 충동을 무시합니다. 특히 유교, 불교, 기독교의 세 가지 종교에 기초한 상식에 이러한 것이 많다는 것은 유감입니다. 여러분이 아동에 대하여 그러한 교육을 하실 리는 없습니다만, 그러나 일본은 지금까지 대체적으로 그러한 경향이 있었음을 확인해보는 것은 결코 쓸데없는 일이 아닙니다. 과거에 이러한 교육을 한 사람이 많았는데, 그것이 오류이고 죄악이라고 하는 반성을 참고해주시길 바랍니다. 그러므로 보기에 따라서는 이것은 도덕의 혁명입니다.

　아동에게 "찬물을 마시지 마라"고 말했다고 합시다. 이것은 진정한 교육적 태도일까요? 창조주의 태도에 입각해서 보면 허약한 아동을 만드는 교육입니다. 무슨 이유로 마시고 싶은 요구가 있는데 마시지 못하게 할까요? 정말로 세균이 있을지도 모릅니다. 탁해져 있을지도 모릅니다. 어쩌면 악취가 날지도 모릅니다만, 이는 마시고 싶다는 충동에 대한 방해물일 뿐입니다. 이 방해에 상응하는 무섭다는 충동이 나올지도 모릅니다. 그러나 과연 방해가 있다고 해서 포기하고 마시지 말라고 장려할 필요가 있을까요? 방해가 있으면 제거하고 마시면 되는 것입니다. 탁해진 물이니까 마시고 싶지만 일단 마시지 않겠다는 것은 뒤로 물러설 궁리를 하는 허약한 아동을 만들어 단념시키는 교육을 하는 것입니다. 덧붙여 심리학적으로 말하면, 적극적 충동을 억누르고 소극적 충동만을 키우는 교육입니다. 무서우니까 일단 마시고 싶은 충동을 삼가는 교육입니다. 이는 매우 좋지 않은 퇴영적(退嬰的)인 교육이라고 생각합니다. 이러한 교육을 하면 역동적 삶의 주인인 아동이 노인처럼 겁쟁이가 되어 버립니다. '행'을 실천하려고 하는 천금의 가치가 있는 시도의 마음이 일어나지 않게 됩니다. 일본인에게만 독창성이 부족할 리가 없습니다. 과거의 교육은 "위험하니까 마시지 마라", "위험하니까 하지마라" 이렇게 말하는 교육이었습니다. 이것이 도도한 교육의 실제였고, 그 결과라고 생각합니다.

여러분이 그렇게 한 적이 없다고 하면 다행입니다만, 많은 경우에 요즘도 그런 일이 일어납니다. "위험하니 마시지 마라." 이렇게 말하는 것이 도덕 교육이었습니다. 저 같은 사람의 관점에서 보면, 여러 번 말씀드리는 것처럼, 이는 마신다고 하는 적극적 충동을 억누르고, 단지 무섭다고 하는 소극적 충동만을 키워가는 것입니다. 말하자면 현의 세계에서 단지 꿈의 세계로 잠입해 들어가 이러니저러니 궁리만 하며 공상에 빠져 있는 사람입니다. 터벅터벅 힘없이 시종일관 꿈만 꾸며 마시고 싶어도 마시지 못합니다. 궁싯거리며 생각만 하고 앉아서 "마시면 세균이 있어서 죽으려나? 죽으면 아버지와 어머니가 얼마나 슬퍼할까? 내 몸은 어떻게 될까?" 이러한 일을 공상하고 꿈으로 그리고 있을 뿐으로, 진정한 생의 욕구인 마시고 싶다는 소중한 욕망을 경험하지 않기 때문에 꿈에 기울어진 사람이 됩니다. 이와 같은 가르침은 단념의 교육이고, 체념의 태도입니다. 행동의 4가지 종류 중에서 단념은 결코 성공한 것이 아닙니다. 최선의 행이 아닌 것이지요.

그렇다고 아동에게 무턱대고 해 보라고 장려하라는 것은 결코 아닙니다. 탁하든지 말든지, 냄새가 나든지 말든지, 콜레라가 있든지 말든지 코를 막고서라도 무조건 눈을 감고서라도 마시라는 것이 아닙니다. 만약 이러한 때에는 뭔가 질병이 생겨 설사를 하거나 구토를 하면 물을 마신다는 행위의 근본목적을 달성하지 못합니다. 그래서 정말로 아동에게 장려해야 하는 것은 "마시고 싶으면 마셔도 좋다, 다만 마시고 싶을 때는 철저하게 해서 마셔라" 이런 식으로 되어야 합니다. 제가 처음에 말씀드린 것입니다. 철저하게 해서 마신다는 것은 궁리를 하는 것입니다. 독창을 발휘해야 하는 것입니다. 이것이 충동만족이 창조교육과 관계되는 지점입니다. 마시지 말라고 하면 독창도 필요 없습니다. 또, 터무니없이 무조건 행동하게 된다면 이것도 역시 독창이 필요 없습니다. 불철저하게 끝나는 것입니다. 철저하게 성취하는 형태로 충동만족이 끝나도록 하려면 독창을 해야 합니다. 그렇지 않으면 마시려고 해도 마실 수 없습니다.

이 물만이 아닙니다. 어딘가의 우물물이나 강물도 한여름에는 그러한 위험이 있습니다. 심한 설사를 일으킵니다. 방해물입니다. 다시 말해 어쩔 수 없으니 과거의 심상에서 연상하여 여과지로 걸러냅니다. 이것으로 물을 흐리게 한 불순물이 점차 제거됩니다. 그래도 아직 냄새가 납니다. 이 정도로는 아무래도 안 되겠다, 그래서 레몬을 넣었더니 냄새가 날아갑니다. 이것은 좋은 냄새다. 그러나 만약 거름종이를 통과한 물에 작은 세균이 있을지도 모른다. 그러므로 물을 끓여야겠다, 더울 때에는 알코올램프에 불을 붙이는 것은 별로 좋지 않은데, 뜨겁게 하지 않고 끓일 방법은 없는가. 주석산(酒石酸)과 탄산수소나트륨을 넣어보니 금세 끓어오릅니다. 이렇게 해서 분명 세균이 다 죽었을 테니, 마셔 봐야지, 그런데 입안이 싸할 정도로 시큼하여 마실 수 없어 설탕을 넣어서 휘저어 봅니다, 그러자 청량한 사이다가 만들어졌습니다. 어떻습니까? 이 사람이 사이다를 한 모금 마시자, 갈증은 철저히 만족되었습니다. 이렇게 하여 그 결과인 사이다를 독창하게 된 것입니다. 일거양득이라고 할 수 있습니다. 주관적인 충동의 철저 만족을 통해 객관적으로 혼탁한 물을 대신해도 좋을 사이다를 만들어 냈습니다. 이것이 '자아'의 가장 바람직한 성취 행위로, 최선을 다한 것입니다. 마시고 싶다는 욕구도 만족되는 동시에 무섭다고 하는 충동도 해결되었다고 할 수 있습니다. 끓여서 세균을 제거하면 무섭다는 충동도 사라지기 때문에 마시고 싶다는 충동은 무엇 하나 유감없이 철저하게 만족되는 것입니다. 만약 그밖에 뭔가 위험한 것이 있다면 그것도 만족되도록 궁리하면 되는 것입니다.

물론 한 번 정도 혼탁한 물을 마주하고 이러한 궁리를 하는 사람도 있겠지만, 몇 번이고 불편함을 느끼며 궁리하는 사람도 있을 것입니다. 이는 개성에 따라 다릅니다. 이렇게 하면 일체의 충동이 모두 만족되는 심적 현상을 일으키게 됩니다. 일체충동개만족(一切衝動皆滿足)은 바로 적극적인 것과 소극적인 것을 포함하는 충동이 모두 만족되도록 궁리해서 도달하는 것이므로, 즉 이렇게 하면 생의 욕구 충족이 성취됩니다. 그런데 철저히 했다고 할 때의 기분은 어떨까요? 이를 '감격'이라고 합니다만, 이를 도덕적으로는 선(善)이라고 부릅니다. 이는 과학적인 것으로부터 맛볼 수 있는 진(眞)이 발현된 것이고, 이를 예술적 방면에서 보면 미(美)를 스스로 체험하게 되는 것입니다. 경영적 방면에서 보면 진정으로 이(利)의 규범이 되고, 구토하게 만들고 질병을 일으키는 일이 없을 뿐만 아니라, 몸을 위하는 상태가 된다면 보건상으로 봐도 진정 건(健)한 몸을 유지할 수 있게 되는 것입니다. 진, 선, 미. 이, 건 등은 모두 일체충동개만족의 순간을 겪게 됩니다. 독창이 문화에 이바지하는 것도 이러한 까닭입니다.

이러한 행을 하는 자가 나오는 것도 강한 동력이 내부에서 주어졌기 때문입니다. 반성과 실천을 거듭해서 몇 번이나 시도해도 철저하지 않으면 멈추지 않는 그런 강한 생의 욕구가 전개됩니다. 그저 물 한 잔 마시고 싶다는 일상의 평범한 일에 의해서도 도덕적인 행동에 도달하게 되는 것입니다. 그렇기 때문에 앞으로 나아가려고 하는 적극적 충동과 물러서려고 하는 소극적 충동의 갈등을 다양하게 궁리해서 양 방향 모두 만족스럽게 행하는 결과가 인생에 가장 가치 있다는 점은 분명합니다. 누구도 이의를 제기할 수 없는 타당성을 갖게 됩니다. 생의 욕구를 철저히 하는 것은 살아있는 인간이라면 누구든 추구하는 바,

즉 당연히 이러해야 하는 것입니다. 만약 소극적 충동의 하나라도 불만족이 되면 폭발하여, 포호빙하(暴虎憑河)⁶⁾의 행동을 하게 되므로 바람직하지 않습니다. 또한 적극적 충동의 하나라도 불만족이 되면 단념하게 되어, 박지약행(薄志弱行)이 되고 맙니다. 이것도 바람직하지 않습니다. 그러므로 일체 충동 중에 하나라도 불만족하게 된다면 바람직한 결과는 나오지 않습니다. 그러므로 무엇이든지 바람직하여 마땅히 그러하여야 하는 것은 일체충동이 모두 만족되는 일체충동개만족뿐인 것입니다. 이렇게 생각하는 것만이 해야 할 최선입니다. 이것이 교육목적론으로 일체충동개만족이 취해야 할 바입니다.

그런데 전술한 대로 종래의 교육은 우선 위험하니까 그만두라고 말해서 박지약행을 장려하고 있습니다. 이를 군대식으로 비유하자면, 군인에게는 격렬한 싸움에 대한 충동이 있습니다. 아침 일찍 일어나 보면 수많은 적이 주위를 포위하고 포탄이 폭우처럼 쏟아지고 있습니다. 아무리 군인이라고 해도 정신을 잃고 무섭다는 충동이 일어날 수 있습니다. 사람이 목석이 아닌 이상 누구나 같을 것입니다. 군인이라고 해도 돌멩이가 아닙니다. 무섭다고 하는 충동이 있을 수 있습니다. 점점 다가오는 적군 때문에 많은 병사가 총을 맞고 쓰러집니다. 이때 총을 맞으면 집에 있는 처자식이 어떻게 될까. 가엽다는 생각이 들 수도 있습니다. 군인이 정말로 완전한 사람으로서 '자아'를 표현하는 독창적인 사람이 되기 위해서는 이러한 여러 가지 적극적 충동도 만족시켜야 하고, 또 여러 가지 소극적 충동도 만족시켜야 합니다. 생의 욕구는 결코 부분이 아닙니다. 일체입니다. 그러므로 어느 쪽이든 버리기 어려워 갈등을 느끼고 어떻게 할 것인지 궁리해서 진정으로 전체가 설 수 있도

---

6) [역자주] 포호빙하(暴虎憑河)는 맨손으로 호랑이를 때려잡고 황하를 걸어서 건넌다는 뜻으로 무모한 용기를 비유적으로 이르는 말이다.

록 해야 합니다.

만약 이 군인이 두려움을 잊고 그저 맹목적으로 전투에 임하면 총알에 맞아 죽게 될 것입니다. 이는 진정한 군인정신이 아니라, 포호빙하인 것입니다. 적의 포대가 무섭다, 방해물이 많으니 무섭다고 말하고 도망쳤다. 이렇게 되면 박지약행의 군인으로, 소극적 충동만 만족시키고 있을 뿐입니다. 모든 것을 만족시킬 수는 없습니다. 적병 수나 포대 수를 아군과 비교하여 결점에 대비하고, 적군의 행동 방향을 탐지해서 이를 경계하려고 하는 적극적 충동을 일으키고, 동시에 소극적 충동을 만족시킬 수 있도록 궁리하는 것이야말로 실제적인 현에 꿈을 궁리하는 것으로, 비로소 그 군인은 싸움에도 이길 수 있을 것입니다. 일체충동개만족은 바로 이러한 것입니다.

일체의 충동을 만족시킨다는 것은 방해물을 제거하여 진정한 삶의 방식을 찾는 것입니다. 이러한 취지에서 교육을 해야 한다고 생각합니다. 일본에서는 과거에 이와 상반되는 경향이 많은 세력을 얻었습니다. 지금도 종래와 마찬가지로 새로운 경향을 억누르려고 하는 분위기가 있습니다. 매우 유감입니다.

칸트(I. Kant: 1724~1804)를 예로 들어보겠습니다. 저는 칸트의 책을 읽지 않았으므로 자세한 것은 모릅니다만, 그가 이렇게 말했다고 합니다. "이성에서 나온 행동이 아니라면 어떠한 행동도 악이다." "마시고 싶다고 하는 감성에서 나온 행동이라면 아무리 좋아도 상식적으로 그것은 악이다." "사람을 사랑한다고 하는 충동에서 사람에게 자선을 베푼다면, 이는 즉 악이다." "감성에서 나온 욕망을 만족시키는 것은 모두 그 결과 여하에 관계없이 좋지 않다." "이성이 명하는 의무를 의무로서 행하는 것에 오로지 선이 있다." 칸트는 이와 같이 엄격하게 말했답니다. 이 말을 했을 때의 칸트의 감성은 제 생각에 적극적 충동입니다. 이성이라고 하는 것이 무엇에 해당하는가 하면 소극적 충동일 것이라고 생각합니다. 칸트는 이성과 감성을 충동이라고 이야기하고 있지는 않지만, 우리는 이 역시 충동이라고 생각합니다.

그가 말한 이성은 감성을 억누르는 힘을 갖고 있는 것 같습니다. 감성이 만약 충동이라면, 그 충동을 억누르는 힘도 충동이어야 하지 않겠습니까? 충동을 억누르는 것은 공허한 과거의 경험지식이 아닙니다. 역시 이것은 힘입니다. 힘으로 억누르지 않으면 안 됩니다. 또한 이성이 적어도 행동의 동력이 된다면, 그 점만으로도 이것은 힘, 즉 충동입니다. 충동 외에 행동의 동력이 되는 것은 없으니까요. 그렇다면 이성이 어떠한 동력인지 생각해 봅시다. 많은 경우에 이성은 마시고 싶다, 먹고 싶다고 생각하는 경우에 이를 안 된다고 하며 반성하게 하는 성질을 갖고 있습니다. 이 점에서 본다면, 이성은 소극적 충동에 지나지 않습니다. 이성과 소극적 충동이 꿈을 통해 반성하는 경향을 가리키는 것이라고 생각합니다. 칸트는 소극적 충동을 키우는 것을 터무니없이 장려했고 적극적 충동을 억누르는 경향은 너무나 컸다고 봐야 합니다. 그렇지 않다면 그가 말한 금욕주의는 성립하지 않습니다. 일체의 금욕주의는 이성주의의 일종으로, 형태를 만들어 하나를 억눌러 다른 것을 키우려고 초조해하는 것입니다.

그런데 18세기에 영국의 알렉산더 포프(Alexander Pope: 1688~1744)라고 하는 시인은 칸트와는 다른 얘기를 했습니다. "사람에게는 두 가지 정신이 있다. 하나는 신(神)의 정신이고, 다른 하나는 악마의 정신이다." 이러한 경향은 거의 전 세계에서 통용되는 사고방식으로, 포프도 이러한 유형에 속합니다. 칸트의 이성과 감성의 대립도 역시 그러합니다. 하지만 포프의 생각은 다릅니다. 인간의 선 즉 악마와 같은 욕심에서 나오는 욕망을 선한 동기로 바꾸는 것은 신성에 의한 것이라고 합니다. 기존의 생각은 변하고 있습니다. 이성을 악마적 욕망을 철저하게 만드는 수단으로 인정하고 있는데, 이는 칸트 등의 주장과는 상당히 다른 완화된 분위기가 엿보입니다. 포프가 말하는 것은 다른 것과 분리되어 홀로 있는 충동이 있다는 지적입니다. 이 충동은 사람들의 머리를 철학적으로 훌륭하게 단련시킵니다. 분별없는 정욕은 사람을 좋아하게 하는 사랑의 근본이 됩니다. 분노는 사람을 분발하게 만듭니다. 탐욕은 사람을 열심히 노력하게 만듭니다. 먹고 마시는 것과 같은 악마의 욕구도, 그것이 이성이라는 수단에 의해 좋아집니다. 따라서 포프는 감성을 크게 인정하고 있다는 점에서 칸트와는 다릅니다.

불교, 유교 모두 칸트와 유사합니다. 유교의 주장에는 칸트와 유사한 점이 있습니다. 칸트가 말한 의지의 격률(格律)과 자연법칙의 대조는 공자가 말한 마음 가는 대로 하는 것[소욕(所欲)]과 법도[구(矩)]의 대조와 유사한 것도 그 하나입니다. 여러분이『중용(中庸)』을 읽어보셨으면 알 것입니다. 언제나 사례로 드는 것이지만, 주자(朱子: 1130~1200)는 "인심(人心)은 위태롭고, 도심(道心)은 미약하다." 이렇게 서문에 적었습니다. 인심과 도심을 내세운 것은 적극적 충동, 소극적 충동에 해당한다고 생각합니다. '위태로운 인심'이라는 것은 러셀이 말한 것과 같이 갖고 싶어 싸우는 욕망, 즉 적극적 충동입니다. 이는 위험한 요소가 있습니다. 반대로 소극적인 두렵고 무섭고 부끄러운 것 등을 말하는 충동은 도심에 해당합니다. 사람을 반성하게 합니다. 이러한 도심은 미약한 것입니다. 그렇기에 주자 등이 참된 정신은 미약한 도심을 배양하여 위태로운 인심을 억제하도록 올바로 가르치는 것이라고 한 점에서, 칸트와 완전히 일치합니다. 결국 이는 주자학의 사고입니다.

그런데 주자에 반대하여 왕양명이라는 독창적인 인물이 등장하였습니다. "어찌 마음에 인심과 도심의 구별이 있겠는가. 같은 하나의 마음이다." 이렇게 선언하였습니다. 그리고 불철저하게 끝나면 악이 되고, 철저하게 하면 선이 된다고 주장했습니다. 즉, "하나이기는 하지만 미혹되면 악이 되고, 깨달으면 선이 된다."는 이야기입니다. 이러한 견해는

재미있습니다. 그것이 주자학의 사고방식과는 다른 점입니다. 그러나
이 왕양명의 생각은 일본에서는 그다지 환영받지 못했습니다. 일본에서
는 에도 막부의 보호정책으로 주자학이 세력을 얻었습니다. 주자학은
미리 선악을 생각해서 이것이 좋다, 이것은 나쁘다고 결정하여 가르치
는 형태의 교육, 즉 관학 사상이었습니다. 그런데 이러한 교육 방식에
반하는 방법이 왕양명학파에도, 그리고 일본에서도 점차 나타났습니다.
　서양과 중국 모두에 있는 이러한 이성, 도심, 신성 등의 숭배가 일본에
서는 어떠했을까요? 겐로쿠 시대(元綠時代: 1688~1704)에 조루리(淨瑠
璃)7)처럼 세속적인 사상에 연관되어 의리(義理)를 중시하고, 인정(人情)
을 가볍게 여기는 분위기가 생겨났습니다. 인정은 먹고 싶다거나 마시고
싶다는 등의 적극적 충동이고, 의리는 사양하려는 것, 즉 소극적 충동입
니다. 이러한 갈등 상황 속에서 유교나 불교 전통의 의리만을 강조하여
인정을 가볍게 여겨도 좋다는 사고방식에 반대하는 새로운 경향이 생겨
나면서 인정도 버리기 어렵다고 생각하게 되었습니다. 이것이 바로 겐로
쿠 시대의 조루리 사상으로, 국민사상이 조루리로부터 나왔음을 무시할
수 없습니다. 지카마쓰 몬자에몬(近松門左衛門: 1653~1724)의 극예술이
인기리에 시대적 대(大) 이슈가 된 것은 바로 이 점 때문입니다. 그는 노
르웨이의 입센(Henrik. J. Ibsen: 1828~1906)과 함께 문제극 작가입니
다. 그는 의리와 인정의 갈등을 잘 그려냈고, 그 속에서 문제를 제기했습
니다. 물론 그가 그린 극작품은 권선징악이 주된 내용으로, 입센과 같이
문제가 해결되지 않은 채 이야기를 마친 것은 아닙니다. 그러나 지카마쓰
의 작품은 한 막 한 막 안에 무한한 문제가 들어있습니다.
　어떤 조루리든 당시의 관객에게(청자에게도) 매우 공감을 일으켜 각

---

7) [역자주] 일본 근세 초기에 성립된 음곡으로, 특히 인형을 무대에 등장시켜
　극을 구성한 인형조루리를 말한다.

자 스스로가 의리와 인정에 갈등하는 것처럼 느끼게 했습니다. 사회극
으로서 위대한 저서는 많다고 생각합니다만, 그 문제에 왜 인간의 마
음이 갈등하는가 하면, 문제 상황이 생의 가장 빛나는 때이기 때문입
니다. 즉 의리만이 가치 있는 것도 아니고 인정만이 가치 있는 것도 아
닙니다. 양쪽 모두 길러주어야 합니다. 한쪽을 억제해도 좋다고 한다면
갈등은 생기지 않습니다. 일체의 충동을 모두 만족시키고 싶으니까 갈
등이 생기는 것입니다. 참인간으로서의 견해에 의하면 생활이라는 것
은 의리와 인정의 갈등이 정점을 이룬 곳입니다. 즉, 조루리 사상은 재
래의 소극적 사상에 반항하려 한 것입니다. 센다이하기(千代萩)8)의 마
사오카(政岡)9)는 충의(忠義)의 권화(勸化)로 일컬어집니다. 극중 인물
마사오카는 독(毒)이라는 것을 알면서도 자신의 자식인 센마쓰(千松)
에게 마시라고 말했습니다. 이는 주군인 쓰루 지요(鶴千代)의 생명을
구하기 위하여 희생하는 것이 충의라고 굳건히 가르친 것입니다. 매우
참담한 무대 장면에서는 이 가련한 센마쓰의 목숨을 빼앗고 맙니다.
그의 죽음 후에 마사오카는 매우 슬퍼했습니다. 지금까지 의리라든가
명예, 허영, 물욕 등의 편협한 마음에 사로잡혀 있던 그는 자식의 죽음
을 눈앞에 두고서야 비로소 본심으로 되돌아옵니다. 그때 그는 솔직한
고백으로 이렇게 말합니다. "…노래 속의 센마쓰는 2~3년 기다리면
돌아오지 못할 것도 없겠지만, 내 자식 센마쓰는 천 년, 만 년을 기다
려도 돌아오지 못한다. 삼천세계에 자식을 가진 부모의 마음은 모두
하나. 사랑스러운 아이에게 독을 먹지 말라는 것 외에 무엇이 있으랴.
독인 줄 알고 먹고 죽으라, 죽으라고 독촉하는 비정한 부모가 참으로
이 세상에 있겠는가. 무사의 집안에서 태어났으니 인과응보(因果應報)

---

8) [역자주] 무대예술인 가부키(歌舞伎) 극의 하나.
9) [역자주] '센다이하기'의 극중인물.

인가. 가련하구나. 죽음으로 충의를 지킨다는 것은 언제부터 생긴 관습이더냐." 이렇게 제정신을 잃고 참된 '자아'를 피눈물로 탄식하였습니다. 이는 참으로 솔직한 고백입니다. 지금까지 인습에 사로잡혀 주군을 위해서라고 하지만 자신에게는 의미도 없이 죽은 것입니다. 모든 것의 수단이 도덕이라는 관념에 사로잡혀 있었건만... 살신(殺身)이라는 충의는 어느 시대부터 시작된 것일까 탄식하며 슬퍼하는 것은 온전히 인정의 가치를 자각한 것을 보여줍니다. 인정도 중시해야 한다는 욕구를 내심 부르짖고 있는 새로운 인간의 출현이라고 할 수 있습니다.

그 당시의 사람들은 겐로쿠 문화를 통해 사람으로 태어나 어렴풋하지만 '자아'를 발견해가는 일체충동개만족이라는 것을 기대했습니다. 우리들은 이것을 간과해서는 안 됩니다. 왜냐하면 조루리가 보여주고 있는 사상에 확실히 이러한 새로운 욕구가 보이기 때문입니다. 여기에 이르러 돌이켜보고 조금 더 넓은 의미에서 국민도덕의 방향을 생각해 보고자 합니다.

이러한 고찰은 세상에 다소의 문제를 야기한 바 있습니다. 오늘 저녁에 이것을 여러분 앞에서 고백하는 것이 저의 진면목을 나타내는 태도이자 의무라고 생각합니다. 이러한 연구는 귀족원 일부의 문제가 되고, 이로 인해 현(縣) 당국의 압박을 받게 되었습니다. 여러분의 현명한 판단을 기대하는 것이 제 연구이므로 충분히 비판해주시기 바랍니다. 저는 마사쓰라(正行)¹⁰⁾의 죽음과 오소메·히사마쓰(お染·久松)¹¹⁾의 죽음을 비교하여 도덕교육의 측면에서 생각해 본 적이 있습니다. 저는 이것을 일체충동개만족의 관점에서 살펴보지 않으면 도저히 해결

---

10) [역자주] 일본 남북조시대의 무장인 구스노키 마사쓰라(楠木正行: 1326?~1348)를 가리킴.
11) [역자주] 오소메와 히사마쓰는 조루리나 가부키에 등장하는 두 남녀로 1710년에 일어난 동반자살 사건의 실제 인물이다.

150

할 수 없다고 느꼈습니다. 좋아하는 것을 해도 좋지만 철저해야 한다는 것이 진정한 도덕교육으로, 이러한 입장에서 살펴보면 삶의 갈등을 문제로 삼고, 그럼으로써 이상의 문제를 풀 수 있다고 생각합니다.

제가 나라(奈良)에 살았을 때, …… 오사카(大阪)로 여행을 간 적이 있습니다. 오사카 전기철도를 타고 서쪽 녹지로 접근하여 곤고산(金剛山)을 관통하는 터널을 빠져나와 막 산맥을 넘어선 곳에 구사카(日下) 정류장이 있습니다. 거기서 내려 곤고산맥 서쪽 평원의 고야가도(高野街道)를 따라 북으로 올라가면 약간 높은 언덕이 오른쪽에 보입니다. 거기에 노자키관음당(野崎觀音堂)이 있습니다. 저는 석단을 올라 참배를 하였습니다. 언덕 밑으로 노자키 마을이 있는데, 관음당에 참배하고 더 안쪽으로 들어가면 넓게 펼쳐진 자연 속에 무덤 하나가 있습니다. 누구의 무덤인지 궁금하여 가까이 가보니, '오소메·히사마쓰의 무덤'이라고 적혀 있었습니다. 때마침 그곳에서 만난 젊은 남녀가 향화(香華)를 올렸는지, 아름다운 꽃이 헌화되어 있었고 향도 아직 꺼지지 않은 상태였습니다.

이전의 것들도 많이 남아있었습니다. "오소메·히사마쓰는 히사마쓰(久松)라고 하는 남자를 오소메(お染)가 좋아하다가 같이 정사(情死)했는데, 그들이 죽은 후 후대에 인정에만 이끌려 의리를 버리고 죽은 남자"의 이야기로 전해 내려오고 있습니다. 그러나 오늘날에 이르기까지 사람들이 끊임없이 참배하며 향화를 바치고 있습니다. 설마 간사이(関西) 지역 사람들 모두가 양심이 없는 것은 아닐 터이기에, 두 사람이 악인(惡人)이라면 이처럼 멀리까지 와서 참배하지는 않았을 것이고, 동경(憧憬)하며 향화를 바치는 일 또한 없었을 것입니다. 이와 같이 향화가 끊이지 않는 것을 보면, 뭔가 사람들의 마음을 지배하는 무언가가…… 진짜 인간다운 바람직한 것을 감격적으로 얻은 것이 틀림없습니다. 저는 오랫동안 무덤 주변을 돌며 그곳을 떠날 수 없었습니다. 하나의 인생 문제에 봉착한 것입니다. 봄날 한가한 오후 우연히 산책에서 만난 이 문제가 제 운명조차 좌우할 것이라는 사실을 그때는 어찌 알았겠습니까? 기회는 우연입니다.

너무 오래 있기도 뭐해서 그곳을 떠나 석단을 내려왔습니다. 그리고 고야가도를 반 정도 더 가니 저편에 산신을 모시는 신당이 보였습니다. 규모도 크고 윤환(輪煥)의 아름다움을 잘 보여주고 있습니다. 이는 말할 것도 없이 시조나와테(四条畷) 신사입니다. 남조(南朝)의 세력이 번성하지 못하여 젊은 무인(武人)의 혼은 여기에 모셔졌습니다. 그는 관폐(官弊)에 연루되었지만, 그 공적은 삼척동자도 알고 있습니다. 구비문학과 전설로 전해지며 교육의 역사는 그의 이름을 찬란히 천 년에 걸쳐 기록해 왔습니다. 그러나 이 훌륭한 남자도 역시 젊은 시절 요절하였습니다. 세상에 전하는 바에 의하면 마사쓰라(正行)는 의리를 위하여 인정을 버리고 죽은 사람으로 전해지고 있습니다.

이제 앞서 살펴본 문제의 인물 히사마쓰와 지금 눈앞에서 주의를 끌고있는 인물인 마사쓰라를 비교해 봅시다. 속세에 전해지는 바에 의하면 히사마쓰는 인정을 위해 의를 버린 사람이고, 마사쓰라는 의를 위해 인정을 버린 인물로, 완전히 반대의 심적(心的) 현상을 보여주고 있다고 누구나 생각할 것입니다. 마사쓰라의 죽음이 옳다고 하는 것은 만인이 인정하는 한 점 의혹 없는 사실로, 저 역시 조금도 반대하지 않습니다. 그야말로 좋은 사람입니다. 다만 이 사람을 좋다고 하면 반대 성향의 히사마쓰는 강악비도(强惡非道)한 사람이 될 것입니다. 그러나 단지 악인이라고 일컬어지는 자가 이렇게까지 사람들의 마음을 지배하고 긴 세월동안 향화(香華)가 끊이지 않는 것은 왜일까요? 그러한 일은 있을 수 없습니다. 히사마쓰의 죽음이 선이 아니라면 누가 동정하겠습니까. 여기에서 이른바 종래의 한쪽을 억눌러서 다른 한쪽을 높이는 선악의 이분법적 방식으로, 즉 하나의 표준에 의거해서는 완전히 설명할 수 없는 현상을 알 수 있습니다. 이것을 저는 일체충동개만족이라고 하는 일종의 학설(혹은 억설)을 통해 해결하고자 합니다.

먼저 그 설명을 마사쓰라의 입장에서 해보겠습니다. 마사쓰라는 남조를 호위한 인물입니다. 여기저기서 요란한 소리가 들립니다. 가마 속에 있는 여자는 도적떼들에게 무참하게 잡혀갈 위기에 처해 있습니다. 마사쓰라가 구한 여자는 히노 도시모토(日野俊基)[12]의 딸, 변내시(辨內侍)라고 하는 궁녀였습니다. 용모와 재능 모두 매우 뛰어났습니다. 이 일로 그녀는 마사쓰라를 사모하게 되었습니다. 마사쓰라도 점차 그녀에게 관심을 갖게 되었고, 마음속에는 절대로 끊어지지 않는 인연이 운명처럼 이어지고 있는 것을 느끼게 되었습니다. 그런데 그녀를 빼앗긴 도적들은 교토로 도망쳐서 고노 모로나오(高師直)[13]에게 보고하였습니다. 크게 화가 난 고노는 일족에게 명하여 6만의 병사를 소집해서 요시노(吉野)의 남군을 전멸시키고 행궁(行宮)을 정복할 결심을 하였습니다. 그때 곤고산맥의 서쪽으로, 앞에서 말씀드렸던 고야가도가 보였습니다. 여기서부터 많은 병사들이 남군을 압박하려고 한 것입니다. 보고를 접한 마사쓰라는 무사의 몸으로 태어난 이상 전투에 나가 싸우려는 강한 충동을 느끼게 됩니다. 그러나 생각해 보면 적병은 6만 명이고, 마사쓰라의 군사는 다 합쳐야 2천에 불과하였습니다. 쇠약해진 몸으로 언제 쓰러질지 모르는 불효의 자식, 불충의 신하가 되어 죽을지도 모릅니다. 이제 죽음을 각오하지 않을 수 없기에 여의륜당(如意輪堂)[14]에 참배하고 선제(先帝)의 영령에 기도하며 노래 한 수를 읊으며 비장하게 죽음을 결심하였습니다. 그때 마사쓰라가 왕을 뵙고자 입궁하니, 매우 수려한 모습으로 말씀하시기를, "짐은 너를 수족과 같은

12) [역자주] 가마쿠라(鎌倉) 시대의 귀족
13) [역자주] 일본 남북조 시대 북조의 무장
14) [역자주] 교토의 절인 다이고지(醍醐寺) 안에 있는 본당

신하로 의지하고 있다. 너는 남조의 기둥이다. 결코 무리하게 싸우려다 죽지 말거라. 무사히 개선하라. 개선하여 돌아와서 변내시와 행복하게 가정을 꾸려라" 하고 당부하였습니다. 이에 마사쓰라는 감격의 눈물로 목이 메여 할 말을 잃었습니다.

그러나 결사의 각오를 한 그는 생환을 기약할 수 없었습니다. "속세에 오래 있을 수도 없을 것 같은데, 어찌 임시로 부부의 인연을 맺겠습니까?" 하는 노래를 읊으며 속세에서의 육체적 결혼을 포기하고, 시조나와테에 진을 쳤습니다. 그의 죽음을 각오한 행동은 이렇게 하여 수많은 번뇌와 노력, 자중을 통해 구성된 것입니다. 그의 행동을 보고 사람들은 그가 변내시와 결혼하고 싶다는 인정을 버리고 그저 주군에게 충성하는 의리를 위해 오로지 맹진한 것이 매우 훌륭하다고 찬탄했습니다. 이러한 피상적인 관찰은 어떨까요? 저는 이런 고찰은 잘못된 것이라고 생각합니다. 오로지 정해진 한 길을 달리는 것도 가치가 없는 것은 아니겠지만, 보다 풍부한 내용이 있는 삶의 표현이야말로 더 가치가 있는 것입니다. 내면적인 갈등의 강약은 가치와 중대한 관계가 있습니다. 불가(佛家)에서처럼 사랑이라는 것을 가볍게 볼 필요는 없습니다. 사랑도 중요하고, 의리도 중요합니다.

철저하게 인도하는 것은 적극적·소극적 갈등의 힘입니다. 이러한 동력에서 사람들은 철저한 행동을 하게 됩니다. '자아'를 발휘할 수 있는 것은 일체 충동이 전부 만족되어야 합니다. 현실로 치닫는 충동과 꿈으로 치닫는 충동이 모두 만족되게 행동해야 합니다. 그녀는 시조나와테에서 그가 전사했다는 보고를 접하고, 슬퍼하며 속세의 인연을 끊고 불문에 귀의하여 젊은 남자의 보리(菩提)[15]를 기원하는 것으로 여

---

15) 산스크리트어 'Bodhi'의 한자 음역어. 불교 최고의 이상인 불타정각(佛陀正覺)의 지혜.

생을 바친 것을 보아도, 마사쓰라는 그녀를 버린 것이 아니었습니다. 다만 결혼을 포기한 것입니다. 참으로 사랑하고 있기 때문에 내세까지도 변함없는 마음으로 다음 생에서 부부의 인연을 기약한 것이고, 다만 현세의 일시적인 부부의 인연을 버렸을 뿐입니다. 인정도 알고, 의리도 알았다고 볼 수 있습니다. 마사쓰라를 진정한 인간으로 이해하고, 활기 넘치는 번뇌의 사람으로 보고자 합니다. 결코 고목나무나 차가운 바위와 같은 빈약한 삶을 살았던 사람이라고 생각하고 싶지 않습니다. 선(善)이란 참된 인간의 감격이기 때문입니다.

　이제 입장을 바꾸어 인정을 중시한 사람으로 히사마쓰는 어떠했는지 생각해 보고자 합니다. 무릇 인간의 미세한 변화를 자신의 내면에 오래토록 갖고 살아가는 사람은 뭔가 특별한 성격의 사람입니다. 그 뛰어난 성격은 극(劇)이나 시(詩)에서 한층 순화됩니다. 그러므로 극이나 시는 역사보다도 진실합니다. 백년이 지나도 여전히 사람들이 좋아하며 향과 꽃이 이어지고 있는 히사마쓰에게 우리는 종교적 속죄(贖罪)의 독창적인 선(善)을 볼 수 있습니다. 저는 결코 오소메와 히사마쓰가 스스로 선택한 흉악한 자살에 대해서는 변호할 생각이 없습니다. 그러나 악에 대한 히사마쓰의 건전한 태도는 살펴볼 필요가 있습니다. 또한 저는 악에 대하여 분투한 사람을 장려하려고 합니다만, 그것은 히사마쓰와 같이 정사(情死)한 경우에만 한정되는 것은 아닙니다. 그 외에도 수많은 경우가 있고, 정사 중에도 분명히 좋지 않은 것도 있습니다. 교육상 벌(罰)이라고 하는 것과 이것은 매우 깊은 관계가 있으므로 잘 생각해 보시기 바랍니다. 대체로 잘못한 행위를 벌할 때에는 스스로 뉘우치고 반성하도록 해야 합니다. 뉘우쳐서 고치지 않으면 언제까지라도 악에 빠져있는 것입니다. 그러므로 뉘우치고 고치는 것이 필요하지만, 그것도 스스로의 마음에서 우러나오지 않으면 의미가 없습니다. 악과 거짓, 추함, 오독(汚瀆), 해로움과 약함을 감연히 혐오하는 태도가 죄 지은 사람의 상태입니다. 이제까지 이러한 방법을 취해 왔습니다. 일체의 수단을 포기함으로써 이루어지는 것입니다. 아무리 노력하고, 번뇌하고, 자중해도 사이다를 만들 수 없을 때에는 인간은 과감히 이제까지의 얼음사탕, 레몬 등을 던져버려야 합니다. 그렇지만 이것은 충동을 만족시키는 정면의 방법이 아니라, 이면으로 돌아 들어가는 길이라고 할 수 있습니다.

히사마쓰는 노자키 마을에서 양부모를 모시고 살았습니다. 이 양부모는 오히카리(お光)라고 하는 딸아이를 양녀로 삼아 히사마쓰와 결혼시키기로 약속하였음에도 불구하고, 히사마쓰는 오사카 기름집의 지배인으로 들어가서 중요한 일을 하다가 그만 기름집 딸과 사랑에 빠지게 되었습니다. 그런데 그를 시기한 자가 있어, 결국은 그를 타락시켜 기름집에서 쫓아냈습니다. 갈 곳이 없어진 히사마쓰는 괴로운 마음에 고향 마을인 노자키 마을로 돌아옵니다. 양부모는 그가 돌아온 것을 다행으로 여기며, 결혼을 약속한 오히카리와 결혼시키려고 하였습니다. 그런데 히사마쓰를 사모해 온 기름집 딸 오소메는 "저와 결혼해주세요" 하며 그에게 애원했습니다. 거지가 되더라도 힘들게 베를 짜는 한이 있어도 좋다고 매달렸습니다. 히사마쓰는 의리를 지켜 오히카리와 결혼을 할 것인지, 아니면 인정에 따라 버리기 어려운 오소메와 결혼할 것인지, 해결하기 어려운 여러 가지 충동을 어찌하지 못하고 갈등의 피눈물을 흘렸습니다. 매우 번뇌하며 뭔가 좋은 방법이 없을지 궁리해 보았지만, 묘안이 떠오르지 않았습니다. 몇 번이나 시도하였지만 모두 실패로 끝나고 번뇌를 없애는 것에 대한 어떠한 해결책도 찾지 못했습니다. 아무리 노력해도 여전히 문제가 해결되지 못한 것입니다.

한편 자중하여 깨달은 것은 "아아! 나는 나쁜 사람이다"고 하는 회한의 감정뿐이었습니다. 마침내 그는 이러한 회한의 감정에 이끌린 나머지, 아까운 청춘의 목숨으로 이제까지 시도한 모든 수단과 죄악을 사죄하고자 심연 앞에 섰습니다. 우유부단한 남자는 이제 어디에도 없습니다. 저는 이러한 회한 때문에 죽음을 결심한 히사마쓰를 기특하고 남자답다고 생각합니다. 보통사람이라면 도망치고 숨어서 대충 넘어가려 했음에 틀림없습니다. 자신의 잘못을 잘못으로 여기지 않고 살아남으려 했을 것입니다. 그렇지만 히사마쓰는 정직하고 지극히 성실한 남자였기에 스스로를 속이지 못한채 염치없이 살아가는 것을 떳떳하게 여기지 않았습니다. 그가 박지약행과 포호빙하의 불철저함 사이에서 백년의 수명을 유지하였더라면, 그의 무덤 흙이 채 마르기도 전에 세상 사람들로부터 잊혀질 수도 있었겠지만 후세에 오래토록 여전히 사람들에게 잊혀지지 않고 사랑을 받는 것은 전적으로 자기 스스로 죄인임을 깨달았기 때문입니다. 죄를 후회하고 고치려는…… 회한의 정(情)에 이끌려 과거의 모든 수단을 내버린 미련 없는 무사적 기백을 사람들이 칭찬하는 것이라고 생각합니다. 참회할 때에 모든 사람은 죄를 자각하며, 자신의 죄를 자각할 때에 그 사람은 일전(一轉)하여 선하게 되는 것입니다. 히사마쓰는 죄를 자각하였습니다. 따라서 그의 죽음은 선(善)이라고 하지 않을 수 없습니다.

선이라고 하는 것은 일체충동의 모든 만족이지만, 그 내용은 천차만별의 개성적인 것이고, 내면적으로는 절대적인 것입니다. 객관적으로 많은 사람들의 찬성 반대에 따라 결정되는 것이 아닙니다. 마사쓰라의 선은 마사쓰라다운 독창적인 것이고, 히라마쓰의 선도 그 나름의 독창적인 것이기에, 형식적으로는 모두 삶의 철저함으로 동등한 가치를 갖고 있습니다. 그렇기에 부자의 만 개의 등불은 가난한 자의 하나의 등불에 미치지 못합니다. 왜냐하면 전자는 불철저하기에 만약 객관적인 효과만을 본다면 후자에는 비할 바가 아닙니다.

이상의 사례에서 저는 제가 말하는 원리를 일부 도덕 방면에서 활용하였습니다. 일본의 신도(神道)인 정교(正敎)는 먹고 마시고 노는 순박하고 소박한 취미를, 무엇이라도 하고 싶은 것을 해도 되는 것으로 허용하고 있습니다. 그러나 유교나 불교, 기독교가 점차 이러한 신도의 고유한 사상을 압박하며 오늘날에 이르렀습니다. 그것을 되돌리려고 하는 점에서 히라타신도(平田神道) 등도 생겨났습니다만, 한편으로는 평민문학으로서의 조루리사상…… 겐로쿠 시대의 사상을 다시 음미하게 되었다고 생각합니다.

요컨대, 적어도 좋아하는 것을 철저하게 하는 것은 그것이 일어난 충동에 관련된 방해를 연구하고 개조하고 이용해서 높은 곳에 도달하는 것을 발판으로 삼아, 이제까지 방해되는 성질을 완전히 제거하는 것이 일체충동개만족의 선(善), 즉 독창이 되는 것입니다. 이를 어린 아이들에게 장려하고 싶습니다. 그렇지만 이는 지금까지 말씀드린 이유에서 아이 스스로 생각하고 문제를 발견하고 해결하도록 하지 않으면 안 됩니다. 방해물은 모순 덩어리, 반대의 혼란입니다. 그렇기에 정(正)과 반(反)의 양 방면에서 만족시키는 조건을 세우지 않으면 안 됩니다. 이 조건을 충족시킴으로써 모든 것을 망라하는 높은 곳에 오르게 되고, 비로소 사람은 일체만족하게 됩니다. 오늘 여기에 와계신 이리자와 무네도시(入澤宗壽: 1885~1945) 선생님 등이 주창하고 있는 미국에서 유행하는 프로젝트 메소드(project method: 구안법) 교육방법 등도 전적으로 이러한 궁리하기, 계획·독창을 위하여 오늘날 당연히 행해야 하는 것이 되었습니다.

그런데 프로젝트 메소드 등에서도 그다지 생각이 진전되지 않은 것은 자발(自發)의 문제입니다. 방해물에 직면했을 때 아이라면 반드시 누구라도 앞에서 말씀드린 것처럼 적극과 소극의 두 가지 충동이 부딪히게 됩니다. 이처럼 바로 궁리하도록 만들어 하나의 문제를 발견하게 해야 됩니다. 마사쓰라라든가 히사마쓰의 사례를 들어 장황하게 말씀드린 충동의 갈등도, 결국은 아이가 자신이 발견한 문제에 기반하여 궁리하는 동기를 설명한 것입니다. 이번에는 전혀 방법론을 다루지 않았기 때문에, 어떻게 문제를 풀 수 있을지는 교육적으로 말씀드리지 못했습니다. 다만 철저하게 해결하기 바랍니다. 그것이 일체충동개만족이라고 하는 것입니다. 이것이 해결되었을 경우에는 일단 높은 경지에 올라가게 되고, 거기에서 새로운 감격의 맛을 느끼며 삶이 전개된다는 것을 말씀드렸습니다. 저는 이번에는 시간도 한정되어 있어서 이것으로 이야기를 마치고자 합니다만, 이것에 관하여 약간 덧붙여 말씀드릴 것이 있습니다.

어차피 역사란 그 무엇으로도 장래를 규정할 수 없고, 오히려 새롭고 독창을 위해 존재한다는 사실입니다. 이른바 주의(主義)는 이미 있었던 것입니다. 이상주의나 자연주의여야 한다는 식의 비평이 바로 그것입니다. 과거에는 이상주의와 현실주의가 대립해 있었겠죠. 그러나 그중에 무엇이라고 누가 자신의 주장을 결정할 권리가 있겠습니까? 여러분이 취한 창조주의도 단지 이 두 가지 밖에 없는 것 중의 어느 하나, 또는 그 혼동이라고 말하지만, 반드시 그렇지는 않습니다. 오해가 없도록 부언하겠습니다만, 일체충동개만족을 실행하는 데 어떤 방식을 취해야 하는가를 말하는 것은 실제에 있어서는 누구도 예상할 수 없습니다. 일체충동개만족은 그 사람의 독창적 생각에 따라 달라집니다. 외부에서 가져와서 "이것을 해라, 저것을 해라"라고 해서 해결되는 것은 아닙니다. 강을 건너는 데에는 다리를 만들 수도, 배를 건조할 수도, 수영으로 건너갈 수도, 혹은 아직 이제까지 누구도 해본 적이 없는 방법 등 어느 것이나 좋습니다만, 어떠한 방법을 억지로 선택해야 하는 것은 아닙니다. 충동의 욕구를 해소하는 방법을 각자 스스로 찾아내야 합니다. 아직 누구도 해 본적이 없는 것을 발견하는 것이기 때문에 미래를 알 수는 없습니다.

예전에 제대로 해결했던 것이라고 말하는 것은 이상주의 교육으로,

교사가 신처럼 알고 있어서 모두 예정되어 있다는 것인데, 독창 자체는 처음부터 알 수 없는 것입니다. 누구도 알지 못하는 것, 누구도 제거할 수 없는 방해를 없애는 것이야말로 가치가 있다고 생각합니다. 그렇다고 해서 자연주의를 내팽개쳐도 좋다는 의미는 아닙니다. 콜롬부스의 아메리카 대륙의 발견, 뉴턴의 만유인력의 법칙 발견도 창조적인 독창이라고 생각합니다. 철저하게 하면 진(眞)이 되고, 선(善)이 됩니다. 해보지 않으면 풀 수 없습니다. 해보기 전까지는 해결되지 않는 것입니다. '이것이다'라고 말하는 것은 너무 이른 판단입니다. 또한 해보지도 않는 것도 잘못입니다. 충동만족은 실제로 만족하지 않으면 풀리지 않습니다. 스스로의 손으로 이용하고 실험해야 합니다. 창조적 실험, 즉 실험적 창조(experimental creation)가 되어야 합니다.

컵은 유리그릇으로 물을 담아놓는 도구라는 개념을 머릿속에 암기해도 문제는 아동의 궁리로 해결되지는 않았다는 것입니다. 진정으로 납득했다고 말하려면 스스로의 충동을 만족시켜야 합니다. 목이 마르다는 것은 이런 것이며, 컵은 이러한 것이라는 사실을 사용해서 체득하고 컵을 알게 되는 지식이 바로 진리입니다. 진이든 선이든 진정으로 아동의 삶을 그 순간순간마다 만족하게 될 때까지 실행하도록 해야 합니다. 그것을 하지 않고 외부로부터 가르칠 수 있다고 생각하는 것은 인간을 기계적으로 보기 때문입니다. 어떠한 결과가 생겨날지, 그러한 발명·발견을 미리 알고 있거나, 사전에 행하거나 한다면 그것은 발견도 발명도 아닙니다. 예를 들어 교사가 사전에 가르칠 것을 주입했다면, 비록 문제를 제시해줬다고 해도 좋지 않은 방법입니다. 그보다는 새롭고 좋은 문제가 어린이의 내면에서부터 나올 수도 있기 때문에 오히려 사전에 말하는 것이 방해가 됩니다. 스스로 발견하여 스스로 해결하도록 격려하고 장려하는 입장에 서야 합니다.

우리 입장에서 본다면 어른은 이래저래 사로잡혀 있는 것이 많으니다. 가르쳐 주입한 지식이라고 하는 것은 각각이 작동하고 있는 이용력이 큰 힘으로, 충동의 발달·발전을 매우 저해하는 것입니다. 여러분, 어린이는 가정에서 여러 가지 것을 경험합니다. "재를 만지면 손을 씻어야 한다"는 도덕은 어른들이 보는 도덕입니다. 어린이는 뭔가를 만지면서 손을 발달시키고 있다고 하는 어린이의 도덕에서 봐야 합니다. 재를 만지고 노는 것이 비난을 불러올 수도 있습니다. 어른의 도덕에서 보면 차이가 있습니다. 염세문학자인 영국인 문학가 스위프트(J. Swift: 1667~1745)가 『걸리버 여행기』를 썼습니다. 걸리버라는 남자가 어떤 배로 소인국과 대인국, 말의 나라, 일본 등 다양한 나라에 가서 보고 들은 것을 적은 것입니다. 그 남자가 소인국에 가니 자신이 매우 거대하게 된 것처럼 느껴져 소인국의 사람들이 바보같이 보였습니다. 그런데 그렇게 위대하던 자신이 대인국에 가보니 이번에는 자신이 바보처럼 생각되었습니다. 즉, 어른이 훌륭하다고 생각되는 것은 어린이에 견주어서 생각한 것입니다. 상대의 입장이 되어야 진상을 알 수 있습니다. 어린이의 세계를 참된 세계라고 본다면, 어른들이 오히려 선입견에 사로잡힌 것이 많을 것입니다. 어린이의 세계는 어린이가 스스로 만드는 것임을 교사는 승인해 주어야 합니다. 어린이의 입장에서 그러한 도덕관, 판단력을 신장시켜 주고, 결코 교사의 독단으로 이를 파괴하지 않는 소극적 보호가 필요합니다.

컵은 물을 담는 것이라고 어른들은 정의하고 있지만, 물이든 재든, 콩이든 뭔가를 담는다는 행위에는 충동만족의 가치가 있습니다. 생생한 생명의 발랄한 발현이 있습니다. 이처럼 다양한 이용 방법이 있기 때문에 아동은 태어나면서부터 예술가가 되어, 얽매이지 않는 발명·발견가라고 불립니다. 어른처럼 과거의 경험에서 "컵은 물을 담아야 한다", "부젓가락을 사용해야 한다"는 형식을 만들어 자승자박하는 것은 새로운 것으로 전진하는 힘이 없다는 증거입니다. 어떠한 것도 발명·발견을 기대할 수 없습니다. 그렇기 때문에 산만한 어린이의 충동을 존중해야 합니다. 어린이가 갖고 있는 것을 이용한다는 것은 나쁘게 말하면 여러 가지로 시끄럽게 장난을 치는 것으로 보이겠지만, 잘 보면 철저하게 연구를 하는 것으로 사물을 발견하는 계기가 되기도 합니다.

만약 여러분이 여기에 쇠 한 조각이 있다고 하고, 이 쇠는 철도의 레일을 만드는 것이라는 과거의 경험에만 사로잡혀 있다면, 비행기나 잠수함을 만드는 것은 불가능합니다. 안전할지는 모르겠지만, 진보가 없습니다. 어린이답게 확실하게 "마음껏 해 보라"고 권장해야 합니다. 불행하게도 실패할 수 있습니다. 다시 해봐도 또 실패합니다. 그렇지만 마침내 철저히 하여 이를 여러 번 반복하다 보면 나중에 비행기도 되고, 잠수함도 되는 것입니다. 활동적인 충동만족이라고 하는 것은 문화를 향상시키는 태엽입니다. 실패는 일종의 불철저이지만, 악(惡)이라고 여긴 실패가 후회스러운 부분을 고쳐 선(善)이 되는 것처럼, 거짓이라고 하는 실패(오해 또는 곡해)는 스스로 이를 깨달음으로써 진리의 지침이 됩니다.

국운의 발전은 국민 충동력의 통합적 만족에 달려있습니다. 과거의 오래된 경험에 사로잡히지 말고 어린이들이 실제로 좋아하는 대로 철저하게 하도록 하여 진리를 체험하도록 하면 좋겠습니다. 이렇게 할 때에 비로소 모든 충동은 낭비되지 않습니다. '지도'는 도야(陶冶)라고 하는 이름하에 젊은 생명을 가둬 놓았고, '방임'은 자유(自由)라는 이름하에 충동을 물처럼 낭비했습니다. 참된 방법은 상담을 통해 이루어지는 창조주의에 있습니다.

오늘은 날씨가 덥기 때문에 제 이야기는 이것으로 마치고자 합니다. 여러분들의 기탄없는 비평과 질문을 기대합니다.

제5장

創造敎育論

창조교육론

제5장

창조교육론(創造教育論)

이나게 긴시치(稻毛金七: 1887~1946)

강당을 가득 채워주신 여러분과 한자리에서 만나 교육 연구를 하게 된 것은 저에게는 참으로 영광이고 행복한 일입니다. 특히 '한 치 길이의 벌레에도 영혼이 절반'[1]이라는 말이 있듯이, 불초한 제 교육사상의 일각(一角)에 관하여 어쨌든 교육이라는 주의 · 주장을 내걸고서, 언제나 열심인 교육가 여러분들과 대면하게 되었습니다. 현대교육자의 일상적 틀을 벗어났다고 해도 좋을 본 대회에서 제가 평소에 생각하고 믿고 주장해온 교육에 대한 제 자신의 견해를 피력하며 엄정한 비판과 지도를 받을 수 있는 절호의 기회를 갖게 되어, 본 대회의 간부 및 회원 여러분들께 무한한 감사의 뜻을 표하는 바입니다. 본론에 들어가기에 앞서 미리 여러분들에게 한 가지 말씀을 드리고자 합니다. 그것이 무엇인가 하면, 어떤 하나의 주의나 주장, 학설을 이해하고 비판하기 위하여 필요한 것일 뿐만 아니라, 무릇 교육의 주의 · 주장 · 학설을 정

---

1) [역자주] 작고 약한 자에게도 상당한 의지나 근성이 있다는 뜻의 속담으로, 어떤 상대라도 경시해서는 안 된다는 의미이다.

확하게 이해하고 타당한 비평을 하기 위해서도 필요한 것으로, 누구라도 한번 생각해 봐야할 문제에 관한 것입니다. 다시 말해서, '주의'에 대한 이해가 필요하다는 점입니다.

본 대회의 교육 모임이 독자적인 가치를 갖는 까닭은 이 단상에 선 불초한 저를 포함하여 강연자 모두가 명백한 주의, 선명한 주장을 내걸고 있기 때문입니다. 여러분이 본 대회에 기대하는 바도 역시 잡지나 저서 등에 이미 많은 의견이 발표되었음에도 불구하고 오로지 이러한 점이 아닐까 생각합니다. 특히 이번에 저를 하나의 인간으로서 밑에서 위로, 혹은 위아래로, 또는 앞뒤로 살펴보시는 까닭도 혹은 저 이외에 각 강연자를 비교해 보시는 까닭도, 단지 우리의 사상 내용에 관하여 이해하려는 것만이 아니라, 하나의 살아있는 인격으로서, 또 인격의 저 밑바닥으로부터 생성되는 주의·주장·학설을 있는 그대로 이해하기 위한 것이 아닐까 생각됩니다. 따라서 여러분들이 저뿐만 아니라, 다른 강연자 분들을 대하실 때에도 그들의 주의에 관해 올바로 이해하시고, 학술에 관한 명확한 이해를 갖지 못하신다면, 이 모임의 효과는 흐려지게 될 것이라 생각합니다. 본론에 들어가기에 앞서서 우선 이 점을 제 자신이 어떻게 이해하고, 어떠한 신념을 갖고 자신의 사상학설을 구체적으로 펼쳤는지 창조 본위의 교육관, 간단히 말하면 창조교육을 제창하게 된 이유, 즉 제 자신의 사상학설을 제창하는 근거를 먼저 말씀드리고자 합니다.

제가 이해하는 바에 의하면, 사람이 자신의 인생에서 자신 이외의 존재 혹은 인생 이외의 현상과 취향을 달리하는 것에 대한 가장 큰 특색은 그것을 여러 가지로 다양하게 표현할 수 있다는 것입니다. 자각적(自覺的)이라는 말도 꼭 틀렸다고 할 수는 없을 것입니다. 그렇습니다. 제가 믿는 바에 의하면, 인간은 자각적 존재이며 인생은 자각적으로 꾸려가는 것입니다. 가치적 존재라고 하고, 혹은 가치적 현상이라고 하는 것도 전적으로 자각적이라는 것에서 부수적으로 생겨난 특색이라고 믿고 있습니다. 다행히도 저의 이러한 견해가 크게 틀리지 않다면, 이 자각적인 존재인 우리 인간이, 인간 전체를 통해 자각적인 인생을 살아가도록 하기 위하여 다시금 자각적인 방법을 강구하는 현상, 즉 교육은 충분한 의미를 갖고 있는 자각적 현상입니다. 따라서 이를 연구하는 교육학자도 이를 실행하는 실제 교육자들도 모두 투철한 자각을 갖고, 자기에 대하여 또 자기의 직무에 대하여 자기가 맡고 있는 직무의 의의와 가치를 자각해야 합니다.

이처럼 저는 우리들이 교육연구가로서 가치 있는 생활을 살아가기 위해서도, 우리들이 교육실제가로서 의미 있는 생활을 영위하기 위해서도 독자적인 주의를 확립할 필요가 있다고 믿고 있습니다. '주의' 없는 곳에 인생은 없다고 생각합니다. 그렇다면 이른바 '주의'란 무엇일까요? 이 점에 관하여 상세하게 말씀드릴 기회가 없는 것이 유감입니다만, 결론만 말씀드리면 주의란 인격, 생활, 사상, 행동의 통솔원리, 혹은 오늘날의 표현에 의하면 통제원리라고 해도 좋을 것입니다. 그리하여 우리들이 교육 연구자로서 하나의 주의를 표방하는 근거가 여기에 있다고 할 수 있습니다.

그렇다면 다음으로 그 의미에 대해 '주의'가 참된 가치를 가지도록 하는 조건은 무엇일까요? 저는 이 점에 관하여 주관적·객관적이라는 두 가지 측면에서 고찰해 보고자 합니다.

첫째, 주관적[2] 조건부터 설명해 보면, 바로 조금 전에 말씀드린 것처럼 주의는 인격, 생활, 사상, 행동의 통솔원리입니다. 한마디로 인격 그 자체이며, 생활 그 자체입니다. 주의는 인격, 생활, 사상, 행동의 통

---

2) [역자주] 원문에는 '객관적'이라고 되어 있지만, 둘째에서 객관적 조건을 설명하고 있고 문맥상으로도 '주관적'으로 보아야 하기에 수정함.

솔원리이며, 통솔원리는 통솔되는 것에 존재하는(동시에 그것을 초월하는) 것이기 때문에, 주의는 인격·생활의 중심 정수(精髓)라고 할 수 있습니다. 주의를 내세우면서도, 그것에 따르지 않는 것은 자기의 목숨을 바칠 수 없는 주의이기에 참된 주의라고 말하기 어렵습니다. 저는 우리 주변을 돌아볼 때에 수많은 주의들이 제창되지만 정작 참된 주의를 내세우는 사람이 적은 것에 대해 한탄하지 않을 수 없습니다.

주의는 단지 제창하고 받들기만 하거나, 혹은 장난감처럼 희롱하고 노는 것이 아니라, 주의대로 살아가야 하는 것입니다. 이러한 의미에서 주의는 곧 인격의 표명입니다. 주의는 단지 만들어지는 것이 아니라, 살아가야 하는 것입니다. 제 나름의 표현으로 말씀드리면, 주의는 창조되어야 하는 것입니다. 다만 여기에서 창조라고 하는 것은 상상(想像)이 아니라 참된 의미에서의 창조를 의미합니다. 따라서 여러분, 저를 비롯하여 그 밖의 사람들이 주의·주장·학설·사상을 제창하거나 역설이 고조되는 경우에, 그러한 주의를 주장하는 사람과 인격, 그 주의와의 사이에 어느 정도의 필연성이 있는가, 차용한 것은 아닌가, 거짓된 것은 아닌가, 참으로 인격의 원천으로부터 생겨난 주의인가를 명확하게 해야 합니다. 그리하여 저는 교육상의 창조주의를 제창하는 것입니다만, 이 주의와 제 인격·생활과의 사이에는 필연적 관계가 있다고 불초한 저 스스로 믿고 있습니다. 이 점에 관하여 부디 여러분들의 고명한 비판을 바라마지 않습니다.

둘째, 이른바 객관적 조건입니다. 개인생활에서 주의는 한 개인을 홀륭하게 하는 것입니다. 즉, 주의를 마음에 품고 있는 사람, 주장하는 사람의 인격·생활의 통솔원리가 된다면 그것으로 좋습니다. 그러나 교육 혹은 객관적인 생활, 즉 윤리·사회·정치·철학 혹은 문예처럼 주의의 봉지자(捧持者)·제창자만의 인격, 혹은 생활 혹은 사상 행동을 규율할뿐만 아니라, 자기 이외의 단체나 사회, 국가, 세계와 같이 객관적 세계를 통솔하는 데 필요한 원리라고 한다면, 단순히 주의의 봉지자·제창자의 인격을 통솔하는 것이라고 설명하는 것만으로는 매우 부족하다고 생각합니다.

그렇다면 이른바 객관적 조건이란 무엇일까요? 바로 통솔되는 대상의 전체를 근저(根柢)에서 통솔하는 것을 말합니다. 다른 말로 한다면, 교육에서 주의 혹은 교육상의 학설이란, 취급되는 대상 즉 교육 전체를 포괄하고, 전체를 설명하는 것입니다. 제 나름의 표현으로 말씀드리면, 전체를 근저에서 통솔하지 못한다면 주의로서의 가치가 전혀 없다고는 할 수 없겠지만, 상당히 그 가치가 적어진다고 단정해도 좋을 것입니다. 이를 구체적으로 말씀드리면, 교육의 주의 혹은 학설을 주장할 때 단지 교육 방법의 통솔원리라고 하든가, 혹은 수신 교수의 통솔원리라고 하든가, 혹은 체육 그 밖의 어떠한 통솔원리라고 하는 식으로, 교육의 일부 영역만을 통솔하는 원리를 중심으로 교육전체를 통솔하는 외부의 주장을 빌려오는 경우가 있습니다. 이런 경우, 원리나 통솔이라는 개념과 모순이 발생합니다.

불초한 저는 혼자 만든 일종의 교육주의, 즉 창조교육을 제창할 때 이러한 점을 고려하였습니다만, 주관적 진리가 반드시 객관적 진리가 되는 것은 아니기에, 제 생각에는 이것이 과연 타당한 것인지 아닌지의 여부를 판단할 수 없었습니다. 세상에는 혼자 만족해하는 무리들이 적지 않으며, 과대망상적인 인간도 상당히 많습니다. 오늘 제가 여기에 서게 된 한 가지 이유는 제가 필요하다고 믿는 이 조건에 저의 교육주의, 즉 창조교육이 적확하게 합치하고 있는지에 대해 총명하고 열성적인 여러분들의 엄정한 판단을 구하기 위함입니다. 이러한 각오, 이러한 이해, 이러한 태도에서 저는 감히 세상을 향해 창조교육을 제창합니다. ― 이제 드디어 본론에 첫 걸음을 들여놓게 되었습니다.

그렇다면 제가 말하고자 하는 창조교육 나름의 특색은 과연 어떠한 것일까요? 오늘날 교육의 주의·주장은 상당히 많이 있습니다. 호기심 많은 누군가가 오늘날 교육학설을 연구해 보니 70-80여 가지나 된다고 합니다. 저는 몇 가지나 되는지 정확히는 알지 못합니다만, 적어도 열손 가락으로 다 헤아릴 수 없다는 점만은 단언할 수 있습니다. 그 정도로 많이 있는 '주의'들 중에서, 특별히 제가 감히 새로운 학설을 세우고, 특히 독자적인 일개 학설로 주장하고 있는 것이 바로 창조교육입니다. 게다가 제가 존경하는 지바 메이키치(千葉命吉)도 표현은 다르지만 저처럼 창조교육을 제창하고 있습니다. 저와 지바가 주장하는 학설의 차이가 무엇인지 알고자 하는 점도 어쩌면 여러분들이 이 모임에 참석하게 된 하나의 특별한 관심사가 아닐까 추단(推斷)하는 무례를 용서해 주시기 바랍니다.

제가 주장하는 창조교육의 특색이 무엇인지, 만약 이것을 천천히 말씀드릴 시간이 있다면 차분하게 말씀드리겠습니다만, 저는 본래 성질이 급한 사람이고, 게다가 시간도 부족합니다. 이에 한마디 설명을 덧붙인다면 교육학에 대한 제 태도는 교육학을 단순히 과학이라고 생각하지 않고, 교육학을 규범적 과학이라고 생각하고 있습니다. (여기에서 구체적으로 충분히 말씀드릴 기회가 없다는 것에 대해 유감으로 생각합니다.) 따라서 교육학은 단지 설명하는 것만으로는 충분하지 않고, 설명하고 또한 규제하는 것이라고 말씀드립니다. 즉 '창조'라고 하는 단 하나의 원리를 갖고 창조 한 가지에만 주목하여 수신이든지, 체육이든지, 재봉이든지, 교육자가 영위(營爲)하는 어떠한 작용이든지, 교육자의 생활이든지, 이 모든 것을 '창조' 한 가지에 의거하여 설명하려고 하는 것입니다. 아울러 이것만으로는 너무 간단하므로 이제 조금 더 구체적으로 말씀드리고자 합니다.

제가 믿는 바에 의하면, 교육이라는 현상 혹은 교육의 전체를 설명하기 위해서는 무릇 세 가지 요소가 필요하다고 봅니다. 이는 학자들에 따라 상당히 의견이 다릅니다. 교육은 앞에서 말씀드린 대로 자각적 활동입니다. 지금까지의 표현에 의하면 유의미하고 구체적인 활동입니다. 따라서 교육이라고 말하는 한 반드시 목적과 이상(理想)이 있어야 한다고 생각합니다. 이것이 교육의 현상을 설명하고 규제하는 첫 번째 조건이 되는 것입니다. 목적과 이상이 만들어내는 개념은 말할 것도 없이 방법과 수단입니다. 따라서 교육의 두 번째 설명 요소는 방법과 수단이어야 합니다. 아울러 이것만으로 논의가 끝나는 것이 아님은 여러분들이 업무를 통해 이미 알고 계실 것으로 생각합니다. 그렇다면 세 번째 요소는 무엇일까요? 교육을 목적적 활동이라고 한다면 목적과 이상을 세워 실행하는 것, 목적을 달성하고 이상을 실현하기 위한 방법과 수단을 강구하는 것이라고 할 수 있습니다. 그것은 무엇일까요? 본래 이를 교육자 및 피교육자, 혹은 주체 또는 객체라는 이름으로 표현해 왔습니다. 저는 이를 제 개인적인 용어법에 따라서 '동력(動力)'이라고 부르고자 합니다. 이 점에서 보면, 교육에 대한 관점을 대략적으로나마 설명하기 위해서 우선 교육의 목적과 이상, 다음으로 교육의 방법과 수단, 그 다음으로 교육의 동력, 이 세 가지 사항에 관하여 어떠한 견해를 갖고 있는지를 말씀드리고자 합니다.

제1조항, 즉 목적과 이상에 관해서 말씀드리면, 저는 교육은 말할 것도 없이 창조라고 해석하고 있습니다. 방법과 수단에 있어서도 앞에서 말한 목적을 달성하는 데 알맞은 것을 선택하는 것을 주안으로 합니다. 그렇다면 목적 달성에 알맞은 방법과 수단은 무엇일까요? 여기에서 제3의 요소인 동력이 관련됩니다. 그런데 제 생각으로는, 동력을 교육자나 피교육자로 구분하는 방식은 (후에 상세하게 말씀드리겠습니다만) 확고하게 규정되어 있는 것이 아닙니다. 교육자와 피교육자라고 하는 입장에서 교육을 생각하는 한, 약간 과장되게 말씀드리면 천년을 기다려도 교육의 명료한 개념은 알 수 없습니다. 저는 교육의 동력이 창조성이라

고 생각합니다. 이 점에 관한 간단한 설명은 후에 덧붙이고자 합니다. 교육의 방법 수단은 창조라고 하는 목적을 달성하기 위한 동력, 즉 창조성을 가장 유효하게 발동시키는 것을 주안점으로 삼게 됩니다.

이렇게 설명하면 제 교육에 대한 관점이 창조에서 출발하고 있지 않은 것처럼 보이는 것은 아닐까 우려되기도 합니다. 즉, 저는 지금 창조와 창조성이라고 하는 것을 말씀드렸는데, 이것을 일원적으로 생각하지 않으면 오류에 빠지기 쉽습니다. 창조와 창조성은 하나입니다. 전자는 목적 또는 결과이며, 후자는 동력 또는 원인입니다. 동력이 있고, 그것이 작용한 결과를 생성하며 그리하여 작용이 되고 결과가 생겨나서 동력의 가치가 나타나게 되는 것입니다. 게다가 목적은 동력의 동력입니다. 이러한 식으로 일원적으로 볼 때에 비로소 '창조'라고 하는 단어를 충분히 설명할 수 있다고 생각합니다.

그렇다면 이른바 창조란 무엇일까요? 이는 상당히 오래된 단어이며 또한 최근에는 매우 …… 뭐라고 해야 할까요 …… 관용적으로 사용되고 있는 말이기도 합니다. 오용되거나 악용되고, 혹은 왜곡되게 사용되는 경우가 있기 때문에 적어도 창조교육을 제창하는 제게는 이에 대하여 나름의 설명을 덧붙일 의무와 책임이 있다고 믿습니다. 조금 까다로운 설명입니다만, 대다수의 청중 여러분들 앞에서 이렇게 설명드리는 것은 여러분들께도 번거로운 일이 될 수도 있지만 논의의 순서상 이 점을 양해해 주시기 바랍니다.

제가 사용하고 있는 '창조'라는 말은 본래 외국어였습니다. 본래 외국어인 말을 제가 나름대로 해석을 덧붙여서 사용하고 있는 것입니다. 물론 '창조'라고 하는 문자는 한자에 있습니다만, 하나의 학술적 용어 내지 사상적인 용어로써 사용되고 있는 창조라는 단어는 본래 외국어의 번역어라고 해도 좋습니다. 따라서 단어의 의미, 즉 언어학적 의미를 먼저 설명하고, 그 후에 논리적 의미를 명확히 하고자 합니다. 언어학적 의미가 곧 논리적 내지 논리학적 의미가 아니라는 것은 이미 여러분들이 알고 계실 것으로 생각합니다. 그런데 다행히 제가 말씀드리는 '창조'라는 단어에는 언어학적 의미와 논리적 의미가 일치하는 경향이 있어서 매우 다행입니다.

그렇다면 창조의 언어학적 의미란 무엇일까요? 이미 아시는 바와 같이 영어로는 'creation'이라고 합니다. 라틴어로는 '크레아쇼'라고 합니다. creation의 어원은 라틴어 creō 입니다. 이는 만드는 것에 상응한다고 사전에 나와 있습니다. 만드는 것이 창조입니다. 창조라는 단어를 보다 구체적으로 사전에서 찾아보면 많은 의미가 있는데, 이를 요약해 보면 2, 3가지 의미가 있습니다. 하나는 무(無)에서 유(有)를 만들어내는 것, 또 하나는 오래된 재료를 사용하여 새로운 것을 만드는 것, 즉 오늘날의 개조에 해당합니다. 첫 번째 의미는 신이 인간을 만들고 삼라만상을 만든, 즉 신이 창조주라고 말할 때처럼 사용되는 경우입니다. 이와 유사한 단어는 천재가 위대한 창조를 하는 경우처럼 진리를 발견한다든가, 위대한 예술적 창작물을 만드는 경우에 해당됩니다. 그리고 또 다른 의미는 여러분과 관계있는 것으로, 소위 서임(敍任)의 의미입니다. 따라서 서임은 본래 창조적이지 않으면 안 됩니다.

그렇다면 다음으로 일본어의 창조는 어떤 의미를 갖고 있을까요? '창(創)'과 '조(造)'의 두 문자로 나누어 검토해 보면, 가장 명확해집니다. 이미 말씀드렸습니다만, 창조의 논리적 내지 논리학적 의미는 언어학적 의미 안에 암시되어 있습니다. 총명하신 여러분들은 다음에 말씀드릴 '창'과 '조'의 어의에서 곧바로 그 의미를 추론해 주셨으면 합니다.

본론으로 들어가서, 창조의 '창'은 곧 작용입니다. 'きづつく(상처주다)', 'かさ(피부병)', 'いたむ(아프다)', 'そこなふ(파손하다)', 'やぶる(깨트리다)', 'こらす(응징하다)'라고도 읽는데, 여러분은 여기서 금방 감지하시겠지만, 한마디로 말하면 '창'은 창조의 반대 의미, 즉 파괴에

해당하는 의미가 있습니다. 그리고 다음의 '조'는 창조의 다른 측면의 의미, 곧 건설에 해당하는 말입니다. 따라서 파괴에 기반한 건설이라고 하는 것이 동양적 창조의 의미라고 추단해도 좋을 것입니다.

이상이 창조라는 단어의 뜻입니다만, 한 걸음 더 나아가 논리적인 해석을 해보고자 합니다. 제가 조금 전에 창조는 파괴에 기반한 건설이라고 말씀드렸습니다. 이것은 상식적인 해석이기 때문에 이것만으로는 충분하지 않습니다. 그렇다면 창조는 어떤 특수한 의미를 갖고 있는 것일까요? 제가 생각하는 바에 따르면 창조라는 단어의 의의를 설명하는 데 가장 적절한 것은 '자유성'입니다. 이 점에 있어서 저는 지바(千葉) 사범학교 부속소학교의 자유교육에 공감하고 경의를 표하는 바입니다. 물론 총명하신 여러분들이 이미 알고 계시는 것처럼, 자유도 수많은 의미를 갖고 있습니다. 제가 말씀드리는 자유란 무엇일까요? 이는 매우 어려운 문제인데, 사실 자유의 본의(本義)는 설명할 수 없다고 해도 무방합니다. 여러분들이 탁월한 문장, 혹은 우수한 예술적 작품, 웅변, 기예 등등의 방면에서 창조라고 할 만한 것을 하셨을 때에 느끼는 상태, 그것이 어쩌면 제가 표현하려는 자유가 아닐까 생각합니다. 창조의 극치는 고등사범학교의 히타 곤이치(日田權一: 1877~1966)도 말한 것처럼 극한 개념입니다. 즉, 자유로운 것은 정의할 수 없습니다. 옛 철인의 가르침처럼 정의(定義, definition)내리는 것은 바로 한정(限定, definitive)하는 것입니다.

자유는 정의할 수 없는 상태이지만, 만약 이를 단어로 말한다면 지금 말한 대로 우리의 모든 생명, 내지 생명의 중심, 베르그송(H. Bergson: 1859~1941)이 말하는 '생명의 약동/창조적 생명력(élan vital)'입니다. 심리학적 용어로 말씀드리면 초자각적이라고 할까요, 제 표현으로는 전아적(全我的) 활동이라고 말할 수도 있는데요, 뭐라고 형언할 수 없는 자신의 신체이면서도 자신의 것이 아닌, 자신의 마음이면서도 자신의 것이 아닌 듯한 내적인 힘이 용솟음쳐 자신도 모르는 사이에 도약해 나오는 결과가 위대한 업적이 되는 것입니다.

비근한 예를 하나 들어보겠습니다. 여러분이 학교에서 직원회 등에 참석하였을 때를 가정해 보십시오. 그러한 때에 직원회에 매우 바보 같은 이야기가 나와 화를 참지 못하고, 평상시에는 좀처럼 입을 열지 않던 사람이 더 이상 참지 못하고 돌연 입을 열어 불을 뿜듯이 열변을 토한 후, 나중에 생각할 때에 "무엇을 말한 거지? 어떻게 그토록 멋진 연설이 가능했지?" 하며 스스로에게 놀라는 것과 같은 상태가 바로 자유가 아닐까요? 천재라고 불리는 사람이 위대한 사업을 할 수 있는 것은 모두 이와 같은 심신의 활동에 의한 것은 아니었을까요? 이른바 영감(靈感: inspiration)입니다. 필연적인 것이 아니면 안 되는, 어떻게도 할 수 없는, 그럼에도 그것에 따르는 것이 자신에게 있어서 무상(無上)의 행복으로 여겨지는 것이 소위 창조의 내적 의의, 즉 자유성이 아닐까요? 그렇지만 이것은 창조라고 하는 것을 하나의 단계로 가정하여 설명한 것입니다.

우리의 생명은 창조적 진화입니다. 우리의 생명은 마르지 않는 강물이 높은 곳에서 낮은 곳으로 흘러가는 것과 같은 상태입니다. 창조라고 말하는 한, 그것은 영속적으로 이어져 흘러가는 것이기 때문에, 한 단계의 창조를 끝내고 담배 한 대를 피우는 상태는 참된 창조가 아닙니다. 창조 자체의 힘으로 부단히 자기 초월을 하는 것, 그것이 자유의 진정한 뜻입니다. 창조의 자유성이라고 말씀드리는 것은 자체의 힘으로, 즉 그 안에 갖고 있는 힘으로 창조를 하고, 그리하여 창조의 결과가 다시금 또 다시 자기를 초월하는 성능(性能)이 되는 것을 말합니다. 윤리학자는 이를 이상의 진보라고 말합니다. 자신의 힘으로 실천하면서 자기를 초월하는, 그러면서도 그 위대한 공적을 세우고도 본인은 적막함을 느낍니다. 불만을 느낍니다. 타인으로부터는 성공이니, 영광이니하는 소리가 들려오지만, 그 자신은 아직 부족하다고 느끼며 부단한 창조적 진화, 부단한 자기 초월의 상태가 되는 것을 저는 창조라고 생각합니다. 창조 안에는 담배 한 대 피우는 여유는 들어 있지 않습니다. 창조생활을 영위하는 사람은 생명이 있는 한, 아니 죽는 순간에도 무한한 영원을 바라며 자신의 전력을 다하고, 사후에도 더욱 영광이 있도록 태도를 취하는 것에 참된 창조의 의의가 있고, 창조생활의 의의가 있다고 생각합니다. 다른 사람의 훼예포폄(毀譽褒貶)이나 단지 일회적인 성공 실패에 따라 불만을 드러내는 인간은 진정한 창조의 의의를 이해하지 못합니다. 그러나 지금 말씀드린 대로 이는 창조의 내적 설명이므로, 단지 이것만으로는 충분하지 않습니다. 이에 저는 두 번째 의미를 설명 드리고자 합니다.

두 번째 의미의 설명에 먼저 나오는 것은 '신(新)'의 문제입니다. 그런데 새롭다고 하는 것은 하나의 상대적인 의미입니다. 창조의 속성으로서 새롭다고 하는 것의 구체적인 의의는 '영원하지만 새로운 것'이어야 합니다. 자유의 본의는 끊임없이 자기를 초월하는 데에 있습니다. 자그마한 성공, 자그마한 창조에 만족하지 않고 영원히 현실을 초월한 곳에 자유의 참된 의미, 창조의 참된 의미가 있음을 거듭 말씀드립니다. 따라서 자유의 한 측면을 형성하는 새로움이라고 하는 것도 잠깐 새롭다든가, 유행에 휩쓸리거나 하는 것처럼 잔박(殘薄)하고 피상적인 것이 아닙니다.

이야기가 약장사처럼 되어 유감입니다만, 제가 경영하고 있는 『창조』라는 잡지의 특별호로 『신인(新人)』, 『신사조(新思潮)』를 특집으로 낸 적이 있었습니다. 그때 사설에 「영원히 새로워라」라는 글을 실었는데, 그 의의는 결국 창조의 본의는 영원하지만 새로운 것이어야 한다는 뜻으로, 제1단의 창조가 제2단의 창조의 원동력이 되고, 그리하여 끊임없이 영원하면서 새롭게 나아가야 한다는 의미입니다. 창조에 이차적인 새로움은 있을 수 없습니다. 창조라고 말하는 한, 찰나적인 것은 말할 것도 없고 영원한 의미에서도 반드시 새로운 것이어야 합니다. 사실 한번 창조된 것도 일정한 시간이 흐르면 새로운 맛이 없어지고, 따라서 창조의 맛이 없어집니다. 그러나 창조의 본질이 높고 내용이 풍부하다면, 공자의 가르침처럼 '온고이지신(溫故而知新)'이 가능합니다. 오늘날 서양문명을 따라서 일본의 문명도 그리스 문명에 힘입은 바 크다고 문명사가들이 말하는 것도 창조의 의의를 잘 설명하는 하나의 사례가 될 것입니다. 즉, 이른바 새로움은 끊임없이 새로움을 유지하고 있을 때만이 창조의 속성이 될 수 있습니다. 2, 3년 정도 지나 사라져 버릴 새로운 학설은 본질적으로 가치가 없는 것임을 저보다도 여러분이 이미 더 잘 알고 계실 것이라고 생각합니다.

창조는 자연현상이 아닙니다. 자연현상에는 진보·발달이 있습니다. 더 분명히 말씀드리자면 자연현상에는 성장이 있습니다. 자연에는 의견이나 이상, 자각의 요소가 없습니다. 즉, 자유 요소가 없다는 뜻입니다. 더구나 우리의 본능생활 혹은 자연생활 등에는 이성이 들어있지 않습니다. 창조라고 하는 한 이는 인간적 현상이어야 합니다. 따라서 인간적 현상이 무엇인지 생각할 때에 창조의 속성이 명백해집니다. 인간적 현상이란 말할 것도 없이 가치적 현상입니다. 오늘날의 철학자는 가치적 자연현상이라는 말을 즐겨 사용합니다만, 가치적 자연현상이나 필연 현상은 가치적 현상이 아닙니다. 이에 반해 인사(人事) 현상은 가치적 현상입니다. 따라서 제가 말하는 창조도 인사 현상이기 때문에 그 진의는 역시 이 가치성이라는 것을 음미해보면 분명하게 알 수 있을 것으로 생각합니다.

그렇다면 이른바 가치성이라는 것은 무엇일까요? 저는 설명의 편의상 가치라는 것을 부분의 의의를 전체에서 보는 설명법으로 생각해보려고 합니다. 즉, 부분과 전체의 관계가 가치입니다. 이는 특히 여러분이 실제적인 상황에서 추정(推定)해 주시기를 바랍니다. 가치현상에는 반드시 주관적·객관적 혹은 개체적·보편적 양면이 있어야 한다고 생각합니다. 따라서 창조의 제2의 속성이 가치성이라고 한다면, 가치성의 일면은 주관적 방면이고, 저는 이를 '독자성'이라고 표현합니다. 창조라고 하는 이상 반드시 개성적이고 오리지널한 것이어야 한다고 생각합니다. 창조된 것 또는 창조를 영위한다고 말해지는 것은 반드시 창조자에게 자신의 독특한 것이라는 자각이 찰나적 내지는 회고적으로 이해되는 것이어야 한다고 생각합니다.

그러나 그 사람에게 새로운 것, 그 사람 한 사람에게 가치 있는 것이 곧바로 완전한 의미의 창조라고 볼 수 있을까요? 이는 윤리학 상으로 주관적 선 또는 심리적 선을 객관적 선 또는 윤리적 선이라고 말하는 것과 마찬가지로 잘못된 추론입니다. 지금 말씀드린 것처럼, 한 개인 내지는 그 사상(事象)이 명백한 개성을 갖춘 것이라면, 즉 제 방식으로 말씀드리면 독자성을 갖추었다면 그것도 하나의 창조로 간주될 수 있습니다. 저는 이것을 '주관적 창조'라고 부릅니다. 소학교 시절의 창조 행위는 대부분 주관적 창조입니다. 아이의 창조는 객관적으로 보면 단지 희귀하다는 것뿐이고, 그 개체가 전체를 나타내는 부분은 적습니다. 전체를 가장 많이 포괄한 부분이 가장 가치 있는 것입니다.

예수 그리스도가 우리 인류 사회에서 가장 위대한 지위를 차지하는 것은 왜일까요? 그가 십자가에 못 박혔을 때 모든 인류의 죄를 혼자서 짊어졌다고 생각되기에 체구는 불과 오척에 지나지 않았지만, 그의 정신 전체는 모든 인류를 더한 것과 같았습니다. 적어도 그가 십자가에 서서 기꺼이 죽음을 맞이한 찰나에는 모든 인류를 자신의 생명 안에 포괄한 것입니다. 거듭 말씀드립니다. 가치 있다고 하는 것은 개체의 형태에 보편적 요소가, 특수의 형태에 일반적인 요소가, 그리고 부분의 형태에 전체를 포괄하는 것으로 나타나는 방식의 정도가, 곧 가치의 많고 적음을 나타냅니다. 보편성이라는 것이 인격 가치의 하나의 표준이 되는 이유는 바로 이 점에 있다고 믿습니다. 따라서 가치성이라는 것 안에는 이 주관적이고 개체적인 것과 대조적인 것, 즉 객관적 혹은 보편적인 방면의 의의를 나타내는 성질이 있어야 합니다. 저는 이것을 '우수성'이라는 이름으로 정의하고 있습니다. 말로는 아직 익숙하지 않은 것 같습니다만, 개체의 형태에 보편, 특수의 형태에 일반, 부분의 형태에 전체를 포괄하는 상태가 우수성입니다. 사상 학문에서도 단지 진귀하다든가, 유별나다든가 하는 것만으로는 창조라고 할 수 없습니다. 그 외에 종래 내지는 오늘날의 사상 학설과 비교해서 사라질 수 없는 특색이 있고, 장점이 갖춰져 있을 때에 비로소 그것은 창조된 것, 내지는 창조라고 부를 만한 가치가 있는 것이라고 생각합니다.

이제까지 말씀드린 것을 요약하면, 창조라는 것은 내면적으로 보면 부단하고 영원히 자유의 길을 걷는 것, 이를 좀 더 정교하게 설명하면, 독자적이고 우수한 것을 새롭게 만들어내는 것, 또는 새롭게 만들어진 독자적이고 우수한 것, 이것이 제가 의미하는 창조입니다. 이것으로 제1단의 결론을 말씀드렸습니다.

그렇다면 제가 이러한 의미의 창조를 어떻게 교육의 전체를 설명하고 규제하는 원리로 삼으려고 하는지 그 내용을 말씀드리겠습니다.

첫 번째로 목적·이상의 측면에서 말씀드리겠습니다. 우선 본론으로 들어가기에 앞서 이렇게 말하면 실례가 되겠지만, 잠깐 여러분에게 반성, 주의를 요청드리고 싶은 사항이 있습니다. 제가 종래의 교육학자에 대하여 불만을 느끼고 있는 것 중의 하나는 학설 내용이나 사상 내용에 관련된 부분이지만, 그에 앞서 저는 교육의 연구방법과 그 방법상에 결점이 있다고 생각합니다. 어떠한 점에 결점이 있는가? 시간이 없기 때문에 간단히 말씀드리겠습니다. 한마디로 말하면 종래의 교육학자가 교육을 연구하거나 또는 교육학설을 조직하는 방법은 교육을 단지 부분으로만 취급하고 있다는 점입니다. 교육이라는 것은 인생의 한 부분입니다. 전체로서의 인생의 한 부분입니다. 단지 교육을 교육현상으로 생각하여, 인접한 윤리현상이나 인접한 사회현상, 즉 인생의 부분적 현상과의 관계를 생각하지 않습니다. 전체로서의 인생에서 어떠한 위치, 어떠한 상태를 차지하고 있는지 하는 점에 대하여 철저한 이해가 없었습니다.

더욱이 학술적으로 말씀드리면 종래의 연구법은 오로지 과학적이기만 하고 철학적이지 못한 점이 제가 유감으로 생각하는 부분입니다. 특히 교육의 목적론, 이상론, 다시 말해서 교육의 규범적 방면으로 여기는 부분에 연구의 결함이 가장 적나라하게 드러나 있다고 생각합니다. 사실 종래 교육학자들의 견해에는 적당히 넘어가는 부분이 매우 많았습니다. 예를 들면, "교육의 목적은 국가에 유용한 인물, 사회에 유용한 인물을 만드는 데 있다" 등의 말을 합니다만, 이들 대부분은 애매한 말에 지나지 않습니다. 우리가 진정으로 교육의 목적 내지 이상을 분명히 하기 위해서는 우리 생활의 근저가 되는 곳의 실재가 적어도 인생이라는 것의 본의나 궁극의 목적, 다시 말해서 인생의 목적이나 이상에서 연역된 것이어야 한다고 생각합니다. 창조교육의 목적 설정 방법은 이러한 의미에서 철학적이고, 이러한 의미에서 연역적이라는 점을 우선 이해해주시길 바랍니다.

그렇다면 지금과 같은 방법에 의해 새롭게 설정되는 교육의 목적은 무엇일까요? 이를 명확히 하기 위하여 지금 한 이야기의 의미에 따라 우선 인생의 목적 내지 이상부터 이야기를 시작하고자 합니다. 아니, 그보다도 먼저 하나 더 말씀드릴 것이 있습니다. 제가 말씀드리는 창조교육에는 두 가지 가정이 있습니다. 조금 전에도 단편적으로 말씀드렸습니다만, 첫 번째는 인생이 창조라는 것이고, 두 번째는 인생이 창조성이라는 것입니다. 첫 번째의 가정은 곧 교육의 목적론, 이상론의 근거가 됩니다. 두 번째의 가정은 곧 교육의 방법론, 수단론의 기초가 됩니다. 첫 번째 내용부터 말씀드리겠습니다.

먼저 역으로 여러분에게 묻겠습니다. 인생은 무엇일까요? 여러분은 무슨 목적으로 이 험한 세상에서 열심히 생활하고 계십니까? 2천 몇 백 명의 여러분에게 모두 대답을 들을 수 없는 것이 유감입니다. 편의상 여러분의 생각은 다음 기회에 듣기로 하고, 지금은 제가 말씀드리겠습니다. 저는 '인생은 창조'라고 단언할 수 밖에 없다고 생각합니다. 단, 조금 전에도 말씀드렸듯이 이는 제 개인적인 신념입니다.

그렇다면 저는 어떠한 근거에서 이러한 신념 혹은 가정을 얻었을까요? 이는 솔직히 말씀드리면 논리적 추론이라기보다 제 개인적인 체현(體現)에서 나온 것입니다. 저는 오랫 동안 인생의 목적, 인생의 의의를 고민했습니다만, 그 결과로 얻은 것은 표면적으로는 극히 평범하고 단순한 것이었습니다. 무엇인가 하면, 두 가지로 표현하겠습니다. 하나는 '나 자신은 유일자'라는 사실입니다. 이것은 매우 간단합니다. 나는 수없이 존재하는 인류, 영원히 존속하는 우주 만물의 모든 것 안에서 무엇으로도 대신할 수 없는 유일하고 독자적인 존재라는 것입니다. 2천 몇 백 명의 여러분, 이곳에는 이렇게 많은 사람들이 있습니다만, 이중에서 똑같은 인간이 있습니까? 역사상 아무리 총명한 수학자라고 해도 계산할 수 없는 무수한 인류가 존재했고, 살고, 죽었습니다. 그중에 똑같은 인간이 한 번이라도 있었습니까? 일곱 번 환생하여 나라를 위해 충성을 다하겠다고 말한 다음에 자살한 구스노키 마사시게(楠木正成: 1924~1336)가 다시 살아났다는 보고를 여러분 중에 들은 사람이 있습니까? 오늘날 전 세계의 인류는 제 기억으로는 17억 명 정도 된다고 합니다. 이중에서 저는 불과 5척의 단신입니다만, 저와 당신을 똑같다라고 말할 수 있는 사람이 있겠습니까?

이를 생각해보면 우리는 무한한 감개무량함을 느낍니다. 게다가 일생은 50년, 기껏해야 70년에 지나지 않습니다. 한 번 단말마에 이르러 죽음을 맞을 때에는 과연 어떨까요? 아무리 위대한 사람이라도 어떻게 할 수 없지 않겠습니까? 그렇기 때문에 인생은 그저 한 번뿐이라는 제 좌우명이 생겼습니다. 아, 이 무한한 인간 속에 태어난 나, 무한한 시간 속에 태어난 나, 이를 진정으로 생각해보면 여러분은 분연(奮然)히 떨쳐 일어날 수밖에 없을 것입니다. 저는 이를 생각하면 실로 말로 형언할 수 없는 적요(寂寥)와 행복을 느낍니다.

우리 인간은 무엇을 위해 태어났을까요? 옛말에 "인간은 만물의 영장"이라고 합니다만, 우리는 다른 만물들과 구별되는 무엇을 갖고 있을까요? 우리는 모두 인격의 소유자입니다. 우리를 비웃고 욕하라, 우리는 신사이니 인격으로 그 무례함을 대할 것이다. 우리는 이 정도의 기개를 갖고 있습니다. 이것이 만물의 영장이라고 하는 인간의 특징입니다. 인간이 인생을 보는 가장 중요한 것은 살아있는 한 만물의 영장으로서의 지위나 처지를 갖고 있다는 것이고, 이는 곧 그 사람이 아니고서는 할 수 없는 사명을 갖고 있다는 것 아니겠습니까? 우리가 이 세상에 존재하는 것은 인생이든 우주든 그 일각에서 당신이 아니면 할 수 없는 유일하고 독자적인 책임과 사명을 갖고 있기 때문이 아닐까요? 이렇게 하여 제 인생관의 첫 번째 항목이 확립되었습니다. 즉, "인생의 목적은 남과 다른 유별난 사람이 되어라" 하는 것입니다. 통속적인 말입니다만, "남이 밟고 걸어온 길을 편하게 걸어가지 말라." 이공계 졸업생이 잘 나간다고 이공계에 입학하거나 전기과가 좋다고 전기과에, 혹은 철학과가 좋다고 철학과에 들어가는 식으로 남을 모방하거나 추종하는 사람에게는 진정으로 존엄하고 비할 데 없는 창조생활의 문은 열려지지 않습니다.

저는 우선 우리가 독자적인 존재라는 점을 철저하게 생각하는 것이 필요하다고 봅니다. 그러나 이것은 인생의 직접적 목적입니다. 우리는 무엇보다도 우선 형체입니다만, 다른 데에서 봤을 때 철학자의 설명을 빌리지 않더라도 단순한 개체여서는 안 됩니다. 단순한 '부분'이 되어서는 안 됩니다. 물론 부분은 전체의 일부분입니다. 또한 개체는 보편의 일부분입니다. 지금 여러분은 2천 몇 백 명의 개체가 모여있는 집합입니다. 상대가 변해도 주체는 변하지 않습니다. 저는 3시간 정도 계속해서 이야기할 생각입니다. 이야기하는 사람은 한 명입니다. 이야기하는 재료도 한 가지입니다. 게다가 이 이야기는 여러분 전체에 전해질 것입니다. 그런데 여러분은 이 자리에 보편적 집합으로 있지만, 그 결과는 과연 어떨까요? 갑, 을, 병, 정…… 여러분 전체의 능력이나 주의, 장소 등에 따라 제가 이야기하는 내용을 받아들이는 것에 차이가 납니다. 어떠한 사람에게도 분명 동일할 연설일 텐데, 여러분이 받아들이는 결과는 모두 다릅니다. 그렇기 때문에 우리는 개체이면서 동시에 보편체로서의 체험과 직관을 가질 수 있는 것입니다.

이와 같이 단순한 교섭에서조차 우리는 이를 하나의 자명한 이치(truism)로 볼 수 있습니다. 하물며 조직에 속한 인생은 어떻겠습니까. "너와 네 가족을 보라", "너와 네 학교를 보라", "너와 네 사회, 국가, 나아가 인류를 보라". 이렇게 생각해 보면 우리는 하나의 개체에 머무르지 않고, 우리는 곧 전체 보편의 뭔가를 갖고 있는 것입니다. 요컨대, 여기에 이르러 인간이 가치가 있다는 것의 의의가 명확해진다고 생각합니다. 거듭 말씀드리면 가치는 부분과 전체의 관계입니다. 서로가 가치적 존재라는 것은 곧 단체 생활, 다시 말해서 가족, 민족, 국가, 세계, 이들 속에서 우리 자신이 확고하게 차지하고 있는 입장, 자신이 반드시 이루어야 할 책임, 이를 갖고 있다는 것을 증명하는 것이라고 생각합니다.

따라서 인생의 직접적인 목적은 유별난 사람이 되거나 독자적인 사람이 되는 데에 있는데, 유별난 사람이든 독자적인 사람이든 단지 그에 머물러 있어서는 안 됩니다. 다시 말해서 유별난 사람, 또는 독자적인 사람의 내용적 의미는 인류의 일원으로서 달성해야 할 몫을 제대로 분담했는지, 전체로서의 인간의 가치를 어느 정도 많이 또는 적게 증진시켰는지, 여기에 귀착될 수 있습니다. 그리고 부모로부터, 민족으로부터, 국가로부터, 인류로부터 부여받은 나, 즉 철학적인 표현으로 말하면 소여(所與)로서의 나, 교육적으로 표현하면 자연성으로서의 나, 즉 개성으로서의 나, 이러한 '나'가 갖고 있는 것, 더 간단히 말하면 우리는 타인에게 받거나 신세를 지는 것에만 머물러 있는 것이 아니라, 동시에 그보다 한층 더 큰 것을 받기보다 주는 것, 신세를 지기보다 남을 보살펴 주는 능력을 가질 때에 비로소 진정으로 유별난 사람, 독자적인 사람이라고 부를 수 있을 것입니다.

이러한 의미에서 유별난 사람, 또는 독자적인 사람에게는 반드시 우수성이 있다고 생각합니다. 인생의 목적은 독자적인 존재가 되는 것에 머무르지 않고 독자적이면서 우수한 존재, 사회의 단순한 일원일 뿐만 아니라 사회의 일원으로서 자신이 받는 것보다도 타인에게 주는 부분이 많아야 진정으로 가치 있는 인간이라고 부를 수 있습니다. 죄인이나 악인이 인간으로서 가치가 적은 까닭도 이 때문입니다. 또 어른이 아이들을 볼 때 가치가 적은 이유는 아이가 매우 소중하고, 또 훌륭하지만 이를 인생의 본의에 관련시켜 생각해 보면, 아이는 아직 받는 부분보다도 주는 부분이 적기에, 따라서 사회적으로 가치 있는 존재라고 할 수는 없습니다.

이상의 내용을 요약해 보면, 인생의 목적은 독자적이면서 우수한 사람이 되는 것이고, 그리고 개인이 독자적이고 우수한 사람이 되는 것이 곧 문화의 진보에 공헌하는 것이라는 점입니다. 제가 보건대 인격과 문화는 하나의 구체적인 것이기에 분리되어서는 안 되는 양면성이 있습니다. 인격이 단체로 작용한 생활이 곧 문화입니다. 그러므로 문화의 원동력은 인격입니다. 천재가 많고 탁월한 인간이 많은 곳에 문화가 있다는 사실을 여러분은 잘 알고 계시리라 생각합니다. 이러한 의미에서 우리가 인생의 목적이라는 것을 자신의 주변에서 살펴보면, 유별난 사람이 되거나 뛰어난 사람이 됨으로써 독자적이고 우수한 인격이 되는 것입니다. 그리고 우수한 인격이 된다는 것은 곧 우리를 단지 개체로 보는 것이 아니라, 우리를 단체의 한 사람, 하나의 문화적 원동력으로 보는 것입니다. 따라서 인생의 직접적인 목적은, 저의 표현으로 말씀드리면, 인격의 창조이고 그 인격 창조의 내용적·객관적 방면이 인생의 간접적인 목적이라고 할 수 있습니다. 그리고 이는 곧 문화에 공헌하는 것이어야 합니다. 위대한 인격이라는 것은 문화에 큰 공헌을 한 것, 또는 공헌하는 것입니다.

따라서 한편으로 인생의 목적은 '인격의 창조'이지만, 간접적이고 객관적인 영속적 방면에서 말씀드리면 인생의 목적은 곧 '문화의 창조'입니다. 이와 같이 인생의 목적에 중심적인 정수(精髓)를 형성하고 있는 것은 '창조'라고 봐야 합니다. 이상에서 말씀드린 인생의 목적에 관한 제 해석이 다행히 옳다고 한다면 지금부터 한 걸음 더 나아가 교육의 목적을 논하고자 합니다.

제 생각에 인생에는 다양한 측면이 있고, 따라서 인생에 대하여 다양한 해석을 내릴 수 있습니다. 그러나 저는 오늘 강연의 편의상 하나의 견지에서 해석을 내려 보겠습니다. 인생은 보는 관점에 따라, 인생 전체에 직접적으로 관계가 있는 것과 일부밖에 관계가 없는 것으로 나눌 수 있습니다. 이 중에서 인생의 전체에 직접적으로 관계있는 것은 무엇일까요? 시험 삼아 인생을 하나의 원으로 가정해 봅시다. 인생 원의 중앙에 하나의 가로선을 그린다면, 인생의 윗부분은 무엇이 될까요? 저는 이것을 목적과 이상이라고 생각합니다. 그렇다면 아래의 절반은 무엇일까요? 저는 이를 방법과 수단이라고 생각합니다. 그리고 인생의 윗부분 즉, 목적과 이상 방면과 직접 관계를 갖고 있는 것은 무엇일까요? 이는 철학입니다. 따라서 제가 보기에는 모든 인사(人事) 현상은 모두 철학과 관련되어 있습니다. 예를 들어, 사회가 행복하고 건전한 곳이 되기 위해서는 사회철학의 힘이 필요합니다. 그렇다면 인생의 아랫부분을 차지하고 있는 것은 무엇일까요? 전적으로 방법이나 수단을 관장하는 것은 무엇일까요? 제 생각을 말씀드리면, 이는 곧 교육입니다. 인생은 완전한 진보 발달을 기약하기 위하여 교육의 힘을 빌려야 합니다. 모든 인간 세상의 현상은 이와 같다고 저는 믿습니다. 따라서 교육의 목적은 곧 인생의 목적에서 연역하면 좋지 않을까요? 제가 자신의 전문적 연구의 입장으로 「교육철학」을 선택한 이유는 여기에 있습니다. 불초한 제게는 그 부담이 버겁습니다만, 이러한 견지에서 교육철학 연구를 하려고 생각한 것입니다. 교육은 가장 넓은 의미의 방법이자 수단입니다. 이러한 의미에서 교육 내지 교육학은 전적으로 방법이자 수단과 관련된 행위라고 말해도 좋을 것입니다.

전술했듯이 목적과 이상을 벗어난 방법과 수단은 없습니다. 따라서 교육은 넓은 의미에서 방법·수단의 행위입니다. 그러나 교육 연구가 넓은 의미에서 방법·수단이라고 해도, 이는 목적과 이상을 필요로 하지 않는다는 의미는 아닙니다. 교육의 목적과 이상은 전체로서의 인생의 목적과 이상에서 연역할 수 있습니다. 국가주의 혹은 사회주의, 민족주의와 같은 입장에 교육의 목적과 이상을 놓아두고는 궁극적인 견지에까지 도달할 수 없습니다. 이에 저는 교육의 목적을 명백하게 설정하는 입장에 서게 되었습니다. 교육의 목적은 바로 인생의 목적입니다. 이른바, 창조! 우리 인류 모두가 창조생활을 영위하도록 하는 가장 근본적인 방법·수단이 교육이기 때문에, 교육의 궁극적인 목적은 곧 인생의 목적인 창조를 가능하게 하는 것입니다. 따라서 교육의 목적은 '창조의 창조'입니다. 즉, 이중의 의미에서 창조가 교육의 목적인 것입니다.

우리의 직접적인 생활은 인격적인 생활입니다. 따라서 창조교육이 인생의 목적인 이러한 창조를 가능하게 하고, 창조를 가장 정연하게 하기 위한 원동력의 양성—창조의 창조라고 한다면, 창조교육은 곧 인격교육이라고 단언해도 무방합니다. 그렇지만 제가 인격교육이라고 말하지 않는 것은 이른바 인격교육, 종래의 또는 오늘날의 인격교육은 인격의 일면이 문화라는 사실을 명료하게 의식하지 않고 있다는 점에서 개인주의이고, 따라서 제가 이야기하는 것과는 다르기 때문입니다. 이미 말씀드린 바와 같이, 인격과 문화는 결코 별개의 것이 아닙니다. 제 학설은 이 점에서 보면 결코 개인주의가 아닙니다. 직접 목적은 개인이지만, 개인으로 하여금 진정으로 가치 있는 개인이 되도록 하기 위해서는 보편적인 생활이 필요합니다. 따라서 제 주장은 어떤 의미에서 인격주의입니다. 그렇지만 사람들이 흔히 말하는 종래의 인격주의는 아닙니다. 이 점을 특별히 이해해주시기 바랍니다.

이와 같이 창조라는 것을 교육의 목적 원리이자 인생의 목적 원리로 동일하게 사용하고 있습니다. 이 점에서 저는 이른바 '교육이 곧 생활'이라는 논리도, 또 '생활이 곧 교육'이라는 논리에 대해서도 반은 찬성 그리고 반은 반대의 입장에 서있다는 것을 유감스럽게 생각합니다. 앞에서도 말씀드린 것처럼 인생은 결코 끊임이 없는 것으로, 물이 흐르는 것처럼 끊임없이 움직이고 있습니다. 따라서 인생의 영위에서 베르그송이 말한 이른바 긴장의 태도를 갖고 생활을 영위하는 한, 다른 말로 표현하면 자신의 창조성을 최선의 형태로 활용하여 끊임없이 창조 생활을 하는 한, 우리의 생활에는 결코 차이가 없다는 것입니다. 따라서 학교에 속해있던 시절의 생활과 학교를 나온 시절 사이에는 결코 차이가 없다고 할 수 있습니다.

제가 이해한 바로는 지금 말씀드린 것처럼 인생은 부단한 창조·진화라는 사실입니다. 졸업장을 받고 안 받고를 경계로 인간의 생활이 달라지는 것이 전혀 아닙니다. 모든 인간의 생활은 생명의 지속적인 발전이지만, 이는 인생을 내면에서 본 방식이고, 이를 인생의 객관적 방면 내지 인생의 결과적 방면에서 보면 조금 다릅니다. 앞에서 말씀 드린 바와 같이, 우리의 생활은 우선 주어진 것입니다. 우리가 '응애' 하는 울음소리를 내고 태어나던 때에 우리는 아직 인격이 없습니다. 엄밀한 의미에서 인격체가 아닙니다. 아직 동물적 삶을 살고 있는 상태에 지나지 않습니다. 그러던 것이 후천적 경험에 의해 우리가 갖고 있는 것의 가능성이 점차 실현되면, 그 결과로써 우리는 인격체가 되는 것입니다. 즉, 우리의 생활은 처음부터 외부의 영향을 받는 생활입니다. 부모로부터도, 형제나 선생님, 사회로부터도 영향을 받습니다만, 이는 매우 추상적인 관점입니다. 인생을 구체적으로 관찰해 보면 결코 우리의 생활은 단지 외부의 영향을 받는 생활만이 아니라는 것을 알 수 있습니다.

여러분, 시험 삼아 여러분의 현재 경험을 간단히 돌아 보십시오. 여러분은 오늘 강의를 듣는 입장에 계십니다. 부족한 제가 높은 단상에 서서 말을 하고 있고, 그동안 여러분은 단 한마디도 큰 소리로 말씀을 하지 않고 불초한 제 이야기를 듣고 계십니다. 즉, 지금 여러분은 제 얘기의 영향을 받고 있는 것이지만, 이는 표면적 관찰에 지나지 않습니다. 여러분의 진정한 생활은 과연 단지 영향을 받고 있기만 한 것일까요? 여러분의 거울 같은 비평적 사고는 제 이야기 혹은 제 생각을 위에서, 옆에서, 그리고 아래에서 빈틈없을 정도로 비판하고 계시리라 생각합니다. 따라서 저는 표면적으로는 여러분에게 주는 입장이고 여러분은 받는 입장입니다만, 여러분의 진정한 생명은 머릿속에서 이미 능동적으로 움직이고 있습니다.

다시 말해서 여러분은 수동에 대응되는 발동(發動)을 하고 계시는

것입니다. 이에 자동주의, 타동주의라는 말을 사용하는 것은 교육상의
표현으로 조금 타당성이 결여된 점이 있다고 생각됩니다. 우리의 생활
은 부분적으로는 주어지는 생활입니다. 그러나 이는 표면적인 관점이
고, 지금 말씀드린 입장에서 보면 우리 생활의 진수는 '받는 것'에 있지
않습니다. 인생의 근본 원리는 '주는 것'입니다. 우리는 창조교육을 제
창함에 있어 결코 극단적인 자유, 극단적인 자동은 주장하지 않습니다.
살아온 논리에 따라 우리의 방법을 역설하고 있는 것입니다. 이 점을
상세히 말씀드릴 기회가 없지만, 창조하는 것이 곧 인생의 목적입니다.
창조는 독자적이고 우수한 것입니다. 이 점에서 진정한 의미의 생활이
라는 것은 받는 부분이 아니라 주는 부분에 있다고 믿는 것은 결코 부
당한 관점이 아닙니다.

　우리의 생활에서 교육을 받는 단계와 어느 정도 교육이 완결되어 사
회의 일원으로서 활동하는 단계 중에, 우리가 말하는 창조생활의 본의
는 어느 쪽에 더 적확하게 합치할까요? 말할 것도 없이 우리가 학교를
다니며 부모에게 얹혀살던 시절의 생활이 아니라, 자립해서 사회에 공
헌하고, 국가에 공헌하고, 세계에 공헌하는 일을 하는 생활이야말로 제
가 주장하는 창조생활의 진수이고 본의라고 생각합니다. 이 점에서 보
면 창조라고 하는 단계는 진정한 생활의 준비 단계에 속합니다. 왜냐
하면 이 단계는 두말할 것도 없이, 주로 직접적으로 가능한 많이 받아
들이려고 하는 단계이기 때문입니다. 받아들이는 것은 창조하는 데 필
요하지만 생활의 진수는 주는 데에 있기 때문에 저는 교육의 단계를
엄밀한 의미에서 생활 - 더 라이프(the life)로 볼 수는 없습니다. 단지
하나의 생활, 원 라이프(one life) 또는 생활의 한 단계에 불과한 것으
로 저는 이를 곧바로 진정한 생활로 볼 수는 없다고 보는 입장입니다.

　이러한 의미에서 저는 어디까지나 교육은 하나의 준비라고 생각합니
다. 그래서 준비설을 주창하는 바입니다. 세간에서 말하는 소위 준비,

즉 학교 문을 나오면 학교 안에 있을 때와는 완전히 다른 국면이 전개
된다고 하는 추상적 관점에서 보는 준비설이 아닙니다. 창조적인 인생
을 하나의 과정으로 보면서 교육을 통해 더욱이 그것이 주로 수양 쪽
에 힘을 쏟는 단계라는 점에서 교육은 생활의 본의인 이른바 창조를
위한 준비 단계라고 말씀드리는 것입니다.

　교육은 인생의 한 부분입니다. 한 부분인데 교육이 인생에서 매우
중대한 사명을 갖고, 매우 중대한 위치를 차지하고 있는 이유는 과연
어디에 있을까요? 교육은 인생과 함께 태어났다고 해도 좋을 만큼, 인
생의 모든 부분에 교육이 있다고 해도 좋을 것입니다. 그렇지만 조금
더 정밀하게 생각하면, 교육은 문자 그대로 인생과 함께 태어나는 것
이 아니라, 인생보다 한 걸음 늦게 태어나는 것입니다. 왜냐하면 앞에
서 말씀드린 대로 교육은 완전체로서의 인생을 살아가기 위한 자각적
영위이기 때문입니다. 우리가 태어날 때는 엄밀한 의미에서 인격체가
아닙니다. 그 이후에 자각하여 비로소 교육을 행합니다. 이에 이르러
황공하게도 이자나기(伊弉諾)3), 이자나미노미코토(伊弉冉尊)4), 또는
아마테라스오미카미(天照大神)5)를 제외하고는 일체의 인류는 한편에
서 보면 교사이고, 다른 한편에서 보면 생도(生徒)입니다. 제가 평소
인간을 '교생(敎生)'이라고 말하는 것은 이 때문입니다.

　이와 같이 생각하면, 교육의 목적을 간단히 창조라고 해도 반드시
부당하다고 볼 수는 없습니다. 그런데 이렇게 말씀드리면, "교육을 전

---

3) [역자주] 이자나기는 일본 신화에 등장하여 세상을 창조하는 남신(男神)이
　자 부신(父神)이다. 이자나기노미코토(伊邪那岐命)라고도 함. [두산백과]
4) [역자주] 이자나미노미코토(伊邪那美命)는 남편인 이자나기노미코토(伊邪那
　岐命)와 함께 일본 국토를 창조한 신으로 알려져 있다. [두산백과]
5) [역자주] 아마테라스오미카미는 이세신궁(伊勢神宮)의 내궁에 모셔져 있는
　황족의 선조신이다. 국가의 최고신으로서 조정의 엄숙한 제사를 받으며, 일
　본의 8백만 신을 지배하는 여신으로 숭앙되고 있다. [두산백과]

체로 보는 경우는 알겠지만 국가교육 또는 교육의 일부인 도덕교육이나 덕육(德育) 또는 지육(知育)이나 체육 등은 어떻게 설명할 것인가?" 하는 직접적인 문제나 실제적인 문제가 반드시 여러분 마음 속에서 점차 솟구치지 않을까 생각합니다. 저는 이에 대해서도 곧바로 창조를 가지고 설명할 수 있습니다. 제 생각에는 창조는 앞에서 말씀드린 대로 가치적 현상, 즉 창조의 내용과 실질이 가치라고 해도 좋습니다. 저는 가치성이 창조의 객관적이고 실질적인 방면이라고 말했습니다만, 다시 말해서 독자성이 창조의 개체적이고 주관적이며 형식적인 속성이고, 이에 대하여 객관적이고 보편적이며 실질적인 속성이 가치성입니다. 만약 이 견해가 다행히 타당하다면 창조의 내용에는 반드시 가치성이 있어야 합니다. 곧 창조의 내용적 의미는 가치여야 합니다. 따라서 교육의 전체적 목적은 창조입니다. 그리고 교육의 일반적이고 실체적인 목적이 창조일 뿐만 아니라, 특수하고 부분적인 목적도 역시 창조라고 할 수 있습니다.

이 점은 더 상세히 말씀드리고 싶습니다만, 시간이 없는 것이 유감입니다. 간단히 결론만 말씀드리겠습니다. 가령 여러분이 덕육의 목적이 무엇이냐고 물으신다면, 저는 '도덕적 가치의 창조'를 도덕 교육의 궁극적인 목적이라고 대답할 것입니다. 여러분이 지육의 목적이 무엇이냐고 물으신다면, 저는 '논리적 가치의 창조'가 지육의 목적이라고 대답할 것입니다. 그러므로 저는 이렇게 말씀드리고 싶습니다. 그 외에 교육의 모든 부분적 목적도 역시 가치의 내용 구분에 따라 설명할 수 있습니다. 또는 국가 교육의 목적을 어떻게 할 것인가 하는 긴급한 질의가 있다면, 저는 독자적이고 우수한 국가 문화의 창조, 일본이라면 일본이라고 하는 조국을 문화국가답게 하는 독자적이고 우수한 일본이라는 국가를 창조하는 것이 국민교육의 목적이어야 한다고 대답할 것입니다. 일본의 독자적이면서 우수한 문화를 만들기 위해서는 이웃나라 지나(支那)6), 바다 건너 아메리카, 멀리 영국, 아니 전 세계의 국가, 전 세계의 국민이, 또 전 인류 내지는 전 세계의 문화가 본질적으로 발달할 수 있어야 하듯이, 일본이 있기 때문에 전 세계의 인류가 행복해지고 세계가 진보하는 독자적이고 우수한 국가를 만드는 것이 곧 국민교육의 목적이라고 말씀드리고 싶습니다.

이러한 의미에서 저는 좁은 의미의 국가주의에 반대합니다. 좁은 의미의 국가주의는 일체의 국가주의를 가리키는 것이 아니라, 국민생활의 간접적인 목적은 인류 또는 세계문화의 진보에 도움이 되는 것이지만 직접적인 목적은 국가문화의 발달에 공헌하는 것이기 때문입니다. 저는 국민교육의 진정한 목적은 지금 말씀드린 것처럼 일본을 독자적이고 우수한 국가로 만드는 것이라고 생각합니다. 이러한 의미에서 국민교육의 목적은 역시 독자적이고 우수한 문화국가의 창조라는 말로 정의할 수 있습니다. 지금까지 드린 말씀으로 아마 제가 의미하는 창조교육의 목적을 이해하셨으리라 생각합니다. 반복해서 말씀드립니다만, 교육은 단순한 이상도 아니고, 단순한 목적도 아닙니다. 따라서 하나의 교육관을 형성하기 위해서는 목적론 또는 이상론에만 머물러서는 안 됩니다. 저는 주어진 시간에 방법론, 수단론에 이르기까지 좀 더 설명을 드리겠습니다.

그 전에 먼저 앞에서도 말씀드린 대로, 우리가 목적을 세우거나 또는 이상을 세우고, 또 목적 달성의 수단을 강구하고 이상을 실현할 방법을 세우는 것도 상호간에 인간이 있기 때문입니다. 따라서 교육의 존재는 교육의 동력에 의해서 비로소 가능할 수 있습니다. 종래의 학자는 이 점에 대하여 철저한 생각을 갖고 있지 못했습니다. 이는 제가

6) [역자주] 제국주의 시대에 일본이 의도적으로 '중국(中國)' 대신에 사용한 용어로 영어 China의 한자식 표기이다.

앞에서 말씀드린 것처럼 교육이라는 것을 오로지 국가의 영위, 전적으로 국가교육 내지 국민교육으로 한정했기 때문이 아닌가 합니다. 다행히 오늘날처럼 진정한 의미의 창조교육의 입장에서 교육을 보면 이러한 잘못된 견해는 금세 사라질 것입니다.

제가 믿는 바를 단적으로 말씀드리자면, 지금까지 교육자가 얽매인 교육관으로는 교육자가 중심인지 피교육자가 중심인지 하는 문제로, 오랫동안 사람들을 번민하게 만들었습니다. 조금 오만한 표현을 허락해 주신다면, 제가 보기에는 지금의 교육자·피교육자라고 하는 구별은 종래의 방식입니다. 저희처럼 교육을 철학적인 견지에서 혹은 일반적 견지에서 해석하는 사람에게는 교육자·피교육자라는 말은 인식 경험에 있어서의 주관과 객관에 거의 견줄만합니다. 우리의 진정한 실재, 이른바 순수경험이자 경험의 반성이 주관이 되고 객관이 되는 것입니다.

앞에서 말씀드린 대로, 교육은 전 인류의 자각적 활동입니다. 국가 사회 교육이라고 하는 말처럼 좁은 견지에서 볼 것이 아니라, 넓게 인생이나 인류의 관점에서 보면 인간의 한 면은 교사이고 다른 한 면은 생도라고 할 수 있습니다. 그렇다면 생도와 교사라고 하는 하나의 위계를 만들어 온 이유가 어디에 있을까요? 이는 인식론상 이른바 경제적 현상이라 할 수 있습니다. 우리는 누구나 교사가 되고 생도가 되어야 하며, 각자가 자학 자습해야 합니다. 각자가 '응애' 하는 울음소리를 냈을 때부터 교사이고 생도여야 하는 것입니다. 그렇지만 이는 비경제적입니다. 그 때문에 교사 집단, 생도 집단이라는 것이 생활 속에서 생긴 것입니다. 이 점에서 보면, 저는 지바 메이키치가 최근에 교사와 생도 사이의 교섭이 창조이어야 한다고 주장한 것에 대하여 진심으로 찬동하는 바입니다만, 동시에 저는 아동본위주의가 오늘날 신교육 사조의 가장 올바른 사상이라고 하는 일반적 견해에 대해서는 반성을 촉구하는 바입니다.

  그렇다면 이러한 양면을 하나로 하여 교육자에게도 피교육자에게도 공통되는 요소는 무엇일까요? 앞에서 이야기한 것처럼, 창조성이라고 할 수 있습니다. 이 점을 명확히 하기 위하여 인생의 본질을 형성하는 것으로서의 인격관을 상세히 말해야 철저하고 명확해질 것이라고 생각합니다만, 시간 관계상 기회가 없는 것이 유감입니다. 다만, 간단히 결론만 말씀드리겠습니다. 저는 인간의 본성을 창조성이라고 생각합니다. 단, 이른바 창조성은 하나의 능력이 아닙니다. 서랍장 안에 넣어두었다가 외출할 때 잠깐 걸치고 나가려는 겉옷 같은 것이 아닙니다. 모든 사람이 창조성의 소유자입니다. 어떠한 사람도 독자적이고 우수한 창조를 할 수 없는 사람은 한 사람도 없습니다. 그러나 창조를 해내지 못하는 인간도 세상에는 상당히 많습니다. 이는 처지가 나빠서, 즉 적재적소(適材適所)에 놓여지지 않았기 때문이거나, 또는 그 사람의 의지가 약하거나 혹은 천재지변 등 내적 또는 외적인 원인에 의해서 창조성을 잃어버리는 경우가 있기 때문입니다. 하지만 사람은 태어나자마자 바로 죽어버리지 않는 한, 대체로 그 사람이 아니면 해낼 수 없는 일을 해내는 힘, 다시 말해서 창조성을 갖고 있습니다.
  그리고 창조성이 만인 공통으로 누구나 갖고 있다는 것은 곧 자신에게 하나의 인생관이 부여된 이유이기도 합니다. 저는 힘주어 단언합니다. 세상의 최대 죄악은 자기를 재미없는 인간이라고 스스로 생각하는 것입니다. 불충(不忠)도 이것에서 나오고, 불효(不孝)도 이것에서 나옵니다. 사기나 살인, 절도 모두 이것에서 나오는 것입니다. 자포자기도 역시 최대의 죄악입니다. 우리는 자신의 창조성을 이해하고, 자신의 독자적이고 우수한 가치를 이해하여, 이를 끊임없이 존중해 가야 합니다. 인생은 단 한 번뿐입니다. 여러분, 우리는 이와 같이 눈에 보이지 않는 형용할 수 없는 매 순간을 제외해 버리면 결국 인생도 생활도 없습니다. 우리의 생활은 소위 철학자의 영속적 현재(eternal present)를 소중히 여기며 매 순간 자신의 최선을 다하고 있는 한, 반드시 어떠한 형태로 든 자신이 존재하고 있는 단체 사회에 생존의 족적을 남길 수 있다고 생각합니다.

그렇다면 하나의 능력이나, 성능이 아닌 이른바 창조성이란 무엇일까요? 이는 어딘가에 잠재해 있는 잠재의식(subconsciousness)입니다. 이것이 돌연 발동하는 경우가 바로 영감(inspiration)입니다. 이러한 의미에서 저는 현재 일본의 교육계에서 화두가 되었습니다. 교육이 자각적 현상이냐 아니냐의 문제는 이러한 창조성을 보는 관점에 의해 해결될 수 있다고 생각합니다. 창조의 발동은 자각적이면서 자각적이 아닌, 즉 초자각적인 것입니다. 따라서 교육현상이 창조현상이라고 한다면 교육작용도 곧 자각적이고 초자각적 작용, 즉 전아적(全我的) 작용이라고 할 수 있습니다. 저는 이렇게 이해하고 있습니다. 이와 같은 견해로 창조성을 생각해 보면, 창조성에는 수많은 논의가 있을 수 있습니다. 이점은 상세히 말씀드려야 하겠지만, 이것도 시간관계상 상세히 말씀드릴 수 없는 것이 유감입니다.

제가 보기에 창조성은 최초의 충동입니다. 그러나 창조성은 그 말이 보여주는 것처럼 발달 진보가 본래의 취지입니다. 즉, 앞에서도 말씀드린 바와 같이, 창조는 자유성이고 자기 초월입니다. 이는 곧 영속적 진화입니다. 그리고 창조의 중심이 자유성이라고 말하기 위해서는 그보다 한층 더 충분한 의미에서 창조성은 자유성이어야 합니다. 따라서 창조성은 끊임없이 진보 발달하는 것이라고 생각합니다. 창조성의 가장 진보된 상태가 충동이라고 하는 것은 결코 타당한 견해가 아닙니다.

러셀(B. Russell: 1872~1970)이 우리 인간의 본성을 두 가지로 나누어, 이른바 소유의 충동과 창조의 충동이라 했습니다. 이에 대하여 창조주의를 다른 형태로 취한 칸트(I. Kant: 1724~1804)는 이성을 창조의 동력으로 삼았습니다. 나는 러셀과 칸트를 완전히 하나로 합친

곳에 진리가 있는 것이 아닐까 생각합니다. 즉, 창조성의 최후의 상태가 충동이며, 그 충동이 개인생활 속에 발달한 것이 이성이 아닌가 합니다. 문화의 원동력이 오늘날 이성이라고 불리는 것은 여러분이 이미 알고 계실 것입니다. 문화생활이 곧 이성생활이라는 것도 근대철학을 맛본 사람은 누구나 이야기하는 바입니다.

  제가 보기에는 문화의 본질은 창조성입니다. 문화는 역사입니다. 역사의 생명은 무한한 진보입니다. 역사는 단순한 과거의 기술이 아니라, 영원한 진보의 의미를 명확히 하는 것이라는 점을 여러분은 이미 알고 계실 것입니다. 그리고 문화의 원동력이 이성이라면, 앞에서 말한 것처럼 변하지 않는 사람을 움직이게 하려면 먼저 스스로 움직이고 있어야 한다는 것입니다. 스스로 잘 해야만 다른 사람을 좋게 이끌 수 있습니다. 마찬가지로 창조성을 속성으로 하는 문화의 원동력이 이성이라고 한다면, 이성 그 자체가 창조성이어야 한다고 생각합니다. 이렇게 본다면 창조주의는 아무런 모순 없이 해결할 수 있지 않겠습니까? 즉, 창조성을 전체로 봤을 때, 그 초기 상태가 '충동'이고, 창조성이 전체적으로 발동할 경우에 가장 발달된 단계가 '이성'입니다. 이러한 충동과 이성의 사이에 창조성의 내용을 만드는 것이 부분적인 창조성, 다시 말해서 지정의(知情意)입니다. 이런 식으로 생각해 보면, 창조성은 우리 생명의 일부분이 아니라, 각자의 생명이 가장 완전하고 또 개인에게 가장 완전한 상태로 작용한 것입니다.

  창조성은 상황에 따라 달라질 수 있고, 그 발동의 상태도 상황에 따라 달라질 수 있습니다. 이는 여러분이 경험해보셨을 것으로 생각합니다. 어떤 아이는 심상소학교 1학년 때에 산술을 매우 잘 했는데, 3학년이 되어 독본을 잘 하게 되었다는 등의 예를 들 수 있습니다. 이는 창조성이 이동한 결과입니다. 또 형편에 따라 변화하기 때문에 어린시절의 뛰어난 창조성을 그 사람의 창조성이라고 말할 수도 없습니다. 시험 삼아 강당을 가득 채운 여러분들에게 물어보겠습니다. 여러분은 어느 정도의 자각을 가지고 여러분의 직업에 종사하고 계십니까? 저는 여러 해 철학을 공부했습니다만, 그 이전까지 제 생활은 끊임없는 암중모색(暗中摸索)의 연속이었습니다. 무엇을 위한 암중모색인가, 이것이야말로 자신의 본성을 찾지 못했기 때문입니다. 어떻게 해서든 자각적 생활을 영위하고자 했습니다만, 자신의 본성은 알 수 없었습니다.

그리스의 한 철학자가 2천 년 전에 우리에게 가르쳐 주었습니다. "너 자신을 알라"고 했습니다. 저는 이 말에 전적으로 동의합니다. 우리의 생활은 한 치 앞도 알 수 없는 느낌이 듭니다. 저는 아직까지도 크게 깨달아 완벽한 경지에 이른 것은 아닙니다. 하물며 6세, 7세의 어린아이가 철저한 자각을 갖고 있다고 할 수는 없을 것입니다. 따라서 그들의 자유에 그냥 맡기자고 말할 수도 없습니다. 이렇게 말하면 소위 자유교육관과 제가 말하는 창조관이 상당히 모순되는 듯하여 매우 유감스럽습니다만, 저의 창조교육의 안전판은 바로 이러한 점에서 나온 것입니다.

저의 창조교육의 목적은 가르치는 모든 아이들을 향해 도고(東鄕) 대장[7]이나 구스노키 마사시게(楠木正成)[8]가 되라는 것이 아닙니다. 만약 네가 운전수에 적합하다면 운전수가 되어라, 그러나 최고 수준의 일류 운전수가 되어라. 네가 만약 목수에 적합하다면 목수가 되어라, 그러나 최고 수준의 일류 목수가 되어라. 이것이 제가 말하는 교육의 직접적인 목적입니다. 이와 같이 각자가 일류의 사람이 된다면, 일본의 국가적 융성은 불을 보듯 명확해질 것입니다. 이러한 의미에서 창조교

---

7) [역자주] 도고 헤이하치로(東鄕平八郞: 1848~1934) 일본의 해군 제독.
8) [역자주] 일본 가마쿠라시대(鎌倉時代) 말기의 무장(武將). 가마쿠라막부를 멸망시키는 데 공을 세운 인물.

육의 적극적 목적은 말할 것도 없이 가장 철저한 교육입니다. 그러나 개성교육은 궁극적인 수단이고, 간접적으로 준비 단계의 첫째 단계는 일반적 도야입니다. 일반적 도야라는 표현은 오래된 말입니다만, 저는 옛 것을 익혀서 새로움을 알고 싶습니다. 어렸을 때 신동이었던 청년이 얼간이가 되어 있는 경우가 상당히 있습니다. 이는 창조성이 어떤 시기에 찰나적으로 나타났던 것을 의미합니다. 이와 같이 찰나적으로 어떤 단계에 나타났던 창조성을 가지고 일생의 직업을 정하는 것은 잘못이지 않겠습니까? 이는 아이만의 문제가 아닙니다. 우리가 알고 있는 교육가도 자신의 진로를 고민하는 사람이 적지 않습니다. 즉, 개성교육을 완전한 것으로 만들기 위해서는 창조성을 충분히 발달시켜서 창조교육을 철저히 해야 합니다. 교육의 목적을 충분히 달성하기 위해서는 우선 준비 단계가 필요합니다. 준비 단계라고 하는 것은 무엇일까요? 이는 바로 지금 말씀드린 일반적 도야입니다. 이에 대하여 좀 더 설명하겠습니다.

창조교육의 목적은 천수각(天守閣)을 만드는 일에 비유할 수 있습니다. 구름을 찌를 듯이 높게 쌓아올립니다. 그러나 이를 위해 여러분은 무엇을 하겠습니까? 우선 나무를 높게 우뚝 세우기 위하여 그 토대를 깊고 넓게 만드는 일을 먼저 해야 합니다. 높은 천수각을 만들기 위해서는 넓고 깊게 돌로 토대를 쌓아야 합니다. 이러한 의미에서 지금까지 오래 사용해서 구태의연하게 느껴지는 '일반적 도야'를 창조교육의 준비 단계로 취급하는 것입니다. 이에 대하여 창조성이라는 것은 방금 말씀드린 것처럼 전 생명이 발동하는 것입니다. 손에서, 입에서, 혹은 뇌에서 발동하는 것입니다. 각자의 개성이 달라서 창조성도 다르기 때문에, 우선 개성을 묻는 것이 무엇보다도 필요합니다. 즉, 개성을 조사하는 것입니다.

저는 이를 자주 이야기합니다만, 학년이 바뀔 때 사무인계는 하지 않아도 좋으니까 '인간인계'를 분명히 하라고 말합니다. 담임이 바뀔 때에도, 전근 갈 때조차도 그렇습니다. 특히 신입생이 들어오는 경우에는 새롭게 맡을 사람이 미리 준비를 해서 80명이나 60명의 아이의 대체적인 성정을 이해하고, 이에 대하여 입학 때까지 적당한 교육을 베풀 수 있도록 준비하라고 말합니다만, 오늘날의 현실은 말로 다할 수 없을 정도로 참담한 상태입니다. 이와 같은데도 여전히 자유교육을 말하겠습니까? 저는 창조주의를 생명처럼 여기고 있습니다. 단순히 이름을 얻기 위하여 연구하고 있는 것이 아닙니다. 우리의 창조성이 그동안 어떻게 발달했는지 말씀드리면, 새로운 기회와 새로운 재료에 의해 변화도 하고 발달도 해왔다는 사실입니다. 훈도(訓導)시절에는 완전히 평범했던 사람이 하루아침에 우수한 교장의 지위에 앉고, 2, 3년 지나 최고의 교장으로서 솜씨를 발휘하는 일이 전혀 없다고 할 수는 없습니다. 이와 같이 주어진 형편이 때에 따라서 사람을 만들기도 합니다. 오늘날 일본 국가제도의 나쁜 점은, 이렇게 말씀드리면 위험하게 들릴지 모르지만 사람을 적재적소에 배치하지 않는 것입니다. 물리적 가치를 표준으로 인간에게 위치를 부여하고, 인척관계, 권력관계, 뇌물, 부정한 수단, 재정, 이와 같은 것을 들어 우리에게 자리를 부여하는 것이 유감스럽지만 이것이 현재 일본의 큰 결함이라고 저는 통탄하고 있을 따름입니다. 따라서 자신의 창조성 내지 자신의 애제자의 창조성을 돕기 위해서는 우리가 서로 적재적소를 얻지 못한 탓에 애석하게도 보물을 갖고 있지만 정작 이용하지 못하고 있음을 자각해야 합니다.

여러분! 사랑하는 제자에게 끊임없이 새로운 처지를 부여하고, 결코 틀에 얽매이지 마십시오. 그들로 하여금 끊임없이 새로운 처지를 발견하도록 하고, 또 새로운 모험을 하도록 해주는 것이 하나의 교육 방침이 되어야 합니다. 제 과거 35년간의 세월을 돌이켜 보면, 마치 자신의 생활을 혼자의 노력으로 세운 것처럼 말했습니다만, 결코 그렇지 않습니다. 이곳을 가득 채운 여러분 중에 스다(須田) 선생님이 계십니다.

이 선생님이 제 창조생활에 동기를 주신 은인이라는 사실을 특히 말씀
드리는 바입니다. 공부해라, 책을 읽어라, 이것을 말이 아니라 몸소 실
행으로 끊임없이 제게 암시해 주셨습니다. 이제 여러분이 교육하실 때
에도 항상 변화하는 아이의 성질을 주의 깊게 살펴보시고 새로운 것을
발견하면 곧 물을 주는 것도 필요하지만, 이것이 과연 그들에게 맞는
것인지, 정말로 아름다운 꽃인지, 좀 더 다른 곳에서 기르면 다른 아름
다운 꽃을 피우지는 않을지, 이와 같은 것을 주의해서 볼 필요가 있습
니다.

   인재를 적재적소에 두는 것뿐만 아니라, 적절하지 못한 인재라고 생
각되는 사람에게도 여러 가지를 시도해 봅니다. 흔히 "어린 놈이 건방
지게"라는 말이 있습니다. 하지만 저는 건방지지 않은 인간은 도움이
되지 않는다고 생각합니다. 아동에 한정된 이야기가 아닙니다. 직원에
대한 교장의 태도도 마찬가지입니다. 우리의 창조성은 앞에서 말씀드
린 대로 하나의 능력이 아니라, 우리 모두의 생명이 가장 긴장되었을
때, 즉 생명이 이상적으로 활동할 때에 나오는 특성이기 때문에 처지
여하에 따라 창조성에 변화가 있고, 진보하는 데에 영향을 끼치는 것
은 말할 것도 없습니다.

   오늘날의 교육은 뭔가를 주입해서는 안 된다고 합니다만, 아동의 자
발적 활동을 너무 지나치게 중시하고 있는 것은 아닐까요? 정말로 탁
월한 창조성의 소유자, 그리고 진정으로 탁월한 창조성의 발동을 해낼
수 있는 아동이라면 자유롭게 해주어도 좋습니다. 그러나 탁월하지 않
은 사람을 그렇게 해서는 안 된다고 생각합니다. 즉, 좋은 의미의 주입
이나 타학(他學)도 필요하다고 생각합니다. 따라서 저는 학습동기가
없으면 가르쳐서는 안 된다는 이야기는 잘못된 주장이라고 생각합니
다. 각자에 맞는 동기가 없으면 우선 동기를 만들어 줘야 하는데, 동기
를 만들기 위해서는 이에 맞는 재료를 줄 필요가 있습니다. 아이의 병

을 치료하기 위해서 우리는 약을 먹게 합니다. 아이가 싫어합니다. 하는 수 없이 먼저 사탕을 줍니다. "맛있니?" 하고 물으면, "맛있어요. 더 주세요."라고 대답합니다. "여기, 사탕" 하면서 다음에는 약을 줍니다. "신맛이에요." "약이란다." "그렇군요. 그다지 쓰지는 않네요." 이렇게 말합니다. 그래서 다음에는 "아빠, 약 주세요. 엄마, 약 주세요" 이렇게 말합니다. 이러한 식으로 변화되어가는 것입니다. 교육도 그렇습니다. 흥미가 없고 완전히 지쳐 있을 때에 동기는 생겨나지 않습니다. "지쳐 있구나. 먼저 재미있는 이야기를 들려주마." 이렇게 하면서 뭔가 재미있는 이야기를 합니다. 아이가 집중하기 시작합니다. 그러면 화제를 전환하여, 자, 어제 여러분에게 내준 산술 답을 물어볼게요, 이렇게 말하며 들어가도 나쁘지 않다고 생각합니다.

이 점에서 생각해 보면 저는 4, 5년 전까지는 전적으로 노력하는 생활을 해왔습니다. 저는 열심히 불철주야 공부했습니다. 그 결과, 불초합니다만 그럭저럭 하나의 주의를 제창하는 경지에 도달했습니다. 이는 선배, 선생님이 제게 좋은 재료를 주셨기 때문입니다. 교육의 재미는 여기에 있습니다. 이러한 의미에서 학습동기를 존중하는 것은 오늘날 교육에서 하나의 자명한 이치입니다.

그러나 여기에도 안전판이 있어야 합니다. 그 안전판의 하나는 좋은 재료를 선택하여, 아이에게 적절하게 부여하는 것입니다. 이러한 의미에서 저는 철자 교수법에서 철저한 자작주의(自作主義)에 다소 의문을 갖고 있습니다. 제 자신은 무엇이든 상관없으니 글을 써달라는 말을 들을 때가 가장 곤란합니다. 어떤 주제에 대해 이야기를 하거나 또는 글을 써달라고 하면 바쁜 와중에도 생각해서 글을 씁니다만, 무엇이든 좋으니 써달라고 하면 저는 대체로 거절합니다. 이런 식으로, 아이가 작문 시간이 아니면 작문을 하지 않는다는 것은 곧 그들이 아직 철저한 자작(自作)을 해낼 수 없음을 보여주는 것이 아닌가 싶습니다.

아이들이 학교에 오는 것도 그렇습니다. 진정한 자유, 진정한 자각이 있다면 학생들은 학교에 오지 않을 것입니다. 부모가 깨워서, 할머니가 달래서, 언니 누나가 가라고 해서, 울상을 지으면서 학교에 오는 것이 무슨 자유란 말인가? 이렇게 말하고 싶어집니다. 자유는 좋습니다, 그렇지만 여기에 안전판을 두는 의미에서 일반적 도야, 실질적 도야가 필요합니다. 검정시험을 위해 공부한다고 하는데, 누구나 즐거워서 검정시험을 치르는 것이 아닙니다. 교장이 노려보고, 동료가 험담을 하고, 때로는 아내가 쌀통이 비었다고 잔소리를 하니까 무리해서 연구한 결과 훌륭하게 합격하는 경우가 있습니다. 일각에서는 어른의 심리를 가지고 아이의 심리를 규율하지 말라고 비난하는 소리가 들리는 것 같습니다. 그렇지만 이러한 점은 어른의 심리와 아이의 심리가 다르지 않다고 생각합니다. 따라서 창조교육은 이러한 종류의 안전판, 혹은 예비적 단계를 거치고, 그런 후에 개성의 도야를 해야 합니다.

그렇다면 어떻게 하면 이를 해낼 수 있을까요? 이는 하나의 방법상의 문제가 아니라, 교육의 역량 문제입니다. 교육자가 창조교육의 진리 내지 창조교육의 목적을 충분히 체득하여, 교육의 직접적인 목적대로 가르치고, 모든 아이를 위인으로 만들어야 합니다. 한 사람이라도 낙오자가 없게 하는 것입니다. 아이 자체를 정확하게 이해하기만 하면 됩니다. 창조교육의 진정한 모습은 교육자와 피교육자의 본질 및 교육자의 본질의 발동, 즉 때와 경우에 따라서, 혹은 교사와 생도의 본성에 따라서 천차만별이기 때문에 이를 상세히 이야기할 수는 없습니다. 손을 잡고 가르치지 않으면 모르는 사람은 백년하청(百年河淸)을 기다리듯 불가능한 일을 기다리는 것이 아닌가 생각합니다. 이러한 의미에서 저는 창조교육을 제창합니다. 물론 이와 같은 간단한 말로 모든 것을 설명할 수는 없습니다.

마지막으로 몇 가지만 더 말씀드리겠습니다. 제가 말씀드리는 창조교육이 다행히 제가 믿는 것처럼 교육의 주의로서 성립하는지 어떤지 하는 것입니다. 즉, 첫 번째로 말씀드린 것처럼 제 인격과 창조교육은 반드시 관계가 있습니다. 제가 이름을 팔기 위해 이를 제창하고 있는 것인지 아니면, 이나게 긴시치(稲毛金七)의 인격생활이 근거가 되어 어찌할 수 없는 양심이 이 학설을 세우고 창조하여 염치없이 여러분 앞에 펼쳐 보이는 것인지, 이 문제는 여러분의 엄정한 판단에 맡기는 수밖에 없습니다. 두 번째로 저의 창조교육이 주의로서의 조건, 즉 주관적 또는 객관적인 두 가지 조건에 과연 맞는지 여부인데, 이것이 바로 제 교육관의 논리적 내지 이론적 가치를 결정합니다. 그리고 제가 믿는 한, 이는 타당하다고 생각합니다. 즉, 교육의 본질, 교육의 의의 및 가치에 따라서 목적과 이상, 방법·수단 등의 모든 방면에 '창조'라는 말을 오용하지 않는 한 교육 전체를 포괄적으로 설명하는 규칙이 될 수 있다고 생각합니다.

사사키 기치사부로(佐々木吉三郎: 1872~1924)가 『교육연구』에 지바 메이키치(千葉命吉)의 교육론을 비평하셨을 때, 창조교육 같은 것은 교육의 절반밖에 설명하지 못한다고 말씀하셨습니다. 어떤 근거에서 말씀하신 것인지 모르겠습니다만, 이런 종류의 비난은 종종 있습니다. 그러나 창조가 목적 원리가 되면 동시에 방법적 원리도 된다고 저는 믿고 있습니다. 다만 아시는 바와 같이, 아직 연구가 이제 5, 6년밖에 되지 않았습니다. 유감스럽지만 정직하게 고백하자면, '창조성'의 연구 및 교육원리로서의 '창조'의 연구가 제게는 아직 불철저합니다. 그러나 이는 저 한 사람만의 문제가 아님을 이해해주시리라 믿습니다. 가치에 대하여 단정적으로 결론을 내려주실 수 있는 사람이 세상 어디에 있겠습니까? 오늘날 철학상의 근본 문제는 '가치란 무엇인가?' 이 하나의 논의밖에 없다고 생각합니다.

또한 실험심리학으로 설명할 수 없는 것이 '창조성'입니다. 최근에 심리학계에 철학적 심리학이 다시 부상한 것은 바로 제가 요즘 고민하고 있는 창조성 연구의 필요를 공감하고 있기 때문입니다. 따라서 제 교육관은 아직 충분한 근거를 얻지 못한 것은 사실입니다만, 이는 단지 저만의 문제가 아님을 이해해주시기 바랍니다. 창조성의 연구가 철저해지면, 이는 교육의 보편적 원리로써 즉, 하나의 학설로서 제창하는 데 결코 부족하지 않을 것이라고 생각합니다. 이것이 학술적 내지 일반적 가치입니다만, 그렇다면 이는 실제로는 어떨까요? 다시 말해서 실제로 여러분이 교육을 행하는 데에 제 학설이 얼마나 여러분에게 도움이 될까요? 이는 제가 설명하기보다 여러분 스스로 관찰해 보시기 바랍니다. 저는 교육은 사람을 가르치는 것이 아니며, 교육자는 피교육자와 함께 창조생활을 영위해야 한다고 생각합니다.

자, 그럼 이를 일본 국민교육의 원리로서 본다면 어떻겠습니까? 저는 여기에서 가장 강력한 신앙을 발견하게 됩니다. 매우 신중하지 못한 표현일지 모르겠습니다만, 현재 일본은 유사 이래 더할 나위 없이 위급한 존망의 시대가 아닌지, 매우 불안정하고 위태로운 상태가 아닌가 싶습니다. 표면적으로 보면, 일본 군대의 위상은 국내외에 빛나고 있습니다만, 엄밀한 의미의 국가라고 하는 입장, 즉 앞에서 말씀드린 문화국가라고 하는 입장에서 우리가 우리 조국을 볼 때 과연 어떨까요? 앞에서 말씀드린 대로, 국가의 존재 의의는 단지 그 국가가 존립하는 것에만 있는 것이 아닙니다. 개인의 존재 의의는 받는 부분보다도 주는 부분이 많을 때에 비로소 가치 있는 존재가 되는데, 국가도 마찬가지입니다. 일본의 상태에 적용시켜 생각해 보면, 과연 일본은 전 세계에 무엇을 주었는지, 물론 연면히 이어진 황통 일계, 충효일치처럼 도덕의 목적에는 세계에 으뜸인 것도 있지만, 오늘날의 시대적 상황에서 말씀드리면 그 외의 국민도덕의 장점은 단지 일본만의 독특한 국민도덕이 아니라는 사실이 점차 입증되었습니다. 이러한 상태이므로 우리는 무엇을 국가의 자랑으로 삼을 수 있겠습니까? 일본은 오늘날 3대 강국의 하나가 되었습니다만, 진정 일등국이 되었다면 전 세계의 국가들이 일본에 충심으로 경의를 표할 것입니다.

과연 어떨까요? 이웃나라 지나는 오늘날 일본에 대하여 과연 어떤 호감을 갖고 있을까요? 쇄국의 긴 잠을 우라가(浦賀)의 해안가에서 깨어나게 해준 선진 아메리카는 우리에 대하여 과연 어떤 호감을 갖고 있을까요? 동맹국이었던 영국은 최근에 영일동맹에 대하여 어떠한 태도를 취했을까요? 세계 각국이 일본을 '제2의 독일'이라는 말로 부르고 있는 것은 과연 무엇 때문일까요? 일본의 동포가 빨치산의 잔학한 학대를 당했을 때, 세계가 과연 진정한 동정과 눈물을 흘렸을까요? 헤아려 보면 실로 유감스럽기 그지없을 따름입니다. 이는 요컨대, 일본이 아직 진정으로 국가로서의 가치, 문화국가로서의 독특한 가치를 갖추지 못하였기 때문입니다. 만약 진정으로 문화국가가 되었다면 반드시 전 세계는 저절로 일본에 경의를 표할 것입니다. 그러나 지금은 그저 무서워서 피하고 있을 뿐입니다. 이러한 상태인데도 일본은 여전히 일류 국가라고 할 수 있습니까? 우리는 조국의 앞날을 생각하면서 실로 통탄하지 않을 수 없습니다. 이러한 상태가 만약 길게 계속되면 어떻게 되겠습니까? 신문은 최근에 뭐라고 하고 있습니까? 미일전쟁, 러일전쟁, 청일전쟁, 실로 사면초가의 목소리라고 해도 좋을 일본 주변의 상태가 현재의 상태로, 이것이 길어지면 실로 우리나라의 미래는 곤란해질 것이라고 생각합니다.

그렇다면 어떻게 일본이 이러한 난관을 헤치고 국가로서의 존재, 국가로서의 가치, 국가로서의 권위, 국가로서의 행복을 증진시킬 수 있을지 말씀드리면, 일본의 모범은 독일에 있다고 생각합니다. 저는 독일에 대해서는 지식이 없습니다만, 관견(管見)이나마 피력해 보겠습니다. 독일은 횡포 잔학한 전쟁을 일으켜 세계를 적으로 싸웠습니다. 그럼에도 불구하고 여전히 독일국가가 오늘날 존속되고 있는 이유는 어디에 있을까요? 이는 정치가, 군인, 외교관의 입장에서 보면 어쩌면 약간씩 다르겠지만, 우리 같은 문화주의자, 또는 창조주의자의 견지에서 보면 (세계에서 적어도 마음이 있는 사람들은 독일의 현재 국가의 상태 내지는 군사 상태에 대해서는, 즉 시간과 공간에 한정되어 있는 독일에 대해서는 반감이나 증오도 갖고 있겠지만,) 독일 전체, 즉 문화사적으로 본 독일에 대해서는 어느 정도의 경의를 표하고 있지 않을까요? 독일은 망해도 독일 문화는 멸망하지 않는다는 점이 독일을 오늘날 여전히 존재하게 하고 새롭게 싹을 트게 하며, 또 장래에 국가로서의 지위를 차지하도록 하는 까닭이 아닐까요?

나아가 러시아에 대해 생각해봐도 거의 이와 같은 현상을 볼 수 있지 않을까요? 러시아에도 역시 러시아의 문화가 있습니다. 따라서 만약 우리가 눈앞에 닥쳐오는 국가의 난관을 초월해서 우리 조국으로 하여금 영원히 문화국가로서의 가치를 갖도록 하기 위해서는 일본 스스로 독자적인 문화를 창조하는 길 외에는 방법이 없습니다. 이에 우리 현대 교육자의 사명이 더욱 중차대해졌습니다. 왜냐하면 이러한 국가적 난관을 헤치고 나아가기 위해서는 일본의 독특한 국가 문화를 창조해야 하는데, 그 원동력을 제공하는 것이 교육이기 때문입니다. 그렇다면 일본에 소개된 많은 교육주장 중에 과연 어떤 것이 국가의 문화 창조를 목적으로 하고, 또 이러한 목적을 달성하는 데에 가장 적합할까요? 이것을 이해해주시지 않으신다면 제가 3시간에 걸쳐 한 이야기는 실례지만 아무런 가치가 없는 것이 될 것입니다. 그러니 현명한 여러분은 이 점에 관하여 여러분 스스로가 대답을 찾으실 것이라 생각되오니, 제가 여기에서 굳이 결론을 내지는 않겠습니다. 긴 시간 경청해주셔서 감사합니다. (박수)

動的教育論

동적교육론

제6장

동적교육론(動的敎育論)

오이카와 헤이지(及川平治: 1875~1939)

1. 서언

제가 동적교육론을 연구한 지 어느덧 15년이 되었습니다. 제일 처음에『분단식 동적교육법』을 저술한 것을 시작으로 어느덧 10년이 지났습니다. 그래서인지 '아이우에오'의 '아'라는 글자를 가르치는 방법을 어떻게 할 것인지, '1더하기 1은 2가 된다'는 것을 어떻게 가르칠 것인지와 같이 세부적인 영역까지 동적교육학의 관점에서 연구해 왔습니다. 그러나 오늘은 그런 이야기를 하려는 것이 아닙니다. 저는 제1차 세계대전이 끝난 후에 불현듯 교육개조의 필요성을 깨닫게 되어 동적교육을 시작하게 되었습니다. 그러나 오늘의 '실제교육의 문제' – 생활교육론, 행함으로써 배운다는 교육론(Learning by Doing), 학습동기론, 분단적·개별적 취급론, 본능충동의 순화론, 제재(題材)의 자유창조론 등은 모두 동적교육론이라는 맥락에서 논의되고 있는 것 같습니다. 저로서는 15년 전에 주장한 이 교육법이 오늘 새로운 사조로 논의되는 것에 기쁨과 동시에 슬픔을 느낍니다. 또한 이 동적교육과 다른 학설과의 관계 및 비평에 대해서는 일체 언급하지 않을 예정입니다. 이에 대해서는 오세 진타로(大瀬甚太郎: 1866~1944) 박사가 잡지 『아동교육(兒童教育)』에서 이야기한 논문이나, 이리자와 무네도시(入澤宗壽: 1885~1945) 학사가 저술한 『최신교육학(最新教育學)』의 「동적교육론」을 참조해 주시기 바랍니다. 또한 동적교육에 관한 비평으로는 요시다 구마지(吉田熊次: 1874~1964) 박사의 『현재 교육학설의 근본사조(現今教育の学説の根本思潮)』라는 책도 있으니 이를 꼭 봐주시기 바랍니다. 앞선 도쿄시교육회에서 2회에 걸쳐 전후 10일간의 강습회를 열어 하루 5시간 정도 강연했는데, 비판적인 의견도 많았지만 동적교육의 총론도 끝맺지 못했습니다. 그런데 오늘은 2시간 반 만에 이야기해야 하기 때문에 어떻게 이야기하면 좋을지 사실 좀 곤란한 상태입니다. 여러분들이 한 부분만을 듣고 전체를 비판하는 것도, 질문하는 것도 불가능하지 않을까 생각됩니다. 지금부터 본론으로 들어가겠습니다. 단, 공론을 피하고 실제론을 이야기하겠습니다. …… 여러분이 철학이든 과학이든 고원(高遠)한 이론을 원하신다면 얼마든지 할 수 있습니다만, …….

2. 정적교육과 동적교육의 비교

먼저 정적교육과 동적교육을 비교해 보겠습니다. 지금 여기에 아이가 잠자리를 바라보고 있습니다. "아, 잡고 싶다."란 욕구가 생깁니다. 그래서 과거의 경험을 살려 손으로 잡으려고 합니다. "아 도망갔다. 놓쳤다." 그 다음에는 모자를 갖다 덮어봅니다. 이런 방법으로는 드물게 잡히기도 하지만, 역시 쉽사리 잡히지 않습니다. "어떻게 해서든 더 가까이 가지 않고도 잡는 방법은 없을까?" 이런 생각을 하며 대나무 끝에 둥글게 만든 헝겊을 걸쳐 도구를 만듭니다. 이전보다는 잡기 쉽지만, 바람이 잘 통하지 않습니다. 그래서 이번에는 그물망을 가져와서 둥글게 만든 후 대나무 끝에 연결하여 잠자리를 잡아봅니다. 이렇게 하면 쉽게 잡을 수 있겠다는 생각이 들었습니다. 이와 같이 잠자리를 잡는 방법, 잠자리를 잡기 위한 활동과정은 제재(題材)입니다. 잠자리를 잡는 방법이라는 지식을 아이들이 스스로 구성한 것입니다. 자신의 지식구성을 창조한 것이라고 해도 좋습니다. 또한 잠자리를 잡는 방법적 지식은 "잡고 싶다"고 하는 욕구를 기반으로 (그 욕구는 바로 호기심에서 일어나는지도 모릅니다.) …… 그 욕구를 만족시키기 위하여 방법을 만들어낸 것입니다.

이런 경우에 지식은 욕구만족에 의미 있는 작용을 합니다. 하나의 기능을 발견하려면 몇 차례 시도하여 실패하고, 또 실패를 거듭하면서 마침내 좋은 방법을 생각해낼 때까지 여러 번 시행착오 학습을 하는 것입니다. 시행과 착오는 아이들에게 가장 중요한 학습입니다. 여기에서 잠자리 잡는 방법이라는 활동과정이 제재(소재)이며, 그것이 욕구를 만족시키도록 조직하는 것이 참된 구조, 즉 창조입니다. 그럴 경우에 아이들은 그 지식기능을 스스로 만들어냈기 때문에 자학(自學)하는 것이 됩니다. 그러므로 "자학은 제재를 자력에 의해 구성하는 작용입니다." 또는 더 나아가 자학의 정의를 들어보면, "자학은 과거의 경험을 자력으로 개조해 가는 과정입니다." 오로지 "자학은 자력으로 배우는 것이구나." 이렇게 생각해 버리면 의미가 막연해집니다.

다음으로는 이러한 경우에 지식의 의미에 대하여 생각해 보아야 합니다. 즉 아이들과 잠자리 사이에 거리가 있다는 것은 가까이 가기 어렵다는 사실을 의미합니다. 손으로는 잡을 수 없고, 모자 같은 큰 물건을 갖고 가야 잡을 수 있다고 한다면, '크다'는 것은 물건을 넣기 쉬운 것을 의미합니다. 그 후에 긴 대나무를 가져가려고 생각합니다. '길다'는 것은 가까이 가려는 노력을 나타냅니다. 그리고 헝겊으로는 쉽게 공기가 통하지 않고, 그물망의 눈이 매우 작다는 것은 공기가 통과하기 어려운 것을 의미합니다. 반대로 그물망의 눈이 크다는 것은 바람의 통풍이 쉽다는 것을 의미합니다. 지식의 구성에는 생존상의 의미가 포함된다는 점을 생각해야 합니다.

오늘날 이과 교수는 "철은 무겁다", "철은 녹슬기 쉽다" 등을 가르치려 하지만, 지식의 의미를 망각하고 있습니다. 단단하다는 것은 부서지기 어렵다는 것을 의미합니다. 무겁다는 것은 옮기기 어렵다는 것을 의미합니다. 녹슬기 쉽다는 것은 방치해두면 안 된다는 것을 의미합니다. 그리고 치거나 부수거나 운반하는 것은 사람의 행동입니다. 때문에 의미라는 것은 행동을 의미한다는 것으로 이해할 수 있습니다. 최근에 심리학과 논리학에서 의미론을 배우지 않은 사람들은 저의 설명을 이해하기 어렵겠지만, 만약 어떤 사람이 이것은 단단하기 때문에 부수기 어렵다고 생각하거나, 무겁기 때문에 운반하기 어렵다고 생각한다면 오해입니다. 부수기 어려운 것을 단단하다고 말하는 것이며, 들기 어려운 것을 무겁다고 말합니다. 이와 같이 생각해야 합니다. 그래서 이러한 식으로 교육방법을 확립하려면, 어떻게 해서든 아이들을 가르치는 교수법의 근본은 자학이 되도록 하여야 합니다.

이 경우 교사는 무엇을 해야 할까요? 교사는 단지 그 의미를 지도하면 되는 것입니다. 가까이 다가가지 않고도 잡을 수 있는 방법을 생각해보라고 하는 것이 좋습니다. 공기가 통하기 쉽게 하려면 어떻게 해야 할지 더 생각해 보는 것이 좋다고 지도하는 것으로 충분합니다. 그렇지만 사람들은 그러한 것을 깊게 생각하지 않습니다. 잠자리 잡는 방법이라는 지식기능이 여기에서 완성되었다고 생각합니다. 교재는 이미 만들어진 기성(旣成)의 존재로 여긴 채, 이것만을 교수법으로 생각하고 지식의 본래 의미를 잊고 있었습니다. 교재를 기성의 존재로 간주하였다고 그 내용이 틀리다고 하는 것이 아닙니다. 단지 그 존재를 제대로 전달할 수 있을지를 교육의 문제로 여기는 것입니다. 본시 교재라는 것은 무엇일까요? 아이가 잠자리 잡는 방법의 지식을 구성하는 과정이 미숙하고 불완전하므로, 그보다 한 걸음 나아간 방법을 구성한 것이 교재입니다. 그렇기 때문에 "교재는 아이들의 학습과정보다 한 걸음 더 나아간 학습과정"이라고 정의해야 합니다. 한 걸음 더 나아가는 것을 예상하지 않는 교재는 바람직하지 않습니다. 그런데도 종래의 교육은 여기에서 잠자리 잡는 방법 또는 잠자리를 잡는 물건(사물)만을 생각하고 있습니다. 물건은 지식이 아닙니다. 물건에 대하여 생각하는 방법이 지식입니다. 잠자리 잡는 방법이라는 지식을 이미 정해진 것으로 생각하고 있습니다. 이것은 정적교육입니다. 이를테면;

첫째, 형체: "곤충망의 형체는?"
　　　　　　"원형으로 대나무가 붙어 있는 것입니다."
둘째, 구조: "무엇으로 만들어져 있나요?"
　　　　　　"망과 대나무, 실로 만들어져 있습니다."
셋째, 종류: "어떤 종류가 있나요?"
　　　　　　"촘촘한 것도, 거친 것도 있습니다. 대나무 고리도 있고,
　　　　　　 쇠로 만든 고리도 있습니다."
　　　　　　"이러한 식으로 여러 종류가 있습니다."
넷째, 효용: "무엇을 하는 데 사용하나요?"
　　　　　　"잠자리를 잡습니다."
　　　　　　"또 무엇을 하나요?"
　　　　　　"때에 따라서 물고기를 잡는 데 사용해도 좋습니다."

이런 식으로 교육하고 있습니다. 이런 교육은 거기에 교재라는 이미 정해진 존재물이 있으며, 이것을 교수하려는 정적(靜的)인 사상에서 나온 것입니다. 이런 방식은 어쩌면 아이들의 생활과 동떨어져 있는

것은 아닐까요? 아이들의 마음은 "잠자리를 잡고 싶다. 어떻게 해야 할까" 하는 욕구를 충족하려고 움직이고 있습니다. 그런데 교사는 "형체, 구조, 종류, 효용, 기억했어? 누가 말해 보자. 요약해서 설명해보세요." 이렇게 말하는 것입니다.

그런데 요약 정리할 때에는 잘하는 아이들만 하고 열등생들은 한 번도 요약 정리를 해 볼 기회가 없습니다. 그래서 이러한 교육을 이름 붙여 '대표학습'이라고 합니다. 졸업증서를 받을 때에는 대표만 받는 것이 효율적이지만, 학습하는데 대표만 발표하는 것은 전혀 도움이 되지 않는다는 것을 교사들은 미처 깨닫지 못하고 있습니다. 여기에 문제가 있습니다. 조금 더 예를 들어 보겠습니다. 생활이라는 단어는 여러 가지로 해석됩니다. 그렇지만 욕구 실현의 과정을 생활이라고 한다면, 이 잠자리 잡는 방법은 생활, 즉 학습이 되는 것입니다. 이 점을 깨닫지 않으면 안됩니다. 어떻게 해서든 잠자리를 잡도록 행동을 구성해야 됩니다. 꼭 그 행동을 조직해야 합니다. 뭔가 반동(反動)을 해야 합니다. 이것은 상황론입니다. 상황론을 염두에 두지 않는 동적교육, 창조교육, 자유교육은 성립하지 않는다고 오세 진타로 박사는 잡지 『아동교육』에서 언급했습니다(「조정(調整)으로서의 교육론」).

그런데 생활이라는 것은 상황의 연속입니다. "잠자리가 왔다. 어떻게 잡을까? 손으로 잡는 것은 잘 안 된다. 모자로 잡으면 어떨까? 어떻게 행동을 변경해야 할까?" 이와 같은 상황의 연속입니다. 상황에 적응하고 반동하면서 연속적 발전을 하는 것입니다. 적응이라는 것은 자기의 욕구를 만족시키기 위해 행동을 조직하는 것입니다. 그 후에 잠자리 잡는 방법을 이와 같이 경험한다면, 나아가 새를 잡을 경우에도, 즉 느리게 나는 새를 잡는 방법, 작은 새를 잡는 방법과 같이 새로운 상황에 적응하는 방법을 구성할 수 있게 됩니다.

지식의 응용이란 의미의 응용을 말합니다. 남이 만들어놓은 지식을 그저 기억하도록 주입하는 것은 가장 마지막에 해야 합니다. 아무리 우리 사회가 변화해도, 또 아무리 우리가 새로운 상황에 서게 되어도 신속하고 용이하게, 그리고 정확하게 적응할 수 있어야 합니다. 이 점이 중요합니다. 그리고 제재를 구성하는 경우에 지식도 감정도 의지도 아닌 신체와 정신 전체가 공동으로 활동하고 있다는 점을 생각해야 합니다. 제재의 구조, 즉 학습이라는 것은 우리의 활동을 조직하는 것으로, 정신만 움직이는 것이 아닙니다. 스탠리 홀(G.S. Hall: 1844~1924)[1]은 말했습니다. 옛날에는 3가지의 R, 즉 읽기, 쓰기, 셈하기를 중요시했지만, 오늘날은 3가지의 H, 즉 머리(Head), 손(Hand), 마음(Heart)을 세심하게 움직여 사람을 양육하라고 주장합니다. 이러한 목적을 달성하기 위해서는 신체와 정신작용을 나누어 교육하는 것은 좋지 않습니다. 교육학을 조직하는 경우에는 연구하기 용이하도록 구분해도 좋지만, 실제교육을 할 때에는 이러한 사고방식은 좋지 않습니다. 동적교육을 한다면 아이들은 단순히 지식을 구성하는 것에 흥미를 가질 뿐만 아니라, 지식의 가치를 기뻐하는 인간이 될 것입니다. 이러한 아이들의 요구를 근본에 두고 어떻게 강한 동기를 일으킬 것인가 하는 문제를 생각해야 합니다. 이 동기론은 나중에 다시 이야기하겠습니다.

그런데 요즘 저희 학교에 오시는 분들이 "이 학교의 학생들은 잘 움직이네요. 저희 아이들은 잘 움직이지 않습니다." 이런 이야기를 합니다. 하느님은 시골 아이들을 어리석게 만들고, 저희 학교의 아이들만 현명하게 만들지는 않았을 것입니다. "움직이지 않습니다." 이 말은 "움직이려고 하지 않습니다." 이런 의미입니다. 아이들이 가정에 있을

---

1) [역자주] 그랜빌 스탠리 홀(Granville Stanley Hall): 미국의 심리학자. 1883년에 미국에서 최초의 심리학 실험실을 설립하였다. 1887년에는 세계 최초의 심리학 잡지인 《미국심리학잡지》를 발간했다. 발생적 방법과 질문지 조사법에 의한 아동 및 청년기의 연구가 유명하다. [두산백과]

때에는 그림책 한 권을 들고 와서 "아버지, 이것은 뭐예요? 누가 중위예요? 누가 대장이에요?" 하고 계속 질문하지 않습니까? 더욱이 요즘 아이들은(최근에 상당히 좋아진 것 같습니다만) 학교에 오면 "이것에 대해 묻고 싶은 것이 있는데요" 하고 질문을 합니다. 하지만 가정에서 지식욕이 발동하는 것처럼 거리낌없이 편하게 질문하는 아이들은 많지 않습니다. 결국 학교교육은 아이들의 지식욕을 위축시키고 있다고 단언하지 않을 수 없습니다. 조금 더 아이의 입장으로 돌아가서, 즉 아이에게 감정을 이입해 교육해주시기 바랍니다. 저희 학교에서는 아이가 수업이 끝나면, "이 문제를 모르겠습니다. 선생님 이 부분은 제 생각과 다릅니다."하면서 교무실로 찾아와 계속 질문합니다. 그런데 다른 학교 얘기를 들어보면, 50명의 학생이 있어도 실제로 교무실에 와서 질문하는 학생이 한 명도 없는 경우도 있는 모양입니다.

3. 학습의 정의

지금부터 세 번째 문제로 들어가겠습니다. 이번에는 학습의 의미에 대해 이야기하겠습니다. 학습이란 "우리의 욕구를 충족시키기 위해 그 욕구를 충족할 방법, 즉 활동계통을 스스로 구성하는 과정이다." 이것이 학습에 대한 저의 정의입니다. 오늘날의 심리학이나 논리학에서도 이렇게 생각할 것입니다. 제가 멋대로 생각하고 있는 것이 아니라는 점에 대해서 이제부터 설명드리겠습니다.

첫째, 교육을 단지 교재를 잘 가르치는 것이라는 생각을 버리고, 교재에 도달하도록 아이들의 경험을 길러준다는 생각을 가져야 합니다. '교재란 무엇인가' 하는 경우에, 지식이라든가, 기능이라든가, 습관 또는 타인의 이상(理想) 등을 내세웁니다. 그러나 지식이나 기능, 습관은 무엇일까요? 지식은 물체가 아닙니다. '화강암은 교재다'라고 말하는 것은 '화강암은 단단하며, 풍화작용을 받기 어렵다'는 생각, '운모, 장석, 석영'의 혼합이라고 생각하는 방식을 가리키는 것입니다. 어떤 사고방식이 지식인지 아닌지, 그 사고방식의 진의를 정하는 문제는 가치론이기 때문에 생략하겠습니다. 재봉 과목에서 홑옷의 바느질을 가르칠 때, 홑옷의 바느질은 지식기능이지만, 재봉과목은 어떤 것일까요? 그것은 이러이러하게 치수를 재고, 이러이러하게 재단해서, 이러이러하게 꿰매고, 이러이러하게 다리미질을 하는 것과 같은 활동과정의 조직입니다. 이 과정을 없애고 지식이 어떻게 성립되겠습니까?

여기에서 곤란한 문제가 제기됩니다. "활동을 전달하는 방법이 있는가?" 이런 질문이 나올 수 있습니다. 활동은 손으로 물건 건네듯이 "이것 줄게요", "예, 받겠습니다." 하는 식으로 되는 것이 아닙니다. 아이들은 지식을 넣는 주머니도 아니고, 넣을 물건도 아닙니다. 이에 활동을 전달하려면 아이들 스스로 활동하도록 해야 합니다. 아이들이 직접 치수를 재고, 재단하고, 꿰매고, 다리미질을 해야 합니다. 이럴 때 어떻게 활동과정을 조직하는가에 대해 설명해 보겠습니다. 예를 들어 홑옷의 기능을 생각하면서 더위도 조금 예방하도록 그다지 두껍지 않은 홑옷을 만들고 싶다는 욕구가 있다면, 그 욕구를 충족시킬 수 있도록 구성해야 합니다. 철자법이든 산술이든 모두 마찬가지입니다. 재거나 자르거나 꿰매는 아동의 활동 과정은 미숙하고 불완전합니다. 아이로서는 최선의 방법을 시도하고 있겠지만, 교사가 보면 미숙하고 불완전합니다. 그래서 교사가 아이의 활동을 조직하기보다는 한 걸음 더 나아간 활동과정을 예상하여 진행해야 하는 것입니다. 따라서 교재라는 것은 아이의 활동과정보다 한 걸음 더 나아간 활동과정이라고 할 수 있습니다. 아이의 이러한 과정을 보지 않고 교재를 만들어야하는 곤란함이 바로 여기에 있습니다.

오늘날의 교육에서 교재라는 것은 아이들의 지도에 필요한 최후의 표준입니다. 저는 교재를 기성 존재물로 볼 수 있는지 없는지를 문제 삼는 것이 아니라, 존재물을 전달할 수 있는지 없는지를 문제시하고 있는 것입니다. 한 예로 오늘날의 지리과 교수법을 보면, 대개 "제1장 교통에는 철도, 항로. 제2장 도회에는 인구가 몇 명인지, 어떤 장사를 하고 있는지. 제3장 산업에는 농업인지, 상업인지, 공업인지." 또한 "요약해서 말해주세요." 이렇게 되어 있습니다. 이것은 즉, 학자가 머리로 정리한 교재를 지식 형태로 전달하려고 하는 것이 아니겠습니까?

여기에 교육상의 일대 비약이 있다는 것을 생각해야 합니다. 아이들의 입장에서 생각해 보면, 지리 학습은 2단계로 나누어져 있습니다. 예를 들어, 교토를 여행할 때, "무엇을 보면 좋을까요?" 하고 물어봅니다. 명소의 유적지를 조사해보고, 어떤 순서로 갈지 지도를 보며 교통을 알아보고, 어떤 토산품을 사면 좋을지 생각하여 특산물을 살펴보려고 하는 것은 아이들의 자연스런 욕구입니다. 그와 관련된 문제를 몇 번에 걸쳐 해결한 후에, 이러한 구체적 경험을 그대로 놔두면 막상 사용하려고 할 때 잘 안 되기 때문에 어떻게 하여 분류할 것인지, 즉 분류 기능으로 학습동기를 불러일으켜 명소 유적지, 교통, 산업이라는 지식에 도달하게 합니다.

이는 전적으로 기능적 논리학의 입장에서 생각해야 합니다. 아무리 새로운 교육학도 철학과 무관할 수는 없습니다. 그리고 철학도 필요하겠지만, 교육의 방법을 세우려면 생물학적으로 이러이러한 점, 심리학적으로 이러이러한 점, 논리학적으로 이러이러한 점을 명료하게 설명할 수 있어야 신교육학을 주장할 자격이 있습니다. 학자로부터 배운 공론을 그냥 따라하거나, 독단적으로 새로운 학설을 주장해도 도움이 되지 않습니다. 저는 원래 학자가 아닙니다. 기능적·발생적 심리학, 기능적 논리학, 기능적 사회학 등의 학문을 전공한 사람도 아닙니다. 그렇지만 동적교육에 관한 부분은 강연할 수 있다고 확신합니다. 또 동적교육에 관계있는 철학도 찾아보고 있습니다. 실제로 지금까지 여러 곳에서 강연해 왔습니다. 동적교육은 단지 생물학만을 기반으로 한 것이고 철학적 배경이 없다고 생각하는 저급한 청강자들은 한명도 없을 것이라고 생각합니다만, 한마디 해두겠습니다. 학문의 기초가 없는 새로운 학설은 틀림없이 그냥 옛 것을 버리고 새로움을 좇는 유행의 교육학으로 끝나고 말 것입니다. 지금부터 앞에서 내린 정의를 분석하겠습니다.

1) 상황론

먼저 상황론입니다. 아이들의 situation(상황론)을 이야기하고자 합니다. 상황이라는 말은 생물이 어떠한 반동을 요구하는 사정(事情)을 말합니다. 사정이라는 것은 뭔가 환경을 중시하는 경향이 있습니다. 상황이란 나와 환경과의 관계에서 자기를 발견하는 의식이라고 정의하면 좋을 것입니다. 아이들의 상황을 존중하여 교육에 성공한 나라는 독일이 첫 번째, 미국이 두 번째입니다. 제가 가본 적은 없지만 독일 맨하임 등의 보습교육은 확실히 이 실제적 상황을 존중하고 있습니다. 오늘날의 교육에서는 "학생 여러분들이 머지않아 사용할지도 모르니까 일단 기억해 둬라" 하는 방식을 취하고 있다고 생각합니다. 이러한 교육은 정말이지 좋지 않습니다. 아이들은 어떠한 상황에서 그에 반동하게 됩니다.

그런데 이 반동은 단지 기능적 반동에 의한 것이 아니라, 자신의 입장에서 개성적으로 반동하는 것입니다. 반동이라는 것은 둥근 곳에 들어가서 둥글게 되는 것이 아니라, 항상 자신의 욕구가 충족되도록 행동과정을 조직해 가는 것입니다. 여기에서 우리는 성장의 교육을 생각해야 합니다. "교육은 성장의 유발"이라고 정의할 수 있습니다. 성장이라는 것은 보통 생물학에서 신체를 조직하는 세포의 분량이 증가하는 의미로 사용되고, 그 세포의 기능이 나아지는 것을 발전이라고 이야기하는데, 여기에서는 그러한 것이 아닙니다.

성장의 특징은 정의하기 어렵지만, 먼저 성장은 가전적 분제(可轉的分題)가 불가능합니다. 예를 들어 수학에서는 2+3=5를 5=2+3이라고도 합니다. 그러나 성장은 이러한 개념이 아닙니다. 성장은 상황의 연속이기 때문에, 아이들은 어른이 되지만 어른은 아이가 되지 못합니다. 그것이 성장의 첫 번째 요건입니다. 두 번째는 성장이라는 것은 단지 마음의 움직임이 간단한 것이기에 복잡한 것으로 나아가고자 하는 분량(分量)의 문제가 아니라, 양과 질의 문제로 생각해야 합니다. 다시 말해서 아이들과 어른의 차이는 목적과 흥미를 달리하며 발달해 나가는 것입니다. 그 외의 요건은 설명을 생략하겠습니다. 지금 여기에 큰 컵을 갖고 와서, "자 이것으로 무엇을 해야 합니까" 하고 물었을 경우에, "선생님, 컵을 빌려 주세요. 거기에 금붕어를 넣어 기르고 싶어요." "선생님, 그것으로 진흙놀이를 하면 재미있을 것 같아요." 이렇게 생각할지도 모릅니다. 아이들은 여러 가지 자신에게 의미 있는 것을 문장으로 씁니다. 그런데 만약 교육자가 성장의 개념을 잊고서 "무슨 바보 같은 소리를 하니. 유리로 만든 컵은 물을 마시는 것으로 써야 해." 이렇게 말했다면 어떻게 되겠습니까? 오늘날 이렇게 교육하는 사람은 없겠지만, …… 다른 교과에서는 이와 비슷한 일이 벌어지고 있습니다.

성장의 개념을 넣어서 교육하면 더욱 재미있는 문제가 됩니다. 지금 상황론을 논의하지 않고, 성장의 개념을 도입하지 않는다면 오늘날의 사상문제는 해결되지 않습니다. 오늘날 잡지에 게재되는 교육론을 보면, 대부분 결과주의에 근거하고 있습니다. 해외발전의 기풍을 배우지 않으면 안 된다고 교육계에서 주장하고 있습니다. 즉, 외국의 지리를 구체적으로 가르쳐 주라고 말합니다. 그러한 것은 사실 아무래도 상관없습니다. 아무래도 좋다고 하면 어폐가 있지만, 그것은 나중의 문제입니다. 해외발전의 기풍을 기르기 위하여 제일 필요한 것은 독립심을 기르는 것입니다. 그리고 두 번째로는 자유롭지 못한 환경을 개혁하려는 흥미를 길러주는 것입니다. 사람들은 말합니다. 입헌사상을 기르기 위해서는 법률같이 진부한 것을 가르치거나, 시정촌제(市町村制)나 헌법 강의를 하면 된다고. 그렇게 하는 것도 나쁘지는 않습니다. 그렇지만 입헌사상을 기르기 위해서는 단체생활의 가치를 인정하고 스스로 느껴서, 그 단체를 위해 공헌하는 활동을 즐거워하는 국민을 만드는 것이 근본입니다. 이러한 생각으로 성장의 개념을 가르치지 않으면 오늘날의 사상문제는 교육적으로 해결되지 않을 것입니다. 아이들은 어른이 아니라는 점을 명심해야 합니다.

다음으로, 상황과 지정의(知情意)와의 관계에 대하여 이야기하겠습니다. 지금 저 건너편에 연기가 보이기 시작합니다. "아 연기다, 불이 번지고 있다. 화재다." 이렇게 지각하고 인지합니다. 이는 지식의 움직임입니다. "아 불쌍하구나, 가엾다"고 생각하는 감정도 있습니다. "뭔가 해야 한다. 그러나 내가 간다고 해도 방해가 될 거야. 소방서나 경찰서에 전화해볼까?" 답변을 들을 때까지 뭔가 의미있는 일을 하려고 서성거리는 경우도 있습니다. 이것이 의지의 움직임입니다. 이 경우에는 지정의라 불리는 것이 분열되어 있지 않습니다. 그렇기 때문에 지식은 상황을 우리의 한계 앞까지 갖고 오는 기능을 합니다. '가엾다'거나 '불쌍하다'라고 할 때, 그의 아픔은 나의 아픔이며, 그의 기쁨은 나의 기쁨이라고 느낍니다. 감정은 나와 상황을 일치시키는 기능을 갖고 있습니다. 또한 화재를 해결할 때까지 뭔가 행동을 하게 해주기 때문에, 의지는 우리를 그 위치에 그대로 있도록 하는 기능을 갖고 있습니다.

다음으로 "어떻게 하면 이 화재를 해결할 수 있을까? 어떻게 하면 좋을까?" 하는 동작 방안을 세우는 것이 지식입니다. 그렇기 때문에 지식은 동작 방안을 세우는 기능을 갖고 있습니다. "어떻게 하면 좋을까? 이렇게 하면 좋을까? 애처롭다. 유감이다." 이러한 감정을 불러일으킵니다. 그러므로 감정은 동작 방안을 세우지 않는 경우에 동작 방안을 세우라고 자극하는 움직임입니다. 그리하여 몇 차례 동작 방안을 세워 실행하면, 여기에서 의지라는 것이 본격적으로 움직이게 됩니다. 이러한 방식으로 생각해 보면, 우리가 교수의 단계를 세울 경우에 연구의 편의로 지식교수의 단계, 기능교수의 단계를 세우는 것도 괜찮겠지만, 만약 우리가 생활과 학수(學修)의 형태를 일치시키려고 한다면 어떻게 해서든 학습단계의 처음에 동기 유발이라는 단계를 두기 바랍니다.

행동의 색채에는 정(情)이 중요하게 작용하는 경우가 있습니다. 지식이 중요하게 작용하는 경우도 있지만, 교육에서는 사람의 마음의 움직임을 지정의로 분석하여 각각 교수, 훈련, 양호의 방법을 세우는 방식은 옳지 않다고 생각합니다. 이렇게 말하면 "그런 말도 안 되는 …… 교수할 때 훈련을 고려하지 않는 경우가 있겠는가?" 하고 반박할지도 모릅니다. 물론 수업 중에 옆을 보거나 장난을 치면 엄하게 꾸짖습니다. 그런 아이를 제지하며 훈련시킬 때도 실제로 있습니다. 그렇지만 그 경우는 제 주장과는 의미가 다릅니다.

감정이란 것은 상황에 순응하는 것이 여의치 않을 때 생기는 것입니다. 순응 장애를 생각해야 합니다. 우리에게 감정이 일어나는 경우를 생각해 보십시오. 지금 규슈(九州) 지역은 대홍수라고 해도 좋을 정도로 처참한 상황에 처해있습니다. "이들도 우리 동포가 아닙니까? 어찌 구하지 않을 수 있겠습니까?" 하는 지식 논리로 의연금을 모금하고 있지만, 이에 응하는 사람들은 적다고 합니다. 이보다도 더 잘 반응하는 경우를 사례로 드는 것이 좋겠지요. 어떤 부인이 홑옷 한 장을 입은 채 덜덜 떨고 있습니다, 아이들은 학교에 도시락을 갖고 오지 못해 굶고 있습니다. 환자가 약을 구할 수 없어서 죽음을 기다리고 있다고 합시다. 이때 "가련하다"는 감정이 움직이는 것입니다. 수신이나 역사, 문학 교육에서 교재를 음미할 경우에는 이 입장을 취해야 합니다. 예를 들어 구리타 사다노조(栗田定之丞: 1767~1827)라는 인물이 있었습니다. 그 사람이 사는 곳은 바람 때문에 해변의 모래가 날아와서 논밭이 백사장처럼 되었습니다. 그래서 어떻게 해서든 이를 해결하기 위해 나무를 심었습니다. 나무가 시들었습니다. 다시 나무를 심었습니다. 또다시 시들었습니다. 마을 사람들은 사다노조가 하는 일에 반대했습니다. 그렇지만 그는 논밭을 살리고 싶다는 욕구를 충족하기 위해서 끝까지 용기를 내어 결국에는 훌륭한 방풍림을 만들었습니다. 사다노조의 욕구를 충족하는 방법(동시에 마을 사람들의 욕구를 충족하는 방법)은 제재(題材)였습니다. 마을 사람들의 반대를 받기도 하고, 또 자연의 장애에 직면하면서도 결국 분투하여 훌륭한 숲을 만들었다고 봐야 합니다. 이것이 제재의 구조입니다.

여기에서 교재의 음미는 생활 속에서 요구되며, 제재의 직능구조라는 견해를 취해야 합니다. 그리하여 판서의 내용은 첫째, 정성스럽게 하는 행동. 둘째, 오랫동안 타인을 위해서. 셋째, 몇 번이나 반복하여. 넷째, 훌륭한 숲을 만들어 꽃이 피고 새가 울어 사람들은 기뻐했습니다. 다섯째, 몇 만 년 후까지도. 결국 구리타(栗田) 신사의 이러한 제재의 구조에 따라서 감정의 계열이 움직이도록 하는 것입니다. 수신, 역사 같은 학과도 산술, 지리 같은 지식기능과 마찬가지로 교수단계에서는 다르지 않습니다. 우리는 생활양식과 학습양식을 일치시키려고 합니다.

상황론을 실제적 상황, 상징적 상황, 개인적 상황, 사회적 상황, 특수적 상황, 유형적 상황 등으로 나눌 수 있지만, 지금은 언급하지 않겠습니다. 근래에 간행된 『동적교육의 교안 사례(動的敎育の敎案例)』를 봐주시기 바랍니다. 그런데 오늘날의 교육은 아동을 상상적 상황에 세우고 제재를 구성하는 경우가 적지 않습니다. 더욱이 수신과는 이야기가 재미있기 때문에 아이들이 즐겁게 들을지도 모릅니다. 그러나 "그

는 아키타현(秋田縣) 사람이다. 모래 위에 나무를 심어서 숲을 조성했다. 몇 번이나 실패했다. 그 사이에 마을 사람들의 반대도 있었다. 그럼에도 이를 극복했기 때문에 너희들도 그렇게 해야 한다"는 식으로 이야기를 시작하면 처음에는 재미있는 이야기라고 생각해서 듣지만, "그렇기 때문에...." 이후는 잔소리 단계로 변합니다.

제가 수신과목, 역사과목 문예의 혁신을 제창한다면, 매우 할 말이 많이 있습니다만, 지금은 자세히 논할 시간이 없습니다. 오늘날 수신교과서의 수업방식은 전혀 유효한 방법이 아닙니다. 왜 그런가하면 누나인 야에(八重)가 남동생인 사부로(三郎)를 데리고 들판에 나가 꽃을 땄는데, 사부로가 딴 꽃이 적었기 때문에 나누어 주었다는 내용의 이야기를 가르치려고 합니다. 아이들을 이런 식으로 가르쳐서는 안 됩니다. 아이들의 실제 생활과정에서 보면, 누나가 남동생이나 여동생을 데리고 놀러갈 때에 인력거가 다니는 번화가보다도 들판으로 데려가서 노는 것이 좋다고 생각하여 들판에 가서 꽃을 땁니다. 동생의 꽃이 적다면 이미 딴 것을 나누어 줘도 좋으며, 또는 지금부터 따서 보태줘도 좋을 것입니다. 이어서 집으로 돌아간 후에 어떻게 했는가 하는 생활과정으로 연결되어야 합니다.

그런데 오늘날의 수신 교수법은 그렇지 않습니다. 단지 들판에서 일어난 일을 가르치려고 합니다. 이것은 교과서의 잘못이 아니라 가르치는 방법의 잘못입니다. 덕목주의의 관점에서 편집된 교과서를 그냥 교과서 순서대로 가르치면 그다지 도움이 되지 않습니다. 지금 아이들이 목욕탕에 가보면, "더러운 물로 얼굴을 씻지 마시오(청결), 물통을 장시간 혼자만 사용하지 마시오(친절), 차가운 물방울을 튀겨 주위 사람들에게 피해를 주지 마시오, 물이 뜨겁더라도 타인이 원한다면 참으시오(인내친절)" 등과 같이 간단한 행위라도 각종 덕목이 결부되어 있는 것을 생각해야 합니다. 수신서의 끝에 '착한 아이'라는 한 과가 있습니다. 많은 수신교과서를 보면, 규칙에 관한 도덕, 교제에 관한 도덕, 사회에 관한 도덕과 같이 어떤 개념을 전달하려는 의도가 숨어 있습니다. 하지만 이런식으로는 아이들 스스로 "내가 지금보다 좋은 사람이 되기 위해서는 어떻게 해야 하는가" 하는 기개를 키우기에는 불충분합니다.

아이들이 제대로 성장 발달하려면 능력상의 차이를 인정해야 합니다. 서치(P.W. Search: 1853~1932)가 저술한 『이상적인 학교(理想の学校)』에서는 다음과 같이 적고 있습니다. "그대의 눈앞에 있는 아동은 어리석은 자도 있고 지혜로운 자도 있으며, 행동이 나쁜 자도 있고, 살찐 자도 있고 마른 자도 있으며, 초롱초롱한 눈망울을 가진 자가 있는가 하면 졸린 얼굴을 하고 있는 자도 있습니다." 따라서 모든 아동에게 똑같이 획일교육을 실시하는 것이 얼마나 불합리한 것인지는 이미 알고 있을 것입니다. 우등아, 열등아 또는 능력 부동(不同)이라는 것은 사실입니다. 그 사실에 맞는 적합한 교육은 정칙(正則)의 학급교육입니다. 사실에 맞지 않는 교육은 변칙(變則)입니다.

학자들은 예전부터 아동의 개성에 주의해야 한다고 가르쳤습니다. 그러나 실제 교육방법은 개성에 부주의했습니다. 제가 거의 15년 전부터 분단교육을 시키자고 주장한 것은 이 때문입니다. 분단식 교육을 성장이라는 측면에서 관련지어 보는데, 학급교육은 학급관리법의 문제입니다. 요시다 구마지(吉田熊次) 박사는 분단식 교육이 학급관리법의 문제라고 비평하셨습니다. 저도 『근동적 교학요강(勤動的教学要項)』(국민교육회 발행) 속에서 분단교육은 학급관리법의 문제라는 식으로 적은 적이 있습니다. 정리해 보면, 상황의 의의를 명확하게 한 후에 성장 유발이라는 개념에 이르고, 나아가 상황과 지정의의 관계를 생각해 왔습니다. 여기에 아동의 능력론을 부가한 것입니다.

2) 기능론

다음으로는 "나의 욕구를 충족시키기 위하여"로 넘어가겠습니다. 여기에서는 기능론에 앞서 요구론을 먼저 설명하는 것이 어떨까 생각합니다. 우리는 살아있으므로 활동합니다. 사람은 살기 위해 활동합니다. 그런데 존속 발전의 요구, 즉 생명이 수요가 되고, 흥미가 되고, 문제가 되어 나타납니다. 수요나 흥미, 문제는 생명 현현(顯現)의 형태입니다. 이에 대해서는 이론(異論)도 있지만, 먼저 제 생각은 다음과 같습니다.

'나'라는 존재의 욕구를 생각해야 합니다. 욕구는 처음에 본능적 충동이 되어 나타납니다. 이는 아이들의 자연적 욕구입니다만, 이 본능이라는 것을 잘 순화시켜 훌륭한 인물로 기르는 것이 교육입니다. 순화는 본능이나 충동을 박멸하는 것이 아닙니다. 이상(理想) 아래에서 충동이 움직이도록 하는 것입니다. 지금도 오세 진타로 박사와 이야기를 나누고 있습니다만, 자연의 이성화라는 것은 훌륭한 것이지만 아이들이 "지금 과자를 먹고 싶어요." 이렇게 말할 때는 자연의 욕구일까요? 이성의 욕구일까요? 아이들에게는 자연스러운 것일지도 모릅니다. 어른들은 이성의 욕구로 아이들을 나무랍니다. 이성을 선험적으로 보는 것은 생각에 따라서는 도움이 되지 않는 사상이라고 할 수 있습니다. 저도 그렇게 생각합니다. 자연과 이성을 대립시켜 생각하는 사람은 그 상호작용의 심리 과정을 명확하게 해야 합니다. 그렇지 않으면 공론으로 끝나게 됩니다. 더욱이 자연의 이성화라는 것은 오래된 사상으로, 새로운 것이 아닙니다.

제가 쓴 『분단식 각 교과와 동적교육』에서는 본능의 정화로 설명했습니다. 저는 본능충동을 순화하는 심리적 과정을 연구해 왔습니다만, 오늘은 생략하도록 하겠습니다. 저는 자연과 이성을 대립시키지 않고

226

이원론이 아닌 연속과정으로 설명하려고 합니다.

다음으로 이번에는 우리의 욕구에 대한 것입니다만, 이는 보다 좋은 방향으로 나아가는 것이지만, 조금 어려운 학리(學理)이기 때문에 생략하겠습니다. 보다 좋다는 것을 정하려면 현재보다 진보된 가치표준이 필요한데 30분이나 1시간으로 설명할 수 있는 것이 아니기 때문에 생략하겠습니다. 어쨌든 완전에 완전을 기해야 합니다. 자아를 무한으로 확장시켜 부단히 진보하는 것, 무한과 부단은 동적교육학의 근본사상입니다. 욕구라는 것은 부족함을 의미합니다. 완전함에 이르러 만족한다면 욕구는 생겨나지 않을 것입니다. 끝이라는 것을 예상하지 않고 어디까지라도 나아가는 것을 부단이라고 합니다. 현재의 나는 과거의 경험을 자료로 하여 미래의 효과를 예상해서 창조적으로 진화합니다. 무릇 사람의 활동이라는 것은 욕구만족의 기능을 온전히 하기 위하여 움직입니다.

지금부터 기능론을 설명하겠습니다. 여기에는 누가 뭐래도 심리학상의 기능론, 논리학상의 기능론, 사회학상의 기능론, 교육학상의 기능론으로 옮겨갈 수밖에 없습니다. 지금 일일이 설명할 수 없으므로 한두 가지 예를 들어 설명하겠습니다. 구조심리학은 독립된 의식을 취하여 (환경과의 관계를 떠나서) 이를 요소로 분석해서, 지적요소를 감각, 정적요소를 감응(또는 단순감정)으로 하며, 이들 요소가 결합하여 복잡해져 의식이 구성된 것으로 봅니다. 그리고 의식과 행동의 관계를 경시합니다. 의식이란 무엇인가, 의식은 어떻게 구성되는가를 연구하는 것이 구조심리학입니다. 저는 구조심리학을 잘못된 것이라고 말하려는 것이 아닙니다. 기능과 구성이라는 양쪽을 연구해야 비로소 의식이라는 것을 알 수 있기 때문에 교육학에 응용할 경우에 어느 쪽을 택하는 것이 좋을지 생각해야 합니다.

"작구나!" 하는 것은 어떤 것을 말하고 있을까요? 지금 붓글씨를 쓸 경우에 그 의식을 가로로 분해하고 붓을 위아래로 움직여 근육감각, 문자의 크고 작은 감각, 묵의 짙고 연함의 감각, 쓰는 것의 만족, 쓰고 싶다는 욕망의 요소로 구성되어 있다고 설명해도 과연 글쓰기 교수법에 어느 정도 도움이 될까요? 만일 설명을 듣지않고 문자를 쓸 경우에 사람의 의식은 생명과 어느 정도 교섭할까요? 생명이 있는 곳에 반드시 행동이 있다고 보고, 그 행동을 이끌어야 하기 때문에 의식이 움직이는 것입니다. 우선 쓰고 싶다는 욕망에서 글을 씁니다. 어느 정도의 크기로 쓸 것인지, 형태, 대소의 감각, 검은색은 – 농담(濃淡)의 감각, 아! 실수했다 – 불만족의 감각이 일어납니다. 다시 말해 의식은 행동관리 기능을 갖고 있습니다. 저는 이 말에 찬성합니다. 구조심리학에서는 기억이라는 것을 설명할 때 과거에 경험한 것이 다시 의식으로 떠올라서, 처음 한 경험이 아니라는 친근감이 일어난다고 합니다. 누구나 기억은 이러한 움직임을 갖고 있습니다.

그러나 어떻게 기억작용이 일어나는지는 명확하지 않습니다. 지금 우리가 매우 유효한 경험을 했다고 한다면, 만약 이와 같은 경우 …… 동일 상황에 직면하는 경우가 종종 있기 때문에 경험을 보존해야 합니다. 기억은 경험을 보존하는 기능, 유사한 상황에 순응하는 기능을 갖고 있습니다. 어떤 글자를 가르칠 때에 "지금 배운 글자가 사용된 적이 있었는가? 몇 쪽 어디를 봐라. 몇 번이나 사용했던 글자다"라고 말해주면 기억해야 할 이유를 더욱 느끼게 됩니다. 상상에 대해서도 여러 관념을 분해해서 소의 뿔, 덴구(天狗)의 코, 말의 앞머리, 악어의 입을 조합하여 용의 관념을 만드는 것이 상상작용이라고 설명합니다(구조심리학). 그렇지만 무슨 이유로 상상 작용이 일어나는가 하는 것은 명확하지 않습니다. 지금 우리가 타이완을 여행한다고 해봅시다. 일본보다도 덥습니다. 이럴 때 어떠한 물건을 준비하는 게 좋을까요? 모자를 쓰면 좋지 않을까 하고 상상합니다. 그렇기 때문에 상상은 아직 경험하지 않은 상황, 눈앞에 나타나지 않은 상황에 순응하는 기능을 갖고 있습니다.

전차를 탈 때 출입구에 서있지 말고 안으로 들어가면 좋은데, 사람들은 대부분 안내원이 재촉을 해도 그다지 안으로 들어가려 하지 않습니다. 이는 안으로 들어가면 내릴 때 곤란할 거라는 상황을 상상하기 때문에 빨리 적응하기 어려운 것이 아닐까요? 기능적 심리학이 교육학의 훌륭하고 유효한 기초과학이라는 점은 위에서 든 한두 가지의 예로 이해할 수 있을 것입니다. 기능적 이론의 책으로, 히타 곤이치(日田權一: 1877~1966), 도이 소료(土井壯良)가 쓴 『심리학』은 사범교과서로서 매우 호평을 얻고 있습니다. 또한 우에노 요이치(上野陽一) 학사의 『심리학 요령』도 읽어볼 만합니다.

다음으로 논리학상의 기능론으로 넘어가겠습니다. 사고의 기능(직능)을 설명하기에는 매우 시간이 부족하므로 한두 가지 예를 들어 설명하는 데 그치도록 하겠습니다. 먼저 사고(思考), 즉 생각한다는 것은 무엇일까요? 지금 기차에 탔는데 밤이 되어 졸립니다. 그다지 비좁지 않아 공기베개를 불어서 사용해 봅니다. 그런데 이것으로도 안 됩니다. 그래서 생각을 거듭하며 여러 가지를 시도해 봅니다. 선반에서 망을 잡아당겨 머리를 기대고 잠드는 사람도 있습니다. 승객들은 종래와 다른 새로운 상황에 놓여 있습니다. 이에 적응하려면 어떻게 해야 할지 생각하며 누워보기도 하고 일어나 보기도 합니다. 뻔뻔한 사람은 팔걸이를 치우고, 옆으로 길게 누워있기도 합니다. 이러한 모습을 보면 사고는 새로운 상황에 적응하는 기능을 갖고 있다고 보아야 할 것입니다.

우리는 밥을 먹을 때 본능습관으로 먹습니다. 가끔 돌을 씹으면 "어이쿠!" 하면서 혀를 굴려 입 안에서 돌을 찾아보지 않습니까? 여인들이 외출할 경우에도 그러합니다. 평상시에는 가운이나 하카마도 보통복장으로 괜찮지만, 새로운 상황에 섰을 때에는 예를 들어 시집갈 때에는 어떤 복장이 좋을까? 이 기모노로 괜찮을까? 또는 기모노를 입고 띠를 묶는 여러 방법을 생각할 것입니다. 그렇다면 사고는 새로운 상황을 지배하는 기능을 갖고 있다고 볼 수 있습니다. 아이들에게 사고하라고 할 때, 새로운 상황에 서게 해야 합니다. 이것은 매우 필요합니다. 사람은 생활상 가치 있는 욕구를 만족시키기 위해서 고민합니다. 고민은 광명으로 나아가게 됩니다. 사고는 고군분투하기 위한 것입니다. 그렇다면 교육은 아이들에게서 곤란을 제거하는 것이 아니라, 아이들의 능력에 적합한 곤란을 부여하는 것입니다. 그러나 가치를 동반하지 않는 곤란은 도움이 되지 않습니다.

다음으로 수학에서는 function이라는 것을 '함수'로 번역합니다. 예를 들어 원에 대해 이야기한다면, 직경이 길면 원주가 길고, 직경이 짧으면 원주가 짧습니다. 직경을 x라고 하고 원주를 y라고 하면, x의 양의 변화에 따라 y의 양은 변화합니다. 그 경우에는 y의 양은 x의 양의 함수가 된다고 말합니다. 수학과 같이 양을 다루는 문제는 이것으로 충분합니다. 이러한 사고는 심리학에도 있습니다. 사람들은 환경의 변화에 따라 그에 적응하는 방법을 달리합니다. 또한 욕구의 변화에 따라 그것을 충족시키는 방법을 달리합니다. 그 관계를 functional relation라고 합니다. 번역하면 기능적 관계(동적관계)라고 할 수 있습니다. 기능적이라는 생각은 동적관념의 일부입니다.

이러한 사상이 교육학에도 투영되어 환경과 생물 사이의 상호관계, 상호활동을 중시하게 되었습니다. 끊임없이 변화하는 환경(동적인 것)과 만족하지 못하는 욕구를 갖고 있는 생물(동적인 것)의 기능적 관계에서 성장발달이 이루어 진다고 설명합니다. 이 생물학적 견지는 교육학에 영향을 줍니다. 물론 생물학만이 교육학의 기초는 아닙니다. 저는 사람은 생명을 갖고 있는, 종족발전의 욕구를 갖고 있는 존재라고 믿습니다. 생명의 중요함은 가치입니다. 가치는 욕구 그 자체이지만, 욕구를 충족시키는 작용일지도 모릅니다. 생명 자체는 근본가치이고, 생명 발양에 중요한 모든 것은 방편적 가치입니다. 사람은 나와 남이 함께 살아가려고 하기 때문에 모두를 살아가게 하는 중요한 것은 보편적으로 가치가 있다고 믿습니다. 가치의 경시, 그 외에 대해서는 말하고 싶은 것이 매우 많지만 시간이 없는 관계로 여기에서 마치겠습니다.

그런데 오늘날의 교육은 아이들의 기능을 중요하게 다루고 있지 않는 듯 합니다. 학습동기를 일으킬 경우에는 기능이라는 것, 효능이라는 것을 생각해야 합니다. 기능적인 것이 곧 실제적인 것은 아닙니다. 실제적인 것이 곧 공리적인 것도 아닙니다. 이를 오해해서는 안 됩니다. 그렇기 때문에 효능의 관점에서 동기를 일으켜야 합니다. 지금 여기에 곱셈 구구단을 가르치려고 합니다. 그래서 우선 "오늘부터 앞으로 계속 사용할 구구단을 가르쳐 주겠습니다" 하고 말했다고 해서 "선생님, 중요한 것이군요, 가르쳐 주세요." 이렇게 말하며 손을 드는 아이가 있을까요? 목적을 알려주면 때로는 가치감이 생겨나기도 하지만, 목적을 알려줬다고 해도 가치감이 일어나지 않는 경우도 적지 않습니다. 교재의 제목을 언급하는 것만으로 동기가 생긴다면, 도쿄의 교수법이나 시골의 교수법이나 같은 것이 됩니다. 아이들의 생활 상태에 의해 욕구의 발현방법이 다르기 때문에, 기능이라는 것을 생각할 필요가 있습니다.

즉, 교재라는 것이 아이들의 욕구에 맞출 수 있다면, 그 교재는 기능적인 것입니다. 아이들의 새로운 욕구를 각성시키고 발달시키도록 하는 교수법이 기능적입니다. 어른의 생활만을 예상하면 안 되며, 그 전에 입장을 바꿔 곱셈 구구단의 학습동기를 일으키기 위해서 어떻게 해야 할지, 일단 구구단의 기능부터 들어가야 학습동기가 일어날 것입니다. "지난 번에 같은 수를 나열하는 것을 배웠지요?", "1 더하기 1은? …… 2 더하기 2는? ……" 하고 빨리 읽으면 "선생님, 빨리 읽으면 안

돼요" 하고 말할 것입니다. "그럼 천천히 해봅시다. 7 더하기 7, 더하기 7……", "선생님, 큰 숫자의 계산은 어려워요." 같은 수를 반복해서 2 더하기 2하며 나열하는 경우가 없는지 생각해야 합니다. 1자루 2원하는 연필을 5자루 산다든지, 1권에 6원하는 수첩을 3권 살 경우를 이야기하면, 같은 숫자를 반복하는 경우가 많다는 것을 알게 됩니다.

"여러분, 같은 숫자를 반복해서 선생님에게 물어 보세요", "나열하는 방식이 달라져서는 안 됩니다." 아이가 "2, 2, 2, 2, 2."하고 물어봅니다. 교사가 대답합니다. "그것은, 10." 이번에는 아이가 "8, 8, 8, 8, 8, 8." 교사는 "48." 아이가 "선생님, 맞췄습니다." 이런 식으로 하는 겁니다. 구구단의 기능은 같은 숫자를 빠르고 쉽게 더한다는 욕구만족의 효능을 갖고 있습니다. 아이들은 같은 수를 신속하고 쉽게 더할 필요가 있습니다. 그렇게 빨리 하지 않으면 시간에 맞추지 못하게 된다는 사실을 알고 있습니다. 구구단을 알면 계산을 빨리 할 수 있기 때문에, 내일 복습해 오라고 말하지 않아도 스스로 하게 됩니다. 누군가 이렇게 말할지도 모릅니다. "너무 우회적인 교육 아니냐고. 이와 같은 방식은 기능을 놀이 삼는 교육이 아니냐고." 그렇게 생각하면 큰 잘못입니다. 효능을 떠나 자학(自學)시키는 것은 불가능합니다. 소위 자발문제로서 아이들에게 "구구단은 어떤 기능을 갖나요?" 하고 찾아내도록 할 때, 이것이 절실한 욕구라고는 말하기 어렵습니다. 아이들의 자발문제가 반드시 아이들의 절실한 욕구는 아닙니다. 자발문제를 경시하려는 것이 아닙니다.

브래넘은 '프로젝트 교수법'에서 동기의 의의를 논할 때, 동기는 사회생활의 실제훈련을 시키는 것이라고 설명하였습니다. 일본 국민은 항상 문제를 고민하려 하지 않습니다. 그래서 조금만 어려움에 직면하면, "곤란합니다.""어쩔 수 없습니다." 하고 말하는데, 이것은 좋지 않습니다. "추워서 곤란하네", "더워서 곤란하네" 하는 식으로 말합니다.

곤란하네, 이렇게 말하는 것만큼 어리석은 인간은 없습니다. 어떻게 해서 이 곤란을 헤쳐나갈 것인가, 어떻게 해서 이 더위에서 벗어날 것인가 하는 생각을 갖고 문제를 해결하도록 해야 합니다.

사회는 시시각각 변화하며 진보해 나갑니다. 어떤 상황에 서더라도 적응의 방법, 즉 제재를 스스로 구성하는 사람이 되지 못하면 세상에 도움이 되지 못합니다. 여기에 문제발견의 필요성이 있습니다. 효능과 관계없이 아이들을 자학시킬 수 있는 사람이 있다면, 그 설명을 들어 보고 싶습니다. 이러한 입장에서 수신, 산술, 국어 등의 교육에 가장 중요한 것은 효능의 발견입니다. 즉, 효능이 정해진 후에 학습법의 훈련을 해야 합니다. 동적교육은 학습안을 아이 스스로 만들어 가는 것입니다. 학습훈련은 지금도 여전히 논의되고 있습니다만, 최초의 창도자인 저는 이를 매우 기쁘게 생각합니다. 다만 10년이 지난 오늘날에야 떠들썩해진 것이 다소 유감일 따름입니다.

이번에는 여성들에게 참고가 되는 (물론 남성들도 알아야 하는) 이야기를 해 보겠습니다. 바지의 엉덩이 안쪽 부분에 덧대는 '바대'를 가르친다고 해봅시다. 바대라는 것은 쉽게 해지는 부분을 보완하려고 홑옷 안쪽 엉덩이 부분에 사각으로 덧대는 헝겊 조각을 말하는데, 흔히 '엉덩이 바대'라고 합니다. 이것을 가르칠 때 어떻게 해야 할까요? "여러분, 오늘은 엉덩이 바대를 이야기하겠습니다." 이렇게 말하면 아이들이 "중요한 것이네요. 빨리 가르쳐 주세요." 이렇게 말할까요? 유감스럽게도 그런 아이들은 없을 것입니다. 이런 때에는 "엉덩이 바대"의 효능부터 들어가야 합니다. 교사가 먼저 홑옷을 들고 와서 "이것을 보세요. 솜을 튼 것이나 두꺼운 옷에는 없지만, 홑옷에 한해 이것이 있는 것은 왜일까요?" 학생: "엉덩이 부분이 뜯어지면 곤란하니까요……." 교사: "그래, 맞아요." 학생: "서거나 앉거나 할 때, 더러워지는 것을 방지하기 위해서입니다." 교사: "그렇지, 맞아요." 학생: "여기는 엉덩이가 닿는 곳이어서 천이 해어지기 쉬우니까 닳지 않도록 만들기 위해서입니다." 교사: "그렇지, 맞아요." 그렇다면 이러한 효능이 완전하게 기능하기 위해서는 어떻게 구성할 것인지가 중요해집니다.

여기에서는 '엉덩이 바대'를 꿰매는 방법, '엉덩이 바대'를 덧대는 방법을 제재로 합니다. 즉, 어떤 천으로 어떤 실을 가지고 어떻게 누빌 것인지, 그 방법이 제재가 되는 것입니다. 이제 그 효능에 맞춰 완전히 기능하도록 구성하면, 그것으로 충분합니다. 이렇게 하여 제재를 스스로 구성하는 것이 자각입니다. 그렇게 되면 아이들은 (1) 자연스럽게 천이 약해지기 때문에 비교적 큰 조각을 대거나, 어쩔 수 없을 때에는 작은 조각을 댑니다. (2) 사람에게 보이는 곳이 아니기 때문에 수건이든 어떤 조각이든 상관없습니다. (3) 어떠한 실로 꿰맬까 하는 것은 표면과 다른 실을 사용하면 바느질 흔적이 보이기 때문에 밖에서 보이지 않도록 같은 색의 실이 좋습니다. (4) 겉에서 보이지 않도록 조밀하게 꿰매야 합니다. (5) 천을 대는 곳은 정중앙이어야 함을 생각하며 작업합니다. 효능만 명확히 이해한다면 아이들은 자연스럽게 자학합니다. 재봉 방식은 굳이 따질 필요도 없습니다. 착용감이 좋고 편하고 모양이 좋으면 그만입니다.

오늘날 재봉 수업은 효능에 대해 그다지 고민하고 있지 않습니다. 효능을 말하고는 있지만, 효능구조의 관계를 충분하게 생각하지 않습니다. 아이들을 향해 "여러분, 홑옷은 엉덩이 바대를 덧대어 입게 되어 있습니다." 이렇게 말하며 장식을 붙인다느니 어쩌느니, 도대체 뭘 하는지 모르겠습니다. 그다지 효능구조의 관계를 고려하고 있지 않습니다. 정적교육은 우선 '엉덩이 바대'의 방법이라는 기성 존재의 조직이 있고. 이를 전달하는 것이 중요하기 때문에, (1) "잘 들어라. 어디에 붙일까? 정중앙이다." (2) "어떤 실로 꿰맬래? 겉과 색깔이 같아야 한다." (3) "겉에서 보이지 않는 안쪽은 그다지 상관없다" (4) "주름이 생기지 않도록 꿰매야 한다" 이런 식으로 지시하고, "지금 말한 순서로 합니다." 학생들에게 말해 보도록 하고, 잘못 이야기하면 순서가 틀리다고 일러준 다음에 직접 꿰매보게 합니다. 그렇기 때문에 봉재 수업이 정적교육이 되고 마는 것입니다.

이제 교과를 바꿔서 국어과로 넘어가겠습니다. 도덕교육, 예술교육에 대해서도 많은 의견이 있지만 생략하겠습니다. 지금 대명사를 가르치려고 합니다. "단풍잎을 한 장 주웠습니다, 그것을 집으로 가져가서 종이를 그 형태대로 잘랐습니다, 색도 같은 색으로 칠했습니다." 이것을 가르칠 경우에, "대명사는 발표를 쉽게 하는 일정한 기능을 갖는다."는 점을 생각해야 합니다. 지금 대명사를 생략하고 집에 돌아가서 "~을 갖고" "~형태로" 잘랐습니다, 색도 "~대로"칠했다면 무엇을 갖고, 어떤 형태로, 어떤 색을 칠한 것인지 알 수 없습니다. 어디에 대명사의 효능이 명확하게 되어 있습니까? 나아가 수사(修辭)의 효능에 대해 말하고 싶지만, 시간이 없으므로 간단하게 언급하겠습니다.

수사의 효능은 "발표를 유창하고 유효하게 하는 데에 있습니다." 사사(佐佐) 박사는 "수사는 발표를 유효하게 하는 기술이다." 이렇게 정의하였습니다. "나왔다, 나왔다, 달이. 동글동글한 쟁반 같은 달이." 이런 노래를 가르치려면, 효능을 떠나 자학시킬 수 없습니다. 노래를 몇 번이고 반복시켜, 내키는 대로 곡조를 붙여 노래 부르게 하면, "야, 재밌을 것 같다. 나왔다, 나왔다, 달이 재미있다, 나왔다, 나왔다, 달이, 나왔다" 하고 반복하는 것은 유효합니다. 발표가 유효하다는 느낌이 드니까 저절로 반복합니다. 다음으로, "나왔다, 나왔다, 나왔다, 나왔다, 달이" 이 구절을 거꾸로 해서 "달이 나왔다, 나왔다." 이렇게 해보니 재미가 없습니다. 만약 효능을 생각하지 않으면, "왜 반복해서 적고 있을까" 하고 물어도 아이는 알지 못합니다. 교사가 "재미있게 만들기 위해서 쓴 겁니다." 이렇게 알려주면 아이는 네다섯 번을 써도 재미있

게 느낄까 하는 의문이 듭니다. 또한 "왜 도치법으로 씌어 있는 건가
요?" 하고 물을지도 모릅니다. 교사가 "재미있게 만들기 위해서 이렇게
썼습니다." 이렇게 말해줘도 도움이 되지 않습니다. 그런 것을 가르치
면 아이들은 오이카와 헤이지(及川平治)를 헤이지 오이카와라고 쓰면
재미있을지 모르지만, 이런 재미는 문예의 재미와는 다릅니다.

제가 15년간 고심하여 동적교육을 제창하고 있는 것은 새롭고 희귀
한 것을 주장하여 사람들에게 주목받으려 하는 것이 아닙니다. 2년, 3
년의 연구를 홍보하고, 아니, 홍보하는 데 고심한 것으로 보시면 곤란
합니다. 이렇게 세세하게 여러 방면에 걸쳐 구체적인 안을 세워 여러
분에게 이것을 찬성하는지 아닌지를 묻는 것입니다. 찬성하지 않으면
더 이상 이야기하지 않겠습니다. 교육 연구라는 것은 교단에 서서 실
제로 아이들을 다루는 것이어야 합니다. 저는 스스로 교단에 서서 가
르친 교안이 산처럼 많이 있지만, 심상소학교 1, 2, 3학년의 이과교육
은 1917년부터 시행되었습니다. 저는 1917년에 아이들은 자연물에 대
하여 어떤 점에 흥미가 있는지, 자연현상에 대해서는 어떤 작업을 좋
아하는지 등의 연구를 하고, 1918년부터 1학년, 2학년, 3학년 수업을
통해 통계적 교안을 만들어 왔습니다. 도쿄에서 발행되는 잡지에 실린
이과 세목 등은 제가 생각한 이과 교수법과 많이 다릅니다. 서로 거리
가 멉니다. 출판업자들이 떼를 지어 찾아오지만, 3 – 4년 정도의 덜익
은 연구는 발표하지 않는다는 방침으로 거절했습니다.

미술 교과 연구 등도 하고 있습니다. 영어로 쓴 "art education" 같
은 것은 물론이고, 독일어 그림책도 살펴보고 있습니다. 비록 독일어는
실력은 부족하지만, 조사한 것이 이 정도 있습니다. (손으로 크기를 보
여줌) 그림을 그리고 글자를 쓰는 것을 가르치는 데에 더욱 힘을 들일
필요가 있습니다. 쓰는 방법 연구에 대해서도 하나하나 문자의 필기법
을 연구한 것도 이만큼 있습니다. (손짓으로 보여줌) 거짓말이라고 생

각한다면 저희 학교에 오셔서 확인해 보십시오. 이러한 부분을 고심하지 않는 교수법은 좋지 않습니다.

이야기가 많이 옆길로 빠졌으므로, 본래의 주제로 돌아가겠습니다. 그렇다면 수사법을 왜 구체적으로 서술해야 하는가, 왜 단어를 반복해야 하는가 하면, 바로 발표를 효과적으로 하게 하기 위해서입니다. 수사 법칙이라는 것이 있습니다. 그러나 아이들은 수사의 법칙을 알고 응용하는 것이 아닙니다. 이에 아이들이 스스로 법칙을 만들어내도록 만들어야 합니다. 이것은 절실한 감정을 표현할 때에 만들어집니다. 어두컴컴할 때에 달이 떠오르면, "나왔다, 나왔다." 하고 반복하지 않을까요? 아이들이 철봉이나 또는 "그네에서 떨어져서 상처를 입었다." 이런 사실이 있다고 해봅시다. 아이들은 "선생님, 상처가 났어요. 아무개가"라고 말의 순서를 거꾸로 합니다. 수사법을 따로 배울 필요는 없습니다. 단지 아이들이 절실한 감정을 가지고 있고, 그것을 숨김없이 표현한다면 스스로 수사법에 익숙하게 됩니다.

요즘 시끄러운 자유화(自由畵) 문제도 이 점에 착안하지 않으면 해결하기 어렵습니다. 왜냐하면 미(美)의 법칙은 아이들이 창조해야하는 것이기 때문에, 오늘날의 교육자는 기능구조의 생각을 갖고 있을지도 모르지만 매우 애매합니다(산술이나, 지리, 역사에 대해서도 이야기하고 싶은 것이 있지만, 각 과목별 교수법을 설명하는 것이 강연의 목적이 아니므로 생략합니다).

저는 기능구조의 관계가 세상에 제대로 알려져 있는지 의문입니다. 정거장에 있는 표식에 '① 내리고, ② 타고, ③ 발차'라든가, '밀지 마시오, 떨어지지 마시오, 새치기하지 마시오' 등의 문구를 볼 수 있는데, 이는 기능을 전부 사용하도록 구성한 것입니다. 오늘 이곳에 오기 전에 고베(神戶)에서 독일, 프랑스, 미국의 전쟁포스터 전람회를 봤는데, 효능구조의 관계가 잘 표현되어 있었습니다. 포스터란 어떤 목적을 알리기 위하여 민중을 자극할 목적으로 만든 선전 전단지입니다. 무엇 때문에 포스터를 만드는가 하면, 오늘날의 전쟁은 모두 국가 대 국가, 국민 대 국민으로, 국민이 협력하여 전쟁하지 않으면 군인만으로는 할 수 없습니다. 국민전체가 전쟁의 목적을 이해하고, 모든 국민이 힘을 모아야 합니다. 즉, 민중을 상대로 설득하지 않는 전쟁은 성공할 수 없습니다. 그렇기 때문에 여러 가지로 고심하여 전쟁 포스터를 만들고 목적 실현의 기능을 완전히 수행하기 위하여 포스터의 어디를 어떤 색으로 인쇄하고, 어디를 어떤 그림으로 하고, 어디를 어떤 의미의 문장으로 쓰면 좋을지 생각하는 것입니다. 어떤 것이든 이와 같이 생각해 보기 바랍니다. 저는 고정적인 완성이나 항구불변이라는 생각을 버리고 성장발달 작용기능을 중시하여 교육하고자 합니다.

저는 활동의 조직을 구조로 보기 때문에 여러분의 생각과 조금 관점이 다를지도 모릅니다. 어떤 사람들은 말할 겁니다 "그러한 교육은 공리적 견해이지 않은가!", 저는 바보 같은 말이라고 봅니다. 비평가들은 아직 기능의 의의를 제대로 모릅니다. 누가 그런 말을 하는 것일까요? 1학년용 수신서에 맹인이 지팡이를 짚고 가는 내용이 있습니다. '배려'라는 제목입니다. 두세 명의 아이들이 "맹인의 걸음걸이가 웃겨요." 이런 말을 하고 있는데, 한 아이가 맹인의 손을 잡고 도와주는 삽화가 있습니다. 학습동기를 환기시키기 위해서는 감정의 움직임을 이용해야 합니다. 처음에는 '훌륭하구나' 하는 제1인상(first impression)을 주어야 합니다. 제가 본 학교에서는 다음과 같이 교육하고 있습니다.

질문1: "맹인이 어떤 사람인지 알고 있습니까?"

대답: "알고 있습니다. 눈이 보이지 않는 사람입니다."

질문2: "여러분, 눈을 감아보세요. 무엇이 보이나요?"

대답: "아무것도 보이지 않습니다."

여기에서 교사는 "위와 같은 사람은 불쌍하다고 생각해야 합니다."

이렇게 말합니다. 이런 바보 같은 일이 있을까요? 이런 식의 교육방법은 "맹인은 자유롭지 못하다, 그래서 도와주어야 합니다." 이런 논리를 처음부터 가르치려는 것으로, 좋은 교육이 아닙니다. 아동의 감정 움직임에 주의해야 합니다. 제1인상을 학습의 동기로 존중해야 합니다. 우리가 어떤 학교로 전근갈 경우에 첫인상이 중요한 것과 마찬가지입니다. 이번에 전임해온 선생님은 이유 없이 싫어요, 뭔가 싫어요, 그런 생각을 불러일으키면 성공하지 못합니다. 입학시험이나 취업 면접 등도 첫인상으로 합격, 불합격이 정해집니다.

"오늘은 춥구나. 꽃이라도 피면 좋을텐데." 이런 생각을 하고 있을 때에 꽃이 피었다고 해봅시다. 사람들은 꽃을 보러 가려고 합니다. 저술을 할 경우에도 책 제목이 중요합니다. 『분단식 동적교육법』이라는 책이 공공연하게 알려져 첫인상이 좋기 때문에 사서 보는 것입니다. 사보니 어려워서 이해하기 어렵습니다. 한 동안 책꽂이에 꽂아 둡니다, 그런데 동적교육의 문제가 떠들썩해집니다. 그럼 다시 꺼내어 보게 됩니다. 동적교육과 유사한 이름을 봐도 '동적교육의 모방'이라는 인상을 줄 뿐입니다. 이상이 제1인상의 설명입니다.

그럼 앞의 예로 돌아가서 맹인의 이야기를 해봅시다. 선생님이 질문을 합니다.

질문1: "어제 여러분은 어디에 갔었나요?"

대답: "해변에 갔었습니다."

질문2: "무엇을 보고 왔습니까?"

대답: "꽃이 피어있는 것을 봤습니다. 재미있었습니다."

질문3: "그런 아름다운 꽃을 볼 수 없는 사람이 있습니까?"

대답: "맹인입니다."

혹은 질문2에 대하여 대답, "사향(麝香) 노루를 보고 왔습니다."

질문4: "그러한 희귀한 동물을 볼 수 없는 사람이 있습니까?"

대답: "맹인입니다."

질문5: "누구랑 갔나요?"

대답: "아버지와 언니입니다."

질문6: "좋은 아버지네요, 그런데 살아서 어른이 될 때까지 키워주신 아버지와 어머니의 얼굴을 한 번도 보지 못한 사람이 있을까요?"

그러면 학생들이 눈물을 흘립니다. 그럴 때 맹인의 그림을 갖고 와서 "여기를 보세요." 그러면 50명의 학생은 "어, 맹인이 위험해요." 이렇게 말하며 모여듭니다. "이것은 그림이에요, 실제가 아니에요." 선생님은 이렇게 말하며 제자리에 갖다 놓습니다. 이러한 동적교육을 공리적 교수법이라고 평하는 사람도 있습니다. 어떤 점이 공리적인지 제대로 모르는 것입니다. 동기론에 대해서는 주의해야 할 점이 있습니다. 동적교육에 반대하는 사람의 호기심에 호소하는 것은 기능적이 아니라고 하는 사람이 있습니다. 일체의 호기심 그 자체도 생명, 즉 존속 발전 요구의 표현입니다. 만약 호기심을 만족시키는 방편으로써 지식을 요구한다고 하더라도 방편이 바뀌어 목적이 되는 것입니다. 이 점을 잘 들어 주시기 바랍니다.

오늘날 동기론이라는 것을 거창하게 말하고 있지만, 의외로 유효하게 실시되고 있지 않습니다. 학습동기를 일으키기 위해서는 아이의 생명에 작용해야 합니다. 아이의 가치 감각에 호소해야 합니다. 동기가 일어나지 않기 때문에 아이들은 소란을 피우고, 소란을 피우기 때문에 혼내는 상황이 반복됩니다. 교사가 교단에 서서 아이들을 노려보며, "누가 가장 잘못했지?"라 물으며 얼굴을 찡그리고 있습니다. 이렇게 일주일만 지나도 교사의 인상은 나빠지게 됩니다. 저는 이러한 상황이 싫습니다. 저는 교단에서 이야기하며 불쾌한 얼굴을 하지 않습니다. 종래의 교육학의 방식이 틀렸다고 말하는 것이 아닙니다. 그것으로도 충분하지만, 교육의 목적론으로서 어떠한 것을 써야 하는가, 누가 갖는 목적인가 하면 교사가 갖는 목적입니다.

교재론으로는 지금까지 인류 종족의 경험을 분류한 것이 교재 내용이 되었습니다. 그로 인해 아이들의 경험은 경시되고 있음을 알 수 있습니다. 종래의 교육학에서도 아이들의 개성을 존중하라고 가르치고 있습니다. 그렇지만 실제교육에서는 성인의 경험을 앞세웁니다. 아이들은 각자 요구하는 목적을 갖고 있기 때문에 그 요구목적이 성장 발달하여 교육의 목적에 도달하는 것입니다. 아이 개인이 갖고 있는 경험을 개선하여 교재에 도달하는 것입니다. 그렇기 때문에 아동의 목적, 아이의 제재를 중시해야 합니다. 그래서 저는 아동의 제재론을 강조합니다. 세상에는 다양한 논객이 있어 "아이들의 제재론을 세울 필요가 없다느니, 교재에 대응해서 보고 있는 것으로 충분하다"고 말하는 사람들이 있습니다. 대응이라는 것은 어떤 것일까요? 제가 보기에는 아동의 제재론을 세워 아동으로 하여금 제재를 자유롭게 창조할 수 있도록 하는 것이 대응이라고 생각합니다. 저는 아동의 제재론을 주장함으로써 초등교육계에 큰 공헌을 했다고 자신하고 있습니다.

다음으로 학습동기와 교육의 목적교재 등의 관계로 넘어가겠습니다. 지금 사회적 견해와 개인적 견해의 관계를 보면, 사회적 견해는 '도착점'을 중시하는 것이고, 개인적 견해는 '과정'을 중시하는 것입니다. 사람들은 말합니다. 개인을 떠나서는 사회가 없고, 사회를 떠나서는 개인이 없다고. 이는 누구나 알고 있는 사실입니다. 개인의 요구와 사회의 요구는 어떻게 해야 일치되는가? 단지 배열한 교재를 가르친다고 되는 것이 아닙니다. 그도 그럴 것이, 개인주의와 개인완성주의는 다릅니다. 우리는 교단에 서서 아이에게 가르칠 경우에 어떻게 개인의 욕구와 사회의 욕구를 관련시킬 것인지 고민합니다. 저의 상황론을 떠나서는 이 문제를 해결할 방법을 찾기 어렵습니다.

한 가지 사례로 몹시 추운 경우를 생각해 봅시다. 그래서 추위를 예방하는 방법, 즉 제재의 구조를 필요로 합니다. 욕구를 만족시키고 싶다는 점에서 보면, 개인적 견해입니다. 그러나 어떻게 제재를 조직하면 좋을지는 교사로부터 주어진 상황에 반응하도록 해야 합니다. 그렇기 때문에 개인의 요구를 충족시킨다는 점에서 개인적 견해입니다만 동시에 사회적 상황에 순응한다는 점에서 사회적 견해입니다. 왜냐하면 상황이라는 것은 교사가 아이를 사회적 상황에 순응시킬 것을 예상하여 선택했기 때문입니다. 이러한 관점에서 아이의 욕구를 존중하는 것은 동시에 사회적 교육입니다.

교사는 사회적 견지에서 그 상황을 제시해 주고 아이의 생명에 관련되도록 해야 합니다. 교사의 어려움은 여기에 있습니다. 우리가 매일 고심하는 문제가 여기에 있습니다. 개인의 욕구를 만족시킨다는 것은 동시에 사회의 욕구를 만족시키는 것이 됩니다. 이렇게 해서 한 걸음 한 걸음 욕구를 높여가는 것입니다. 어른이 되어도 현재의 상황이 불만족스럽다면 뭔가 개선해야 합니다. 개선한 활동이 제재의 구성입니다. 제재의 구성은 어떤 상황에 순응한 것입니다. 만약 여기에 동기라고 하는 것을 아이의 현재 위치에 한정하거나, 아이가 제멋대로 하도록 허락하는 자유라고 생각해서 상황을 생각하지 않는다면 어떻게 될까요? 단지 개인의 욕구를 충족시키는 것이 될뿐입니다. 이는 이른바 과격사상보다 더 위험하지 않겠습니까? 이러한 관점에서 생각해볼 필요가 있습니다.

다음으로 교재와 문화의 관계에 대하여 생각해 봅시다. 누가 뭐래도 현대 문화에 다리를 놓아야 합니다. 문화의 내용인 과학, 예술, 도덕이 어디에 어떻게 구성되어있는가 하면, 교재로 되어 있지 않겠습니까? 소위 교재는 논리적으로 조직된 것입니다. 아이의 욕구와는 동떨어진 것입니다. 누구라도, 언제 어디서라도 도움이 될 것으로 예상된 경험입니다. 그러나 아이의 욕구와 교재 사이에 다리를 놓으려면 아이가, 내가 지금 여기에서 이 욕구를 만족시키기 위하여 교재를 마주하고 있도록 해야 합니다. 교재를 실제로 사용하는 것은 먼 미래가 되겠지만, 아이들이 학습하는 것은 지금, 이곳에서, 이런 식이 되어야 합니다.

이에 아이의 입장에서 보는 교재의 효능에 의거해야 합니다. '목화는 어떻게 실이 되는가?' 이런 문제를 알려줄 목적으로 교과서 편찬자가 방적이라는 글을 쓴다고 하면, 목화가 실이 되는 순서나 방적 기계의 구조 작용을 가르치는 것이 교과서의 목적입니다. 아이는 "목화는 어떻게 실이 될까? 어떤 기계로 실을 만드는가?" 이러한 의문을 풀고 싶은 것이 동기가 되어 교재를 읽어보게 됩니다. 그러나 아이는 지금 여기에서 목화의 의미는 모릅니다. 질문을 계속하고, 학습해서 대략적으로 알게 됩니다.

문장의 구성과 문장을 학습하는 과정의 구성을 혼동해서는 안 됩니다만, 위에서 말한 대로 동기를 불러일으키면 편찬자의 목적과 학습자의 목적은 일치합니다. 많은 경우에 편찬자의 목적과 학습자의 목적은 일치되어야 합니다. 그러나 일치하지 않는 경우도 있습니다. 예를 들어 『이세신궁(伊勢神宮) 참배 일기』가 있습니다. 일기는 사람들에게 보여줄 목적으로 쓰는 것이 아닐지도 모르겠습니다만, 교육자는 "이세신궁은 고마운 곳이다" 이런 말을 하며 이세신궁에 참배하고 싶다는 동기를 불러일으킬 수도 있고, 또 일기의 필요성을 이유로 일기를 쓰고 싶다는 동기도 불러낼 수 있습니다.

어떠한 동기를 호소하는 것……, 교재에 대한 입장은 교사의 인생관에 의해 결정됩니다. 교사가 이기주의자 혹은 개인주의자라면 아이는 사회화될 수 없습니다. 제가 여기에서 교재 운운하는 것은 문장에 올바른 의미를 부여하기 위함입니다. 올바른 문장을 독해하는 활동을 말하는 것입니다. 아이가 올바르게 문장을 독해할 수 없으니까 교재를 표준으로 지도함으로써 아이의 학습 과정이 한 걸음 나아가게 해야 하는 것입니다. 문장 자체를 교재로 생각하는 것이 아니라, 문장을 독해하는 활동과정이 아이의 제재가 되어야 합니다. 제재라고 하는 것을 아이의 입장에서 보면 효능이 달라지면 구조가 달라집니다. '좀 더 이 문장의 의미를 알고 싶다'는 욕구가 있을 때는 본문을 읽으면 충분합니다. '어떤 식으로 썼기에 이렇게 재미있는가?' 이런 욕구는 형식 연구의 동기가 됩니다. 그렇기 때문에 효능이 달라지면 학습동기도 달라지는 것은 당연합니다.

　오늘날의 독서교육은 전과주의(全課主義)가 좋은지, 분과주의(分課主義)가 좋은지 하는 것을 문제 삼고 있습니다. 만약 전 교과의 의미를 배우고 싶다는 아이가 있으면 전과학습이 되고, 만약 그렇지 않고 갑의 문제를 풀기 위해, 을의 문제를 풀기 위해 독본의 문장을 읽는다면 저절로 분과학습이 됩니다. 그러므로 독본의 교육에서는 아이가 분량을 정하는 것이 보통입니다. 오늘날의 교육은 제재의 범위를 교사가 마음대로 정해서 오늘은 5쪽, 7쪽 하는 식으로 정하고 아이의 욕구를 고려하지 않습니다. 그리고는 "읽어라, 의미를 생각해라, 이번에는 받아쓰기다, 어법이다, 문법이다, 수사다" 이런 식으로 말합니다.

　독법이나 의미, 어법, 문법, 수사, 받아쓰기 등 모두 하고 싶다는 욕구를 어떻게 불러일으킬지 고민해야 합니다. 대부분은 무의미한 활동을 시키고 있는 것이 아닐까요? 그렇기 때문에 제재의 범위를 아동의 욕구에 의거하여 정해서 가르치고 싶습니다. 아동의 욕구 자체는 교사가 그들의 경험을 살펴보고, 이에 기초하여 불러일으킬 상황과 관련지어야 합니다. 대개 동기를 일으키려고 할 때 생명의 중요성, 가치관에 호소하는 교육에서는 평가(가치 평가)라는 것을 생각해야 합니다. 넓은 의미로 평가라고 하면 열성적인 태도로, 가치를 낳고 이를 높여 더 나아지도록 하는 활동입니다. 이러한 태도를 분석해 보면 생존상 중요한 것이 결핍되어 있습니다. 어떤 것을 열망하는 것, 열애의 극치, 자타가 일치되는 것입니다. 이탈리아의 클로체 등도 이러한 생각을 갖고 있습니다. 지금 어머니가 병으로 고생하는 것을 보고 자신도 괴로워 견딜 수 없다, 혹은 어머니의 기뻐하는 모습을 보고 기뻐서 어쩔 줄 모르겠다, 등등은 어머니의 행동이 자신의 운명과 관계가 있기 때문에 생겨난 평가라고 할 수 있습니다.

　이러한 평가가 없다면 학습시키는 것은 어렵습니다. 아이가 효도를 생각하고, 효도를 실천하는 것이 귀중합니다. 개인과 사회의 관계도 마찬가지입니다. 국가를 위한다고 해서 개인을 방편으로 보거나, 개인을 위해 국가를 방편으로 보는 것, 즉 상호방편설은 좋지 않습니다. 국가의 존속 발전을 바라는 마음과 개인의 발전을 바라는 마음이 일치되어, 평가되어야 합니다. 학습동기를 환기시킨다는 것도 평가하도록 하는 것입니다. 제가 각 과목의 동적교육법에, 특히 평가 과제를 두어 예술교육, 도덕교육, 역사교육의 일대혁신을 외치고 있는 것은 이러한 과업이 평가의 태도를 기르는 데 중요하기 때문입니다.

　오늘날의 교육이 교재를 실질적, 형식적으로 보는 것은 어쩔 수 없을지 모르지만, 그러나 교사가 교재를 보는 방법으로 아이들을 배제하고 있는 것은 아닐까요? '분수로 분수를 나누는 것'을 가르치는 데 반드시 기억해야 하는 동기는 어떻게 해야 생겨날까요? '최소공배수를 구해야 한다'는 동기를 어떻게 해야 생겨날까요? 이럴 때 제재의 효능을 생각하지 않으면 절실한 욕구는 일어나지 않을 것입니다. 교재에 대한 실질형식의 관점은 교사의 입장에서 보는 방법이고, 아이의 입장에서 보는 방법이 아닙니다. 형식적 목적은 때로는 아동의 학습동기가 되기도 하지만, 아이의 사고를 면밀히 하기 위해 산술을 배우거나, 애국심을 양성하기 위하여 역사를 배운다고 하는 아이가 과연 있을까요? 교재를 생활양식의 관점에서 바라보고, 왜 아이의 관점에서 교재 보는 방법을 연구해야 하는지, 저는 지금도 여전히 신비롭게 생각하고 있습니다.

저는 상당히 고심해서 외국의 서적을 찾아봤습니다만, 외국의 책도 그다지 잘 연구해서 쓴 것은 없었습니다. 저는 각 과목의 학습법을 세우려고 고심했습니다. 지금 생각해보면 원래 불완전합니다만, 오늘날의 교육은 너무 아이들을 염두에 두고 있지 않습니다. 오늘 시간표를 보고 수업내용을 기억하든 말든, 수업을 끝낼 시간이 되면 교실 밖으로 내보내고 맙니다. 이는 아이의 요구에서 나온 것일까요? 좀 더 생각을 다시 해보는 것이 좋겠습니다. 우리는 15년 전부터 자유시간을 두고 있습니다. 이 시간에 산술이 안 되는 아동에게는 산술을 지도합니다. 이과가 되지 않는 학생에게는 이과 지도를 합니다. 이런 식으로 하는 것을 생각해야 합니다. 조금 더 아이의 개성을 중요하게 여기고, 아이를 존중해줘야 합니다. 왜 개성을 중요시하는가 하면, 자신의 장점에 의거해 국가 사회에 헌신할 수밖에 없기 때문이고, 또 자기 생존을 위해서도 개성을 활용하는 활동이 필요하기 때문입니다. 그리고 개성 가치는 대용 불가이기 때문에 다른 어느 것으로도 대신할 수 없습니다. 쌀이 비싸면 보리를 먹으면 됩니다만, 인간의 개성을 대신할 것은 없습니다. 현재의 교육은 개성의 가치를 경시하고 있습니다.

도고 헤이하치로(東郷平八郎: 1848~1934) 장군과 이와야 사자나미 (巖谷小波: 1870~1933)는 어느 쪽이 훌륭한가 하면, 둘 다 훌륭합니다. 도고 장군에게 문예가가 되라고 한들 될 수 없을지도 모릅니다. 또 이와야 사자나미를 장군으로 하는 것도 무리입니다. 하라(原) 총리대신과 저 오이카와(及川) 둘 중에서 누가 훌륭한가 하면, 둘 다 훌륭합니다. 왜냐하면 하라 총리대신은 부속 소학교 주사로서 동적교육을 주장하는 사람은 될 수 없기 때문입니다. 또, 저를 총리대신으로 한들 그 정도로 헌정회를 따돌릴 수도 없습니다. 저는 작위에 연연하지 않습니다만, 앞으로의 사회는 위치도 명예도, 재산도 개성 가치에 따라 나뉘어야 합니다. 대학교수를 20년 이상 해도 어차피 귀족은 될 수 없지 않습니까. 소학교 교원은 왜 귀족이 될 수 없는지, 소학교 교원은 왜 평생 50원의 박봉으로 살아야 하는지, 그렇다면 어디에 의미가 있는지, 이런 식으로 하면서도 국가 사회의 융성을 바라는 것은 정말로 잘못된 것이라고 생각해야 합니다.

지금까지 황족(皇族)들은 모두 군인이 될 수밖에 없었습니다만, 앞으로는 정치, 경제, 문학을 배우신다고 들었습니다. 크게 축하하고 경하할 기쁜 일입니다. 황족 분들이 교육학을 연구하시고, 나아가 제자를 지도할 소학교 교사가 될 것을 간절히 바라마지 않습니다. 애초에 국가 사회라고 하는 것은 다양한 방면의 사람을 필요로 하기 때문에 적재를 적소에 두기 위하여 개성 발전의 교육을 해야 합니다. 종래의 역사는 군인과 외교관을 만드는 역사였지, 국민의 역사가 아니었습니다. 앞으로는 국민의 역사가 되어야 합니다. 국가를 융성하게 하기 위하여 군민(君民)이 일치하여 활동하는 것이 역사가 되는 것입니다.

초등교육에서 민중교육, 보통교육을 경시한다면 어떻게 건전한 여론이 만들어지겠습니까. 모두 아래로부터의 교육을 해야 합니다. 도쿄시는 도시계획을 하고 있습니다만, 공업, 건축, 위생, 경제 지식만으로는 훌륭한 도시를 만들 수 없습니다. 도시계획위원회에도 교육자나 교사가 들어가야 합니다. 만약 들어가 있다면 다행입니다만, 아무튼 교육자들이 그러한 일에도 관여해야 합니다. 이야기가 지엽적인 것으로 벗어나서 다시 본론으로 돌아가서, 제3 제재론 및 제재의 자력구조론, 즉 자학론을 말씀드리겠습니다.

3) 제재론(題材論) - 자학론(自學論)

모든 활동현상을 구성하는 근본이 욕구라는 사실은 지금까지의 이야기로 잘 이해하셨을 것으로 생각합니다. 산술과에서 이른바 문제라고 하는 것은 '어떤 사람이 이러이러한 상황에 있다면, 어떻게 계산해야 하는가?'하는 상황을 부여하는 것입니다. 문제를 풀어 해결하는 과정이 제재(題材)입니다. 아동의 제재 구성은 불완전한 부분이 있습니다. 교사는 해결법을 보다 잘 예상해서 교육하고 있습니다.

아동의 제재보다 한 걸음 나아가 비교적 완전한 활동과정, 즉 교재에 접근하도록 해야 합니다. 그러므로 아동의 활동 없이는 지도 방법은 없다고 할 수 있습니다. 아무리 철자가 엉망이어도 문장이 없으면 안 됩니다. 이를 비평하여 '이 상태로는 의미가 통하지 않는다.', '이 상태로는 네 생각이 제대로 드러나지 않는다.', '이 상태로는 너와 같은 감정이 일어나지 않는다.' 이러한 암시를 주어 아동이 스스로 수정하게 하고, 점차 훌륭한 문장으로 만들어 갑니다. 아이 스스로 학습하는 방법을 찾아서 공부해가도록 하는 데에 의미가 있기 때문입니다.

오늘날의 프로젝트교수법이라는 것이 바로 이것입니다. 이것과 동적 교육을 비교해 보세요. 프로젝트교수법은 동적교육법으로 모두 다 이야기할 수 있습니다. 어째서 프로젝트교수법을 요란스럽게 떠들어대는가 하면, 이유가 있습니다. 애초에 교사가 무엇을 중심으로 여러 활동이 전개하는가 하면, 바로 아이의 활동을 중심으로 전개한다고 할 수 있습니다. 프로젝트교수법은 아이의 동기, 학습안에 기초하여 지도하는 방법입니다. 프로젝트교수법은 생활 단위와 학습 단위를 일치시킨 것입니다. 심상소학교 1년생의 교과를 수신, 국어, 산술, 도화, 수공 등으로 지나치게 나누는 것은 좋지 않습니다. 또 나뉘어 있는 것을 연결하고 통일시키려는 것도 잘못입니다. 이는 본말이 전도된 생각입니다. 본래 교과목은 나뉘어 있지 않은 것을 아이의 발달에 맞춰 나눈 것입니다. 처음부터 나뉘어 있는 존재로 보는 것은 잘못입니다. 프로젝트교수법을 채택하는 사람들은 학교 밖의 자연학습 경로를 기초로 교육하는 것이므로 교과목을 많이 나누는 것에 반대합니다.

현재의 1-2학년 교육을 보면, 뭐가 뭔지 알 수 없습니다. '새, 꽃'을 가르치는 데 2시간이고 3시간이고 걸리는데, 이는 아동에게 의미 없는 사항(비둘기의 형태, 습관이나 꽃의 형상, 색채 등)으로 시간을 낭비하는 것이기 때문입니다. 제 방식으로 한 달 정도의 시간을 들이면 일본어 47글자를 완전히 쓸 수 있게 될 것입니다. 제 아이에게 시도해 본 적이 있습니다. 아이가 책을 읽는 것을 보면, '꽃 그림을 보면서 꽃', '새 그림을 보면서 새' 하고 읽습니다. 그리고 '비둘기(鳩 : はと하토)'라고 쓰고 싶을 때는, 꽃(花 : はな하나)의 '하は'라는 글자와 '새(鳥 : とり토리)'의 '토と'라는 글자를 연결하여 씁니다. 이른바 그림이 문자의 사전이 되는 셈입니다. 아이의 생활 방식을 고려한다면 저절로 그러한 식으로 교육이 되어야 합니다. 자학이라는 것을 이와 같이 생각하고 있습니다. 그래서 아이의 활동을 심리화하는 것이 중요하다는 점을 주목하고 있습니다. 그리고 심리적 활동을 논리적 활동으로 나아가도록 해야 합니다.

사람들은 혹시 이렇게 말할지도 모릅니다. "아니, 너는 생활 본위의 교육을 주장하고 있는 것 아니냐? 논리적 활동이 생활 본위인가?" "오늘은 연역적으로 밥을 먹었다든가, 어제는 귀납적으로 옷을 입었다는 것이 있을 수 있는가?" 물론 그렇습니다. 전적으로 그러합니다. 지금 창고 안의 쌀을 계량하는데, 비교적 작은 가마니를 재보니 20kg이었습니다. 그럼 다른 것은 재보지 않아도 20kg이 될 것이라고 추론할 수 있습니다. 이것이 바로 귀납적으로 하는 것 아닐까요? 이것이 일상생활이지 않겠습니까? 이 쌀을 어디에서 갖고 왔는지 물을 때, "저쪽 창고 안에서"라고 답하면, 이는 재보지 않아도 무게가 20kg일 것이라고 추론합니다. 이것이 바로 연역적 방법 아닌가요? 생각건대, 저 창고에는 20kg씩 들어 있는 쌀이 있다, 이 가마니는 저 창고에서 갖고 온 것이다. 그러므로 20kg이 틀림없다는 것은 분석하지 않아도 됩니다.

4. 교재, 과정, 교과서론

이제 네 번째로 교재와 과정, 교과서에 대해서 이야기하겠습니다. 교재는 활동과정의 존재입니다. 즉 '분수로 분수를 나누는 지식이 있다.' 이렇게 말할 때, 이는 무엇일까요? '홑옷의 바느질법'이라는 지식은 어떠한 것일까요? 홑옷의 바느질법이라는 지식은 치수를 재고, 재단하고, 꿰매고, 다림질하는 활동 과정의 존재가 아닐까요? 분수로 분수를 나누는 것은 이러한 것입니다. 즉, 피제수(분자, dividend)를 놓고 제수(분모, divisor)의 분모수를 뒤집어 곱해서 약분해가는 활동과정의 존재입니다.

활동과정은 우리의 요구를 충족시키는 데 가장 유효한 조직입니다. 또한 과학의 정의, 분류, 법칙 각각이 생활상의 의미, 즉 효능을 갖고 있으므로 그 효능을 염두에 두지 않고 교육하는 것은 좋지 않습니다. 형식교육을 하는 곳에서는 왕왕 잘못된 방식으로 가르치는 경우가 있습니다. 예를 들어, 사범학교에서 교육학을 가르칠 때, '교육의 정의'부터 시작합니다만, 무엇 때문에 정의가 필요한지도 모르는 사람에게 이러한 것을 가르치니까 이해를 못하는 것입니다. 정의라고 하는 것은 의의를 확정하는 효능을 갖고 있습니다.

교사가 학생들을 향해, "여러분, 교육이라는 말을 다양하게 활용해 보세요." 그러면 학생들은 "학교교육, 사회교육, 대학교육, 소학교육, 무슨 무슨 교육." 이렇게 대답할 것입니다. 이때 교사가 묻기를, "여러분은 교육이라는 말을 여러 가지로 사용하고 있는데, 여러분이 배운 교육은 무엇입니까?" 학생들 대답: "소학교육입니다." 교사: "그것은 무슨 교육입니까?" 학생들: "선생님이 아이에게 잘 궁리해서 가르치는 교육입니다." 그렇다면 여러분의 생각을 이 교육학 책에 있는 정의와 비교해 보라고 하면, 학생들의 생각이 정정되며 성장하게 됩니다. 그런데 정의의 효능도 모르고 있는 학생들에게 처음부터 성숙한 사람이 미숙한 사람에 대하여 개인으로서 사회의 일원으로서 완전한 인격자를 만들기 위한 구체적 동작 운운하며 가르치기 때문에 잘 모르는 것입니다. 학생들은 교육학이나 심리학을 다 알고 있는 이야기를 어렵게 가르치는 학문이라고 생각하는 것 같습니다. 이에 사범학교 교육의 대개혁이 필요합니다.

본론으로 돌아가 다시 말씀드리겠습니다. 교재는 활동과정의 존재이고, 아이의 활동보다 한 걸음 나아간 생각을 조직한 것입니다. 그렇기 때문에 교재는 발달적인 것입니다. 아이의 지식의 진도에 맞춰, 한 걸음 한 걸음 나아가야 합니다. 교과과정은 아이의 살아있는 경험의 계열입니다. 단, 이것만으로는 부족합니다. 아이의 살아있는 경험의 계열을 한 걸음 앞으로 나아가도록 하기 위하여 예상된 것은 교과 과정입니다. 그러므로 아이의 경험이 근본적인 문제가 되는 것입니다. 아이의 생활을 중시하여 만든 학과 과정이라는 것은 아이의 생명과 관련하여 만들어야 합니다.

현재의 교재를 보면 제3자가 아이의 활동을 보면서 쓴 듯한 것이 많습니다. '아무개가 고사리를 뜯고 있습니다. 많이 뜯는 쪽이 이깁니다.' 이런 식으로 제3자가 아이를 보고 쓴 것입니다. 아이가 아이의 생명을 집어넣어 쓴 문장을 독본에 넣어야 합니다. 그렇지 않으면 아이의 생명으로 들어갈 수 없습니다. 아이가 한 걸음 나아갈 수 있도록 예상한 아동의 생활경험의 계열이 있다는 점을 생각해야 합니다. 그러므로 교과과정에 아이를 끌어다 맞추려고 해서는 안 됩니다. 아이의 능력에 맞춰 교과 과정을 적절히 고려해야 합니다. 그리고 교과 세목은 아동 생활의 의미를 중시하여 만들어야 합니다.

마지막으로 잠깐 교과서에 대하여 말씀드리겠습니다. 교과서의 효능이란 무엇일까? 교토를 여행하는 경우에 책자를 읽고, 여행할 장소를 조사하고, 여행할 순서를 정하고, 무슨 기념품을 살지 결정한다고 해봅시다. 이때 명소, 유적지, 토산품을 조사해야 합니다. 그리고 이러한 경우에 교과서는 기성의 지식 존재물로, 이 아이의 여행 방법(제재)을 구성하는 자료입니다. 서적을 보고 여행하고 싶어졌다고 하면 교과서는 학습동기를 환기시키는 방편입니다. 또, 아이가 스스로 세운 여행 계획에 오류가 없는지 의심해보고 교과서를 살펴본다면, 이는 증명용입니다. 요컨대, 교과서는 학습동기를 환기시키는 제재 구성의 자료, 학습안의 증명으로 사용해야 하는 것입니다. 현재의 교육은 교과서에 있는 것을 암기시키는 것이 가장 좋고, 최종의 목적이라고 생각하는 폐단이 있습니다.

5. 교육의 목적, 방법의 정의

교육의 정의를 설명하고 마치겠습니다. 가치론에 대하여 말씀드리고 싶은 것이 있지만 생략하겠습니다. "교육은 아이가 생활 가치를 평정하고 제어하는 것을 보조하여 이끄는 것이다" 여기에서 말하는 생활의 가치를 평정한다는 것은 한 걸음, 한 걸음 보다 나은 것을 창조하는 것을 말합니다. 가치를 자기 개인만의 만족과 쾌락이라고 생각하면 안 됩니다. 우리의 생활이 힘들고 고생해도 싫지 않은 것은 가치 창조를 즐겁게 생각하기 때문입니다. 우리의 요구를 충족시킬 것인지, 또는 억제할 것인지 하는 것은 쾌락으로 정하는 것이 아니라, 별도의 표준에서 나오는 것입니다. 쾌락 자체는 비판의 대상이 될 뿐, 비판의 표준이 되지는 않습니다.

생활 가치를 평정하고 스스로 통제하는 것은 자학입니다. 왜 이 정의를 말씀드리는가 하면, 동적 목적을 세워 생활과 학습을 같은 양식으로 해나가기 위해서입니다. 지원하고 이끌어야 할 아이에게 평정하고 스스로 통제할 상황을 새롭게 부여하여 아이가 올바른 통제생활을 스스로 정립하게 하는 것입니다. 교육의 이상론, 보조하고 이끄는 원리론, 그리고 학습과정론까지 이야기해야 동적교육의 큰 취지를 말씀드렸다고 할 수 있는데, 시간이 없으므로 이것으로 마치도록 하겠습니다. 조금 더 시간을 주신다면, 신(新) 칸트파 철학에서 연역된 교육법을 논평하고 싶습니다만, 이것도 그만두겠습니다. 이에 대해서는 요시다 구마지(吉田熊次) 박사의 저서 『오늘날 교육학설의 근본사조(現今教育の學說の根本思潮)』를 읽어보십시오. 대체적인 비평을 알 수 있습니다. 올해는 하계 강습회로 8곳에서 강연해야 하므로, 곧 도쿄를 떠납니다. 지금부터 질문시간입니다만, 대수롭지 않은 질문에는 답변하지 않겠습니다. 차가 기다리고 있으므로 질문은 간단명료하게 부탁드립니다.

제7장

全人教育論

전인교육론

제7장

전인교육론(全人敎育論)

오바라 구니요시(小原國芳: 1887~1977)

　먼저 양해의 말씀을 구하고자 합니다. 제 입이 거칠다는 것은 이미 아시겠습니다만, 이 강연에서도 거친 언사가 상당 부분 있을 것으로 생각됩니다. 그러나 말이 거친 사람은 의외로 마음이 정직하고 깨끗하다고들 하는데요, 저 또한 정직합니다. 그래서 허위나 바르지 못한 것을 보고는 가만히 있지 못합니다. 그때그때 정직하게 말하기 때문에 월급도 오르지 않는가 하면 박해도 받습니다. 여러분들도 출세를 생각하신다면 영리하게 처신하시어 험담은 피하는 편이 좋을 것으로 생각됩니다. 그렇지만, 그리해서는 참된 교육은 할 수 없습니다. 역시 저와 같이 대단히 어리석은 욕쟁이도 필요하다고 생각합니다.

　또 한 가지 양해를 구할 것은, 여기저기 강연하고 다니다보니 강연 준비가 부족하다는 점입니다. 더욱이 지난 5일 밤에는 18톤의 작은 배로 현해탄을 건너 시모노세키(下関)에서 특급 열차를 탔고, 6일 밤은 기차에서 보내야 했습니다. 도쿄에 도착해 보니 아내의 건강이 좋지 않아 밤 새워 간병을 하고, 날이 밝는 것을 기다려 병원에 데려갔습니다. 그리고 간신히 몇 분 전에 차를 타고 이곳에 도착해 수면부족과 아침도 먹지 못한 상태입니다. 두통도 있어 두서없이 말씀드릴지도 모르겠습니다. 다만, 먼 곳에서 일부러 오셨는데 뭔가 말씀드리지 않는 것도 송구하여, 부끄럽지만 8일째인 오늘 마지막 강연자로 제 의견을 말씀드리고 여러분의 훌륭한 가르침을 청하는 바입니다.

하나 더 미리 말씀드릴 것은 제 이야기는 주제에서 벗어나는 경우가 많기 때문에 두서가 없다는 말을 자주 듣습니다. 고등사범학교에서도 자주 그랬기에 어떤 교사로부터 그럼 안 된다는 지적을 받기도 했습니다만, 너무 논리적으로 가르치는 사람들만 있다면 일본의 교육이 어찌 될까 하는 걱정도 듭니다. (너무 공감하시면 여기서 험담을 하게 되기 때문에……) 저는 핵심만 전달하는 강의는 쓸모가 없다고 말하고 싶을 정도입니다. 이처럼 처음부터 이야기가 주제에서 벗어나고 있는지도 모르겠습니다만, 그래도 뭔가 의미가 있을 거라고 생각합니다. 머리가 좋은 분은 상당한 것을 발견해 주실 것으로 믿습니다. 아무쪼록 너그러이 봐 주시기 바랍니다.

서론에서 한 가지 더 말씀드리면, 제 논의는 지나치게 감정적이라는 비평을 종종 듣습니다. 이 얼마나 잔박한 비평입니까? 감정이라는 것은 개인의 마음속에 자리하는 중요한 것입니다. 그렇지 않습니까? '큰 사상은 심정에서 나온다'고 하지 않습니까? 감정의 근저에는 이지(理智)도 있고, 창조의 피도 흐르고 있다고 생각합니다. 제 인격 그 자체의 표출인 것입니다. 니시다(西田) 선생님의 논문을 읽으면 감정의 소중함을 알게 되실 것입니다. 특히 세간에는 어쩐지 상업적으로 비평을 하는 이도 있습니다. 이것은 안 될 일입니다. 당당하게 승부하는 비평을 부탁드리고 싶습니다.

이제부터 본론에 들어가고자 합니다. 그 전에 제가 말씀드리려고 하는 주제, 즉 주의(主義)의 이름이라고 할까요? 그 명명에 대해 조금 말씀드리겠습니다.

　사실 이번 강연은 제 자리가 아닐 뿐만 아니라 전람회식 나열 방식
도 싫고, 어찌된 것인지 처음에는 흥미가 있었는데 점차 싫은 기분도
들었습니다. 그리고 지방에 강연 선약이 있어 아무래도 일정이 맞지
않아서 참가하지 않으려 했던 것인데, 이미 보란 듯이 여러 잡지에 광
고가 나가고 게다가 제가 지금껏 꿈에도 생각지 못한 제목도 요란한
'성애교육(聖愛敎育)'이라하여 내심 당혹스러웠습니다. 아직 수락도 하
지 않았는데, 더욱이 제목까지 멋대로 붙여놓아 매우 곤혹스럽고 화도
났습니다. '성애교육'이란 이름은 좀 심했다고 생각합니다. 그런데 그
이유를 물으니 이렇게 말하더군요. 제가 항상 '교육의 근본문제로서의
진선미성(眞善美聖)'을 자주 말하기 때문에 '진선미성교육(眞善美聖敎
育)'이라고 하고 싶지만, 진선미성교육은 좀 길다. 물론 지바 메이키치
(千葉命吉)의 '일체충동개만족' 교육도 충분히 길지만, 모양새가 좋지
않아 성교육(聖敎育)으로 했다. 그런데 한 글자는 이상하고, 제가 평소
에 아동중심주의의 교육은 사랑(愛)이라고 자주 말했다고 해서 '성애교
육'이라고 명명했다는 것입니다. 성격이 급한 사람들은 졸저 『부인문제
와 교육』을 연상해서 '성애교육(性愛敎育)'으로 생각하여 제가 '성(性)
교육'이라도 논하는 것처럼 생각하신 모양입니다.
　그러나 생각해 보면, 교육의 귀결과 철저함을 종교에서 구하려 하고,
주객합일(主客合一), 교사와 아동과의 일치융합(一致融合)의 경지에서
교육의 참뜻을 발견하려 하는 제게는 성애교육도 고마운 제목이었습니
다. 그렇지만 어쨌든 귀에 익숙하지 않아서인지 이상한 느낌이 들었습
니다. 결국에는 '문화교육'이라고도 생각했지만 이 또한 저의 주장의
전부는 아닙니다. 제게 목표가 없는 것은 아니지만, 막상 이름을 정하
지 못하고 딱 들어맞는 이름이 좀처럼 떠오르지 않았습니다. '이름을
뭐라고 할까?' 하고 고심했습니다.
　마침내 오늘은 어떻게든 이름을 붙여서 이야기하려고 합니다. 세이

조(成城)소학교에서 시작된 일이라서 세이조 동료들에게 물었지만, 좀처럼 좋은 생각이 나오지 않았습니다. 고민을 거듭한 끝에 명명한 것이 지극히 평범한 이름, '전인교육(全人敎育)'입니다. 물론 평범해서 안 될 것은 없습니다. 큰 위인이나 큰 진리는 종종 지극히 평범함 속에서 나타납니다.

지금부터는 성애교육이라 하지 않고, 문화교육으로도 충분하지 않기에, 여러 가지를 고려한 끝에 전인교육이라고 한 이유를 말씀드리겠습니다. 대체로 저는 무슨 주의라 하여 좁은 ~ism의 세계에 숨어버리는 것을 무엇보다 싫어합니다. 이른바 무슨 교육, 무슨 주의라 해서 그것이 아니면 날이 새지 않을 것처럼 말하는 이들이 많지만, ― 그 점에 대해 우리는 크게 오해를 받고 있는 것 같으니, 특별히 변명하고 싶습니다. 우리가 역설하는 것은 주의까지는 아닐 것입니다. 극단적인 것이 아닙니다. 그저 진실일 뿐이며 중용일 뿐입니다. 세상의 고루한 망상가들에게는 과격하게 보이겠죠. 극단적으로 보이겠죠. 위험하게 보이겠죠. 그러나 잘 생각해 보시기 바랍니다. 지극히 온건하고 타당한 중용으로, 오히려 저희에게는 매우 평범하게 생각되는데 ― 함부로 주의를 남용하는 것은 좋지 않다고 생각합니다.

세상에 주의를 위해서 주의를 주장하는 사람은 없을 것입니다. 우리는 항상 진리에 충실한 학생이어야 합니다. 깨끗한 학문적 양심으로 싸워야 합니다. 생각해 보고 틀린 것이 있다면 언제라도 깃발을 접고 항복할 수 있는 용기가 있어야 합니다. 우리는 대가(大家)가 아니라 언제라도 정정할 수 있는 소가(小家)임을 항상 유념하고 있는 사람입니다. 특히 후대의 추종자가 그 본질을 규명하지 않고 교육학설상에서 어떠한 지위를 점하는지 분별하지 못한 채 심취하게 되는 것은 매우 위험합니다.

어느 지역의 소학교 교장이 한 학교 십여 명의 교사와 속기사를 데리고 아카시(明石)의 여자사범학교에 참관을 갔다고 합니다. 자신의 학교로 돌아와서 참관학교에서 가져온 국어 수업 속기록을 제시하고 앞으로 이 내용대로 수업하라고 했다고 합니다. 황당한 이야기 아닙니까? 동적인 것이나 분단이 꼭 나쁜 것은 아니지만, 어디서든 속기록대로 수업하라는 생각은 놀라울 따름입니다. 하나의 참고사항은 되겠지만, 속기록이 전부일 수는 없습니다. 아무리 훌륭한 교사라 할지라도 때와 장소와 대상을 달리하면 수업방식도 달라져야 합니다. 또 조금도 다르지 않은 수업은 거짓 교육이고 죽은 교육입니다. 축음기도 좋지만, 축음기로는 교육을 할 수 없습니다. 교육은 그런 값싼 것이 아닙니다. 교육을 위해서는 살아있는 '사람'이 필요합니다. 이와 같이 그 본질을 알지 못하고 겉모습에만 심취하는 경우가 적지 않은 듯합니다. 이것은 본가본원(本家本元)이 나쁘다는 뜻이 결코 아닙니다. 이를 무작정 따라하려는 잘못을 질책하는 것입니다. 그렇기에 지방의 장학사와 소학교 교장의 생각이 바뀌기를 절실히 바라는 바입니다. 젊은 교사 중에는 자각하는 이도 많지만, 지위나 대우 등으로 인하여 절개와 지조를 지키지 못하는 것도 인간이기에 어쩔 수 없는 일입니다.

　이러한 사례는 아카시 지역만의 일이 아닙니다. 우리도 같은 비난을 받을 수 있습니다. 우리의 진의를 이해하지 않고 자신의 형편에 따라 자의적으로 해석하고 자신이 편한 대로 사용하는 이들도 있어서, 보수적인 노년의 장학사나 교장의 심기를 건드린다고 합니다. 이로 인해 우리 주장도 위험한 사상의 하나로 여겨지는 듯합니다. 물론 그중에는 우리 이상으로 뛰어난 젊은이들이 저의 주장에 물든 사람으로 간주되어 박해받는 일도 있다고 하니 안타까운 일입니다. 교육 개조를 위해서 더할 나위 없는 손실입니다. 다시금 말씀드립니다. 저는 늘 '이렇게 되어라' 하는 말은 애들한테도 하고 싶지 않습니다. 세이조(成城)의 교육은 바로 그것입니다. 물론 제계도 '진실로 교육은 이래야 한다'고 강

261

요하고 선언하고 싶은 것은 있습니다. 그렇지만 저는 항상 "결국에는 각자 자신의 교육을 해야 한다. 타인의 방식에 얽매이지 말고 자신의 방식으로 교육해야 한다." 즉, "교육은 결국 자기 개척이고, 자기 심화이다." 이러한 이야기를 거듭하고 있습니다.

게다가 세상에는 지위 때문에 지조와 절개를 파는 학자가 많은 것에 종종 놀라기도 합니다. 특히 이것은 관립학교 관계자 중에 많은데, 바로 우리 초등교육계에도 이러한 사람이 있습니다. 생각과 말이 달라 마치 거짓말 같은 궤변을 늘어놓는 사람도 있어서 탄식을 금할 수 없습니다. 지방에서 들어 보면 "도쿄 쪽에서는 못할 말이지만, 여기서는 과감히 말해." 이런 말을 하는 관립학교 교수가 있습니다. 이 얼마나 안타까운 곡학아세(曲學阿世)입니까? 그것도 평범한 일상사에 이르기까지 그러합니다. '지위'라는 것은 이렇게까지 무서운 힘을 가진 것일까요! 제가 특별히 무슨 주의를 고수하고 싶지 않은 이유의 하나는 여기에 있습니다.

게다가 무슨 주의라고 하면 지레짐작하여 멋대로 해석하고 다른 것을 배제하는 고루한 사람들이 있는가 하면, 잔박하게 무비판적으로 받아들여 천국을 꿈꾸는 젊은이들도 있습니다. 예를 들어, 개인주의(Individualismus)와 이기주의(Egoismus)를 동일시해서 "서양은 개인주의의 나라다. 개인주의란 이기주의이다. 제 잇속만 차리는 주의이다. 복잡하고 빌어먹을 주의이다. 그러므로 그들은 빌어먹을 축생(畜生)이다. 하지만 우리 일본인은 인간이다……." 이런 식의 사상문제 강연을 하고 돌아다니는 지방순회 군인이 있었습니다. 저는 이러한 이야기를 듣고 대단히 감동받는 교육자가 많은 것에 놀랐습니다. 그중에는 예외도 있겠습니다만, 군인에게 사상문제의 강연을 듣는 것은 마치 석공에게 낚시에 대해 묻는 격입니다. 교육자의 무자각·무의지도 곤란하지만, 이 역시 사실이기 때문에 어쩔 수 없습니다. 아리타(有田) 약국의

'충효미담(忠孝美談)' 무료증정 책자를 가장 많이 받아가는 사람이 교사라고 합니다.

"세이조학교의 '개성존중'은 사회생활과 국가 생활에 모순되지 않습니까?" 하고 매우 진지하게 질문을 받을 때는 식은땀이 납니다. 생각해 보면 일본 교육의 개조도 앞날이 요원하지 않습니까? 그리고 사회주의도 터무니없는 오해를 받고 있습니다. 모두가 그렇습니다. 국가주의라 하면 개인은 어찌 되어도 상관없고 모두 희생해야 하는 것이고, 나아가 다른 나라는 어떻게 되어도 괜찮은 것처럼 오해하고 있습니다. 또 인도주의는 국가 등은 어찌 되어도 좋은 듯이 생각되고 있고, 이상주의는 "무사는 굶어도 먹은 척한다."는 속담처럼 체면을 중시하고, 현실을 예토(穢土)1)와 같이 경시한다고 생각합니다. 현실주의라고 하면 지렁이와 같은 잡식 생활만을 강조한다고 지레짐작하고, 군비라 하면 곧 "인간은 서로에게 늑대이다."라는 관점에서 약육강식의 침략 점령으로 생각합니다. 문화라고 하면 허약한 세기말적 사상과 동일시하고, 체육 장려라 하면 곧 체조만 한다고 억측합니다. 분단식(分団式)이라 하면 분단이 아니면 수업이 안 된다고 이해하고, 자유교육이라 하면 방탕하고 무절제한 무간섭주의로 착각하고, 아동중심주의라 하면 교사가 게으름을 피우는 교육이라고 생각하고, 자학주의라 하면 무엇이든 아이들에게 답하게 하여 교사는 한 마디도 가르쳐서는 안 된다고 믿습니다. 그 외에 아동재판에 작업학교, 공민교육에 인격주의, 감명주의에 비교고사, 입학시험준비교육에 '교육 곧 생활론', 충동교육에 사쿠라이식(桜井式) ……, 일일이 셀 수 없을 정도입니다.

주장하는 사람 중에도 얽매이거나 편향된 사람이 있지만, 그러한 주

---

1) [역자주] 부처님이 사는 극락세계를 이르는 정토(淨土)에 대응되는 말로서, 삶과 죽음이 끊이지 않는 중생계, 즉 이 사바세계를 뜻한다. [두산백과]

장을 추종하는 사람 중에는 특히 더 많지 않겠습니까? 모두 이것이 각기 좁은 시야에 갇혀 다른 것을 돌아보지 않을 때, 어떤 의미에서는 계급전쟁이라고 할 수 있습니다. 아니, 결국은 자기 자신을 파괴하는 것입니다.

그래서 교사는 폭넓고 올바른 인생관을 확립하는 것이 필요합니다. 확고한 교육관을 세우는 것이 절대적으로 필요합니다. 자기 입장이 편협하고 고루할수록 그 교육은 진실에서 멀어집니다. 어차피 우리 인간은 자기라는 입장, 자기 중심의 선천적 인식에서 절대 벗어날 수 없지만, 가능한 한 높고 바른 선험적 인식에 서야 합니다. 후설(E. Husserl: 1859~1938)이 현상론에서 말한 것처럼, 가능하면 일체의 편견과 가정에서 벗어나 순수하게 교육 그 자체를 볼 필요가 있습니다. 그가 요구하는 것처럼 자기의 좁은 입장과 선험적 인식을 제외하고, 소위 '괄호를 없애는' 노력이 실로 필요한 것입니다. 좁고 좁은 괄호 속에서 인간을 보고 인생을 생각하려는 것이 사범교육의 고치기 어려운 병폐입니다. 우리는 여기에 큰 아량과 크고 깊은 식견으로 코페르니쿠스식의 일대 전환을 시도해야 하는 계절에 접어들고 있는 것입니다.

요컨대 이들 모든 사조는 유일한 교육 목적을 지향하는 특수론이라고 저는 생각합니다. 모든 주의의 철저함은 스스로 일관되고 철저해야 합니다. 여러 주의는 일원적 교육학을 이루기 위한 준비과정이고, 유일무이해야 하는 교육의 이상을 개척·발견하는 하나의 노력입니다. 결코 어느 하나가 전부일 수는 없다고 생각합니다. 좋은 예로, 개인적 교육학의 주장과 사회적 교육학의 주장을 생각해 보면 됩니다. 각기 "개인만 좋으면 되고 국가나 사회 등은 아무래도 상관없다"든가 "국가·사회를 개인적 욕구 충족을 위한 수단으로 생각하는 것은 잘못"이라 말합니다. 하지만 개인 본위의 교육에서도 완전한 개인의 발달은 역시 사회의 발달을 예상하고 있는 것이며, 결코 사회를 도외시할 수 없습니다. 사람은 태어나면서부터 사회적 동물이라는 것은 천고(千古)의 명언입니다. 개인의 요구가 가장 중요하고, 국가 사회가 이차적으로 중요한 것은 아닙니다. 결국 국가 사회는 인간 본질 그 자체를 표현한 것이기 때문입니다.

사회적 교육학의 주장도 이와 같습니다. 개인을 수단으로 생각하여 개인의 발달을 저해하고, 국가만을 중시하는 국가주의가 있지만, 그것은 결코 좋은 생각이 아닙니다. 이러한 국가 사회가 번영할 길은 없습니다. 국민을 우롱하고 노예로 삼고 구속하려 한다면 결국 국가의 파멸을 초래할 것입니다. 진정으로 국가의 번영·발달을 원한다면, 그 협동 생활의 기본인 개개인의 내면에 다가가는 정책을 시행해야 합니다. 오늘날의 내무·문부 정책이나 중등학교의 교훈, 가정에서의 가장의 태도는 과연 합당한 것입니까? 청년단의 엄선된 모범 청년들이 내무상을 야유하고, 양과 같이 순종적인 사범학생들까지 동맹 휴교를 하고, 유순한 효자 아들이 의절 당하는 비극은 무엇 때문에 일어나는 것일까요? 사상 통일은 아마도 권력의 힘만으로는 어렵지 않을까요? 요컨대, 개인은 사회를, 사회는 개인을 서로 도외시할 수 없습니다. 양자는 전혀 별개의 반대되고 모순된 것이 아니라, 하나의 살아있는 '인간'의 양면입니다. '인간' 그 자체의 표현이 한 면은 개인으로 나타나고, 다른 한 면은 사회로 드러나는 것입니다. 모순의 양면인 '인간'의 요구를 무시하는 국가는 진보적인 국가가 아니며, 국가 사회를 무시하는 개인주의 또한 성립할 수 없을 것입니다.

모든 것이 그렇습니다. 국가주의와 인도주의도 또한 그러합니다. 자국 이외의 국가를 배려하지 않고 자국만의 이익을 생각한다는 의미의 국가주의는 결국 파멸을 불러오는 주의입니다. '힘이 정의이다'라고 하는 명제는 적어도 이번 제1차 세계대전을 통해 명확히 '정의가 힘이다'로 수정되었습니다. 독일제국의 마지막 수상 막스가 해외에 있는 독일인에게 알린 포고 내용은 "독일은 비참하게 패하였다. 그리고 우리는 패배가 아니면 얻을 수 없는 소중한 교훈을 얻었다. 그것은 '힘이 정의이다'라는 명제가 잘못된 것이고, '정의가 힘이다'라는 명제가 진리임을 알게 된 것이다." 이런 의미였습니다. 이번 전쟁 중에 미국의 인기 신문기자이자 인기 언론가인 포스딕(R. Fosdick: 1883~1972)이 말하기를, "이번 전쟁에서 미국은 두 가지 소중한 것을 얻었다. 하나는 미국 국민들이 미국인이라는 강한 자각을 얻은 것이고, 다른 하나는 미국 이외에도 국가가 있다는, 즉 다른 나라를 시야에 두지 않는 고립주의는 성립할 수 없다는 것을 알게 되었다." 자기만 좋으면 된다는 개인주의가 성립하지 않는 것과 마찬가지로, 로마황제 카이사르류의 침략주의나 제국주의는 성립될 수 없다고 생각합니다.

제가 교토에 있을 때였습니다. 당시 외무상이 대학생 집회모임에서 한 강연 내용에 "중국 따위는 정벌해 버려야 한다"는 식의 난폭한 말을 내뱉었습니다. 이에 교토, 오사카, 고베의 중국 유학생들이 분개하여 한바탕 소동이 일어났습니다. 배일(排日) 문제도 생각해 보면 그 원인은 우리에게 있는 것이 아닐까요? 점령, 약탈, 타산적인 도둑 근성을 버리고 협동, 개척, 구제, 우애라는 불심(佛心)을 토대로 이웃 국가를 돕고, 그 여덕(餘德)이 있으면 얻는다는 여유로운 마음을 가져야 합니다. 사실 그 편이 공리적으로 생각해도 더 성공이 빠릅니다.

인도주의라고 해도 국가의 존립을 부정한다면 세계주의가 성립될 수 없습니다. 물론 한편으로 세계는 점차 하나에 가까워지고 있습니다. 그러나 우리 인류가 말하는 세계 국가라는 것은 각각의 국가를 부정해서 모조리 없애버리자는 것이 아닙니다. 이는 헛된 꿈에 지나지 않습니다. 카베(É. Cabet: 1788~1856)[2]가 그리는 『이카리아 여행기(Voyage

---

2) [역자주] 카베는 프랑스의 공상적 사회주의자로 그리스도교와 자연법을 기초로 하여 이상적 공산주의 사회를 기술한 공상소설을 썼다.

en Icarie)』나 푸리에(C. Fourier: 1772~1837)[3]의 즐거운 꿈과 같은 사회주의는 중요한 암시를 주지만, 성립될 수 없는 몽상이나 마찬가지입니다. 우리 인류가 바라는 세계 국가는 각각의 국가가 점차 그 특색을 발휘하면서 그와 동시에 세계가 그만큼 풍부해진다는 것을 의미합니다. 사람은 이미 공간의 원근, 교통의 편리함, 물질적 생활 조건, 인종적·민족적 특질, 언어·종교·역사의 차이, 다양한 조건에 의해 갖가지의 일치와 반대가 발생합니다. 하나의 목적을 위해서는 많은 사람이 결합하고, 다른 목적을 위해서는 사회 체제를 분할하는 국가가 발생합니다. 즉, 한편으로 사람들은 여러 가지의 전체에 결합하고, 다른 한편으로는 또한 이들 전체 안에서 구별을 만들어 가는 것입니다.

그러나 립스(Theodor Lipps: 1851~1914)도 말하듯이, 상호 보충하여 더욱 완전한 일체를 형성하는 것이 대립의 본성이기 때문에 대립 또한 통일을 만드는 힘으로 작용할 수 있습니다. 그렇기에 일본이 앞장서도 좋습니다만, 점차 특색을 발휘해 가면 그만큼 세계가 풍요로워질 것입니다. 그러므로 특수한 국가의 존재와 세계 국가의 성립은 모순되지 않을 뿐만 아니라, 지금 세계는 국가 이상의 단위에서 협동하려는 움직임을 보이고 있는 것도 사실입니다. 우리는 이를 항상 이상(理想)으로 지향하면서 현재 어떻게 해야 하는지를 생각했으면 합니다.

모 대학 교수가 어느 지방에서 실시한 올해 하기(夏期) 강습에서 기독교를 조소하고 매도하며, "누가 그대에게 5리를 가자고하면 10리를 가주어라.", "누가 그대의 오른쪽 뺨을 때리면 왼쪽 뺨을 내밀어라.", "누가 그대의 상의를 빼앗으면 그대의 하의도 내주어라." 이러한 교훈을 연역하여, "다른 나라가 우리의 타이완(臺灣)을 요구하면, 여기에

---

3) [역자주] 푸리에는 프랑스의 공상적 사회주의자로 생시몽, 오웬과 함께 3대 공상적 사회주의자의 한 사람이다. [네이버 지식백과]

홋카이도(北海道)까지도 내줄 것인가?" 하는 실낱한 비평이 있었다고 하는데, 이것은 아마도 기독교의 진의가 아닐 것입니다. 이런 잔박한 해석을 한다면 예수가 틀림없이 통곡할 것입니다. "카이사르의 것은 카이사르에게 돌려주어라." 이렇게 가르친 예수는 역시 국가주의자이기도 했습니다. 모순의 한 단면만을 봐서는 안 된다고 생각합니다.

즉, 우리는 한 나라의 국민인 동시에 세계인이기도 합니다. 국민과 인간, 실로 하나의 '인간'의 양면이라 하겠습니다. 이것이 인간의 본질이기 때문입니다. 개인과 사회의 관계도 마찬가지로, 우리는 개인인 동시에 사회의 일원이고, 국가의 일원입니다. 그렇기 때문에 고니시(小西) 박사가 말하듯이, "교육원리는 개인적인 것도 아니거니와 사회적이지도 않다." 마찬가지로 국가적이지 않을 뿐만 아니라, 인도적이지도 않습니다. 다만, 인본적(人本的)입니다. 인간적입니다. 인간적이고 인본적인 점에서 개인도 국가도 사회도 세계도 진전하는 것입니다.

『사회적 교육학』의 저자 나토르프(P. Natorp: 1854~1924)가 『철학과 교육학』이라는 책 속에서 다음과 같이 명료하게 말했습니다. 즉, "내가 말하는 '사회적 교육학'은 사회를 더욱 중시해 주기를 바라는 것으로, 만약 이상적인 시대가 온다면, 그때에는 '사회적'이라는 문자를 빼고 그냥 교육학으로 부르겠다"고 말했습니다. 정말로 그렇게 되기를 바랍니다.

그 외 이상주의와 현실주의의 문제에서도 그렇습니다. 아무리 이데아의 세계가 아름답고 숭고해도 이상만으로는 안 됩니다. 예술의 나라, 철학의 나라 아테네도 멸망했습니다(멸망했다고 해도 여전히 세계 인류의 문화를 지배하고 있지만). 범(梵) 인도도 영국인에게 지배당하고, 아브라함과 모세, 다윗과 예수를 낳은 유대인도 국가를 갖지 못했습니다. 마찬가지로 더 분명한 예로, 페니키아도 로마도, 스파르타도 지상에서 국가를 영구히 유지하지는 못했습니다. 실제로 독일의 참호 속에서도 빈번히 교육에 대한 논의가 이루어졌습니다. 한 중학교장이 "독일은 교육 방침을 잘못 세웠다. 모든 인문학교를 실과학교로 바꿔야 한다." 이렇게 피력한 데 대해, 부상으로 야전병원 침대에 누워 있던 사범학교장이 "너는 세계에 자랑할 만한 이상적인 국민을 미국식 은행가로 타락시킬 셈이냐?"라고 논박하였습니다. (독일에는 이러한 사범학교장이 있었습니다!) 실로 우리는 스파르타와 아테네, 페니키아와 유태인, 인도와 중국을, 독일과 미국, 구하라 아키에(久原秋江)와 나쓰메 소세키(夏目漱石: 1867~1916)를, 기타가와 우타마로(喜多川歌麿: 1753~1806)와 구스노키 마사시게(楠木正成: 1294~1336)를, 군비(軍備)와 문화를, 이들 양자의 대립을 하나로 통합할 수 있는 국가를 바라마지 않습니다. 현실에 입각하면서도 동시에 현실에 얽매이지 않는 유연한 이상을 즐겨야 한다고 생각합니다.

모두가 이처럼 이원적·대립적이지 않습니까? 영혼과 육신, 의욕과 이지(理知)와의 애처로운 갈등, 군비와 문화와의 무서운 대립, 이 고통스러운 이원의 대립, 이것이 애초에 인간의 본질입니다. 이율배반 Antinomie, 이것이 인간의 본질입니다. 브루노(Giordano Bruno: 1548~1600)는 실재의 실상을 '반대의 일치(coincidentia oppositorum)'라고 했습니다. 헤겔(G. W. F. Hegel: 1770~1831)도 "실재는 모순이다." 이렇게 갈파했습니다. 반대, 모순, 갈등, 개성, 차별, 충돌, 악, 이들은 사실 실재 그 자체의 성립에 필수조건입니다. 서로의 개성이 대립하기 때문에 존재가 있는 것입니다. 대립하지 않으면 존재는 일(一)로 귀착해 버립니다. 사실 이들은 실재 존재의 성질에서 일어나는 것입니다. 한편 실재는 무한의 충돌인 동시에, 다른 한편으로는 무한의 통일입니다. 충돌은 통일에 불가결한 반쪽입니다. 충돌로 인해 우리는 한층 더 큰 통일로 진보하게 됩니다. 이렇게 우리의 정신은 충돌에 의해 나타나기 때문에 정신에는 반드시 고민이 따릅니다. 고민이 없는 사람은 거짓된 사람입니다. 잔박하고 둔감한 낙천주의자일 뿐입니다. 이런 사람이야말로 철학과 종교의 최대의 적입니다. 고뇌의 근저에 신이 계십니다. "고뇌할 때 우리는 깊이를 더해 간다." 메피스토펠레스(Mephisto pheles)[4]가 "항상 악을 추구하면서도 항상 선을 만드는 힘의 일부"라고 스스로 밝힌 것처럼 악조차도 우주를 구성하는 한 요소이고, 실로 이 모든 모순과 대립, 고민이나 요구는 인간의 본질에서 생겨나는 것입니다.

공민교육이나 인격적 교육학, 생활 순응의 교육, 형식 도야의 교육, 개인적 교육학, 사회적 교육학, 국가주의 교육, 인도주의 교육, 예술교육, 병식(兵式) 교련 등 이 모두가 교육의 특수론입니다. 철저히 하면 일원(一元)으로 귀착합니다. 일원에 이르기까지 철저하지 않은 도정(道程)은 유일무이해야 하는 교육 이상의 어느 한 측면에 대한 개척의 의미밖에 되지 않습니다.

단, 시대 상황에 따라 강조되는 점에 달라질 수 있음은 나토르프가 밝힌 바와 같습니다. 유물주의에 빠져 있으면 이상주의를 역설할 필요가 있고(저의 논의가 이상주의에 치중해 있다고 평하는 사람이 있지만, 그것은 합당하지 않습니다. 제가 이상을 강하게 주장하는 만큼 현대는 물질의 노예가 되어 있다고 생각하기 때문입니다. 제 주장의 정도가 저의 현대 정신 인식 관찰의 정도입니다. 사범교육의 매도도 그렇습니다. 정계에 대한 통론도 그렇습니다), 현상에 치중한 경우에는 실리의 측면을 강조할 필요가 있습니다. 우리는 극단적이지는 않습니다. 중용을 구합니다(중용과 타협은 비슷하지만 다른 것입니다). 공정한 것입니다. 타당한 것입니다. 그래야만 하는 것입니다. 그렇기 때문에 어느 한 측면에서 보면 교육은 응병시약(應病施藥)입니다. 시대의

---

4) [역자주] 파우스트 박사와 계약을 맺어 그 혼을 손에 넣었다고 알려진 독일의 유명한 악마. 메피스토(Mephisto)라고도 함. [네이버 지식백과].

병폐를 달관하며 방책을 내놓는 것입니다. 그러한 일에 밝은 사람이 뛰어난 정치가입니다. 플라톤(Platōn: BC.427~BC.347)이 "철인이여, 군림하라" 이렇게 가르친 의미도 여기에 있습니다. 마찬가지로 교육자는 탁월한 선견지명을 가진 사람이어야 합니다. 그런데 야마카와 기쿠에(山川菊榮: 1890~1980) 여사는 "내 아이는 오늘 학교에 보내지 않겠습니다. 가정에서 교육하겠습니다. 어찌된 일인지 오늘날의 세상을 가장 모르는 사람은 바로 학교 교사이기 때문이다." 이렇게 말했습니다. 이런 질타를 받아도 어쩔 수 없는 것 아니겠습니까? 감사하고 자기 심화에 노력해야 하지 않겠습니까? (특히 다수의 사범학교장에게 바랍니다. 너무 화내지 말아 주십시오. 화를 낼수록 당신들의 아량 없음과 잔박함이 드러납니다.) 세상의 지도자여야 할 우리 교사가 지도자는커녕 삼십 년, 사십 년이나 시대에 뒤처져 헐떡이며 따라가고 있으니!

그러나 응병시책(應病施策)이라고 해도 한 때의 인기나 기분을 위해 주장을 번복해서는 안 됩니다. 교육은 유희가 아닙니다. 가장 신성하고 중대한 일의 하나입니다. 최선을 다해 흔들림 없는 근원을 바탕으로, 그리고 시대에 대응해서 진보해야 합니다. 마치 대지가 결코 안 움직이고 꿈쩍도 안하는 것처럼 보이지만, 사실은 무서울 정도의 기세로 우주를 돌고 있는 것처럼!

이상으로 제가 바라는 전인교육의 대체적인 의미는 이해하셨을 것으로 생각합니다. 즉, 편협한 세상에 은둔하는 것은 진정한 인간성에 어긋납니다. 인간으로서 진실한 생활이 가능하도록 해야 합니다. 그렇기 때문에 한쪽으로 치우친 어떠한 주의라는 것에 현혹되는 것은 결국 그릇된 교육입니다. 제가 바라는 전인교육과 일치하는 어떤 주의가 있다면 그것은 좋습니다. 저는 그런 사람과 악수하고 싶습니다. 명칭이 무엇이든 괜찮습니다. 저는 결코 고의로 어떤 주의, 어떤 교육을 주장하는 분들께 반대하는 것이 아닙니다. 적어도 하나의 목표를 지향하는

분들은 제가 말하는 이 정도의 일은 이미 저보다도 훨씬 전에 아셨을
거라고 생각합니다(단지 저는 그 추종자들 중에서 일부 오해하고 계신
분들을 위해 설명할 뿐입니다. 저도 오해받는 한 명이기 때문에 특히).
때마침 교토에 있을 때의 일입니다. 고니시(小西) 선생님께서 말씀하
시는 자리에서 "도덕적 인격, 예술적 인격, 철학적 인격, 종교적 인격
이라고 하지만, 이들을 하나로 묶어주는 종합적 인격 혹은 문화적 인
격(Kulturcharakter) 같은 그런 것을 원합니다. 누군가 그런 의미에 들
어맞는 말을 사용한 사람은 없을까요?" 이렇게 말씀하시며 안타까운
듯 물어보신 적이 있습니다. 저 역시 종합적 인격을 만드는 종합적 교
육이라는 의미의 전인교육 같은 그러한 것을 원합니다.

즉, 저는 어느 한쪽에만 치우친 교육을 거부합니다. 그런 의미에서
저는 주의를 싫어합니다. 그렇다고 해서 무주의(無主義), 무정견(無定
見)은 아닙니다. 무주의의 주의입니다. 세상의 수많은 교육 이상과 방
법과 시설을 일본에, 세이조소학교에, 사랑하는 아이들에게 응용하여
그로부터 얻은 것, 더욱이 제 자신의 인격에 동화되고 자신의 것으로
할 수 있는 것이 있다면 그것이 무엇이든 빌리고 싶습니다. 그러한 의
미에서 세이조소학교에는 어떠한 주의도 없습니다. 관제(官製)든 외래
든, 외래 사상이든 전통 사상이든, 한의사든 양의사든, 사립이든 공립
이든 상관없이 바람직한 것이라면 모두를 빌리고 싶은 것입니다. (제
가 일부 관학을 혹평하는 것은 관학을 부정하기 때문이 아닙니다. 관
학에 남아있는 잘못된 점을 나쁘다고 하는 것입니다. 안심하십시오.)
다시 말해서, "널리 지식을 세상에서 구하라"라는 포섭주의의 가르침
은 메이지 천황께서 주셨습니다. 교사 여러분, 그것을 잊으셨습니까?

이에 변명하고 싶은 것은 아동중심주의에 대해서입니다. 이것은 나
가노(永野) 군이 실로 잘 설명해 준 것처럼(『교육문제연구』, 제16호
참조) 중심이 잘못된 다른 교육에 경고를 주기 위해서입니다. 성인 본

위가 아닌 어디까지나 아동 자체를 본위에 두고, 중심에 놓고서 교육하는 것입니다. 나가노 군이 말한 "법을 우리 스스로 따르고 싶게 만드는 것이 교육이다."란 말은 결코 교사가 게을리 하여도 좋다는 의미가 아닙니다. 수수방관해도 좋을 교육이 세상에 있어서는 안 됩니다.

또 한 가지, 세이조소학교가 누명을 쓰고 있는 것이 있습니다. 그 큰 오해를 풀어야 합니다. 그것은 자유주의입니다. 아동이 진정으로 발달하기를 바라는 점에서 아동을 존중하고자 한 것입니다. 다른 학교보다 (그 대다수가 너무 감옥같이 보이고, 외양간만도 못해 보이겠지만, 하치오지(八王子)의 소학교 오카베(岡部) 교장의 「적어도 외양간 수준까지」를 꼭 일독하시길) 조금 더 아동의 자유를 존중하고 있습니다. (그 결과는 학력이나 체력, 도덕성, 종교성, 예술미(藝術美)에서도 상당한 효과를 거두고 있다고 확신합니다.) 그럼에도 세이조는 결코 자유를 장점으로 내세우지 않습니다. 자유교육을 표어로 하지도 않습니다. 자유주의라는 명목은 세간에서 부여한 이름일 뿐입니다. 감사하기도 하지만, 한편으로는 민폐이기도 합니다. 몬테소리(M. Montessori: 1870~1952)와 일부 사람들이 생각하는 자유교육의 이상에 적합하기는 할 것입니다. 하지만 우리는 많은 자유를 부여하고 있습니다. 아니, 아동으로부터 자유를 많이 빼앗고 있지 않은 이유는 진정한 인간성을 가능한 한 신장시키기 위해서입니다. 우리는 세간의 사람들이 오해하는 것처럼 편협한 자유주의보다 더 적극적으로 중요한 일을 하고 있습니다. 자유주의에서 나오는 불쾌한 오해를 받고 싶지 않고, 또한 그 이상의 일을 하고 있기 때문에 저희 안에서는 결코 자유주의 등으로 말하지 않습니다. 이해해주시기 바랍니다. 이와 같은 비난을 지바(千葉) 부속소학교도 받고 있는 것 같은데, 안타까운 일입니다. 저는 지바에도 수차례 견학갔었습니다. 그래서 꽤 잘 알고 있는 한 사람이라고 생각합니다. 이곳도 결코 방임주의나 무절제주의, 태업주의가 아닙니다. 아동을 많이 활약시키기 위한 여러 가지 방안을 마련한 것을 기쁘게 생각합니다. 오히려 그 방안이 지나치게 상세한 것은 아닌지 우려될 정도입니다. 이것도 자유주의 이상의 것입니다. 하찮고 잔박한 참관인과 악의를 가진 참관인의 오해 아닌 그릇된 해석이 풀려 진정한 교육 국가가 되기를 바라마지 않습니다.

그러나 저는 세이조든, 지바든, 나가노(長野)의 자유교육이든, 오차노미즈(お茶の水)의 신교육이든, 아카시(明石)든, 나라(奈良), 히로시마(広島)든 모든 곳에서 진행되는 교육이 이상적으로 완성된 것은 아니라고 생각합니다. 어차피 인간이 할 수 있는 일이 아닐 것입니다. 비교적 그 학교 입장에서 이상에 가까운 것은 있을 것입니다. 그러나 샘플용 구두를 그대로 신을 수 없는 것처럼 지역의 정황이 다르고, 아동이 다르고, 특히 교사의 재능이 다르고, 학생 수가 다른 상황에서는 외부의 교육 방식을 그대로, 어깨에서 어깨로 옮겨 놓을 수는 없습니다. 그렇다고 해서 다른 곳에서 하는 일이 우리 학교에 전혀 도움이 안 되는 것은 아닙니다. 참관인 가운데 "세이조에서는 할 수 있지만, 우리 학교에서는 할 수 없습니다." 이런 말을 하는 사람이 종종 있습니다. 이 경우, 그 말대로 일지도 모르지만, 응용이 가능할 수도 있습니다. 게다가 할 수 없는 것이 아니라, 하지 않는 경우도 많을 것입니다.

또 한 가지, 오해를 풀어야 할 것이 있습니다. 그것은 '근본문제'입니다. 제가 사범학교에 입학한 1905년 시절에 입학 첫 날부터 느낀 것은 근본문제였습니다. 저는 당시 체신부의 기술직으로 5년간이나 근무했었습니다. 오스미(大隅) 반도 끝에서 해저 통신선 관련 일에도 종사하였고 해외 전보를 취급하고 포츠머스의 러일강화조약의 비밀 전보 등도 빈번히 다루었습니다. 어학이나 물리, 특히 전기학, 법제, 수학 등, 실례된 말씀이지만 사범학교 졸업생 수준 이상의 능력을 갖고 입학했습니다. 그래서 ABC부터 다시 배워야 하고 세상 물정도 제대로 모르

는 상급생이 어줍잖은 도덕을 훈계했을 때 매우 이상했습니다. 개전식
(開電式)과 폐전식(閉電式)을 혼동하고, 딱딱 소리만 나면 그것으로 무
선 전신이 연결됐다고 생각하는 물리 선생님에 대한 안타까움, 법률
시간에 두 가지 의제 중에 하나 밖에 언급하지 않거나, 머지않아 고등
문관시험을 응시해 보려고 전신 업무를 공부할 때, 자신만만하던 저에
게 50점이라는 낮은 점수를 주어 교실에서 가장 저능한 남자로 평가해
버린 비교육적인 대우에 분개하기도 했습니다. 당시 심리학 선생님이
영어 선생님을 통해 저에게(미국까지 전보 요금이 한 단어에 몇 십 엔
이나 되던 시대에, 그런 것은 알지도 못하고), 해외 전보로 싸구려 심
리학 기계를 주문하는 내용을 미국에 보내달라는 부탁을 한 적이 있는
데, 이에 대해 "보냈습니다. 그리고 전보 요금은 백 몇 십 엔입니다."
이렇게 단호하게 말했을 때 배가 아플 정도로 우스꽝스러웠던 기억이
있습니다. 해외 전보까지 보낼 수 있었던 저에게 영어 점수를 93점과
96점이라는 애매한 점수를 준 데 대한 분노, "나한테 300점 정도 주어
야 하는거 아냐?"하는 생각에 분개한 적도 있었습니다.

　학교 개교 이래 최고점을 받은 이기주의자 우등생이 있었습니다. 담
임선생님도 동급생도 그 학생을 매우 자랑스럽게 생각했습니다. 저는
이를 보고 가만히 있기가 힘들었습니다. 그러나 저에게는 200점이나
300점을 과감하게 주지도 못하면서 늘 입버릇처럼 교육적 운운하고,
정작 교육적인 대우를 해주지 않는 불쌍한 교사들이 안타깝게 느껴졌
습니다. 뒤이어 고등사범학교에 입학했는데, 문제삼을 가치도 없을 정
도로 거짓된 교육이 많았습니다. 육군에서도 방출된 별 볼일 없는 군
인이 품행방정의 학교 일을 진지하게 생각하는 충실한 학생을 불량아
라고 질타했습니다. 너무나 어처구니가 없었습니다. 국한부(國漢部)에
속하면서도 소설 한 편 읽은 적이 없는 자를 모범 학생이라고 칭찬하
는 교수도 있었습니다. 종교는 일종의 도락(道樂)일거야, 너는 영어를

배우기 위해 기독교로 개종했지, 등등의 심한 얘기를 들었을 때의 분노와 안타까움은 이루 말로 다 못합니다. "내가 선생님이 된다면!!" 이런 두근거림은 실로 이들의 거짓된 교육 속에서 키워 온 귀하고 귀한 결과입니다! 그런 의미에서 고등사범학교에서의 거짓 교육조차도 진심으로 감사하고 있습니다.

모든 것이 근본 문제입니다! 지방 사범학교에 봉직하고, 또 나중에 모교에서 봉직한 후에 교육자의 이면이 현실로 보여 도저히 저는 가만히 있을 수 없었습니다. 제가 교단에서 내려와 다시 학생 생활을 보내고, 관학에서 사학으로 옮긴 것은 이런 이유에서입니다.

히로시마 고등사범학교에 부임했을 때의 일입니다. 부속소학교의 문제점을 물어보았더니, 고니시 선생님이 "교사 제군에게 제대로 철학적 수양(널리 철학과 도덕과 예술과 종교를 포함한 의미)할 것을 권하였지만, 몇 십 년이 지나도 철저하지 못한 이유는 기본이 갖춰지지 않았기 때문이다." 이렇게 깨우쳐 주셨습니다. 히로시마 부속소학교에서는 적어도 그런 기운이 조금은 있어서 기쁘게 생각합니다. 다행히 사토(佐藤) 주사는 교수자보다는 학자였습니다. 교사들 중에도 조예가 깊은 분이 계셔서 불초한 저를 이끌어 주셨습니다. 저도 심도있는 교수·교육을 하고자 노력했습니다. 부임하자마자 전국교원대회에서 한 강연이 바로 「교육의 근본문제로서의 진선미성(眞善美聖)」이었습니다. 마찬가지로 여성교육 문제를 논하기 전에 부인문제가 무엇인지, 널리 사상문제가 무엇인지 알아야 합니다. 그래서 그 다음 교원대회에서는 '부인문제'에 대하여 이야기했습니다. 이후 저는 강연에 초대를 받으면 진심으로 필요를 느끼는 근본문제에 관하여 설명했습니다. 그런데 세상에는 오해하는 분들이 계십니다. 즉 "교육자에게 철학 따위는 필요 없다." 이렇게 말하는 장학사나, "철학 등은 탁상공론이다." 이렇게 말하여 오히려 학생들의 반대 시위를 받은 사범학교장, 학교극(學校劇)은

타락했다고 하는 이사관, 교육은 사상이나 근본문제만으로 이루어지지
않는다는 방법론자도 있었습니다.

저는 "근본문제와 사상만으로 충분하다." 결코 이렇게 말한 적이 한
번도 없습니다. 그동안 방법에 지나치게 매달렸으니, 이제는 근본을 규
명하자는 것입니다. 불균형에서 균형으로 나오라는 것입니다. 일본의
선생님들이 근본만을 생각하고 방법을 천시하는 때가 온다면 그때는
다시 방법론을 주장할 것입니다. 그때에 저 오바라도 드디어 근본문제
를 포기했다는 등의 말을 하지 않도록 해주십시오. 저는 양쪽이 동등
하게 존중받기를 바라기 때문입니다. 방법이라는 것은 근본이 확실하
지 않으면 거짓의 방법이 되어 버리기 때문입니다. 고니시 선생님의
충언은 이를 위한 것입니다.

저는 특히 오이카와 헤이지(及川平治)에게 한 말씀 드립니다. "아지
사카(鯵坂)5) 군이 사상이니 근본문제니 이야기하는데, 교육은 방법도
필요합니다. 근본만으로는 안 됩니다." 이렇게 비평하셨다고 합니다만,
저는 그것을 달게 받겠습니다. 그러나 그렇게 말씀하시는 당신의 마음
가짐을 비난합니다. 저 역시 같은 말을 할 수 있습니다. "교육은 방법
만으로 할 수 없다, 근본도 필요하다." 이렇게 말이죠. 더욱이 "아지사
카 군이 전 주사처럼 각과에 걸친 적절한 안을 세울 수 있을지 의문이
다." 이렇게 말씀하신 것은 약간 도를 넘은 것입니다. 당신이 제게 주
신 편지에는 "서로 타인의 인격을 존중하자." 이렇게 쓰셨는데, 물론입
니다. 오히려 제 쪽에서 부탁드리고 싶은 일입니다. "아지사카 군이 할
수 있을지 의문이다." 이렇게 말하는 것이 과연 인격을 존중하는 것일
까요? 이런 애들 장난 같은 개인 관계는 접어두고, 중요한 문제는 근본

---

5) [역자주] 오바라 구니요시가 아지사키 집안의 데릴사위로 들어갔기에 한동
　안 아지사카 구니요시로 불림.

문제에 대한 적대적 태도입니다. 이것은 인격 문제가 아니라 일본 교육의 중대한 문제로써 철저히 논해 봅시다. 소홀히 할 수 없으니까요. 이번 고등사범학교에서의 여름 강연에서도 그런 이야기는 없었습니까? 직접 들은 것이 아니어서 확실하지는 않습니다만, 강사 대기실에서 오세(大瀬) 선생님과 이야기를 하던 중에 오세 선생님께서 "자유교육에도 의문이 있습니다."라고 말씀하시자, 오이카와 당신은 "그렇습니다. 게다가 교육에 철학이나 종교를 이야기하는 사람이 있습니다만……." 이렇게 이야기를 하셨다고 하더군요. 마침 그 자리에 제 처남이 있어서, 처남이 저에게 해준 이야기입니다만, 대체 무엇이 나쁘다는 것입니까? 저는 철학과 종교를 학교 시간표에도 넣어서 대학 강의처럼, 하물며 소학교에서 가르치라는 것이 아닙니다. (사범학교에서는 적어도 교사의 자격으로 철학과 종교를 이해는 하고 있어야 한다고 생각합니다만.) 이러한 깊은 이해가 없다면 진정한 인간 교육은 할 수 없을 것입니다. 무엇이 나쁘다는 것입니까? 더 노골적으로 말씀드리겠습니다.

1918년 5월경이었습니다. 아직 제가 교토에서 학생이던 시절입니다. 히로시마에 부임할지 교토의 여학교 교감으로 갈지 망설이던 때였습니다. 졸업논문도 끝내고 약간의 여유가 있었기 때문에 학교를 참관한 적이 있습니다. 마침 그때 교토여자사범학교의 주사가 계셔서 당신 연구실에서 함께 이야기를 청했습니다만, 그때 저는 아직 학생 복장을 벗지 못한 일개 서생이었습니다. 소학교육을 시작하기 위한 지식으로 생각해 일부러 견학하러 간 것이었습니다.

심상소학교 5학년 모 선생님의 읽기 수업도 참관했습니다. 지방에도 자주 강연을 다니시는 명교사입니다. 마침 '양생(養生)'이나 '섭생'을 다루는 단원이었습니다. "입에 달다고 하여 많이 먹지 말 것, …… 실내를 깨끗이 할 것, 그러면 기분도 좋고, 기분이 좋은 것만으로도 병을 예방하기에 충분할 것이다(원문: 足らん)." 이런 문구가 나왔습니다. "예방하기에 충분할 것이다" 이 말에 십 분간이나 아이들이 고심하는 것 같았습니다. 참관인도 상당히 많았습니다. 교사도 꽤 당황한 듯 보였습니다. 아이들은 모두 "예방하기에 충분하지 않다(足りない)"라고 말합니다. 아마 표현이 새로워 오해했던 것이죠. "그것으로 충분한지, 아닌지를 다시 생각해 보자." 교사의 이 말에 이윽고 어떤 학생이 "충분할 것이다(足るだろう)"라고 말했습니다. 이때 교사가 대답하기를, "음, 그래. 충분할 것이다, 그러니까 충분하다는 의미야." 이렇게 정리했습니다. 저는 깜짝 놀랐습니다. 놀라지 않을 수 있겠습니까? '충분할 것이다'가 어떻게 '충분하다'와 같은 말입니까? 어떻게 그렇게 대담하게 거짓말을 할 수 있는 걸까요? 교사 자격증이 없는 대용교원(代用敎員)조차 하지 않을 큰 거짓말이라고 생각합니다. 어차피 이것은 신이 아닌 인간의 일이니까요. 실수도 있을 것입니다. 하지만 정도라는 것이 있습니다. 대용교원조차도 하지 않을 실수를 한대서야 어디에서 명교사의 긍지를 찾아볼 수 있겠습니까? 우리는 교묘한 교수법보다 이러한 거짓말을 하지 않는 것이 더욱 귀한 교육이라고 생각합니다. 저라면 '충분할 것이다'와 '충분하다'의 구별을 아이들에게 발견하도록 했을 것입니다. "내일은 지구가 멸망할 것이다." 이 말을 바로, '멸망한다'라고 어떻게 말할 수 있겠습니까? 바로 이것입니다!!

인식론이라도 공부해서 머리가 확실히 논리적이었다면 이런 과오는 하려고 해도 할 수 없었을 것입니다. 『언해(言海)』나 『한화대사전(漢和大辭典)』으로 국어는 해석할 수 없습니다. 우리는 심상과 수준의 읽기도 인식론과 종교와 인생을 깊이 이해하고 있지 않으면 진정으로 깊은 해석은 할 수 없다고 생각합니다. 특히, 최근에 후기 인상파 화가인 고흐(Vincent van Gogh: 1853~1890)와 칸딘스키(W. Kandinsky: 1866~1944)의 그림의 의미를 모르고서 어떻게 심상소학교 1학년과 2학년의 도화(미술) 수업이 가능하겠습니까? 이러한 잔박한 교수자야말로 저는 한 묶음으로 묶어 추방하고 싶습니다. 서예에 뛰어난 홍법대사 (弘法大師)도 잘못 쓸 때가 있고, 원숭이도 나무에서 떨어지기 때문에 뭐 괜찮다고 하더라도, 제가 근본문제라고 주장하는 의미만은 이해해 주시기 바랍니다. 제가 괜찮다고 해도 일본의 교육이 곤란해집니다. 저는 결코 방법을 무시하는 것이 아닙니다. 아니, 세이조소학교야말로 어떤 방법을 사용할 것인지 고심하고 있으니까요. 다만, 우리는 가능한 한 깊고 깊은 근저에 기초한 교수법을 발견하고자 노력하고 있습니다. 독서 회를 통해 칸트의 『순수이성비판』과 다나베 하지메(田邊元: 1885~1962)의 『과학개론』을 조금이라도 더 알고자 서로 노력하는 것은 그 때문입니다. 특히 당신(오이카와 헤이지)이 주장하는 동적(動的)의 동(動)의 설명은 어디에서 오는 것입니까? 헤라클레이토스(Heraclitus of Ephesus: BC.540?~BC.480?)와 헤겔(G.W.F. Hegel: 1770~1831), 베르그송(H. Bergson: 1859~1941)과 니시다 기타로(西田幾多郎: 1870~1945) 선생님과 상관없는 것입니까? 교수법 그 자체는 인식론과 상당히 밀접한 관계가 있다고 생각합니다만, 독일 칸트류의 세밀하고 번잡한 논리주의도 베르그송과 인도의 신비철학 등도 중요한 것을 가르쳐 줄 것이라고 생각합니다. 머지않아 니시다 선생님의 『직관과 반성』과 『의식의 문제』 등은 반드시 교수방법론자가 읽어야 할 중요한 책이라고 생각합니다만, 그래도 역시 심리학과 생물학만으로 충분하다고 생각하십니까?

저는 단언하고 싶습니다. 첫째로 교육 그 자체, 인생 그 자체의 해석을 위해서, 이윽고 교육 그 자체의 해석을 위해서. 둘째로, 좁게 교수법 그 자체의 진정한 연구를 위해서. 그리고 셋째로, 나아가 교재 그 자체의 해석을 위해서, 참으로 근본문제가 필요하다고 단언합니다. 당신이 불필요하다고 말씀하셔도, 사실은 당신 자신의 철학으로 해석하고 계신 것은 아닌지요? "사람은 모두 철학적 동물이다." 이 말은 쇼펜하우어(A. Schopenhauer: 1788~1860)가 말했는데요, "자신에게는 철학과 종교는 없다." 이렇게 말하면서도 실은 인간은 그에 상응하는 철학과 종교를 갖고 있다고 생각합니다. 바꿔 말하면 살아 있다는 것은 어느 철학, 어느 종교를 갖고 있는 것일 테지요. 어떤 의미를 갖고 있는 것일 겁니다. 어차피 갖고 있다면, 우리는 가능한 한 그릇되지 않은 올바르고 깊은 것을 우리의 중요한 국가교육에 다해야 합니다. 우선 생각해보세요. 소크라테스도, 플라톤도, 페스탈로치도, 로크도, 칸트도, 프뢰벨도, 나토르프도, 당신이 좋아하는 듀이도, 코메니우스도, 스펜서도, 헤르바르트도, 교육학자라기보다 오히려 대철학자, 대종교가이지 않았습니까?

너무 장황하게 말씀드렸습니다. 이것이야말로 인격 존중에 반하는 태도일지도 모르겠습니다. 부디 앞으로 이러한 하찮은 말씀은 하지 말아주시기 바랍니다. 실례된 말씀입니다만, 당신의 잔박함을 천하에 폭로하는 것이라 생각합니다. 저는 결코 방법을 무시하지 않습니다. 그러나 제 생각을 말씀드리면, 대단히 미묘한 문제라고 생각합니다. 근본문제와 교재연구에 70% 고민을 하고, 이른바 방법은 30% 정도라고 생각합니다. 진정으로 살아있는 교수법은 교재에 대한 깊고 깊은 풍부한 지식, 특히 교사 자신의 학과에 대한 고뇌를 통해 표출되는 것이라고 생각합니다. 세이조소학교에서 우리가 매우 힘든 경제 상황 속에서도 솜씨가 뛰어난 고급 서기를 한 사람 고용하여 사무 일체를 담당하게 함으로써, 사무 업무에서 벗어나 자기 수양의 시간을 많이 갖게 했던 이유는 바로 여기에 있습니다. 물론 근본도 있고 방법도 좋다면 범에 날개를 단 것이겠지요. 가장 좋은 일일 것입니다. 그래서 당신은 방법을 잘 설명해 주십시오. 저는 근본을 열심히 설명하며 다니겠습니다. 그래야 조화를 이루지 않겠습니까? 그러나 말이 나온 김에 말씀드리면, 근본이 불필요하다는 말씀은 더 이상 하지 마시기 바랍니다.

제 스스로도 놀랄 만큼 심한 험담을 한 듯합니다. 험담할수록 적이 더욱 늘어날 수도 있다는 것은 저도 잘 알고 있습니다. 그래도 멈출 수 없습니다. 결코 이것을 단순한 인신공격의 험담이라고 생각하지 말아 주시기 바랍니다. 우리는 서로 마주보며 주먹질을 하듯이 죽을 각오로 토론해야 하지 않을지요? 진리가 아닌 것과 올바르지 않은 것을 눈앞에서 보면서도, 이로 인해 분노를 느끼지 않는 사람이 진정한 인간일까요? 착한 사람이라고 할 수 있을까요? 저는 이러한 점에 대해서 너무 영리한 사람이 일본의 교육계에는 많다고 생각합니다. 젊은 여러분, 당신들은 왜 아직 젊은데도 회색 지대 속에 숨어서 속닥거리며 돌아다닙니까!! 왜 정면대결하지 않는 것입니까? 지금 여러분 눈앞에는 수많은 허위와 진리가 아닌 것, 죄악이 굴러다니고 있지 않습니까? 그러나 열띤 논의와 뒷담화, 그리고 충심의 외침과 치사한 인신공격은 각기 엄격히 구별되어야 합니다.

참된 인간[진인간(眞人間)]의 교육

전인교육이라는 표현에는 과연 오해가 없냐고 하면, 역시 여기에도 오해가 있는 듯합니다. Whole man이라는 점에서 도화도 7점, 체조도 7점, 창가도 7점, 산술도 7점, 예법도 7점이라는 식으로 모나지 않은 평범한 아이를 만드는 것 아닌가 하는... 어쩌면 우리 인간은 모든 방면에 걸쳐서 완전무결한 인간은 될 수 없을 것입니다. 그것은 단지 신에게만 요구해야 하는 것이지, 인간은 할 수 없다고 생각합니다.

그렇다고 해도 저는 어쩔 수가 없다고 생각합니다. "오로지 참사람의 교육, 즉 진정한 인간을 만드는 것이 교육이다." 이렇게 말하고 싶습니다. 그러나 여기에도 오해가 따릅니다. 나카무라 기치조(中村吉蔵: 1877~1941)의 '참인간'에서 연상하여 도덕적인 성향의 순수한 사람, 나쁘게 말하면 미치광이[광인(狂人)] 같은 사람이라도 만드는 것인가,

하는 오해도 있습니다. 혹은 제가 미우라 슈고(三浦修吾) 선생님의 제자이고 또 종교론을 펼쳤다는 점에서 종교적이고 인격적인 인간이라도 만드는 것처럼 생각하는 것이 아닌가 싶기도 합니다.

결국 모든 형용사는 어떤 한정을 주기 때문에 저는 생각을 거듭한 결과 프뢰벨(F.W.A. Fröbel: 1782~1852)에 도달하게 되었습니다. 비로소 그 간단한 '인간교육'이라는 한마디에, 간단하지만 무한하고 깊은 의미를 스스로 느낄 수 있었습니다. 그렇습니다. 실로 인간의 교육입니다. 골똘히 생각해 보면 '사람'입니다. 루소(J.J.Rousseau: 1712~1778)가 "자연으로 돌아가라"고 주장한 것도 실로 이 '사람의 본성', '본연의 성(性)'에 근본을 두는 교육을 하고자 한 의미일 겁니다. 실로 자명한 듯이 간단하지만, '사람'의 교육입니다. 사람다운 사람을 만드는 일, 아니, 사람다운 사람으로 성장시키는 일입니다. 이와 다른 교육은 있을 수 없습니다. 달리 있어서도 안 되는 것입니다.

이렇게 말하면 "교사는 누구나 인간의 교육을 하고 있다." 이렇게 말할 테지요. 그러나 그것이 진정한 인간의 교육일까요? 지나치게 그릇된 엉뚱한 교육, 이른바 살인교육이 진행되고 있지는 않을까요? 더욱이 '인간교육'이라는 점을 깨우치지 못하는 것은, 다시 말해서 교육의 개념이 사람에 따라 다르다는 것은 각자의 인간관의 다름에서 오는 것이라고 생각합니다. 각자의 철학의 다름에서, 인간 철학의 다름에서 비롯된 것이라고 생각합니다. 역시 근본문제가 우선이어야 합니다. 생각해 보면 우리는 늘 좋든 싫든 아이가 '자아'에 이르기까지의 과정을 교육하고 있습니다. 그렇기 때문에 교사의 업무는 엄중하고 무서운 것입니다. 말할 것도 없이 이 때문에 우리는 그릇되지 않은 확실한 인간관을 갖는 것이 가장 중요한 전제입니다. 헤르바르트가 교육의 목적을 윤리학으로 정한다고 한 의미의 윤리학은 잔박한 수신(修身) 교과서의 의미가 아닙니다. 만약 그렇다면 헤르바르트도 별 볼일 없는 사람입니다.

　우리의 교육이념도, 방법도, 시설도 모두 '사람'의 본연의 본질에서 출발해야 합니다. 슐라이어마허(F. Schleiermacher: 1768~1834)는 종교의 근원을 또한 이 본연의 '사람'에게서 구하고 있습니다. "우리도 '사람'을 향해 나아가자. 거기에 종교의 소재가 자리한다면, 인간은 종교를 얻기 위해서 먼저 '사람'을 발견해야 한다." 이렇게 말했습니다.

　그렇습니다. 교육 연구의 알파이자 오메가는 그야말로 이 '사람' 연구입니다. '사람'이 출발점이고, '사람'이 도착점입니다. "너 자신을 알라(Know thyself)"란 실로 그리스 철인이 가르쳐 준 귀한 교훈입니다. 게다가 "사람이란 무엇인가. 이는 천고의 수수께끼이다." 이렇게 말하면, 천고의 수수께끼를 어떻게 우리 같은 평범한 인간이 알겠는가, 이렇게 사람들은 말할 것입니다. 그러나 책임을 회피해서는 안 됩니다. 우리에게 주어진 중요한 일이니까요. 먼저 인간으로서 진지하게 살아가려고 한다면 당연히 생각해야 합니다만, 그뿐만 아니라 우리가 할 일은 고귀한 '사람'의 교육이기 때문입니다. 비록 천고의 수수께끼라고 해도, 위대한 철인들도 해결하기 힘들었던 스핑크스의 난해한 문제라 해도 그만두어서는 안 됩니다. 각자의 힘에 맞춰 이 고귀한 '사람'을 발견하기 위해 노력해야 합니다. 비둘기나 콩을 가르치고, 율동운동이나 세공놀이를 하는 동안에도 이 '사람'을 올바로 알 필요가 있는 것입니다. 유치원의 보모도 그렇습니다. 아니, 보모에게야말로 특히 필요할 것입니다. 교육의 효과가 가장 큰 시기는 아니지만, 그렇다 해도 일본의 빈약한 보모를 떠올려보면 소중한 아이들을 그냥 둘 수는 없습니다. 특히 불쌍하고 수준 낮은 많은 일본의 어머니들을 보면, 학교 교육에서도 어려움이 많겠지만 아이들이야말로 진정으로 불쌍한 존재라고 생각합니다.

　그렇기 때문에 우리는 교재나 교구(敎具)를 놓고 떠드는 동시에 오이켄(R.C. Eucken: 1846~1926)의 『대사상가의 인생관』과 그 외의 철학사 책을 번역하여 위대한 철인들의 인간관을 섭렵하고, 각자의 철학을 스스로 세워가야 하는 것입니다. 철학 따위는 필요하지 않다거나 쓸모없다고 하지 마시고, 깊이 있고 배경 있는 교육을 위하여 불필요한 듯 보이지만 실은 진정으로 필요하고, 쓸모없는 듯 보이지만 진정으로 유용한 연구를 해주시기 바랍니다. 통속적인 교육학자들이 없어져서 이런 무용의 유용, 불필요의 필요가 중시되는 시대가 하루 빨리 오기를 바랍니다. 니시다 선생님의 『선(善)의 연구』도 읽어보셨으면 합니다. 립스(H. Lipps: 1889~1941)의 『윤리학의 근본문제』도 살펴보셨으면 합니다. 칸트의 『실천이성비판』도 번역되어 있습니다. 프뢰벨의 『인간교육』도 꼭 읽어 보셨으면 합니다. 이것은 소학교 교사의 바이블이라고 생각합니다.

더욱이 우리가 요구하는 것은 성인으로서의 '사람' 연구와 동시에 아이로서의 '사람'도 발견해야 합니다. 바야흐로 세계에서 가장 어려운 일이 교육이라는 것을 아셨으면 합니다. 자주 하는 이야기입니다만, 아이들은 어른의 축소판이 아닙니다. 아이로서의 독자적인 '사람'이며, 머지않아 어른이 될 존재입니다. 게다가 50명이면 50명, 80명이면 80명, 서로 다 다른 '사람'임을 알아야 합니다. 교육은 정말로 어렵습니다. 그러고 보면 아동을 가장 잘 알았던 예수나 프뢰벨 같은 대종교가, 워즈워스(W. Wordsworth: 1770~1850)나 롱펠로(H. W. Longfellow: 1807~1882)와 같은 시인, 아이를 연구한 엘렌 케이나 몬테소리 같은 교육자에게서 더 많은 것을 배워야 합니다.

이제 저는 일어날 수 있는 오해를 하나 더 풀어야 합니다. 그것은 '전인교육과 '개성 존중'의 관계입니다. '개성 존중'이란 세이조소학교가 특별히 내세우는 특색의 하나로, 인쇄물에도 나와 있는 항목입니다. 여러분 중에는 전인교육과 개성 존중은 정반대이고, 크게 모순되는 것이 아닌가라고 생각하는 분도 계실 것으로 생각됩니다. 실은 '개성 존중'

이라는 것은 자주 오해를 받는데, 세이조소학교에서도 뭔가 다른 말로 바꾸고자 합니다만, (진정한 의미를 이해한다면 '개성 존중'으로도 괜찮습니다.) 어쨌든 저는 이 두 가지는 결코 모순되지 않고, 같은 것이라고 생각합니다. 우리가 진정으로 요구하는 개성 존중의 교육은 실로 제가 주장하는 전인교육이며, 전인교육은 실로 세이조소학교가 요구하는 개성 존중의 교육이라고 생각합니다.

개성 존중에 대한 두 가지 오해가 있습니다. 첫째, 자기 것밖에 모르는 인간을 만들게 되면 국가 존속이 어려운 것이 아닌가 하는 오해입니다. 실로 이러한 오해를 하는 분들이 많은 것은 일본을 위해서도 슬픈 일입니다. 여기에서 문제가 되는 것은 두 번째의 오해입니다. 개성 존중이란 도화라면 도화를 좋아하는 아이가 도화만 하면 된다는 교육으로, 이것은 마침내 사회생활이 불가능한 반쪽짜리 인간을 만드는 것이 아닌가 하는 오해입니다. 우리가 요구하는 개성 존중이란 그런 피상적인 것이 아닙니다. 이것은 실로 타락한 잘못된 개성 존중입니다. 우리는 아이들이 가진 모든 것을, 하늘이 주신 모든 능력을 가능한 한 순조롭게 신장시키는 것을 염원합니다. 그렇기 때문에 이것을 전인교육이라고 할 수 있습니다. 게다가 이 모두가 원활히 신장되면 신장될수록 각자의 세계가 잘 나타날 것입니다. 이는 각자의 진면목, 다시 말해 개성이 발휘되는 것입니다. 즉, 개성 존중의 교육인 것입니다. 메이지 천황의 말씀을 빌려 이야기하면, "전국민 그들이 있는 곳을 모르는 것은 짐의 죄로다." 이렇게 말씀하신 것처럼, 다로(太郞)면 다로, 하나코(花子)면 하나코에게 자기의 개성을 알게 해야 합니다. 만일 한 사람이라도 개성을 알지 못하고 감가불우(轗軻不遇: 때를 만나지 못하여 뜻을 이루지 못함)의 처지에 있는 아이가 있다면, 그것이야말로 교사의 죄가 되는 것입니다.

위대한 철인은 인생의 목적이 각자의 염원을 발휘하는 것이라고 가르쳐 주셨습니다. 각 개인은 이 무한대의 과거에서 무한대의 영겁에 걸친 무한한 시간 속에서 단 한 번, 진실로 일회적으로 출현한 것입니다. 과거에도 미래에도 나와 동일한 이의 출현을 허락하지 않습니다. 게다가 자신만이 이룰 수 있는 고귀한 그 어떤 것을 부여 받았습니다. 그것이 발전하여 신장되지 않을 때 그만큼 우주의 완전함이 성취되지 않을 정도로, 고귀한 것을 각자 갖고 있는 것입니다. 각자는 실로 우주 완성의 일원이라고 가르쳐 주셨습니다. 그것입니다. 그것을 발견한 때 진정으로 행복할 것입니다. 기쁨이 넘쳐 흥분할 수도 있을 것입니다. 우주도 아름다워질 것입니다. 세계도 그만큼 행복해질 것입니다. 인류는 그만큼 구원될 것입니다. 그렇기 때문에 결코 사회생활과 어떠한 모순도 없는 것입니다. 더욱이 그 본령을 발휘하는 곳에 완벽한 경지가 있을 것입니다. 아름다움이 있을 것입니다. 무엇이든 자기다운 것을 자기답게 드러낼 때가 가장 완전하고 가장 아름다운 법입니다.

작년 가을이었습니다. 세이조소학교에서 강습회를 개최했을 때의 일입니다. 궁성 참배를 신청했습니다. 갑작스러운 일로 프록코트[6]를 빌려 입은 사람이 많았습니다. 실크 모자에 ㄱ자로 구부러진 바지, 긴 상의에 짧은 상의, 이상한 넥타이, 더러운 조끼, 실로 풍자만화 그대로의 행렬이었습니다. 저도 이런 사람들을 인솔하는 일은 정말 피하고 싶었습니다. 돌이켜 보건대, 빌려 입은 옷 때문이었을 겁니다. 진정으로 각자에게 딱 맞지 않았기 때문입니다.

서양의 어느 박물학자의 유년시절 이야기입니다. 어머니와 함께 공원에 갔다고 합니다. 위인의 어머니 역시 항상 위인입니다. 어머니가 벚나무 잎 하나를 따서 아이에게 보이며, "얘야, 이 잎과 같은 잎이 달

---

6) [역자주] 19세기에 착용한 주머니 없는 베스트. 등쪽에서 2개의 긴 천조각이 늘어뜨려져 있다.

리 또 있을까?" 하고 물었습니다. '어머니, 그야 얼마든지 있죠.' 이렇게 말하며 아이는 채집에 나섰습니다. 벚나무를 발견하고 한 아름 벚나무의 가지와 잎을 따서 돌아왔습니다. "어머니, 이렇게 잔뜩 있어요." 이렇게 말하자, 어머니는 아이를 안으며 그중에 한 장을 들어 조금 전의 잎과 나란히 놓으며 말했습니다. "애야, 완전히 똑같은지 잘 보렴." 아이는 잠시 뚫어지게 보고 있다가 외쳤습니다.

"아니, 달라요, 엄마 달라요."

두 번째, 세 번째의 잎도 살펴보았습니다. 다 달랐습니다. 아이는 경이로움에 매우 감동했습니다. 어머니는 이어서 물었습니다. "어느 것이라도 좋아. 어떠니? 모두 다르지만, 모양은 어때?" 어느 잎을 봐도 모두 달라서 같은 것이 없는데, 모양은 모두 좋았습니다. 각자 외관이 좋은 모습을 갖추고 있었습니다. 아이는 점점 미스터리에 사로잡혔습니다. "아가야! 대체 누가 이런 신기한 것을 만들어 주셨을까?" "신(神)이에요. 신이 만들어주셨어요." 아이는 소리치듯 대답했다고 합니다. (다른 이야기입니다만, 그래서 저는 유치원 때부터 이과 과목을 적극 가르쳐야 한다고 생각합니다. 이과를 모르기에 우리 어른들은 둔감하고 경직된 개념에 치우쳐 있다고 봅니다.)

바로 이것입니다. 닮은 듯한 벚나무 잎이 무수하게 있지만 각자 자신의 완벽함을 갖고 있고, 더욱이 각자 다른 것과 바꿀 수 없는 우주에 하나 밖에 없는 유일한 자신의 세계를 갖고 있다는 것에 깊은 의미가 있는 것입니다. 보편이 곧 특수이며 개성 속에 완벽함이 들어 있고 조화 속에 개성을 갖습니다. 이것이 실재의 진정한 모습입니다. 나팔꽃은 나팔꽃이고, 국화는 국화이며, 다알리아는 다알리아로써 아름답고 또 완벽함을 갖고 있습니다. 누가 매화와 모란, 복숭아꽃, 도라지꽃, 유채꽃의 꽃잎을 하나씩 섞어서 아름다운 꽃을 만들겠습니까? 이것은 단지 잡다하게 모아놓은 것입니다. 완전하지도 않거니와 개성도 없고, 따라서 아름다움도 없습니다.

이제 진짜 저의 주장을 말씀드리고자 합니다. 아마도 약간은 어려운 이야기를 해야 할 것 같습니다. '사람'의 문제로 들어가야 합니다. 개개의 문제를 모두 다루는 것은 도저히 불가능한 일이고, 여기에는 수많은 사람들의 연구와 긴 시간이 필요할 것입니다. 또 완전한 것은 인간에게 거의 불가능하겠지만, 여기에서는 연구상 중요한 방향을 제시하고 주요한 몇 가지를 들어 오늘날의 교육을 비판하고자 합니다.

1) 가치의 체계

우리 인간이 정신과 육체, 즉 마음과 몸 두 가지로 되어 있음은 누구도 부정하지 않을 것입니다. 단, 이 두 가지가 근본적으로는 어떠한 것인지에 대한 논의는 동일한 것의 양 측면이라고도 할 수 있고, 또한 '이 두 가지가 어떻게 관계되는가?' 등의 논의에서는 심신상관론과 심신평행론 같은 다양한 논의도 있을 것입니다. 어쨌든 양 측면이 있다는 점은 인정할 수 있습니다.

그러므로 저는 교육을 우선 심육(心育)과 신육(身育)의 두 가지로 나누고자 합니다. 많은 사람들이 이렇게 구분하는 것 같습니다. 그래서 이 두 교육 중 어느 쪽도 그 하나를 제외할 수 없다는 것은 설명할 필요가 없을 것입니다. 어느 쪽이 얼마만큼의 가치를 갖는가 하는 논의에 이르면 좀 복잡한 문제가 될 수 있습니다만…

먼저 심육에 대해서 이를 어떻게 분류하여 생각하면 좋을까요? 여기에 가치 체계라는 문제를 생각해볼 수 있습니다. (이 문제에 대해서는 『철학연구』, 제44호, 제45호에 실린 소다 기이치로(左右田喜一郞: 1881~1927) 박사의 논문 「가치의 체계」를 참조해 주십시오. 상당히 중요한 논문입니다. 이 논문을 읽어보면 제 얘기가 이해될 것입니다.)

정신작용을 지정의(知情意)의 세 가지로 나눈 것은 테텐스(Johann

Nicolaus Tetens: 1736~1807)라는 학자입니다만, 과연 삼분해야 하는 것인지, 이분해야 하는지, 사분해야 하는지, 혹은 하나인지, 이것도 큰 논의거리가 될 것입니다. 특히, 이 중에서 어느 것이 근본일까 논의하다보면 점점 어려운 문제가 됩니다. 쇼펜하우어와 니시다 선생님 등은 의지(意志)라고 하셨고, 프랑스의 학자는 감정이라고 말합니다. 보편타당성을 요구하는 철학에서조차 이렇게 개성이 나타나는 것은 매우 재미있습니다만, 아무튼 지정의의 세 측면이 있다는 점은 보통 받아들여지고 있습니다. 이 삼분설은 칸트로 이어져, 특히 그의 유명한 3대 비판서 『순수이성비판』, 『실천이성비판』, 『판단력비판』의 저서를 통해 가치로서 진선미(眞善美) 세 가지가 점차 유명해졌습니다. 이는 문명으로 발현되어 철학의 세계(널리 학문 전체를 포함해서), 도덕의 세계, 예술의 세계 등 세 가지로 전개됩니다.

그런데 우리의 심의(心意) 활동의 전 범위는 지정의의 세 방면에서 끝나고, 이들 어느 것에도 속하지 않는 가치는 결코 있을 수 없는데도 불구하고 종교적 가치의 세계가 있는 것은 어떤 이유에서일까요. 이는 학문이나 도덕, 예술을 하나하나 따져가다 보면, 어느 것이나 초월적인 신비로움에 닿아 이들 일체의 가치가 종교적 형식을 갖게 되기 때문입니다. 니시다 박사의 말에 "학문과 도덕의 궁극점은 종교로 귀의하게 된다." 이런 말이 있습니다만, 그 극치는 종교의 영역으로 들어가는 것입니다. 이러한 생각은 이미 플라톤도 했습니다. 그는 진선미 위에 덧붙여 최고선(最高善)을 두었습니다. 그것이 바로 종교입니다. 칸트는 이 경지를 당위(sollen)라고 했습니다. 신칸트학파의 학자들 모두 이 생각을 계승하여 빈델반트(W. Windelband: 1848~1915)는 성(聖: das Heilige)이라고 했습니다. 뮌스터베르크(H. Münsterberg: 1863~1916)[7] 역시

---

7) [역자주] 독일 태생의 미국 심리학자·철학자. 피히테의 관념론에서 출발하

형이상학적 가치를 두고 있습니다. 그러므로 '성(聖)'은 진선미라는 보편
타당적 가치와 별개의 것이 아니라, 오히려 이들이 초감각적 실재에 관
계하는 한, 이들 일체의 가치 그 자체입니다.

　종종 학문과 종교, 혹은 도덕과 종교를 대립적으로 생각하지만, 이것
은 바람직하지 않다고 생각합니다. 이들의 하나하나가 깊어졌을 때, 즉
가치가 초세계적, 초경험적, 초감각적으로 되어 갈 때 종교의 세계가
열리는 것입니다. 예를 들면, 피타고라스가 직각삼각형의 빗변 위의 정
사각형이 다른 두 변 위에 놓여지는 정사각형의 합과 같다고 하는 그
유명한 정리를 발견한 순간, 그는 정말로 신을 만나 느끼는 법열의 극
치에 달하여, 후에 신전을 만들어서 신을 받들었다고 합니다. 아르키메
데스가 붙잡히려고 하는 순간에 그를 포로로 삼으려는 병사들에게 말
하기를, 땅위에 그린 원을 가리키며 "이것만큼은 지우지 말아 주시오."
이렇게 부탁했다고 합니다. 소크라테스가 독배를 마신 것도, 십자가의
예수도, 화형에 처해진 브루노도 결국 종교적이지 않습니까? 둔감한 우
리가 생각하면 아무것도 아닌 피타고라스의 정리나 원 하나가 실로 그
들에게는 '성(聖)'인 것입니다. 그 속에서 우주의 본체와 여래를 발견합
니다. 우리도 이렇게 고귀하게 생각했으면 합니다.

　지난 날 야마시타(山下) 선생의 심상소학교 2학년 산술 수업을 참관
한 적이 있습니다. 분수를 가르치고 있었는데, 갑자기 한 학생이 "선생
님, 1과 2 사이에는 숫자가 굉장히 많네요." 이렇게 말했습니다. 야마
시타 선생은 교단에서 날아가듯 그 아이에게로 다가가 안아주며 "너는
그걸 어떻게 알았니?" 하며 감사한 마음을 전했습니다. 신 앞에서 경건
하고 진리에 충실한 그이기에 비로소 가능한 것으로, 그 아이의 행복

여 독자적인 가치론을 수립하였으며, 응용심리학을 보급하고 목적심리학을
제창하였다. 저서에 《심리학 개론》, 《가치 철학》 등이 있다.

과 함께 그가 느낀 마음의 기쁨을 저 또한 진심으로 기쁘게 생각했습니다. 바로 이것입니다. 이것을 깨우친 아이는 이미 졸업할 때까지 다른 모든 것을 잊어도 수학만은 100점을 주어도 좋다고 생각합니다.

이시와라 아쓰시(石原純: 1881~1947) 박사가 "우주 사이에 부동(不動)의 것이 있다는 것을 생각한 중학생이 있다면 물리 점수를 200점 줘도 좋다." 이렇게 말씀하셨다고 합니다. 진정으로 우리는 아이들을 깊이 사고하게 하고 고귀하게 발견할 수 있도록 깊은 지식과 민감한 아동관을 가졌으면 합니다. 우리도 싫증날 정도의 정리와 공리, 정의와 방정식을 주입식으로 가르쳐왔습니다. 그렇기에 어떠한 신비로움도 느끼지 못한 것은 자기의 둔감함도 있지만, 가르쳐 주신 선생님에게도 부족함이 있었다고 할 수 있습니다.

도덕의 극치도 종교로 이어질 것입니다. 노기(乃木) 대장의 순사(殉死)는 이미 종교의 세계입니다. 예술의 극치도 종교입니다. 운케이(運慶)의 작품이 뛰어난 것도 가노 단유(狩野探幽)의 작품이 다니 분초(谷文晁)와 마루야마 오쿄(円山應擧)의 작품에 비할 바 없이 운치가 넘치기 때문입니다. 고대 그리스의 페이디아스(Pheidias)가 자신이 만든 아폴로 신상 앞에서 꿇어앉은 것도 모두 종교의 경지입니다.

'인간'에게는 신체 외에 정신적 측면에서 논리의 세계, 윤리의 세계, 예술의 세계, 종교의 세계 등 네 가지 세계가 전개됩니다. 저의 교육에는 체육 외에 심육으로서 진육(眞育), 선육(善育), 미육(美育), 성육(聖育)의 네 가지 측면이 있습니다. 그리고 이 밖에도 우리가 현실을 살아야 하는 동물인 이상, 실제 살아가는 수단으로, 즉 경제, 제도, 군사, 교통, 정치, 법률, 농공상 등의 방편, 이들을 일괄하여 실제의 교육을 합니다. 이것도 불가결한 수단으로써 중요한 교육입니다.

저는 이들 여섯 가지 방면의 교육이 필요하다고 생각합니다. 이 중의 어느 하나가 빠지거나, 혹은 몇 부분으로 교육이 완성된다고 생각하지 않습니다. 입학시험 준비로 만족하는 부모는 스스로 아이를 불구로 만드는 것입니다. 도덕을 도야하는 것만으로 교육한다고 생각하는 일부의 교육도 착오입니다. 종교적으로 도야하면 인간이 행복을 얻을 수 있다고 생각한 중세기의 교육도, 인도의 난행고행(難行苦行)도 당시에는 합당했습니다. 문예만 가르치면 교육 전체를 할 수 있다고 생각하는 사람이 있다면, 이것도 잘못된 생각입니다. 우리는 어디까지나 인간으로서 완벽함을 발견하고 싶어합니다. 반쪽을 만들어서는 안 됩니다. 거장 로댕(Auguste Rodin)은 하나의 발목을 제작하기 위해서 반드시 전신의 상을 만들고, 그런 후에 발목만을 떼어내서 완성했다고 합니다. 우리도 이처럼 용의주도하게 배워야 합니다. 실로 우리는 교육상에서 지오토(Giotto)[8]의 완전한 원을 그려야 합니다. 이에 저는 이 각각에 대해서 현대 일본 교육을 비판적으로 검토해 보고자 합니다.

2) 체육(體育)

늑목(肋木)[9]이나 평행봉이 본격적으로 운동장에 설치된 것은 문부성의 관심 덕분입니다. 그중에는 이미 비나 햇볕으로 손상된 것이 있지는 않습니까? 게다가 여기저기에 체조에 미쳐있는 학교나 지역은 없습니까? "어떤 현이 마치 체조학교처럼 보입니다."는 주장도 있습니다. 간사이(関西) 지역 어느 현의 상태라고 합니다. 동북지방에도 그런 현이 있습니다. 도쿄시의 한가운데에도 유명한 체조학교가 있었다고 합니다. 시 당국도 이를 자랑하고, 학교장 이하 직원도 이를 내세워 체조를 열심히 하며, 아동도 교사도 많은 시간을 여기에 허비했다고 합니

---

8) [역자주] 지오토(Giotto di Bondone: 1267?~1337): 중세 후기 이탈리아의 화가, 건축가.
9) [역자주] 몸을 바르게 하는 데 쓰는 체조 기구 [다음사전]

다. 간사이에서는 '아침부터 저녁까지 운동회를 하는 것 같은 학교'가
있다고 합니다. 중학교 중에는 운동에 미친 학교라고 불리는 곳도 있
습니다. 도쿄에서 시모노세키까지 말처럼 달리기를 한 학생도 있습니
다. 의육(意育)으로서는 의미있는 것이지만, 체육으로 볼 때는 위험천
만한 이야기입니다. 운동이 지나치면 독이 됩니다. 종종 전문학교의 선
수가 젊은 나이에 쓰러지는 것을 보면 알 수 있습니다. 게다가 이들 대
다수가 학교 이름을 알리기 위한 교육이 아니었을까요? 이러한 허위의
교육에 대응할 수 없을까요? 젊은 교사들의 깊은 반성을 특별히 촉구
하는 바입니다. 동북지방의 어느 체조를 중시하던 현은 지금은 그 반
동으로 오히려 체조를 경멸하고, 불필요한 것으로 간주한답니다. 이래
서는 안 됩니다. 우리는 항상 중용의 자세를 가져야 합니다. 평형을 이
루어야 합니다. "요즘 도쿄는 이과가 인기가 없다고 하네요." 이런 이
야기도 들립니다. 교육에 유행이 있어서는 곤란합니다.

특히 체육과 체조를 혼동해도 곤란합니다. 체조는 체육의 일부입니
다. 생리적인 근육과 골격의 발달과 균형을 주로 논하는 사쿠라이(桜
井) 박사의 주장도 물론 체육의 일부를 논한 것이지, 전체가 아닙니다.
하물며 늑목과 평균대는 오죽하겠습니까? 아이나 인간의 본성을 생각
해서 좀 더 본능적인 유희의 세계에 고귀한 것은 없을까요? 이러한 것
은 나무타기와 돌 던지기, 낚시와 유영, 배젓기와 팽이 돌리기, 달리기
와 미끄럼틀, 줄넘기와 병사놀이, 어디에나 있다고 생각합니다. 체조와
재봉이 크게 발달하지 않는 대부분의 이유는 머리 나쁜 선생님이 있기
때문이 아니겠습니까? 어쩐지 제게는 체육이 가장 뒤쳐져 있는 분야로
생각됩니다.

특히, 남에게 잘 보이기 위해서 대부분 체조를 이용하고 있지 않습
니까? 규율과 훈련도 필요하지만, 신체적인 힘의 차이가 꽤 큰 것을 하
나의 단체가 일제히 보조를 맞추어 손을 올리고 내리게 하는 것만 고

심하고, 깜빡하고 손을 내려야 하는 곳에서 올렸다가 야단을 맞는 식이라면, 체조도 별 수 없습니다. 다음과 같은 이야기가 있습니다.

나가노현(長野縣)의 학교장 단체가 가가와현(香川縣)의 모 체조학교에 참관을 가서 다음과 같이 물었습니다. "이 학교 체조과에서는 개별적인 훈련을 어떻게 하고 있습니까?" 해당 학교장이 대답하기를, "특별한 것은 아무것도 없습니다." 그러자 "그럼 귀교의 체조는 볼 가치가 없겠군요." 이렇게 말하며 줄지어 인사하고 돌아갔다고 합니다.

나가노 사람과 가가와 사람의 특색을 가장 잘 드러내고 있습니다. 개성 존중, 개별적인 취급으로 말하자면, 보조 등은 맞추지 않는 것이 좋을지도 모릅니다. 제 친구 중에 키가 작은 남자가 있습니다. 별명이 '단족류(短足類)'로 불렸습니다. 병식(兵式) 교련 때 칼을 차면 지팡이처럼 길었습니다. 함께 분열식이라도 하면 짧은 다리를 가능한 한 넓게 벌렸고, 게다가 1분간 114보의 보조로 남들과 똑같이 걸어야 해서 몹시 힘들어 하는 모습이 좀 불쌍했습니다. 보조 등을 맞추어서는 안 된다고 곡해해서는 곤란합니다만, 좀 더 생각해봐도 좋을 것 같습니다.

3) 진육(眞育)

진육에 대해서는 이미 저의 『교육개조론』에서 상세히 논했기 때문에 간단하게 문제점을 지적하고 마무리하고자 합니다. 생활의 방편을 위한 학문 교육이라는 공리주의나 실재주의에서 탈피하여 진리를 위한 진리, 학문을 위한 학문, 이과를 위한 이과, 산술을 위한 산술이라는 입장으로 돌아갔으면 합니다. 진정한 진리를 파악하면, 이것은 마침내 우리 생활에도 가장 유효한 것이 됩니다. 실리 생활에 궁리하여 응용하는 것은 두 번째 단계에서 생각해야 하는 것이 아닐까요? 일상의 필수적인 계산에 익숙해지는 것보다도 '사고연마' 쪽이 실로 소중한 것이 아닐까요? 잔박한 공리주의에서 탈피하는 것, 이것이 무엇보다 필요하다고 생각합니다.

　이과 교수에서도 실험 관찰이 물론 중요하지만, 그 실험 결과를 어떻게 설명하고 어떻게 체계를 만드는가 하는 것은 사고의 힘입니다. 우리는 아인슈타인(A. Einstein: 1879~1955)에게 교육상 중요한 것을 배우고 있습니다. 그의 3대 예언은 정확하게 맞았습니다. 즉 수성(水星)의 근일점의 설명, 인력장에서의 광선의 굴절, 스펙트럼이 적색 쪽으로 벗어나는 것. 예전부터 실험 관측의 결과로도 발견하지 못한 이런 것들이 사고의 결과로 들어맞다니, 실로 사고의 힘이 위대하다는 것을 찬탄하지 않을 수 없습니다. 소학교의 이과 수업을 할 때에도 매우 이해하기 어렵다고 하는 그의 상대성원리를 다소 알 필요가 있는 것은 이 때문입니다. 요컨대 진육의 관점에서 보면, 아이들이 천문학자나 철학자, 발명가, 식물학자가 될 수 있는 소중한 어떤 것이 그들 내면에 있다는 것을 여러분도 알아주시기 바랍니다.

4) 선육(善育)

　『수신교수 혁신론』과 『수신교수의 실제』에서 상세히 논하였고, 또한 저를 낳아준 어머니와도 같은 모교인 사범학교에 험담이 되기에 많은 이야기를 하고 싶지 않지만, 우리는 사범교육을 통해 형성된 부자연스러운 도덕에서 해방되어야 합니다. 어쩌면 사범학교 학생보다 일본의 아이들이 더 불쌍합니다. 모쪼록 의욕의 소중한 의미를 더욱 인정해 주기를 바랍니다. 의욕이라 하면 죄악처럼 생각하는 동양의 인생관은 확실히 바로잡을 필요가 있습니다. 이 점에서 의욕은 모두 선이라고 한 스피노자와 충동생활을 주장한 러셀이나 아케가라스 하야(曉烏敏: 1877~1954)의 주장, 그리고 지바 메이키치의 일체충동개만족론에도 공감을 느낍니다. 잔박함으로 이를 반대해서는 안 된다고 생각합니다. 모든 도덕을 부적이나 구속, 금지라고 생각하는 사람들에게는 더없는 교훈입니다. 그러나 도덕의 세계에서도 역시 충동의 순화라는 것은 필요하지 않나 하는 생각이 듭니다. 아리스토텔레스가 "도덕은 사람에게만 있다. 신과 금수에게는 도덕이 없다." 이렇게 말한 의미, 아들러가 도덕을 "자연의 이성화이다." 이렇게 말한 의미를 우리가 역시 인정했으면 합니다. 영혼과 육체, 의욕과 이지(理知)의 갈등은 어떤 말로 표현해도 매우 애처로운 고통이지 않습니까? 표준이나 규범 이상의 세계도 있겠지만, 그것은 범속(凡俗)에서는 좀처럼 없는 일로 공자조차도 70세에 비로소 "도리를 깨우쳤다."고 말씀하셨습니다. 신란(親鸞)도 십년간의 난행고행 끝에 비로소 제3제국을 발견했습니다.

이어서 설명할 것은 우리의 훈육 방침입니다. 전인교육은 이른바 충동교육이고, 방임교육이며, 무간섭주의처럼 전해지고 있는 듯합니다. 물론 불쑥 참관하러 오신 분들에게는 그렇게 보일지도 모릅니다. 분명 크게 의문을 가질 것입니다. 그러나 방임해서 좋을 리가 없다는 것은 임시교원 조차도 알고 있습니다. 다만 아이들에게 손을 많이 대지는 않습니다. 그러나 단순히 하지 않는 것이 아닙니다. 루소가 요구한 것처럼 "주의해서 방임하라"는 것이고, 주의는 상당히 하고 있습니다. 때문에 전혀 방임이 아닙니다. 여기에는 다소 버릇없음과 엉뚱함은 있을 것입니다. 그러나 아이들이지 않습니까? 태평함, 진실함, 열린 마음, 솔직함, 정직, 이것들은 확실히 우리 훈육의 자랑이라고 내세우고 싶습니다. 더욱이 이것이 소학교 훈육의 8할 이상을 차지하지 않습니까? 무럭무럭 크게 하늘까지라도 자랄 것 같은 아이들, 천진난만하여 허위의 그림자를 드리우지 않는 천사 같은 아이들을 볼 때 어찌 기쁘지 않겠습니까? 어떻게 작은 새와 같은 아이들을 괴물 대하듯 구속하고 학대할 수 있을까요?

저는 아이들이 장차 가능한 한 바르고, 또 큰 '사람'이 되기를 바라는 사람입니다. 결코 방탕하게 놔두는 것이 아닙니다. 제가 간다바시

(神田橋)의 '와코가쿠도(和強樂堂)'에서 한 강연 삽화에 "아이들이 흙 묻은 신발로 책상 위를 뛰어다녀도 야단치고 싶지 않다." 이렇게 말한 것을 곡해하여 불량소년 양성 교육이라도 하는 양 소문낸 교사가 있었습니다. "요즘 같은 때에 루소주의를 말하다니, 현대 문명을 18세기로 역전시키려는 것이다." 이렇게 수신훈련연구회[10]라는 모임의 단상에서 혹평한 주사도 있었습니다. "흙 묻은 신발로 뛰어다니는 것도 금하고 싶지 않다." 이 말과 '흙 묻은 신발로 뛰어다니는 교육'은 비슷한 듯하지만, 천양지의 차이가 있습니다. 대용교원이라도 그 정도는 알 것입니다. 곡해하기 시작하면 이러한 것조차도 제대로 이해할 수 없게 됩니다. 현대 일본의 교육에 루소의 정신이 부족한 것이 큰 결점이라고 생각합니다. 아이의 그 분방한 독자적인 충동생활 속에 실은 머지않아 이성적 자유로 발달해야 할 소중한 싹이 숨어 있는 것입니다.

바로 이것입니다. 루소와 칸트는 별개의 사람이 아니라, 루소 속에 칸트가 될 수 있는 소중한 싹이 있는 것입니다. 잔박하게 루소를 멸시해서는 안 됩니다. 예전에 사범학교 학생이 루소를 비평한 것을 떠올리면 소름이 끼칩니다. 루소의 반대라고 생각되는 엄숙주의의 칸트는 『에밀』의 애독자였습니다. 그의 유명한 일화인 정해진 시각의 산책, 그 마을에서는 시계조차 필요 없다고 전해지는 그 산책을 깨뜨린 것은 실로 『에밀』이라는 책이었습니다. "18세기로 역전하는 것이다." 이런 평가를 하는 잔박한 사람들에게 『에밀』이 읽혀진다는 것은 루소가 무덤에서 울 일입니다. 우리는 제멋대로 하라고 방임하는 것이 아닙니다. 진정으로 유년시절을 크고 완전하게 발달시키고자 합니다. 여기에서 완전한 소년기가 시작되어, 소년기가 크고 완전하게 발달하면 여기에서

---

10) 수신훈련연구회(修身訓練研究会)가 뒤의 성육(聖育)에 나오는 수신훈육연구회와 동일기관인지는 확인하지 못하였으나, 둘 중 하나는 오자로 보임.

완전한 청년기와 성인기가 시작됩니다.

물론 어려운 일입니다. 구속의 교육보다 훨씬 몇 배나 어려운 것을 각오해야 합니다. 우리도 많은 노력을 해야 한다는 사실을 알고 있습니다. 어느 정도의 훈련이나 지도, 유시(諭示)도 필요합니다. 때로는 질책과 체벌도 필요합니다. 왜냐하면 아이는 우리 학교에 오기까지 이미 다른 학교와 사회의 영향을 받았기 때문입니다. 어쨌든 가장 좋은 교육만큼 어려운 일이 없다는 것을 통절하게 느낍니다. 잔박하게 방임과 무간섭으로 오해해서는 곤란합니다. 그러한 것은 세이조에 큰 폐가 되고 또한 일본 교육의 손실을 가져옵니다. 우리는 신란(親鸞) 성현의 가르침에 있는 "생각한 대로 행하는 것은 방자함이다. 그리해서는 안 된다. 이렇게 해서는 안 된다고 생각하는 것은 사양이다. 방자함과 사양의 중간에 제3의 길이 있다." 이런 말씀처럼, 제3의 길을 발견하고 싶은 것입니다. 이 길은 방임과 무절제와 비슷할지도 모릅니다. 그러나 큰 차이가 있습니다.

선육에 대해서는 이야기할 것이 많습니다. 국가나 세계, 집, 결혼문제나 직업문제 등, 수많은 문제를 근본적으로 재고해야 합니다만, 그중에서 통절히 느끼는 것은 선악의 관념에 대한 무서운 미망(迷妄)입니다. 도대체 일본인 전체를 통틀어 선악을 구별하는 사람이 얼마나 되는지 의구심이 생길 정도입니다. 이시와라 아쓰시(石原純) 박사의 문제 등에 대해서도 적절하게 해석하고 설명할 수 있는 중등교원이 과연 얼마나 있을까요? 아직 이런 문제에 대해서는 소학교 쪽이 낫습니다. 참으로 중학교와 사범의 교사가 노력해주기를 바라마지 않습니다.

5) 미육(美育)

특히 예술의 세계에서 일본인은 선진국에 많이 뒤처져 있다고 생각합니다. 이러니저러니 말할 것도 없습니다. 마시노(真篠) 군이 베를린에서 전한 바에 따르면, "일본에서 도저히 들을 수 없는 오케스트라를 얼마든지 쉽게 들을 수 있습니다. 아마추어 모임에서도 바로 들을 수 있습니다." 선진국은 이러한 상황이라고 합니다. 실로 부러움을 금할 길이 없습니다. 군비니 뭐니 하는 이야기만 하고 있을 수 있겠습니까? 8억 엔의 군사비를 내면서 불과 천만 엔의 교육비를 삭감해야 한다니, 과연 문화국가의 범주에 들어갈 수 있겠습니까?

우리 교육 동지들 중에는 예술을 쓸모없게 보거나, 심하게는 타락시하고 위험시하는 사람도 있습니다. 지나친 미혹이 아닐까요? 소설이라도 읽으면 곧장 퇴학시키는 중학교 사감에 사범학교장, 근검절약이라고 하면 검정이나 명주로 된 하의를 입혀 여공 같은 옷차림을 해야 만족하는 여자사범학교의 교장, 학교에서 연극이라도 할라치면 핏대를 세우는 나이 든 소학교장과 현·군의 장학사 이사관. 예술이 없고 미(美)가 없는 인생은 마치 사막과 같지 않겠습니까? 당신들의 인간관을 근본부터 바꾸시기 바랍니다. 놀라서는 안 됩니다. 말씀드리기 황송합니다만, 동궁(東宮) 전하께서는 파리의 여배우에게 꽃다발을 보내셨다고 합니다. 아무려면 이 이야기를 듣고도 저만 위험 인물이라고 하지는 않겠지요? 거짓이 아닙니다. 이제 슬슬 은퇴하든지, 아니면 각성해 주십시오. 일본의 황실이 항상 진보주의 성향을 갖고 있는 점을 저는 진실로 기쁘게 생각합니다. 어떻습니까? 군국주의가 발호할 때에 양복을 입고 중절모를 쓴 동궁 전하의 모습은? 그것이 신일본의 이상입니다. 전하께서는 서양을 둘러보시는 중에 시간만 있으면 연극을 몇 차례나 보셨다고 하지 않습니까? 활동사진과 연극을 보러 가는 것을 금지하고, 이렇게 해야 훈육을 할 수 있다고 생각하면 낭패입니다. 왜 한 걸음 앞서서 좋은 연극, 좋은 활동사진, 좋은 음악, 좋은 그림, 좋은 소설을 보여주지 않는 것입니까?

예술에 대해 아무것도 이해하지 못하고 인생의 진면목, '사람'의 어떠한 면도 규명하지 않으면서 소중한 사람의 자손을 교육한다는 것은 너무나 대담한 것이 아닐까요? 우리는 '참 인간'을 키워야 합니다. 소설에서도 최근 걸작이라고 하는 걸작은 모두 살아있는 종교론이고 도덕론이지 않습니까? 그 진실함, 그 애처로움, 그 고뇌. 서툰 수신 수업 몇십 시간보다 훨씬 더 소중하다고 생각합니다. 최근에 소설을 이용해 수업을 할 정도로 대단한 사범학교장과 중학교 교사가 있다는 이야기를 듣고 무엇보다 기쁘게 생각하고 있습니다. 무엇보다도 일반 선생님들의 각성을 바라마지 않습니다. 무미건조한 수신 교과서의 읽기 수업만으로는 사람의 아이를 제대로 키울 수 없습니다.

요컨대, '인간'을 인간답게 만들기 위해서!! 부끄러운 이야기입니다만, 저는 봉오도리(盆踊り)11)를 두 번 밖에 보지 못 했습니다. 약 10년 전에 사누키에서 보고, 또 한 번은 10년 만인 올 여름에, 아키타현(秋田縣)의 보수적인 구마소 지역에서 태어난 제가, 에조 지방의 봉오도리를 본 것입니다. 큰북, 선창, 손 사위, 발동작, 허릿매……

그보다도 휘영청 푸른 달빛 아래에서 젊은 남녀가 하나 되어 뭐라 형언할 수 없는 정서에 휩싸인 몽환적인 세계, 바커스(Bacchus) 신들의 무리보다도 품위 있는 그 분위기. 절로 손과 발이 움직이는 기분이었습니다. 숙소의 2층에서 어렴풋한 달빛을 모기장 안에서 바라보면서 북소리를 아련하게 들었던 그 기분을 지금도 잊을 수 없습니다. 어떻게 그것을 잊을 수 있겠습니까? 두세 사람 틀리는 사람도 있을 것입니다. 그러나 어떻게 춤을 그만두겠습니까? 부디 그 무리 안에 순사의 흰 제복과 긴 칼 소리가 나지 않도록 부탁드리고 싶습니다.

---

11) [역자주] 대개 음력 7월 15일 밤이나 16일 저녁에 절이나 신사(神社)의 경내에 젊은 남녀가 모여서 달빛 아래서 춤을 추는 것을 말한다. 이것은 지옥의 고통을 벗어난 죽은 사람들이 즐거워서 춤을 추는 형상이라고 한다.

6) 성육(聖育)

이에 관해서는 앞서 '교육의 근본문제로서의 종교'에서 말씀드렸으니 많은 것을 얘기할 필요도 없습니다. 우리가 경탄해 마지않는 훌륭한 선생님들이 충분히 많이 계십니다. 어정쩡한 책을 내면 창피만 당할 뿐입니다. 다만 곤란한 것은 종교와 미신을 동일하게 취급한다든지 쓸 데없는 것처럼 생각한다든지, 심지어는 위험시하는 완고한 사람들이 아직도 많다는 사실입니다. 중등 교사와 노년의 교사들 중에 특히 그런 사람들이 많습니다.

특히, 제가 한 마디 말하고 싶은 것은 요시다 구마지(吉田熊次: 1874~1964) 박사와 사사키(佐々木) 주사입니다. 요시다 선생님은 철학 잡지에 종교는 교육에 쓸모없다는 듯이 논했고, 사사키 주사는 지난 봄에 수신훈육연구회에서 종교론으로 얘기가 꽃을 피웠을 때, "소학교 교육에 종교 같은 것은 필요 없습니다." 이렇게 단상에서 한 마디로 정리해 버렸다고 합니다. 무슨 말인지 이해가 되지 않는데, 진지하게 설명을 요청하고 싶습니다. 우리는 신임 선생님들에게 프뢰벨의 『인간교육』을 한 번 음미해 보라고 하는데, 사람의 고귀한 영혼의 문제를 도외시하고서 어떻게 '사람'을 교육할 수 있겠습니까? 프뢰벨이나 코메니우스, 슐라이어마허나 페스탈로치, 예수나 석가모니를 어떻게 부정할 수 있겠습니까?

"신비(神秘)를 모르는 맹인이 아무리 신을 부정해도 이는 전혀 증거가 되지 않는다." 이런 말이 있습니다. 젊은 선생님들은 이런 잔박한 설명을 듣고 더욱 화만 내고 있는데, 난처한 것은 그렇지 않아도 고루하고 늙어 말라비틀어진 노년의 교사들은 이 때문에 더욱 강경한 입장을 취해 마침내 '화석'이 되어버렸다는 점입니다. 지위가 높으면 높을수록 그에 따른 화(禍)도 커지는 법입니다. 이런 어리석은 주장을 그만

됐으면 합니다. 선생님들의 기득권보다 일본의 교육을 위해서. 그 정도도 모르는 분들은 아닐 거라고 생각합니다. 『교육적 미학』 같은 책까지 쓰시는 분이니까요. 비너스와 아폴론은 배다른 남매였습니다. 아폴론 안에 아름다움이 없겠습니까? 비너스 안에 성스러움이 없겠습니까? 진정한 아름다움은 진정한 성스러움이 아니겠습니까? 알면서도 진리를 왜곡하는 자가 있다면 그게 바로 악인입니다. 정말로 모른다면 어리석은 사람입니다. 선생님들, 실례지만 일본의 교육을 진지하게 생각해 주십시오. 일본을 위해서.

양해해 주십시오. 저는 결코 개인적인 원한으로 이런 말을 하는 것이 아닙니다. 저의 말과 요시다 선생님의 다른 측면의 위대함은 별개의 문제이므로 여러분들은 헷갈리지 말아 주십시오. 바로 얼마 전에 동향 선배, 도쿄고등사범학교 출신 선배를 만났는데 "고등사범을 욕하고 다닌다면서?" 이런 말씀을 하셨습니다. 이런 식이니까 난처한 겁니다. 사람이 진정으로 하는 말을 걸핏하면 욕으로 받아들입니다. 저는 고등사범에 대해 고마워할지언정 원한 맺힌 것은 하나도 없습니다. 다만, 허위의 교육을 싫어할 뿐입니다. 오해하지 말아주셨으면 합니다.

말이 나온 김에 변명하겠습니다. 작년 12월에 도쿄고등사범의 『교육연구』에 실린 「오쓰카차화(大塚茶話)」의 한 구절. 그런 하찮은 걸 논하면 논할수록 저의 그릇이 작음을 의미하게 될지도 모르지만, 다만 도쿄고등사범을 위해서 이렇게 한탄하는 것입니다. 익명으로 빈정대는 듯한 비겁한 태도는 취하지 않겠습니다. 말 한 마디, 글자 한 자라도 정정당당하게 자기 이름을 걸고 피 터지게 싸워야 하지 않겠습니까? 저는 왠지 모르게 옛날 이야기를 좋아해서 『아라키 마타에몬(荒木又右衛門)』이나 『미야모토 무사시(宮本武蔵)』 같은 작품들을 애독하는데, 옛날 무사가 항상 자기 이름을 서로 밝히고 대결하는 남자다운 태도에서 참으로 고귀한 뭔가를 배웁니다. 평소에는 그런 것을 잘 의식하지 못하다가

『교육문제연구』 독자들 7, 8명이 알려줘서 봤는데, 그야말로 고귀한 스승의 품격에 관련된 문제였습니다.

그리고 저에 관해서는 안심하셔도 됩니다. 저는 다른 사람의 험담을 좋아하지 않습니다. 그래도 확실히 지금까지 세 사건과 관련해서 사범학교의 험담을 했습니다. 그러나 안심하십시오. 그것은 당신들이 우리 욕을 먼저 해서 반박한 것에 지나지 않으니까요. 사람을 저주하면 못 자리가 두 개 생긴다고 하는데, 그걸 막아준 것이 사실은 저라고 봐야 합니다. 제 얘기가 틀렸다면 언제든 말씀해 주십시오. 감사히 듣겠습니다. 제가 사범학교를 공격한 구체적인 예는 가고시마(鹿児島)와 히로시마, 그리고 가가와 사범학교에 관계된 것입니다. 안심하십시오. 이들 세 사범학교가 특별히 나쁘다는 것은 아닙니다. 다만 제가 아는 것이 이들 세 학교이기 때문입니다. 제가 이러쿵저러쿵한다고 이들 세 학교의 가치가 떨어지는 것도 아닙니다. 또 제가 험담을 안 한다고 해서 도쿄고등사범학교의 가치가 올라가는 것도 아닙니다. 그러니 안심하십시오. 그래도 그 학교의 선생님들 중에서 뛰어난 사람은 얼마든지 칭찬하고 있습니다. 시노하라 스케이치(篠原助市: 1876~1957) 교수님의 깊은 학식과 진지함, 사사키 히데이치(佐々木秀一: 1874~1945) 교수님의 『수신수업의 연구』, 사사키 주사의 풍모와 유창한 언변.

세상에는 악을 악이라 하고, 선을 선이라 하고, 선을 악이라 하고, 악을 선이라 하는 네 가지 종류의 마음이 있습니다. 그리고 많은 경우에 악을 악이라 할 수 있는 사람은 선을 선이라고 하는 사람입니다. 선을 악이라 하는 사람은 악을 선이라고 하는 사람입니다. 우리 서로가 진심으로 전자에 속하기를 바랍니다.

다만, 세상 사람들에게 말씀드리고 싶습니다. 종교적 대천재 솔로몬의 잠언 "그대 젊은 날에 그대의 창조주를 기억하라." 이 말은 참으로 천고(千古)의 명언입니다. 오늘날 일본의 가장 큰 비극은 실로 신을 알지 못하는 사람이 많은 것, 일본 교육의 최대의 결함은 실로 세상 공도 (公道)의 기본인 신에게서 멀어져 버린 것이 아니겠습니까? 과연 진짜 '사람'을 키우고 있는 것일까요?

7) 부육(富育)12)

경험의 교육, 실제 교육에 관해서도, 그 밖의 제도나 시설 문제, 정부나 국민에 대한 희망사항 등도 얼마든지 있습니다. 특히 작금의 교육조사회의 바보스럽기 그지없는 결의, 수상이나 문부대신, 내무대신의 비교육적 태도, 특히 교육을 4대 정강의 하나로 내걸면서도 고작 천만엔을 삭감하기 위해서 소학교 교육을 학대하는 정우회(政友會)의 태도, 특히 이런 현상에 대하여 강 건너 불구경 하듯이 아무 생각이 없는 교사와 국민은 실로 '사람'을 '사람'으로 보지 않기에 국가의 진보를 위태롭게 한다는 생각이 듭니다. 전국의 교사는 남자든 여자든, 보모든 훈도든, 누구라도 진정으로 한 나라의 문교(文教)를 위하여, 아니 일본의 진정한 행복을 위하여 대동단결하고 분기해야 할 때에 이르렀습니다. 저는 앞에서 말한 것 중에서 무엇보다도 교육자의 무기력함을 증오합니다. 이렇게 아무 생각이 없어서야 어떻게 남의 귀한 자식들을 교육할 수 있겠습니까? 더 이상 국가가 구해 줄 수 없습니다.

중앙에서는 일대활약을 하려고 하고 있습니다. 요구하는 것은 17만 교육자의 강력한 후원입니다. 아무리 힘들다 할지라도 여러분의 귀한 자금을 모으는 것은 실로 국가 교육을 위한 일입니다.

---

12) [역자주] 1921년 강연에서는 체육부터, 진육·선육·미육·성육 등 5육을 나열하였는데, 1969년에 단행본으로 출판된 오바라의 『전인교육론(全人教育論)』에서는 진·선·미·성의 심육(心育)과 건(健)·부(富)의 신육(身育) 등 6육을 제시하고 있어 제목 추가함. [참고] 한용진(2020). "오바라 구니요시(小原國芳)의 전인교육론 연구". 『한국일본교육학연구』, 24(3). 9-11.

8) 방법론

이제 슬슬 마무리하겠습니다. 동적, 창조, 자유, 자동, 자학, 일체충동 개만족, 뭐든 좋습니다. 이것이 '사람'의 본질이니까요. '사람'의 본질에 뿌리내린 교육방법이 이루어지기를 바랍니다. 구속이나 금지, 주입이나 부정, 질책이나 훈련세목, 진도표나 교훈, 교안이나 일제수업, 뭐든 간에 진실로 '사람'의 본질에 부합하는 것이라면 괜찮습니다. 두려워할 것은 없습니다. 싫어할 필요도 없거니와 흔들릴 필요도 없습니다. 칩거할 필요도 없습니다. 자유와 구속, 장려와 질책, 훈유와 금지, 일제수업과 개별 취급, 자유교육과 교안, 임기응변과 예정표, 자율자치와 훈련세목, 교과외 도서와 교과서. 이 모두가 상호간에 서로를 보완하고 도와주는 것이 아니겠습니까? 아니, 철저하다면 서로 같은 것을 가리키는 것이 아니겠습니까? 다만 형식에 사로잡혀 있으니 문제인 것 아니겠습니까?

우리가 현상을 비판하는 것은 사실 교육을 크게 살리기 위해서입니다. 뭔가를 주입하는 것도 수업을 풍부하게 만들기 위해서이며, 분단 운영은 그저 형태에만 집착하는 것이 아니라 진실로 아동을 살리기 위해서이며, 훈련세목은 진실로 아이들을 크게 하는 교육을 준비하는 것이며, 자유는 진실로 아이들을 크게 성장시키기 위한 것이어야 합니다. 우리의 교과서는 여기에 얽매이기 위해서가 아니라 그것을 수단으로 활용하기 위한 것이어야 합니다. 우리의 교수법도 여기에 얽매이기 위해서가 아니라 '사람'을 만들기 위한 좋은 지침서여야 합니다. 우리가 요구하는 장학도 질책하기 위한 것이 아니라, 선도를 위한 장학이어야 합니다. 우리가 교사를 자유롭게 하는 것은 활동의 여지를 키우고 수양을 많이 쌓아 독특한 수완을 펼칠 수 있도록 만들기 위함입니다. 우리가 교사를 속박하는 것도, 단체로서 단일한 행동을 취해서 보다 규율을 잘 지키고 교육 효과를 크게 만들기 위한 것이지, 결코 함부로 개성을 죽

306

이고 재능을 압박하기 위한 것이어서는 안 됩니다.

그런데 이 중 어느 것을 취할지는 다양한 조건이 있어 이를 필연적으로 정해 주어야 합니다. 교사의 개성, 아이의 개성, 현지 상황, 교과 종류, 아이의 배경, 아이의 수, 학교 조직, 교사의 질 등, 다양한 조건이 이를 정해 줄 것입니다. 만인에 공통되는, 어디에서든 이것만은 해야 한다는 그런 교육방법이 있어서는 안 될 것입니다. 공자는 공자, 페스탈로치는 페스탈로치, 로욜라는 로욜라, 요시다 쇼인(吉田松陰)은 요시다 쇼인, 선승(禪僧)은 선승, 각각 다른 점에 묘미가 있는 것입니다.

어느 도시의 소학교 교장이 교사들에게 훈시하기를, "개성 존중은 현대의 교육사조이다. 여러분은 가능한 학생들을 개별적으로 다뤄주기 바란다"고 했습니다. 며칠이 지나서 한 교사가 교장실에 와서 "아무리 해도 잘 안 됩니다. 어떻게 할까요? 한 시간 내내 열심히 해도 20여명이 한계입니다. 나머지 40여 명은 손도 못 대겠습니다." 이렇게 말했습니다.

개별적으로 다루는 것을 한 사람씩 가르치는 것이라고 착각한 교사는 한 명씩 자기에게 오게 해서는 2, 3분 정도 가르쳤다고 합니다. 거짓말 같지만 이것이 사실이라니 할 말이 없습니다. 그렇게 하면 한 학급을 10명으로 만들어도 45분으로는 도저히 모자라는 것이 당연합니다. 하물며 50명, 60명이면 더 말할 것도 없습니다.

농담 같은 이야기이지만, 생각해 보면 이런 경우는 얼마든지 있습니다. 자유화 그리기에 과제주의, 자유 선제(選題)에 취락주의(聚樂主義), 점명법(漸明法)에 아동재판, 작업학교에 산술주의, 공민교육에 감명주의, 비교 고사(考査)에 사쿠라이식(櫻井式), 분단식에 나가이식(永井式) … 헤아릴 수 없을 정도입니다. 그중 어느 하나가 전부라고 할 수 없습니다. 하물며 다른 사람한테 적용할 때는 말할 것도 없습니다.

교수법은 인격을 통해 나오는 깊은 의미를 갖고 있습니다. 살아있는 깊은 내용에서 표출되는 방법을 취하기 바랍니다. 그 사람 자신의 됨됨

이에서 나오는 것이기를 바랍니다. 진실로 인격의 근저에서부터 솟아나오는 진정성으로 부딪힌다면 불량소년이라도 느끼는 것이 있을 것입니다. 때로 화가 난다면 진정으로 마음 깊은 곳에서 솟아나오는 분노를 표출하기 바랍니다. 사람을 가장 감동시키는 것은 진심의 토로라고 괴테(J.W. von Goethe: 1749~1832)가 말했습니다. 결코 형식에 집착하지 않아야 합니다. 속에 아무 것도 없이 그저 조종만 하려는 것이야말로 아이들을 가장 심하게 그르치는 것입니다. 그리고 마지막에는 자기 것으로 체화하기 바랍니다.

그러나 저의 말을 오해하면 그것도 곤란합니다. 그러니까 다른 사람의 틀이 아무런 참고도 되지 않는다는 것이 아닙니다. 이처럼 잔박한 오해를 하는 사람은 없겠지요? 많은 조건이 서로 비슷한 경우에는 대체로 유용할 수 있는 방식이 있을 것입니다. 전 세계에 공통되는 커다란 날줄과 씨줄이 있을 것입니다. 게다가 다른 사람의 틀을 참고하여 자신의 것으로 삼고, 타인의 기교를 통해 스스로의 방책을 풍부하고 정교하게 할 수 있을 것입니다. 또한 할 수 있어야 합니다. 그러므로 우리가 다른 방법을 연구하는 경우에는 그 방법의 본질, 정신을 파악하는 것을 염두에 두어야 합니다. 그러므로 진정한 참관인은 참관 전에 2, 3분의 준비가 필요합니다. 우리가 대충 참관하는 것을 용인하지 않는 이유는 여기에 있습니다. 아무 준비도 없고 관련 교육 잡지도 읽어보지 않은 자가 그 사람의 수업을 참관하여 얘기를 듣는 것은 매우 잘못된 것입니다. 하물며 실례되는 이야기지만 근본적으로 다른 교육관이나 인간관을 가진 사람은 말해 뭐하겠습니까? 방법의 근본정신. 이것을 파악하기 바랍니다. 어찌된 일인지 세상에는 피상적인 참관인이나 모방자가 너무도 많습니다.

이제 끝내야겠습니다. 요컨대, 모든 것을 '사람'에서부터 시작하시기 바랍니다. 그리고 '사람'에 도달한다는 바람을 가져야 합니다. 여기에서 마치겠습니다. 저도 험담을 했으니, 여러분께서도 많은 험담을 해 주십시오. 저는 험담에는 익숙해져 있으니 결코 걱정하지 않으셔도 됩니다.

제8장

文藝敎育論

문예교육론

제8장

문예교육론(文藝敎育論)

가타가미 노부루(片上伸, 1884～1928)

이 책에는 지난 여름 여러 교육자들의 강연 필사록을 수록하였는데, 저는 그때 제가 한 이야기에 부족한 부분도 있고 필기를 정정하는 것도 번거로워서 별도로 쓴 이 글로 대신하겠습니다. 물론 취지에는 변함이 없습니다. 이 글을 통해 적어도 제가 주장하는 혹은 비평의 유래에 대해서, 방향과 취지, 정신에 대해 독자들에게 다소의 이해를 구할 수 있을 것이라고 믿습니다.

1.

문예와 교육이라는 두 단어를 병렬할 경우, 사람들은 항상 먼저 문예의 방종성 내지는 위험성을 연상합니다. 그와 동시에 교육이 방종성에 제어를 가하고, 그 위험성을 방어하는 태도로 나올 것을 연상합니다. 따라서 교육 대(對) 문예의 문제는 언제나 싸움이자 방어로, 서로 가능한 한 상대방으로부터의 방해를 막으려고 하는 것이 문제의 요점으로 간주되어 왔습니다. 이미 교육 방면에서는 문예에 대하여 방어적 태도를 취하고 있으므로, 표면적으로는 아무리 문예의 힘을 존중한다고 해도 결국 처음부터 문예를 적대시하고 성가신 것으로 보는 태도밖에 취해오지 않았습니다. 즉, 문예의 중심 생명에 대한 오해가 남아 있기 때문에 문제는 언제까지나 제대로 해결되지 않고 그대로 남겨져 있는 것입니다.

문예교육을 주장하는 데에 우선 첫째로, 문예가 교육의 영역을 침범하거나 교육이 문예의 힘을 막는다든가 하는 식으로, 양자의 투쟁적 관계를 예상하기보다 오로지 인간의 생활을 사랑하는 사람의 순수한 마음으로 돌아가 생각하는 것이 필요합니다. 인간의 생활을 진정으로 신장시키기 위한 문제로써, 즉 인간 공통의 생활창조의 문제로써 생각하는 마음가짐이 필요합니다. 인생을 구분하거나, 혹은 교육의 영역과 문예의 영역으로 나누고, 각자 이른바 전문적인 입장에서 말을 해서는 안 됩니다. 저 같은 사람도 교육 방면에서는 분명히 아마추어일 것입니다. 이른바 전문 교육가가 보면 저는 문외한으로 보일지도 모릅니다. 그러나 요즘 너무 구분하여 소위 지나치게 전문가로 있으려고 하는 폐단은 그냥 보고 있기 힘듭니다. 정치가는 이른바 정치가답게 있으면서 그 인간다움을 잃는 것을 예사로 생각하는 것 같습니다. 교육자도 문학자도 모두 전문가답게 전문가 티를 낼 뿐, 순수하고 씩씩한 모습으로 어떤 문제에 정면에서 달려드는 힘을 갖고 있는지 어떤지는 그다지 문제 삼지 않는 것 같습니다.

이제 오히려 모든 것을 전문가 냄새나는 전문가의 손에서 분리하여 완전히 초심자의 인간다운 인간의 손에 맡길 때입니다. 교육에 관한 문제도 결코 소위 교육전문가의 손에 의해서만 취급할 것이 아니라, 모든 사람들은 교육에 대하여 자기 나름대로 생각하고 논하고 주장해도 무방할 뿐만 아니라, 때로는 초심자의 주장이나 제창이 교육 자체의 혁신을 불러올 수도 있을 것입니다. 특히, 인간을 만드는 교육 사업

같은 문제를 보면, 모든 인간이 이에 흥미를 느끼고 자신의 주장을 하는 것 또한 매우 자연스럽고 당연한 일이라고 할 수 있습니다. 대체로 한 가지에 대하여 그 안과 밖을 차별하는 것은 직업적 내지 외면적으로 그렇게 되어서는 안 되는 것으로, 진정한 생명 내지 진정한 의의에 대한 사랑과 이해의 철저함, 충실함 여하에 따라 결정되어야 합니다. 스스로 교육 전문가를 자처하고 세상 역시 이를 인정한다고 해도, 본질적으로 교육의 진정한 생명 내지 진정한 의의를 이해하지 못하고 교육에 대한 사랑이 없다면, 교육을 진정으로 살리고 성장시켜갈 힘이 없을 뿐만 아니라 오히려 독이나 해가 되는 사람도 세상에는 적지 않습니다. 이와 같은 사람들이야말로 진정한 의미에서 교육의 문외한이고, 또 문외한으로 있지 않으면 곤란한 사람들입니다.

요컨대 흔히 말하는 문내(門內)나 문외(門外)는 진정으로 교육을 존중하고 교육의 의의를 이해할 수 있는 사람에게는 정말 아무 의미도 없습니다. 따라서 제가 교육에 대하여 뭔가를 주장하는 것이 이러한 의미에서 본다면 저 역시 교육의 문외한이라고 생각하지는 않습니다. 교육을 직업으로 하고 있지 않다든가, 학문으로 혹은 기술로, 전문적으로 연구하고 있지 않다든가 하는 것은 제가 교육을 논하는 데에 전혀 지장을 주지는 않습니다. 또한 그와 같은 이유로 제가 주장하는 정신 중심의 가치를 의심해야 하는 근거가 되지도 않습니다. 저는 이른바 교육전문가가 아니어도, 또 문예창작가가 아니어도, 단지 문예를 사랑하는 사람, 혹은 문예에서 오로지 인간생활에 대하여 배우려는 뜻을 가진 한 명의 학도여도 괜찮다고 생각합니다.

제가 교육에 대해서 자기주장을 말할 때에 저는 문예 학도로서 자신의 입장을 머릿속에 두고 생각하는 것이 아닙니다. 세상에는 흔히 문예전문가들의 입장이라든가, 교육가 내지 교육연구가의 입장이라고 하면서 상이한 입장에 따라, 예를 들면 교육에 관해서도 몇 가지 진리가 성립되어 있기에 다양한 진리가 서로 양립할 수 없는 것처럼 말하는 경향이 있지만, 저는 그런 각각의 입장 따위를 안중에 두고 교육을 논하고 싶지는 않습니다. 그러한 사고방식에 얽매여 오랜 기간 유지되어 온 틀을 깨는 것이야말로 하나의 교육론을 이루는 방안입니다. 제 주장은 우연히 지금까지 배워 온 것에 기초하여 자극을 받고 가르침을 얻어 신념을 갖게 되었지만, 만약 굳이 저의 입장이라는 것이 있다고 한다면, 그저 인간으로서 인간의 생활을 생각한다는 입장일 뿐입니다. 즉, 제 입장이라고 할 만한 것은 인간적 입장, 다시 말해 인간 본성에서 생각하고 인간 본성을 살리려고 하는 것입니다.

저의 주장은 어디까지나 저 자신의 얄팍한 근소한 지식이나 연구, 경험에 의해서, 그리고 스스로 성벽을 두르고 그 안에 틀어박혀 움직이지 않으며 집안에서 자신의 시야에 들어오는 것만을 보고, 일가견을 이루는 듯한 마음가짐에서 생겨난 것이 아닙니다. 세상의 교육을 논하는 사람들은 소위 전문적 교육가와 구별하기 위해서 저를 문예가라고 평하고 있지만, 저의 주장은 단순히 문예가로서의 입장에서 만들어진 것이 아닙니다. 저는 고정관념에 머무르지 않고 인간생활의 성장 발육에 대한 생각을 말씀드릴 뿐입니다.

따라서 저의 문예교육론으로 말할 것 같으면, 소위 전문교육론을 지향하는 성질의 것이 아니라, 무릇 인간의 생활이라는 것에 뭔가 흥미를 가진 모든 인간을 향해 발하는 말입니다. 따라서 저의 주장과 언설에 대하여 가해지는 비평도 전문적 교육가의 입장이라는 좁은 견지에서서 소위 전문 영역의 문내(門內)에서 문외의 논의를 향하여 이러쿵저러쿵 하지말아 주셨으면 합니다. 영역 밖의 논쟁에서 제각기 말하는 것을 원하지 않습니다. 저의 주장과 언설에 진리가 있으며, 교육의 진정한 생명, 진정한 의의를 파악하고 있는 부분이 있다면, 이는 전문교육가에게도 그리고 교육에 흥미를 갖고 있는 모든 인간에게도 똑같이 무조건적으로 교육에 관한 진리로서 순수하게 받아들여져야 합니다. 왜냐하면 무릇 모든 생활에 관한 진리가 그러하듯이, 교육에 관한 진리도 결코 소수의 영역 안에 있는 사람들이 독점할 수 있는 것이 아니라, 만인이 공유하는 것이어야 하기 때문입니다. 그것은 두세 명의 특별한 사람한테만 가치가 있고 다른 특수한 사람이나 일반인에게는 가치가 없는 수수께끼 같은 것이어서는 안 되기 때문입니다.

설령 문예교육 제창이 저와 같이 특수한 색채가 들어있는 인간－문예의 한 학도－의 것이라고 해도 그 문예의 한 학도가 제창한 문예교육론이 교육상 진리가 되어야 하는 것이라면, 그리고 교육의 진정한 생명을 파악하고 있는 점이 있다면, 문예의 한 학도에 지나지 않는 저의 주장은 이미 한 개인의 생각이 아닌 것입니다. 그것은 전문적 교육가에게도, 또 그 외의 모든 인간에게도 동일하게 진리이며, 진정한 생명을 파악한 것으로서 온전히 받아들여져야 합니다. 이는 저라고 하는 한 개인을 따르는 것이 아니라, 진리를 따르는 것이기 때문입니다.

이 경우에 저는 협소한 자신의 입장을 사람들에게 강요하는 것이 아니라, 진리를 사람들에게 제창하는 것이기 때문에 저의 주장에는 집요함도 있을 수 있습니다. 세상에는 전문가로 칭하며, 또 칭해지고 있는 다양한 인간들이 있습니다. 이들은 평소에 전문가 이외의 인간으로 간주하고 있는 사람에게, 자신의 전문 분야에 대한 언설을 들으면 왕왕 그들을 문외한 취급하면서, 허심탄회하게 그 제창하는 바를 생각해 보려고도 하지 않는 태도를 취하기도 합니다. 저의 주장이 그저 문예의 한 학도인 문외한이 말하는 교육론에 지나지 않는다는 식으로 생각하며, 세상의 충분한 반성과 고찰, 비평을 구하지 않는 것을 유감으로 생각한다는 점을 이 기회를 빌어 먼저 말씀드립니다.

전문가의 틀을 깨고 전문가의 좁은 마음으로부터 벗어나야 인간생활에 대하여 넓게 생각할 수 있는 세상에 나올 수 있기에, 사람들이여 아마추어가 되어라. 아마추어의 마음으로 다시 보고, 다시 생각하는 것, 이것이 가장 우선되어야 할 중요한 일입니다.

2.

일찍이 논한 바 있듯이, 현대의 불안은 여러 삶의 방향에서 해결을 원하는 문제가 벌어지고 있는 것에 의해서라기보다 오히려 이런 문제를 부분적으로만 생각하고 부분적으로만 해결하려는 데에서, 즉 이를 널리 인간생활상 도덕상의 문제로 취급하지 않는 데에서 생겨나는 것입니다. 이미 부분적이고 단편적인 태도로 문제를 대해왔기 때문에, 그 문제를 해결하기 위해서 취하는 방법도 금단적이고 고압적이며 또는 임시미봉책으로 대처하거나, 아니면 공연히 불신의 투쟁적 태도를 보여 분열과 분쟁을 더욱 심화시키고 있습니다.

교육 분야에서도 대체로 위에서 본 바와 같이, 비근한 의미의 실용(實用) 한 가지에만 매달리는 직업적·수험적(受驗的) 교육이 실시되고 있는 것이 사실입니다. 현재의 교육이 직업적·수험적으로 치우치고 있는 것을 교육제도 시설상, 사회제도 조직상에서 생각해보면 원인은 각각의 방면으로 소급해서 찾아볼 일이지만, 이로 인해 인간생활 전체를 살리는 교육의 의미가 거의 등한시되고 있다는 사실을 그냥 모른척 하고 있을 수만은 없습니다.

한편, 특수한 실용적인 지식이나 기능을 획득하여 우선은 상급 학교의 시험에 응시하거나 또는 직업상의 보증을 얻기 위하여 일개 개인으로서 전체 생활을 살리는 것을 잊는 경향이 있는데, 이렇게 되면 직업상 필요한 지식 기능조차 충분히 살릴 수 없게 됩니다. 교육의 참된 의미에서 보면 어떤 특별한 실용적인 지식이나 기능을 획득하게 하는 학과에서도 한 사람의 전체적인 생활과 완전히 동떨어진 것만을 가르칠

리는 없습니다. 예를 들면, 순수 지식적 교육으로 여겨지는 수학 같은 과목에서도 그것이 교육사업의 유기적 생명을 분담하는 한, 결코 단순히 수리에 관한 지식만을 이해하도록 하는 데 그쳐서는 안 됩니다. 2에 2를 더하면 4라는 것은 소학교 심상과(尋常科) 1학년 학생들이라 하더라도 쉽게 이해할 수 있는데, 진정한 교육상의 의미로는 2에 2를 더하면 4라는 것을 그저 기계적으로 지식을 암기하게 하는 것으로 만족해서는 안 될 것입니다. 2에 2를 더하면 4라고 하는 거의 자명한 이치에 대해서도 사람들은 어떤 경우에는 이에 반대하며, 그것이 옳다는 것을 부인하는 경우가 있을 수 있습니다. 2에 2를 더하면 4라는 것을 부정한다면 아마 1학년생도 이에 대하여 이의를 제기할 것입니다. 그래도 상대가 승복하지 않을 경우에는 이를 교사에게 갖고 가서 옳고 그름을 판별해 달라고 요구할 것입니다. 그래서 결국 2에 2를 더하면 4라는 것이 올바른 판단임을 모든 사람으로부터 인정받아야 안심할 수 있게 될 것입니다.

이러한 생각은 진리에 관한 순수한 감정입니다. 진리가 진리로서 인정되지 않는 경우에 태연히 있을 수 없는 감정입니다. 진리를 사랑하고 진리에 상처가 나는 것을 슬퍼하고 분노하여 이를 옹호하고 널리 알리기 위해서 고심하고 노력을 아끼지 않는 열성은 2에 2를 더해서 4가 되는 것을 인정할 수밖에 없는 기분과 그 본질에 있어서는 동일합니다. 진리를 주장하고 옹호하며, 이를 위해서는 끝까지 싸우려고 하는 용기의 싹도 또한 분명히 인정할 수 있습니다. 지금은 설령 직업적·수험적인 목적 때문에 진리를 기계적으로 취급하고 있는 교과가 있다고 해도 그 자체가 갖고 있는 본래의 성질상 철저한 의미에서 교육적 효력을 줄 수 있고, 작게는 어떤 교과가 교육의 일부분이 되거나 그것 자체만으로 교육적 효과를 올릴 수도 있습니다. 모든 학과를 이러한 관점에서 생각해 보면, 각 학과는 인간생활의 근본을 향해 깊은 감화를 주고 있는 것입니다. 그러나 이는 어쩌면 인간으로서 뛰어나고, 심성이 풍부한 교육자가 비로소 이룰 수 있는 것으로, 모든 교과목이 앞에서 이야기한 것처럼 모든 이에게 깊은 감화를 주는 것을 바라기는 쉽지 않을 것입니다.

그러나 이러한 지식 기능을 주로 하여 만들어진 교과목에 대해서까지 일일이 인간생활의 근본을 깊고 튼튼하게 할 것을 요구하는 것은 어쩌면 어려울지 모르겠습니다. 그러나 인간으로서 전체적인 생활을 만들어가기 위한 수신윤리 교과가 그 실제에 있어서는 내용이 공허하고 무력, 무생명이어서 실질 없는 권위를 사람들에게 강요하는 느낌이 드는 것은 왜일까요? 이 사실은 아마도 수신교과가 인생의 도덕적 생활을 내면적으로 통일성 있는 하나의 전체로 생각하지 않고, 외면적인 행위의 결과를 가지고 잘게 나누어 부분적이고 단편적인 표준을 정하고 복잡하게 끊임없이 생동하는 인간생활을 일정한 양식으로 규율하려는 데에서 생겨나는 것이라 생각됩니다.

수신윤리가 가르치는 바에 따르는 것이 왠지 형식적이고 답답하고, 융통성 없고 작은 선에 얽매여 있는 듯한 느낌을 주는 것도 이러한 이유 때문입니다. 수신윤리 교과가 이야기하는 것은 결코 그릇된 것은 아닐 것입니다. 올바른 것이라 생각합니다. 그러나 그것이 잘못되어 있지 않으면 않을수록, 올바른 것이면 그럴수록, 지극히 지당한 느낌이 들면 들수록 어쩐지 우스꽝스러운 기분이 들어서 이를 조롱해보고 싶어집니다. 이는 수신윤리 교과에 대해서 아마도 모든 인간이 느껴왔으며, 또 경험하고 있는 것이라 생각합니다.

인간의 생활은 두 말할 필요도 없이 매우 복잡하고 그 표면에 드러나지 않는 여러 의욕은 도저히 이를 일정한 종류로 구분할 수 없을 만큼 교차하고 뒤섞여 있습니다. 특히 어느 정도 성장을 거의 마친 연장자와는 다르게, 이제부터 새롭게 성장해갈 소년 자제의 생활에서는 지극히 미묘하고 복잡한 심리적인 욕망이 오히려 다른 생활의 시기보다 한층 왕성하게 거의 광란의 파도를 이루며 맹목적으로 솟구치고 있다고 해도 과언이 아닙니다. 인간이 가질 수 있는 모든 생활의 의욕이 계속해서 잇따라 깨어나서, 서로 당기고 밀치며 소년기 자제들의 심신 안에서 약동하고 북적대며 가능한 한 최대로 자유로운 표현을 추구하고 있을 것입니다.

이러한 생활 의욕은 그 하나하나가 개별적인 것이기에, 분명히 의식되고 생각되고, 안정되고 정돈된 것이 아닙니다. 본인도 주위 사람들도 도저히 이를 정돈하여 통일하고 이해하고 설명하는 것 따위는 할 수 없는 혼란갈등 상태에 있다고 말할 수 있습니다. 생활의욕의 표현이 방관자에게는 이해되기 어렵고 난잡하여, 과격하고 맹목적인 것은 실로 자연스러운 일입니다. 더욱이 이러한 생활의욕의 표현 전부를 수신윤리 교과에서 들고 있는 도덕에 끼워 맞출 수 없는데 의욕만을 억누르든가 버리든가 하는 것은 인간 생활을 기계적으로 할 것이 아니라면 도저히 할 수 없는 일입니다. 즉, 인간 생활에서 특히 복잡한 의욕이 분방하게 날뛰는 소년시절의 생활 전부를 인정하고, 이를 살려서 키우려 하지 않고, 복잡하고 분방하고 발동하는 소년기 자제들의 생활에 부분적인 일정한 양식을 무리하게 강요하여 이를 규율하려고 하는 데에 현행 수신윤리 교육의 무리하고 부자연스러운 문제가 있는 것입니다. 또한 그 내용이 무력해지고 생명력이 없어지는 것이다.

소년기의 자제들이 수신윤리에서 이야기하는 도리를 시인하지 않을 만큼 수신윤리가 무력하지는 않지만, 그 도리에 대해서 충심으로 따르고 활기를 주는 빛으로 이를 인정하기에는 뭔가 중대한 부족감을 느끼는 것입니다. 즉, 수신윤리 교과의 가르침이 복잡한 의욕의 전부를 인정하고 모든 의욕에 걸쳐서 생생하게 성장하려는 근본의 힘을 강화해가려고 하는 대신에, 오히려 솟아나는 복잡한 의욕의 부분을 수정하고 억제하는 것에만 전념하는 것이 수신윤리 교과의 공허하고 무력한 권위를 사람들에게 강요하는 것으로 여기게 합니다.

게다가 만일 그 부분적, 외면적, 형식적인 규율에서 조금이라도 벗어나는 생활을 하는 사람이 있으면 금세 전체의 도덕적 생활에 돌이킬 수 없는 결함이 발생한 것처럼 생각해서 더욱 부분적인 금지와 부정이 한층 엄격하게 가해지기도 합니다. 그러나 이는 사실 인간 생명의 전체적인 힘, 도덕성의 근본적인 힘에 대한 신념의 부족에서 오는 것입니다. 인간의 도덕 생활을 유기적이고 통일성 있는 종합적인 힘의 발현으로 다소의 상해나 손상에 집착하지 않고 생생하게 자라나는 생명력의 발현으로써 볼 수 없는 데에서 나오는 것입니다.

그 결과 억제가 행해지고, 부정하게 되고, 금지하게 됩니다. 생명이 스스로 치유하는 힘을 갖고 있다는 사실을 믿지 못하는 것입니다. 이로 인해 이제부터 뻗어나갈 소년기 자제분의 생명이 부분적인 장애에 의해서 금세 상처받고 말거라는 생각으로 그저 표면에 이상이 나타나지 않도록 소극적으로 억누르려고만 하는 것입니다.

3.

인간의 생활은 말할 필요도 없이 복잡하며 규정할 수 없는 종합적이고 미묘한 일대 교향악입니다. 그러나 이러한 교향악의 실질 내용을 형성하고, 그 빼앗을 수 없는 기조를 만들고 있는 것은 수신윤리 교과에서 말하는 도덕의 각 항목에 해당하는 것이 아니라, 복잡 미묘한 인간생활에서 나오는 의욕의 교류입니다. 명확하게 이름을 붙일 수 없는 인간의 생활 기분 내지 의욕, 언행으로 명확하게 표현할 수 없는 암암리에 지배 혹은 지도하는 생활 기분 내지 의욕 ― 이들은 도저히 수신윤리의 교과에서 단편적이고 도덕적인 설명으로 자주 언급되는 내용이 아닙니다. 그런데 이 복잡 미묘한 생활의 실질내용인 생활 기분과 접점이 없는 수신윤리의 가르침이 형식적이고 답답하며 무기력하고 무생명인 것은 오히려 당연한 결과입니다.

소년기의 자제들은 자기의 내면생활을 적절히 표현하는 방법을 모르는 동시에 은폐할 줄도 몰라서, 그들은 자기 생활의 내용에 대해서 그 시비선악을 물어보기 전에 일체의 의욕을 어떻게 마음껏 키워갈지를 무의식중에도 가장 중요하게 느낍니다. 수신윤리 교과에서는 충의나 효행, 의리나 용감함, 박애나 신의 등 다양한 도덕 항목이 제시되어 있고, 도덕이 필요한 것이나 각각의 성질, 그리고 사례 등이 제시되어 있습니다. 그러나 수신윤리 교과에 나타나 있는 일체의 도덕을 모아본들, 인간 생활이나 인간의 복잡한 생활의욕이 과연 유감없이 모두 다 행해졌다고 말할 수 있을까요? 인간 생활에는 이렇게 다양한 도덕 항목에 정확히 일치하지 않는 생활이 과연 존재하지 않는 것일까요? 인간 생활에는 이들 항목에 적혀 있지 않는 공백의 페이지가 과연 존재하지 않는 것일까요?

예를 들면, 우리가 하염없이 꽃을 보거나 하늘을 보고 있을 때의 생활은 이들 도덕 종목의 무엇에 해당될까요? 도덕 항목의 어떤 것에도 해당하지 않는다고 해도 꽃을 내려다보거나 하늘을 보고 있을 때의 생활도 인간 생활 외의 것으로 배제할 수는 없을 것입니다. 또 그것으로 부도덕한 생활을 영위하고 있다고 말하지도 못할 것입니다. 더욱이 꽃을 보거나 하늘을 보고 있을 때와 같은 생활에 대해서, 멍하니 아무것도 하고 있지 않을 때의 생활, 혹은 아무 일도 일어나지 않을 때의 생활에 대해서 지금의 수신윤리 교과는 무엇을 말하고 무엇을 보여주고 있는 것일까요? 더욱이 이 공백의 페이지와 같은 무사무위(無事無爲)의 생활이야말로 인간에게 가장 중대한 근본적이고 뜻깊은 생활이 아니겠습니까. 인간생활에는 실제로 특수한 변화도 없거니와 이상한 사태도 일어나지 않고, 일상의 평범하고 신기할 것 없는 생활의 모습이 대부분을 차지하고 있다고 할 수 있습니다.

그런데 종래의 수신윤리 교과에서는 오히려 비범한 경우의 특수하고 긴장되는 인간관계를 전적으로 언급하고, 무사무위의 인간생활에 대해서는 거의 어떠한 설명도 하지 않는 경향이 있습니다. 저의 생각으로는, 교육이란 특별할 것 없는 무위의 상태에서도 진정으로 살아가기 위하여 인간의 본성을 기르는 것이어야 합니다. 무위의 때도 진정으로 살 수 있는 힘이 있어야 어떤 사고가 생겨도 진정 잘 살아갈 수 있는 것입니다. 도덕이란 필경 진정으로 살아가는 것일 겁니다. 진정으로 사는 힘은 요컨대, 모든 것을 살아가게 하고 모든 것을 감싸는 햇빛과 같은 것입니다. 프리즘으로 분석하면 어쩌면 일곱 가지 색깔이 되겠지만, 그러나 그 근본의 빛은 여전히 투명 무색입니다. 복잡한 인간생활에서 진정한 삶의 모습은 다양한 변화를 이루며 표현되고 있습니다. 그 복잡 다양한 표현의 변화를 일일이 규정하는 것은 도저히 불가능합니다. 그것도 이 불가능한 것을 억지로 하려는 경향이 있는 데에 재래의 수신윤리 교육의 억지가 있으며, 부자연스럽고, 무내용, 무생명이 되고 마는 것입니다.

인간생활이 복잡 미묘한 생활 의욕이 모여서 만들어낸 일대 교향악이라는 이야기는 전술한 대로인데, 그 하나하나의 소리를 떼어내서 보면 소음이나 불협화음도 적지 않을 것입니다. 그러나 이들 소음이나 불협화음을 억누르거나 소거해버리는 것은 곧 그 교향악의 구조를 파괴하는 것입니다. 개개인의 생활 의욕에 대하여 살펴보면 그 하나하나 단편 부분으로서는 도저히 가치를 인정할 수 없을 것입니다. 그러나 그렇다고 해서 소음 내지 불협화음을 억누르고 묵살해 버리는 것은 이윽고 인간생활 전체의 유기적 관계를 무너뜨리고 불구로 만드는 것입니다. 의욕 하나하나는 받아들이기 어려워도 인간생활 전체적으로는 근절할 수 없는 깊은 뿌리를 갖고 있고, 그 근저에는 또 시인해야 할 다른 생활의 의욕이 되어 나타나는 것도 있을 수 있습니다.

예를 들면, 효행의 덕으로 부모에 대한 순종, 존경, 사모는 이 덕의 주요한 내용으로써, 그 덕목에 비난할 점은 아무것도 없습니다. 그러나 인간의 실제생활에서는 그 덕을 간단하고 쉽게 실현시킬 수 없는 다양한 사정, 다양한 이유가 마음 안팎에서 무리지어 생겨나기 때문에, 여기에서 복잡한 생활 의욕의 표현을 보게 됩니다. 부모에 대한 절대적인 복종을 도저히 받아들이기 어려운 경우도 있을 것입니다. 부모에 대한 애착과 존경이 반드시 양립하거나 일치되기 어려운 경우도 있습니다. 그러나 이러한 경우에 곧바로 순종하지 않거나 존경하지 않는 마음을 단편적으로 분리시켜 당사자의 도덕생활을 간단히 비난하기는 쉽지 않습니다. 이러한 복잡한 경우에 옳고 그름의 판단은 실제로 용이하지 않습니다. 이러한 경우에 생활 하나 하나는 그것만을 분리시켜서는 판단하기 어렵고, 인간생활 전체적으로 이를 근절할 수 없는 깊은 뿌리를 갖고 있으며, 그 근저에는 또한 인정해야 할 다른 생활의욕이 크게 나타나 있는 경우도 있습니다.

그래서 이와 같이 간단히 정리해 버릴 수 없는 복잡한 생활의욕의 소용돌이 속에서 인간 생활이 흘러가고 있는 것입니다. 인간의 도덕생활은 실로 이러한 일체를 포함한 생활을 의미합니다. 그러므로 인간의 도덕적 생활을 움직이게 하려면 꼭 이러한 복잡한 인간생활에 대한 빈틈없는 인식이 있어야 합니다. 이와 같은 생활 의욕의 음향에 전적으로 반향하고, 특히 소음이나 불협화음이 울려오는 곳의 근저에 대한 이해가 있어야 합니다. 그래야 비로소 복잡한 의욕의 전체에 대한 이해와 비평을 갖는 사람이라고 할 수 있습니다.

그러나 이러한 이해와 비평은 반드시 많은 설명과 해석을 해야 할 필요는 없습니다. 진정한 전체 생활에 대한 이해와 비평은 많은 경우에 무언 혹은 과언(寡言) 속에 감춰져 있기 때문입니다. 교육에서 감화라고 하는 것은 말할 것도 없이 가장 중요시되는 것인데, 대개 이러한 감화가 행해지는 한 감화를 받는 사람의 생활 일체의 의욕에 대한 인식과 이해가 존재하는 것입니다. 일체의 의욕을 인식하고 이해함으로써 복잡한 의욕을 감추고 있는 인간의 생활을 어느 정도 살리고 키워갈 수 있는 경우에 비로소 무언의 미묘한 감화가 이루어지는 것입니다.

도야나 훈도는 모두 일상생활에서 일체의 생활 의욕을 강제적이고 외면적으로 억제하려고도 하지 않거니와, 또 특별히 일정한 종목에 의해 생활을 규율하려고 하지도 않습니다. 그것은 복잡한 생활 의욕 사이를 누비며 침윤하는 힘 자체로 자신의 생명을 비춰 따뜻하게 하고 생생하게 성장시키는 작용을 합니다. 진정으로 좋은 감화는 언제나 이와 같이 행해지는 것입니다.

일체의 복잡한 생활 의욕이 시인되는 곳에서 교육, 교화 내지 감화가 출발합니다. 사랑도 증오도, 복종도 반항도 모두 다양한 생활 의욕이 서로 모여 일대 교향악을 만드는 곳에 인간 생활이 창조되는 것입니다. 문예는 왕왕 교육 방면에서 위험하고 유해한 것으로 간주하거나, 심하게는 유혹으로 여겨 배척하는 경향조차 있습니다. 인간 생활의 의욕 일부를 병적인 것으로 여기는 재래의 교육은 문예가 부분적인 병이나 결함에 대하여 전적으로 포용하려고 하는 것과 스스로 성장하고 스스로 달랠 수 있는 생명의 힘에 대한 신뢰의 생각을 갖고 인간 생활을 대하는 것을 순수하지 않고 매우 위험한 것으로 봅니다. 예를 들어, 재래의 교육은 극단적이고 병적으로 병의 전염을 두려워한 나머지, 자신의 생명력의 근본을 강하고 튼튼하게 하여 모든 인간 생활의 소용돌이 속에 용감히 나아가는 힘과 용기를 갖고 있어야 하고, 또 그것을 갖는 것이 무엇보다도 중요하다는 점을 그다지 느끼지 못하는 것 같습니다.

이에 반하여 문예는 인간 생활 일체의 의욕을 단편적으로 잘게 나누어 어떤 부분을 피하거나 억누르면서 조심조심 인간 생활을 살아가려는 것이 아닙니다. 즉, 일체의 인간 생활의 의욕을 억제하지 않고 모든 것을 충분히 활용하여 근본의 생활을 강하고 씩씩하게 만들어 가려는 것이므로, 어떤 인간 생활의 소용돌이 속에서도 그 힘을 충분히 나타내기 위하여 기꺼이 나아가는 것입니다. 이와 같은 태도의 차이 때문에 문예가 교육으로부터 위험시되어 온 것은 오히려 당연한 일인지도 모릅니다.

문예교육은 결코 단순한 감정교육이 아닙니다. 인간의 도덕생활에 대하여 가장 미묘하고 심오하며 근본적이고 영구한 감화를 갖는 것이 바로 문예로, 그 힘에 의해 교육의 근본적이고 종합적인 목표가 성취되어야 한다는 것이 제가 제창하는 문예교육의 의미입니다. 문예는 복잡한 인간 생활의 거의 예상하기 어려운 다양한 경우나 상황에 적응해서 스스로의 도덕 감정을 올바르게 표현해가기 위하여 필요한 근본적인 힘을 풍부하게 합니다. 이렇게 하여 풍부해진 근본의 힘이 인간의 실생활에 나타나는 것을 인정해야 합니다.

문예는 인간생활에 대한 관대하고 매우 섬세한 포용력, 스스로 성장하고 스스로 치유하는 생명의 힘에 대한 신뢰를 키워줍니다. 진정 힘이 있는 문예를 맛보게 함으로써 단편적인 도덕 항목의 설명이 도저히 해낼 수 없는 언설 이상의 교화가 성취됩니다. 즉, 암묵적으로 인간 생활의 진정한 의미를 이해시키고 감화시키며, 나아가 자기 스스로의 생활을 자신도 모르는 사이에 표현하여 깊은 만족을 가져오는 것입니다. 진정한 문예의 힘에 감응함으로써 나이어린 자제들은 규율 내지 교훈으로서, 혹은 개개의 행위 표준 내지 지침으로서 강요받지 않고 저절로 인간 생활의 심오한 부분을 접하고 올바르고 아름다운 것에 감응하여 이를 사랑하고 보호하려고 하는 마음의 원천을 풍부하고 깊게 합니다. 또 문예를 통해서 인간 생활의 복잡한 공포, 고통, 비애를 느끼고

단편적인 도덕 항목의 지침이 도저히 닿을 수 없는 심성의 구석까지
도 심오해지고 성장합니다. 인간 본성의 모든 것을 살리고 그 속에서
씩씩하고 풍부한 생활 감정이 심오해지고 길러집니다. 이와 같이 길러
진 생활 감정은 모든 생활의 필요에 대응하여 수시로 숨겨진 곳에 자
신을 표현하는 자유를 근본 동력과 기상으로 마음속 깊이 넓게 충만해
지는 것입니다.

　교육은 말할 것도 없이 종합적이고 또 창조적인 일입니다. 무사무위
의 경우에도 또한 끊임없이 흘러가는 인간 생명의 근본 계기를 접함으
로써 전면적으로 빛을 발하는 것이어야 합니다. 제가 말씀드리는 문예
교육은 어디까지나 종합적이고 포괄적이며, 또 근본적인 도덕교육을
의미합니다. 따라서 진정한 교육 그 자체입니다. 완전하고 근본적인 도
덕교육, 즉 진정한 교육은 문예의 힘으로 가장 자연스럽고 기쁘게 또
확실하게 행해질 수 있다고 주장하는 바입니다.

찾아보기

사항색인

저자 소개

[지은이]

오바라 구니요시(小原国芳: 1887‐1977)

일본 가고시마현(鹿児島縣) 출신.
히로시마(廣島) 고등사범학교, 교토(京都) 제국대학 철학과 졸업, 가가와(香川) 사범학교 교사,
히로시마 고등사범학교 부속소학교 행정실장, 세이조(成城) 고등학교 교장, 다마카와학원(玉川學園) 설립자.
<저서> 『전인교육론(全人教育論)』, 『사도(師道)』, 『교육일로(教育一路)』 등

[옮긴이]

한용진

고려대학교 교육학 박사, 나고야대학 및 도호쿠대학 방문교수.
전) 한국교육사학회 회장, 한국일본교육학회 회장.
현) 고려대학교 교육학과 교수.
<저서 및 역서> 『근대 이후 일본의 교육』, 『근대 한국 고등교육 연구』, 『기초주의의 세계』(공편),
　　　　　　　 『한국 근대대학의 성립과 전개』(역), 『일본의 교육인간학』(공역) 외 다수

신현정

고려대학교 교육학 박사.
전) 가나가와치과대학교 교수.
현) 중부대학교 학생성장교양학부 교수, 한국일본교육학회 학술이사.
<저서 및 역서> 『우리는 왜 대학에 가는가에 답하라』, 『일본의 재난방지 안전 안심 교육』(공저),
　　　　　　　 『일본의 세계시민교육』(공저), 『선생이 부서져간다』(역), 『친구지옥』(역) 등 다수

조문숙

니혼대학교(日本大學) 교육학과 졸업.
고려대학교 대학원 문학석사 및 고려대학교 대학원 교육사철학 박사과정 수료.
<저서 및 역서> 『근대한국 교육 개념의 변용』(공저), 『교육정책1: 교육칙어와 조선교육령』(공역),
　　　　　　　 『교육정책2: 일제강점기 교육논설』(공역) 등

한국연구재단 학술명저번역총서 동양편 801

8대 교육주장

초판발행	2023년 1월 31일
지은이	오바라 구니요시 외
옮긴이	한용진·신현정·조문숙
펴낸이	안종만·안상준
편 집	탁종민
기획/마케팅	노 현
표지디자인	이수빈
제 작	고철민·조영환

펴낸곳   (주) **박영사**
서울특별시 금천구 가산디지털2로 53, 210호(가산동, 한라시그마밸리)
등록 1959. 3. 11. 제300-1959-1호(倫)

전 화	02)733-6771
f a x	02)736-4818
e-mail	pys@pybook.co.kr
homepage	www.pybook.co.kr
ISBN	979-11-303-1010-7 94080
	979-11-303-1007-7 94080 (세트)

정 가   25,000원

이 책은 2019년 대한민국 교육부와 한국연구재단의 지원을 받아 수행된 연구임
(NRF-2019S1A5A7069262)

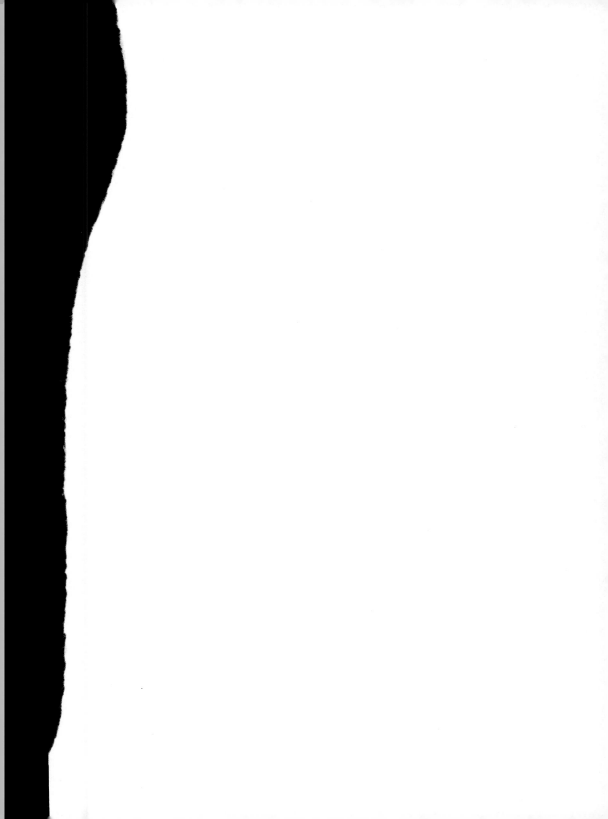